D1730413

Kreation und Leitung Hans Höfer

A P A
GUIDES

GROSS BRITANNIEN

Herausgegeben von Brian Bell

Deutsche Redaktion Manfred Jansen

RV Reise- und Verkehrsverlag

APA PUBLICATIONS

Titel in deutscher Sprache

LÄNDER & REGIONEN

Ägypten
Argentinien
Australien
Bali
Bretagne
Burma
China
Elsaß
Florida
Frankreich
Griechenland
Griechische Inseln
Großbritannien
Hawaii
Hong Kong
Indien
Indonesien
Irland
Israel
Italien
Jamaika
Jemen
Kalifornien
Kanada
Kanalinseln
Kenia
Korea
Kreta
Malaysia
Marokko
Mexiko
Nepal
Neuseeland
New York
Philippinen
Portugal
Schottland
Singapur
Spanien
Sri Lanka
Taiwan
Teneriffa
Thailand
Toskana
Türkei
Ungarn
USA Südwest
USA

STÄDTE–CITYGUIDES

Bangkok
Berlin
Florenz
Istanbul
Jerusalem
Lissabon
London
München
Paris
Peking
Prag
Rio
Rom
San Francisco
Sydney
Venedig
Wien

APA–SPECIALS

Ostafrika Safari
Ostasien
Rhein, Der
Südasien
Wasserwege in Westeuropa

Titel in englischer Sprache

COUNTRIES & REGIONS

Alaska
Alsace
American Southwest
Argentina
Australia
Bahamas
Bali
Barbados
Brazil
Brittany
Burma
California
California, Northern
California, Southern
Canada
Caribbean
   (The Lesser Antilles)
Channel Islands
China
Egypt
Florida
France
The Gambia/Senegal
Germany
Gran Canaria
Great Britain
Greece
Greek Islands
Hawaii
Hong Kong
Hungary
India
Indonesia
Ireland
Israel
Italy
Jamaica
Kenya
Korea, Republic of
Malaysia
Mallorca & Ibiza
   (incl. Menorca & Formentera)
Mexico
Morocco
Nepal
New England
New York State
New Zealand
Pacific Northwest, The
Pakistan
Philippines
Portugal
Provence
Puerto Rico
Rajasthan
Rockies, The
Scotland
Spain
Sri Lanka
Sweden
Taiwan
Tenerife
Texas
Thailand
Trinidad and Tobago
Turkey
Tuscany
Wales

CITYGUIDES

Bangkok
Beijing
Berlin
Buenos Aires
Calcutta
Dublin
Edinburgh
Florence
Istanbul
Jerusalem
Lisbon
London
Melbourne
Munich
Paris
Prague
Rio de Janeiro
Rome
San Francisco
Singapore
Sydney
Venice
Vienna

INSIGHT SPECIALS

Continental Europe
Crossing America
East African Wildlife
East Asia
Indian Wildlife
Rhine, The
South America
South Asia
Waterways of Europe

GROSS BRITANNIEN

© APA PUBLICATIONS (HK) LIMITED, 1992
Alle Rechte vorbehalten
© Apa Guides, 1992
RV Reise - und Verkehrsverlag GmbH
Berlin/Gütersloh/Leipzig/München/Potsdam/Stuttgart
Vertrieb: GeoCenter Verlagsvertrieb GmbH, München
Gross Britannien ISBN: 3-575-21366-6
Printed in Singapore by Höfer Press Pte Ltd

ZU DIESEM BUCH

Hiermit liegt nun die vollständige Neubearbeitung des ersten, 1985 veröffentlichten Apa Guide über Europa vor. Damals hatte sich Apa Publications bereits einen Namen für Asien- und USA-Reiseführer gemacht. Es lag also auf der Hand, das geglückte Konzept aus famoser Bebilderung und journalistischer Akribie auch auf europäische Länder auszudehnen. Seitdem haben wir über 60 Apa Guides und City Guides für den west- und osteuropäischen Raum herausgebracht. Allein neun davon beschäftigen sich mit den britischen Inseln (Schottland, Wales, London, Oxford, Edinburgh, Glasgow, Irland, Dublin und die Kanalinseln), wobei die bei diesen Bänden gewonnenen Erfahrungen natürlich in das vorliegende Buch eingeflossen sind.

Europas Herz

Durch die Arbeit am *Apa Guide Großbritannien* kamen zwei Autoren zu uns, die schließlich in London ein Büro gründeten, um die Produktion neuer Reiseführer in die Hand zu nehmen. **Brian Bell**, Apa Publications' Herausgeber für Europa, schrieb für die erste Ausgabe das Kapitel über den Nordosten Englands, während **Andrew Eames**, der Chef vom Dienst unseres Londoner Büros, für den Aufsatz über Cambridge und East Anglia verantwortlich zeichnet.

Bell war vorher beim *Observer* gewesen, dem ältesten Sonntagsblatt der Insel, wo er als Ressortleiter für das Magazin gearbeitet hatte. Eames, Autor von Büchern über Schottland und Asien, brachte eine langjährige Erfahrung als Autor und Redakteur bei der *Times* und *The Independent* mit. Angesichts dieses Hintergrunds überrascht es nicht, daß die beiden den fotojournalistischen Traditionen des Hauses noch mehr Gewicht beimaßen. Ihrer Meinung nach befleißigen sich nämlich viel zu viele Reiseführer eines kraftlosen Stils und frönen einer Ansichtskartenbebilderung. Doch was für die Schönheiten eines Landes gilt, sollte auch hinsichtlich der Schattenseiten beherzigt werden: nichts verheimlichen, wobei letztere für den unternehmungslustigen Reisenden sogar noch interessanter sein dürften.

Merin Wexler fungierte als verantwortliche Redakteurin der Erstauflage. Sie war nach einem Frank Knox-Stipendium in Harvard, wo sie klassische Literatur studierte, an die Universität Oxford gegangen und hatte dort englische Literatur belegt. Wexler war von **Hans Höfer**, dem Gründer und Chef von Apa Publications, für das Projekt engagiert worden. Der Designer und Fotograf verbrachte mehrere Wochen in Großbritannien und steuerte viele der schönen Bilder bei.

Da Wexler mittlerweile wieder in den USA lebt, beauftragten Bell und Eames **Roger Williams** mit der Aktualisierung des Buches. Williams hatte gerade den *Apa Guide Katalonien* redigiert und erwies sich als der richtige Mann für diese Aufgabe: Er wurde in London geboren, wuchs dort auf und lebt jetzt im Süden Englands. Seine Großeltern väterlicherseits stammen aus Ludlow an der Grenze zu Wales, während sein Großvater mütterlicherseits in der Nähe von Edinburgh Castle das Licht der Welt erblickte.

Pam Barrett schrieb einen knappen Überblick über einige Jahrtausende britische Geschichte, mit der sie sich an der London University ausgiebig beschäftigt hatte. Sie arbeitet als freiberufliche Redakteurin für Buchverlage und rezensiert Bücher für die Londoner *Sunday Times*.

Bell

Eames

Wexler

Williams

Barrett

Die Kapitel über London, die Themse entlang und das West Country schrieb **Joseph Yogerst**, ein gebürtiger Kalifornier, der als Reisejournalist fast die ganze Welt gesehen hat. Er verfaßte unter anderem Reiseführer über Paris und Bangladesh und hat ein abgeschlossenes Studium der Geographie und des Journalismus in der Tasche.

Roland Collins schrieb über den Südosten, den Südwesten und die Sehenswürdigkeiten von Oxford bis Stratford. Seine Reisebeschreibungen dokumentiert er auch als Maler. Bilder von ihm waren schon in der Royal Academy und der Royal Watercolour Society zu sehen. Seine profunden Kenntnisse der englischen Geschichte und Architektur kamen bereits mehreren Apa Guides zugute.

William Ruddick, ehemaliger Professor für englische Literatur an der Universität Manchester, hat den Abschnitt über den Lake District verfaßt. Als Wordsworth-Spezialist ist er auch für die Wordsworth Society tätig und beschäftigt sich mit der umfangreichen Reiseliteratur für den Lake District aus dem 18. und 19. Jahrhundert.

Der im schottischen Inverness geborene **Iain Crawford** hat während seiner langjährigen journalistischen Karriere in allen Medienbereichen Erfahrung gesammelt. Er steuerte die Kapitel über Schottland bei und war Leiter der Abteilung für Öffentlichkeitsarbeit des Edinburgh Festivals und der Scottish Opera. Seine Veröffentlichungen sind fast in sämtlichen wichtigen englischen Tageszeitungen erschienen. Wenn er mal nicht arbeitet oder auf Reisen ist, spielt er auf einer der schönen Anlagen Schottlands Golf.

Aus der Feder von **Gwyneth Lewis** stammen die Kapitel über Wales. Sie lebte zwei Jahre lang in Amerika und besuchte Harvard und die Columbia University. Die gebürtige Cardifferin arbeitet auch fürs Fernsehen und veröffentlichte Gedichte in walisischer Sprache. Sie ist begeisterte Hobbygärtnerin und steuerte das Kapitel über die Gartenkultur bei.

Britisches Kaleidoskop

Der Abschnitt Britisches Kaleidoskop, der sich mit diversen Aspekten der hiesigen Kultur beschäftigt, wurde eigens für diese Neuauflage verfaßt. Die Herausgeber konnten ihren Steckenpferden mal richtig freien Lauf lassen, die Beiträge stammen von erfahrenen Journalisten aus London: **Angela Wilkes** verbreitet sich über die Fuchsjagd, Sex, Tee und das Wetter. Sie wuchs in Chelsea auf und erinnert sich, daß ihr Vater morgens nicht aus dem Haus ging, ohne den Wetterbericht gehört zu haben. **Richard Johnson** ist ein junger Autor, der sich besonders mit der Jugend, aber auch mit der BBC beschäftigt. **Daniela Soave** stammt aus Schottland und lebt in London. Sie berichtet über Wahlen, Lords und die Geistlichkeit. **Alan Hamilton**, der Verfasser der Beiträge Kneipenkultur und Monarchie, ist Spezialist für Berichte über das Königshaus und schreibt für die *Times*.

Viel Mühe bei der Aktualisierung des Kurzführers gab sich **Beverley Harper**, die erste Erfahrungen mit dem *City Guide London* sammelte. Sie lebt mit dem Fotografen Kim Faroukh in London, fragt aber immer noch hier und da ihre Mutter um Rat, die in den Cotswolds, wo Beverley aufwuchs, in einem Fremdenverkehrsbüro arbeitet.

Für die deutsche Ausgabe übersetzten und bearbeiteten **Andrea Gensicke** und **Hanni Schicke** die Texte, sowie **Werner Jakobsmeier** (Kurzführer) und **Manfred Jansen** (Geschichte). —Apa Publications

Collins

Lewis

Hamilton

Harper

INHALT

Features

Geschichte

Kultur von A-Z

Orte und Plätze

INHALT

Karten

KURZFÜHRER

George Orwell schrieb 1947, daß Millionen von Engländern „als nationales Wahrzeichen die Bulldogge anerkennen, ein Tier, das für seine Sturheit, Häßlichkeit und unüberwindliche Dummheit bekannt ist". Als hervorstechende Eigenschaften fielen dem Ausländer „Gleichgültigkeit der Kunst gegenüber, Höflichkeit, Achtung vor dem Gesetz, Mißtrauen gegenüber Ausländern, übertriebene Tierliebe, Heuchelei, überzogene Klassenunterschiede und ein Faible für den Sport" auf.

Waliser und Schotten würden darauf hinweisen, daß Orwell eigentlich von den Engländern spricht – ein Unterschied, den diese selbst nie sehen würden, sondern sehr zum Ärger dieser Volksgruppen ständig „britisch" sagen, wenn „englisch" gemeint ist und umgekehrt. Nationalistisch eingestellte Zeitgenossen beider keltischer Randgebiete verlangen aufgrund der ihnen etwas egoman dünkenden Haltung der Engländer mehr Selbständigkeit, ja träumen gar von der Unabhängigkeit für Schottland und Wales. In Zeiten wirtschaftlicher Schwierigkeiten erhalten derartige Bestrebungen einen Dämpfer, und bislang folgten den Worten keine Taten.

Es lebe die Unklarheit: Den Engländern eignet denn auch ein Hang zur Ambiguität. Wie sagt doch eine Figur in dem Stück *The Old Country* von Alan Bennett so trefflich: „In England sagen wir eigentlich nie so richtig, was wir meinen, oder? Meine ich das jetzt wirklich so? Nun, nicht ganz. Daraus folgt ganz logisch, daß wir es nur dann wirklich ernst meinen, wenn wir sagen, wir meinen ja gar nicht, was wir sagen."

Das ist ja total verwirrend, meinen Sie? Abwarten, es kommt noch besser. Die Briten treten häufiger als andere Europäer in den Stand der Ehe, liegen aber bei der Scheidungsrate gleich hinter Dänemark auf Platz zwei. Mit 43,9 Stunden pro Woche arbeitet man auf der Insel im Durchschnitt mehr als in anderen EG-Ländern, doch die Produktivität ist hier am niedrigsten. 54 600 Kirchen zieren das Land, doch nur 14 Prozent der Bevölkerung

Vorherige Seiten: Fischerdorf in Cornwall. Leeds Castle, Kent. Nordenglische Winterlandschaft. Reetgedecktes Haus, typisch für Devonshire. Links: Freundlicher Wirt. Oben: Auf zum Einkauf!

sind aktive Kirchgänger, die damit das europäische Schlußlicht bilden. Das Familienleben wird zwar in hohen Tönen gepriesen, und dennoch schicken viele ihre Kinder so schnell wie möglich aufs Internat und schieben Oma und Opa ins Altersheim ab. Während einerseits Tiere vergöttert werden, erfreut man sich an Hetzjagden. Im Krieg rühmt man sich seiner solidarischen Gesinnung, während in Friedenszeiten eine sektiererische Klassengesellschaft vorherrscht. Man rühmt die Briten wegen ihrer Toleranz und ihres Sinns für

Humor. Trotzdem „gibt es niemanden, der absichtlich derart unverschämt sein kann, wie die Briten", so der Autor Paul Gallico, „was sogar die Amerikaner in Erstaunen versetzt, die keine Ader für gezielte Beleidigungen haben, sondern höchstens eine Schimpfkanonade entgegensetzen können."

Auch die unmittelbaren Nachbarn Großbritanniens wissen davon ein Lied zu singen. „In Frankreich gilt es als unhöflich, eine Unterhaltung einschlafen zu lassen, in England, wenn sie aufrechterhalten wird. Wer drei Jahre lang ausgiebig geschwiegen hat, den hält man für einen angenehmen Zeitgenossen", meint der Franzose André Maurois.

Hätte Maurois Liverpool oder Leeds, Glasgow oder Cardiff besucht, wäre er vermutlich überhaupt nicht zum Zug gekommen. Der Engländer, „der alle Eigenschaften eines Schürhakens, abgesehen von dessen Wärme," in sich vereint, dürfte wohl im übervölkerten Südosten leben, wo Reserviertheit zur Wahrung der Privatsphäre dient.

Großbritannien ist eine Insel, deshalb hält man trotz Einheirat in die Europäische Gemeinschaft am Junggesellenstatus fest. Das Land ist seit fast 1000 Jahren nicht mehr besetzt worden – das fördert den Individualismus. Vielleicht legen manche zuviel Wert auf Tradition, anstatt sich eigene Gedanken zu machen, wie kritische Geister meinen. Ande-

macht sich in *Heinrich V.* über walisische Übertreibungssucht lustig, indem er den Helden Owain Glyndwr im Brustton der Überzeugung sagen läßt: „Aus den tiefsten Tiefen rufe ich die Geister herbei", nur, um durch Hotspur entgegnen zu lassen: „Das ist keine Kunst, aber kommen sie auch?" Wie viele andere nationale Minderheiten mußten die Waliser ihre Selbstachtung und Kultur gegen einen starken und selbstbewußten Nachbarn mühevoll verteidigen. Und es kann kein Zweifel bestehen, die „Mittelmeerbewohner im Regen", wie René Cutforth sie nannte, sind ganz anders als die Engländer.

In Wales selbst ist es mit der Homogenität nicht sehr weit her, denn die Leute im Norden,

rerseits schlägt man sich bei inneren Zwistigkeiten nicht gleich den Schädel ein. Und viele Menschen aus früheren Kolonien sind mehr oder minder „sanft" in die britische Gesellschaft integriert worden.

Wales wehrt sich wacker: Für die Engländer sind die als überschwenglich, warmherzig und emotional, aber auch als gerissen und äußerst geschwätzig geltenden Waliser eine viel homogenere Gruppe als sie selbst. Gegenseitige Antipathien sind nichts Neues: In seinem Roman *Decline and Fall* behauptet Evelyn Waugh: „Fast alle Katastrophen in der englischen Geschichte lassen sich auf den Einfluß von Wales zurückführen." Auch Shakespeare

wo das Walisische (Kymrische) noch weit verbreitet ist, verachten jene im Süden, da sie angeblich schon viel zu sehr anglisiert sind. Und im Süden gelten die Menschen im Norden als weniger fortschrittlich und gesellig.

Ob nun Englisch oder Walisisch gesprochen wird, reden tun die Waliser für ihr Leben gern. „Es ist noch gar nicht solange her", erinnert sich der Dichter Dannie Abse, „daß die Londoner Züge nach Wales Wagen führten, die nicht ineinander übergingen. Ein halbes Dutzend Fremde steckten den Kopf aus dem Fenster, lutschten Pfefferminzbonbons oder vertieften sich in die Zeitung. Miteinander gesprochen wurde nicht. Das widerstrebte den Gepflogenheiten. Der Engländer ist froh, wenn er nicht viel sagen muß und sich Fremde vom Hals halten kann. Wem sieht man im Zug nach Wales schon an, ob er Engländer ist oder nicht? Erst nachdem der Zug den Severn-Tunnel passiert hatte, erst wenn man sicheren walisischen Boden unter den Füßen hatte, gab man sich ungehemmt der Konversation hin."

Tapferes Schottland: In scharfem Gegensatz dazu gilt der Schotte bei den Engländern als „finster", wenngleich sich diese Ansicht in einem Glasgower Pub kaum bewahrheiten dürfte. Von Samuel Johnsons Behauptung: „Die schönste Aussicht, derer ein Schotte jemals gewahr wird, ist die Straße, die nach England führt", über P.G. Wodehouses Beob-

rat für die Schotten. Als der zukünftige Papst Pius II. im 15. Jahrhundert das Land besuchte, fiel ihm auf: „Nichts macht dem Schotten mehr Spaß, als die Engländer zu beleidigen." Dennoch: Arbeitsethos und Kreativität der Schotten bildeten wichtige Eckpfeiler für das britische Weltreich.

Im Gegensatz zu den Engländern und Walisern wurden die Schotten nie von den Römern unterworfen und konnten eine normannische Zentralgewalt nach 1066 verhindern. Und während England die Reformation mit geschickten Kompromissen assimilierte, erlebte Schottland eine Revolution und ersetzte das Brimborium der römisch-katholischen Kirche durch den kargen Presbyterianismus.

achtung, wonach es „kein Problem ist, zwischen einem griesgrämigen Schotten und einem Sonnenstrahl zu unterscheiden", ist die englische Literatur gespickt mit Aphorismen gegen die Schotten.

Was den Schotten am meisten gegen den Strich geht, ist die Tatsache, von London als Bürger zweiter Klasse behandelt zu werden, besonders was die Wirtschaftspolitik angeht. Das war schon lange vor 1707 Stein des Anstoßes, als Schottland und England zu einem Königreich vereinigt wurden – eine Mußhei-

Links: Walisisches Ehepaar beim Eisteddfod zu Llangollen. **Oben:** Besucher der Highland Games.

Der schottische Charakter – eine Mischung aus Griesgrämigkeit und Humor, Geiz und Großzügigkeit, Arroganz und Toleranz, Knurrigkeit und Kavalierstum, Sentimentalität und Sachlichkeit – verwirrt die Engländer in vielerlei Hinsicht. Aufs vortrefflichste schildert eine Karikatur in *Punch* den Schotten: Ein Anhalter versucht sein Glück mit einem Schild „Glasgow – oder anderswohin!"

Einmal ist keinmal: Wer Großbritannien begreifen will, muß sich schon öfter hierherbemühen. Was soviel heißen soll wie: „Zwar ist Tourismus eigentlich etwas fürchterlich Vulgäres, aber wir sind auf den Wiederholungseffekt doch angewiesen."

GESCHICHTE IN ZAHLEN

Vorgeschichte
250 000 v.Chr. Erste Spuren des Menschen.
5000 v.Chr. Großbritannien wird Insel.
3000 v.Chr. Ankunft des Steinzeitmenschen wahrscheinlich von der Iberischen Halbinsel.
2000 v.Chr. Stonehenge entsteht.
700 v.Chr. Aus Mitteleuropa kommen Kelten.
Römische Besatzung (55 v.Chr.-410 n.Chr.)
55 v.Chr. Julius Caesar an der Spitze der ersten römischen Invasionstruppen.
43 Unter Kaiser Claudius beginnt die Eroberung.
61 Aufstand der Iceni unter Königin Boudicca (East Anglia) wird niedergeschlagen.
119 Errichtung des Hadrian-Walls, um Pikten und Skoten in Schach zu halten.
Angelsachsen und Dänen (449-1066)
449-550 Aus Jütland kommen die Jüten, aus Süddänemark die Angeln, aus dem Gebiet um Hannover die Sachsen.
563 St. Columban gründet auf Iona (Innere Hebriden) ein Kloster.
597 Augustinus bekehrt die Angelsachsen und wird erster Erzbischof von Canterbury (601).
700 Lindisfarne-Evangeliar entsteht.
779 König Offa läßt Erdwall gegen die Waliser errichten.
843 Kenneth MacAlpine vereinigt die Skoten und Pikten.
897 Dänische Wikinger von Alfred dem Großen besiegt.
980-1016 Erneute Invasion der Wikinger.
1017 Knut der Große wird vom Rat der Weisen zum König von England gewählt.
Die Normannen (1066-1154)
1066 Eroberung Englands durch Wilhelm den Eroberer, Herzog der Normandie. Normannische Barone erhalten Land und Machtbefugnisse.
1080-1100 Klöster und Kathedralen entstehen.
1086 Domesday Book (Grundbuch).
1124 David I. wird schottischer Thronfolger und macht Edinburgh zur Hauptstadt.
1167 Gründung der Universität Oxford.
Das Haus Plantagenet (1154-1399)
1154 Henry II., Sohn Gottfrieds von Anjou, erbt den Thron und gründet Angevinisches Reich.

1170 Der Erzbischof von Canterbury, Thomas Becket, wird ermordet.
1215 Magna Charta von König Johann ohne Land auf Druck des Adels unterzeichnet.
1265 Erstes Unterhaus tritt zusammen.
1277-88 Eroberung von Wales durch England. Der letzte walisische Fürst, Llewellyn ab Gruffydd, fällt in der Schlacht von Carmarthen.
1306 Robert Bruce wird König von Schottland.
1348-49 Die Pest rafft fast die Hälfte der Bevölkerung dahin.
1337-1453 100jähriger Krieg mit Frankreich.
1350-1550 Blüte der Spätgotik.
1381 Bauernaufstand.
1387 Chaucer veröffentlicht *Canterbury Tales*.
Die Häuser Lancaster und York ((1399-1485)
1412 Gründung der Universität St. Andrews.
1415 Tod des walisischen Volkshelden und Königs Owain Glyndwr.
1455-85 Rosenkrieg zwischen Lancaster und York.
1469 Orkney- und Shetland-Inseln fallen wieder an England.
1476 William Caxton baut erste Druckerpresse.
Das Haus Tudor (1485-1558)
1485 Henry VII. wird König.
1509 Henry VIII. neuer König.
1514 Baubeginn am Hampton Court Palace.
1534 Lossagung vom Papsttum.
1535 Henry VIII. wird Oberhaupt der Church of England.

1536-39 Zerstörung oder Schließung von 560 Klöstern.
1536 Vereinigung von England und Wales.
1558 Calais fällt wieder an Frankreich.
1558-1603 Elizabeth I. besteigt den Thron.
1558 John Knox, ein Schüler Calvins, erfreut die Menschheit mit *First Blast of the Trumpet against the Monstrous Regiment of Women*.
1580 Sir Francis Drake (Bild oben) kehrt von seiner Weltumsegelung zurück.
1585 Shakespeare beginnt Karriere in London.
1587 Maria Stuart wird hingerichtet.
1588 Vernichtung der spanischen Armada.
Das Haus Stuart (1603-1714)
1603 James VI. von Schottland besteigt als James I. von England den Thron.
1605 Guy Fawkes hätte gerne das Parlament in die Luft gesprengt.

1620 Pilgrim Fathers segeln nach Amerika.
1642-49 Bürgerkrieg zwischen Royalisten und Rundköpfen. Charles I. unterliegt und wird geköpft.
1649 Ausrufung der Republik.
1660 Mit Charles II. erlebt die Monarchie ihre Wiedergeburt.
1665 Die Pest wütet in London.
1666 London fällt einem Großbrand zum Opfer.
1672-1700 Sir Christopher Wren leitet den Bau der St. Pauls-Kathedrale.
1694 Bank of England gegründet.
Das Haus Hannover (1714-1936)
1714 König George I. spricht kein Englisch. Seine neuen Untertanen sind ihm egal.
1721 Sir Robert Walpole wird erster britischer Premierminister.
1739 Wesley predigt den Methodismus.
1759 Quebec den Franzosen abgejagt.
1775 James Watt baut die erste Dampfmaschine.
1786 Robert Burns verblüfft die Edinburgher Gesellschaft.
1802 J.M.W. Turner 27jährig in die Royal Academy gewählt, wo John Constable erstmals ausstellt.
1802 Sir Walter Scott veröffentlicht *Border Minstrelsey*.
1805 Lord Nelson fällt in der Schlacht von Trafalgar.
1807 Verbot des Sklavenhandels.
1815 Herzog von Wellington bereitet Napoleon sein Waterloo.
1830 Eisenbahn von Liverpool nach Manchester.
Das Viktorianische Zeitalter (1837-1901)
1837 Die 18jährige Prinzessin Viktoria wird Königin, heiratet 1840 Albert von Sachsen-Coburg und kleidet sich nach seinem Tod 1861 nur noch Schwarz.
1851 Weltausstellung in London.
1853-56 Krim-Krieg gegen Rußland, wurde auch fotografisch festgehalten.
1857 Großer indischer Aufstand führt zur Auflösung der East India Company.
1872 Geburt des Komponisten R.V. Williams.
1877 Viktoria auch Kaiserin von Indien.
1890-96 Cecil Rhodes wird Premierminister der Kapkolonie. Er träumt von der Ausdehnung britischer Macht auf ganz Afrika.
1898-1902 Im Burenkrieg wird Südafrika den Holländern abgenommen.
Das Edwardianische Zeitalter (1901-10)
1909 Charles Rennie Mackintosh verläßt die Glasgow School of Art.
1909 Einführung der Altersversorgung
1909 Bleriot überfliegt den Ärmelkanal.
1914-18 Im Ersten Weltkrieg fallen über eine Million britische und alliierte Soldaten. Allein in der ersten Somme-Schlacht sterben 400 000 von ihnen – der Geländegewinn dabei: 15 Kilometer.
1918 Allgemeines Wahlrecht (außer für Frauen unter 30).
1926 Generalstreik lähmt das öffentliche Leben.
1927 Gründung der BBC.
Das Haus Windsor (ab 1936)
1936 Edward VIII. dankt ab und heiratet Wallis Simpson.

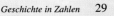

1939-45 Zweiter Weltkrieg. Schwere Verluste in der Zivilbevölkerung durch deutsche Bombenangriffe auf Häfen und Städte.
1946 National Health Service gegründet.
1947 Edinburgher Festival; Eisteddfod wiedereingeführt.
1947 Indien und Pakistan werden unabhängig.
1951 Festival of Britain.
1953 Krönung Königin Elizabeth II.
1954 Richard Burton liest *Under Milkwood* von Dylan Thomas im Radio.
1961 Südafrika setzt auf Apartheid und verläßt den Commonwealth.
1962 *Love Me Do* von den Beatles in der Hitparade.
1965 Abschaffung der Todesstrafe.
1969 London schickt Truppen nach Nordirland.
1972 Nordirland wird direkt der britischen Regierung unterstellt.
1973 Beitritt Großbritanniens zur Europäischen Wirtschaftsgemeinschaft (EWG).
1976 Anträge für Teilautonomie Schottlands und Wales' vom Parlament abgelehnt.
1979 Mit Margaret Thatcher wird erstmals eine Frau britischer Premierminister.
1981 Prinz Charles heiratet Diana Spencer.
1982 Die Falkland-Inseln bleiben britisch.
1984 Fünf Tote bei Bombenanschlag gegen die Regierung in Brighton.
1990 Die Tories feuern Margaret Thatcher. Großbritannien durch Kanal-Tunnel mit dem Kontinent wiedervereinigt.

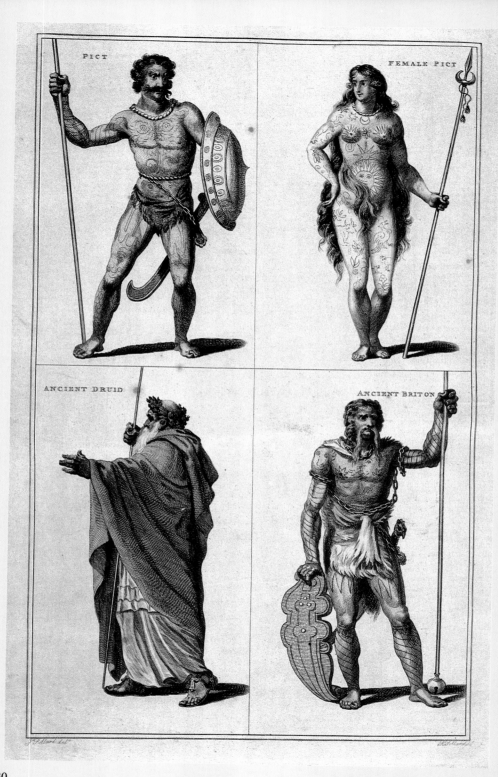

PICT   FEMALE PICT

ANCIENT DRUID   ANCIENT BRITON

Als sich französische und britische Bauarbeiter Ende 1990 unter dem Ärmelkanal trafen, bedeutete dies die erste Anbindung Großbritanniens an das europäische Festland seit gut 7000 Jahren. So lange ist es nämlich her, daß die letzte Eiszeit zu Ende ging, schmelzende Eiskappen die Niederungen überschwemmten und Ärmelkanal sowie Nordsee entstanden. Damit war Großbritannien zur Insel geworden. Im Laufe der Jahrhunderte gedieh auf dem einst vergletscherten Land üppiger, tierreicher Wald, und in den Flüssen tummelten sich die Fische.

Frühe Siedler: Als erste Siedler gelten nomadisierende Jäger und Sammler. Schon um 3000 v.Chr. waren Menschen der Jungsteinzeit vom Festland gekommen, und zwar möglicherweise von der Iberischen Halbinsel. Sie trieben Viehzucht und Ackerbau. Glücklicherweise sind als gemeinschaftliche Bestattungsanlagen besonders in Wiltshire und Dorset zahlreiche Hügelgräber aus dieser Zeit erhalten geblieben.

Weit eindrucksvoller sind da sakrale Steinbauten, wobei Stonehenge in Wiltshire zu den bedeutendsten gehört (um 2000 v.Chr.). Warum Stonehenge erbaut wurde, ist unbekannt, man nimmt aber religiöse und politische Funktionen an. Für bestimmte Teile der Anlage sind aus Wales die sogenannten Blausteine herangeschafft worden. Häufig werden keltische Druiden mit dem Sonnenheiligtum in Verbindung gebracht, die jedoch erst viel später in die Gegend kamen. Sie versammelten sich in heiligen Hainen nahe am Wasser, dem Symbol der Fruchtbarkeit. Keltische Artefakte deuten darauf hin, daß sie Menschenopfer darbrachten.

Etwa zur gleichen Zeit, als Stonehenge entstand, kam ein anderes Volk auf die Insel, das die Töpferkunst beherrschte, Bronzewerkzeuge fertigte und Einzelbestattungen kannte. Da man in den Gräbern verzierte Keramikbecher in Glockenform fand, nennt man diese Kultur Glockenbecherkultur. Offenbar kam es zu einer Verschmelzung mit der bereits existierenden Kultur, und viele Begräbnisse fanden in Stonehenge statt. Allmählich entstanden eine eigene bodengebundene Wirtschaftsweise und Hügelfestungen, die die Rolle der Sonnenheiligtümer übernahmen. Daraus entwickelten sich kleine befestigte Dörfer, wobei Maiden Castle in Dorset eines der anschaulichsten Beispiele darstellt.

Man nimmt an, daß im Zuge der nächsten Einwanderungswelle die Kelten ins Land strömten, denn die Vorgeschichte des Menschen erschließt sich uns nur aus archäologischen Funden und modernen Datierungsmethoden. Sie kamen etwa 700 v.Chr., und der

Zuzug hielt an, bis die Römer auf die Insel gelangten. Die Kelten stammten wohl ursprünglich aus Ost- und Mitteleuropa und übernahmen eine führende Rolle, da sie das Eisen kannten und damit überlegene Waffen besaßen. Es scheint sich um ein generell weiterentwickeltes Volk gehandelt zu haben, da sie Sümpfe trockenlegten und ihre Behausungen aus Holz und Flechtwerk bestanden und mit Lehm beworfen wurden. Die keltischen Stämme sind die Vorfahren der Hochlandschotten, der Iren und Waliser, und ihre Sprachen – es gab deren wohl mehrere – sind die Vorläufer des Kymrischen in Wales und Gälischen in Schottland.

Vorherige Seiten: Stonehenge. Sir Francis Drake. Karikatur. Links: Frühe Briten. Oben: Alte Karte.

Die Kelten haben uns ein reiches Erbe an kunstvoll gearbeiteten Metallgegenständen hinterlassen, wovon einige rein dekorativen Zwecken dienten, während andere religiöse Bedeutung hatten. Das British Museum in London verfügt über eine eindrucksvolle Sammlung.

Wir verdanken diesem Volk eine berühmte Figur der Geschichte: Im heutigen East Anglia lebten die Iceni mit ihrer Königin Boadicea (Boudicca), einer hochgewachsenen, rothaarigen und furchteinflößenden Person, die im Jahre 61 versuchte, die Römer aus dem Land zu werfen. Vor ihrer Niederlage war es ihr immerhin gelungen, deren Hauptstadt Londonium zu zerstören. Die Römer berichteten von

ihrer Tapferkeit, die sie mit anderen weiblichen Kriegerinnnen an den Tag legte.

Die Römer: Mit der Invasion der Römer beginnt die schriftlich belegte Phase der britischen Geschichte. Als erster überschritt Julius Cäsar den Ärmelkanal und betrat 55 v.Chr. die Insel, kehrte aber aufgrund des schlechten Wetters und weil er auf Widerstand stieß, nach Gaul zurück. Erst im Jahre 43 wagte Kaiser Claudius einen neuen Versuch, und diesmal wurde das unter dem gräco-romanischen Begriff Pretani bekannte Land bis auf Caledonia, das heutige Schottland, ohne nennenswerten Widerstand erobert. Zum Schutz vor den ständigen Überfällen der kriegerischen Pikten

(„Bemalte") ließ Kaiser Hadrian den nach ihm benannten Wall bauen, den man zwischen Carlisle und Newcastle noch zum großen Teil besichtigen kann. Die schottische Grenze hat sich jedoch nach Norden verschoben. Da die Überfälle kein Ende nahmen, errichtete Kaiser Antonius Pius einen zweiten Wall, durch den die Meeresarme des Forth und Clyde miteinander verbunden wurden. Doch auch das war vergeblich.

Fast 400 Jahre lang beherrschten die Römer das nunmehr Britannia genannte Land. Dann zogen sie angesichts der Bedrohung Roms, aufgrund der Angriffe durch Pikten und Skoten („Tätowierte" aus Nordirland) und wegen einer dringend notwendigen Front an der Ostküste, um die anstürmenden Angelsachsen zurückzuwerfen, ab.

Zurück blieben zahllose, zumeist befestigte Dörfer an der Stelle früherer keltischer Siedlungen oder eigene Militärlager. Die Nachsilbe -caster oder -chester englischer Ortsnamen wie Lancaster, Winchester oder Chester weist auf das lateinische Wort castra, Lager, hin. Hauptstadt der Römer war Londonium (London), während York den Norden sichern sollte und Bath (Aquae sulis) wegen seiner Heilquellen berühmt wurde. Diese Siedlungen waren durch so gut ausgebaute Straßen miteinander verbunden, daß sie jahrhundertelang benutzt und zur Grundlage späterer Fernstraßen wurden. Sie dienten zwar in erster Linie militärischen Zwecken, förderten aber auch den Handel, da der Gütertransport schneller vonstatten ging. Die berühmteste Straße, Watling Street, verlief von Dover über London nach Chester.

Die Römer nutzten auch Bodenschätze wie Blei, Eisen und Zinn und stellten Keramik her. Sie errichteten zum Teil heute noch bestehende Bäder, Tempel, Amphitheater und wunderschöne Villen, die schon damals mit einer einfachen Fußbodenheizung ausgestattet waren. Die Römer konnten lesen und schreiben, brachten das Lateinische mit und eine neue Religion, das Christentum. Alles das war fester Bestandteil des Lebens geworden, ehe im Jahre 306 der erste christliche Kaiser Konstantin gekrönt wurde. Doch die Mehrzahl der Menschen lebte wie vor der römischen Eroberung, und nach deren Abzug war von den neuen Errungenschaften nicht mehr viel zu spüren. Gebäude zerfielen, Sprache und Religion erlitten einen Niedergang und verschwanden.

Ansturm der Angelsachsen: Die Welle neuer Eindringlinge aus Mitteleuropa in Form von Sachsen, Angeln und Jüten trieb die keltische Urbevölkerung nach Wales und Schottland. Die Sachsen gründeten in Essex, Sussex und Wessex Königreiche, also vorwiegend im Westen der Insel, während sich die Jüten mit Kent begnügten und die Angeln East Anglia, Mercia (Midlands und die Grenzgebiete zu Wales) sowie Northumbria bis zur schottischen Grenze besetzten, eine Linie, die nach wie vor hartnäckig verteidigt wurde: Schon im 7. Jahrhundert wurde ein Angriff auf Schottland zurückgeschlagen.

Im Laufe der folgenden vier Jahrhunderte fochten die Angelsachsen untereinander um die Macht. Offa, der König von Mercia (757-797), entpuppte sich als Autorität und ließ an der Grenze zu Wales zur Abwehr der Kelten den sogenannten Offa's Dyke anlegen. Nach seinem Tod übernahm Wessex die führende Rolle. Unter Kenneth MacAlpin bildeten Pikten und Skoten in Schottland schließlich ein gemeinsames Königreich.

Um die Mitte des 9. Jahrhunderts wurden die Dänen oder Nordmänner, gemeinhin als Wikinger bekannt, seßhaft, nachdem sie Britannia fast 100 Jahre lang immer wieder überfallen hatten und mit ihrer Beute nach Hause zurückgekehrt waren. Nur Alfred der Große (871-901) konnte ihnen die Stirn bieten und eine Art friedliche Koexistenz durchsetzen. Die Wikinger gründeten in York eine Siedlung und beherrschten fortan den Norden und Osten, das Danelaw, während Alfred den Rest zugesprochen bekam. Alfred der Große ging als „Vater der britischen Marine" in die Geschichte ein, da er eine schlagkräftige Flotte aufbaute, die die Seemacht der Wikinger vernichtete, die Küsten sicherte und den Handel begünstigte. Außerdem reformierte er die Armee und erhöhte so deren Kampfkraft.

Zwar waren die Angelsachsen ein wilder Haufen, der sich ständig in den Haaren lag,

dennoch lieferten sie die Grundlagen für das englische Staatswesen. Sie teilten das Land in Grafschaften (*shires*) auf, die die Normannen später *counties* nannten, und entwickelten die Dreifelderwirtschaft, die bis zur Revolution in der Landwirtschaft im 18. Jahrhundert maßgeblich blieb. Auch das Gutssystem, in dessen Zuge der Gutsherrr Steuern eintrieb und eine Armee unterhielt, war ihre Erfindung. Nicht zu vergessen den Witan, den Rat, der dem König zur Seite stand, ein Vorläufer des Privy Council, der heute noch existiert.

Religiöser Wandel: Die Angelsachsen hatten ihre eigene teutonische Religion. Zu ihren Göttern gehörten Wotan, König des Himmels,

<u>Links:</u> **Cäsars Ankunft aus Viktorianischer Sicht.**
<u>Oben:</u> **Römisches Mosaik aus Dorset.**

Thor, Gott der Stürme, und Freya, die Friedensgöttin.

Das Christentum war außer bei den Kelten in Cornwall, Wales, Schottland und Irland bald verschwunden. 563 gründete ein Mönch namens Columban auf der Insel Iona westlich von Schottland ein Kloster, das bei der Christianisierung der Völker im Norden eine entscheidende Rolle spielen sollte. Ableger dieses Klosters wurden in Lindisfarne, Northumberland sowie im irischen Kells gegründet. Kleinere Klöster folgten in den keltischen Gebieten. Unter den neuen christlichen Vorzeichen gelangten die kunsthandwerklichen Fähigkeiten der Kelten zu neuer Blüte. In Lindisfarne entstand das berühmte *Evangeli-*

ganzen Land entstanden Klöster, die zu Horten der Gelehrsamkeit wurden. In Jarrow-on-Tyne verfaßte Beda, genannt Venerabilis (673-735), die *Kirchengeschichte des Englischen Volkes*. Sein Werk und die im folgenden Jahrhundert unter Leitung König Alfreds zusammengestellte *Anglo-Saxon Chronicle* dienen uns heute als unschätzbare Quellen über diese Geschichtsperiode. Der *Beowulf*, ein Heldengedicht aus dem 8. Jahrhundert, zeichnet das Leben bei Hofe nach und wurde als erstes Werk seiner Art in der Landessprache abgefaßt.

Alfred, der sich mit 40 Jahren selbst Latein beigebracht haben soll, übersetzte Bedas Buch ins Englische. Selbst ein gebildeter

ar, das heute im Britisch Museum zu bewundern ist, während das irische Kloster das *Book of Kells* schuf (große Teile entstanden in Lindisfarne), das in der Dubliner Trinity College Library ausgestellt wird.

Gegen Ende des 6. Jahrhunderts schickte Rom den Mönch Augustinus, der einmal gesagt haben soll: „Oh Herr, führe mich zur Keuschheit, aber erst später", zur Bekehrung der Angelsachsen auf die Insel. Er ging nach Canterbury, wo er zum ersten Erzbischof avancierte. Bei der Bekehrung des Königs und des Adels verzeichnete er große Erfolge, während das gemeine Volk in erster Linie von den Mönchen des Nordens missioniert wurde. Im

Mann, förderte er den Lerneifer anderer, gründete Schulen und entwickelte ein Rechtssystem. Somit trägt er seinen Namen „Alfred der Große" nicht zu Unrecht.

Nach dem Tod dieser Persönlichkeit kam es wieder zu Zwistigkeiten. Seine Nachfolger eroberten Danelaw zurück, doch 980 marschierten dort erneut die Wikinger ein. König Ethelred versuchte die Eindringlinge zum Verschwinden zu bewegen, indem er bei seinen Untertanen eine Steuer (*danegeld*) erheben ließ, die an die Wikinger gezahlt werden sollte. Doch der König mit dem Beinamen der „Unvorbereitete" erwies sich als schlechter Menschenkenner. Die Wikinger wurden immer raffgieriger, während er den Überblick verlor. Da es im eigenen Lager keinen geeigneten Nachfolger gab, wählte der Witan den Dänen Knut den Großen zum neuen König.

Dieser erwies sich als weiser Herrscher. Er verteilte die Macht auf Dänen und Angelsachsen und zwang zur Sicherung der Nordgrenze den Schottenkönig Malcolm II., ihn als Oberherrn anzuerkennen. Knapp 20 Jahre später sollte Malcolms Enkel Duncan von Macbeth, dem machtgierigen Lord of Moray, ermordet werden. Doch auch Macbeth nahm ein gewaltsames Ende, und Duncans Sohn bestieg als Malcolm III. den Thron. Das Grundgerüst für Shakespeares *Macbeth* beruht somit auf Tatsachen, während die intrigante Lady Mac-

natürlich den Normannen wesentlich näher als den Angelsachsen und zog sich bald den Unmut seines Schwiegervaters, Earl Godwin, zu, da er „fremden" Günstlingen hohe Ämter zuschanzte und zu allem Überfluß einen normannischen Priester zum Erzbischof von Canterbury machte. Außerdem soll er dem Herzog der Normandie, William, den englischen Thron versprochen haben, doch als Edward starb, wählte der Witan Harold, den Sohn Godwins, zum König.

Harold regierte nur knapp ein Jahr. Im Oktober des Jahres 1066 machte William seine Thronansprüche geltend. Er landete bei Pevensey an der Küste von Sussex in der Nähe der Römerfeste Anderida und besiegte Harold

beth und Banquos Geist weniger der Realität entsprechen. Wären Knuts Söhne Harold und Harthaknut ihm nicht so schnell in den Tod gefolgt, hätte die Geschichte Großbritanniens ganz anders verlaufen können. So aber fiel die Königswürde an Edward, den Sohn Ethelreds, der den größten Teil seines Lebens in der Normandie verbracht hatte.

Normannische Eroberung: König Edward (1042-66), genannt der Bekenner, war ein frommer Mann, der zum Ruhme des Herrn Westminster Abbey errichten ließ. Er stand

auf dem Senlac Field bei Hastings. Das Ereignis ging in die Geschichte ein, wohl auch deshalb, weil die Insel seither nicht mehr besetzt worden ist.

Am Weihnachtstag wurde William, der sich sogleich anschickte, sein Königreich zu festigen, in der Westminster Abbey gekrönt. Viele Angelsachsen waren in der Schlacht gefallen, andere nach Schottland geflohen. Damit wurde dort die durch die Heirat von König Malcolm III. mit Margaret, einer englischen Prinzessin, eingeleitete Anglisierung intensiviert. William füllte das Vakuum mit normannischen Baronen und stärkte das bereits bestehende Feudalsystem.

Links: Knut der Große ist nicht Moses. **Oben:** William macht sich nach England auf.

Die Barone erhielten gegen das Versprechen, Soldaten auszuheben und einen Teil der landwirtschaftlichen Erträge an den König abzuliefern, Ländereien zugesprochen, die sie anschließend an niedrige Adlige, Ritter und Freie aufteilten, und zwar wiederum auf der Basis von Gütern und Dienstleistungen. All das spielte sich auf dem Rücken der Leibeigenen, also unfreien Bauern ab, deren Dasein eigentlich ein Sklavenleben war.

Den größten Einfluß hatte William im Süden. Angesichts eines angelsächsisch-dänischen Aufstands im Norden entschloß er sich, in mehreren brutalen Attacken auch diesen Landstrich zu „befrieden", wobei große Teile Yorks verwüstet wurden. Er konsolidierte sei-

nen Machtbereich durch den Bau zahlreicher Wehrburgen und ersetzte den Witan durch eine Große Ratsversammlung seiner Kronvasallen, die dreimal jährlich in Winchester, Westminster und Gloucester tagte.

Nun wollte William wissen, wem was gehörte im neuen Königreich, welche Erträge er erwarten konnte und wie die Steuern zu Buche schlagen würden. Der von seinen Beamten zusammengestellte Bericht, das sogenannte Domesday Book, war 1086 abgeschlossen. Das Werk wird heute im Public Records Office zu London aufbewahrt und gilt als einzigartiges Zeugnis der frühen Sozialgeschichte Großbritanniens.

Die frühen Normannenkönige hatten große Mühe, ihre Grenzen zu sichern. Henry I., der Sohn Williams, suchte einen friedlichen Ausgleich mit Schottland: Er ehelichte Matilda, die Tochter König Malcolms III., starb aber 1135 ohne männliche Nachkommen. Seine Tochter, auch Matilda genannt, heiratete Henry Plantagenet, den Grafen von Anjou, und wurde in einen Bürgerkrieg gegen die Anhänger ihres Vetters Stephen hineingezogen. Als Ergebnis dieser Auseinandersetzungen riß Stephen zwar 1153 die Krone an sich, mußte aber Matildas Sohn Henry als Mitherrscher anerkennen. 1154 starb Stephen, so daß Henry, Gründer des Hauses Plantagenet-Anjou, 35 Jahre lang als König regierte.

Die großen Klöster: Zwar tobten die Schlachten, denen die Könige tatenlos zusahen, dennoch war diese Periode auch gekennzeichnet durch die Blüte der normannischen Kultur auf englischem Boden. Als neue kulturelle Zentren fungierten die Klöster der Benediktiner und Zisterzienser. Im Süden taten sich besonders Canterbury, Westminster und Winchester hervor, während im Norden Fountains Abbey und Rievaulx sowie Strata Florida in Wales den Ton angaben. Schottland erlebte während der Regierungszeit König Davids I. (1124-53), des Sohnes Malcolms III., mit dem Bau der Klöster von Melrose, Dryburgh, Jedburgh und Kelso und der Verlegung der Hauptstadt nach Edinburgh ebenfalls eine Blütezeit.

Diese Klöster brachten hochgebildete Historiker und Gelehrte hervor, die ihr Wissen durch den Besuch anderer europäischer Klöster zu ergänzen suchten, außerhalb der Ordensgemeinschaft jedoch nicht aktiv wurden.

Benediktinerklöster bildeten einen entscheidenden Teil des Feudalsystems und erreichten bis zu einem gewissen Grad fast den Stellenwert der Großgrundbesitzer. Die Äbte lebten in Saus und Braus und frönten ungeniert der Völlerei. Im Gegensatz dazu standen die Zisterziensermönche, die nicht von der feudalen Ausbeutung profitierten und sich weit weniger dem Wohlleben hingaben. Schon durch ihre Abgeschiedenheit in den Tälern von Yorkshire und Wales lag dort das Schwergewicht auf spiritueller Entfaltung und Unterstützung der Bevölkerung mit Schafzucht und Wollhandel, der eine wichtige Basis für den Wohlstand des Landes werden sollte. 100 Jahre später stiegen dann auch die Benediktiner in das einträgliche Geschäft ein.

Beide Ordensgemeinschaften waren gastfreundlich gegenüber Reisenden und wohltätig zu den Armen. Doch dem Abt von Evesham konnte niemand das Wasser reichen, er „wusch ihnen die Füsse, kleidete sie und gab ihnen Geld". Zudem mußte ein ständiger Pilgerstrom versorgt werden, da sich Wallfahrten großer Beliebtheit erfreuten. Zwei davon nach St. David's (Wales) galten soviel wie eine nach Rom.

Die *Canterbury Tales* erschienen zwar erst 1387, doch die Protagonisten, eine Wallfahrergruppe auf dem Weg nach Canterbury, waren im gesamten Mittelalter nichts Ungewöhnliches. Zwar ging es wohl nicht überall so wild zu wie in diesen Geschichten, doch die

nes Edelmanns entstand, der für ein Lächeln seiner angebeteten jungfräulichen Herzensdame kämpfen und sterben würde. Daraus erwuchs die Artussage, die seither ständig die Phantasie der Menschen beschäftigt hat.

Arthur war vermutlich ein keltischer Fürst des 6. oder 7. Jahrhunderts. Doch erst Geoffrey von Monmouth wob im 12. Jahrhundert viele Legenden, etwa die Geschichte mit Excalibur und dem Zauberer Merlin. Das Schloß Tintagel in Cornwall, angeblich Geburtsort Arthurs, entstand erst im 12. Jahrhundert.

Da jetzt immer mehr Menschen lesen konnten, wuchs das Interesse an der eigenen Geschichte. Zuverlässige Daten waren Mangelware, also nahm es nicht Wunder, daß ausge-

Popularität von Chaucers Buch zeigt, daß man damals einen deftig-zotigen Humor zu schätzen wußte und daß die Frauen, nimmt man die Figur des Wife of Bath als Beispiel, als ebenso lüstern wie die Männer galten.

König Arthur und Albion: Die Ritterfigur Chaucers versinnbildlicht aber noch eine andere Seite des mittelalterlichen Lebens, nämlich die höfische Tradition und den Kodex der Ritterlichkeit, denn es war in der Zeit der Kreuzzüge im 12. Jahrhundert, als die höchst überzogene, romantisch idealisierte Idee je-

Links: Prächtiger Psalter (12. Jh.) aus York. **Oben:** Pilger auf dem Weg nach Canterbury.

schmückt, romantisiert und dazugedichtet wurde. Für Geoffrey rührte der alte Name Albion für Großbritannien daher, daß es von Albina, der Tochter des römischen Kaisers Diokletian, regiert wurde. Eine andere Theorie besagt, daß das Wort vom Lateinischen *alba*, weiß, kommt und sich auf die Klippen von Dover bezieht, wo die Römer landeten.

Im 15. Jahrhundert veröffentlichte William Caxton mit *The Description of Britain* eine höchst amüsante Mischung aus Fakten und Fiktion, und 100 Jahre später war es Raphael Holinshed mit seinen *Chronicles*, der die Geschichte von König Lear beschrieb, die später von Shakespeare weiterbearbeitet wurde.

Für seine historischen Dramen griff William Shakespeare auf die Könige der Häuser Plantagenet und Tudor zurück, die zwischen 1154 und 1547 das Land beherrschten. Namen wie Heinrich und Richard fallen einem ein oder auch König John (Johann ohne Land), um die er phantasievolle, blutrünstige Handlungen und heroische Geschichten wob. Heinrich II., der erste aus der Reihe der Plantagenets, blieb jedoch T.S. Eliot vorbehalten, der mit *Mord im Dom* ein klassisches Drama verfaßte.

Dieser Herrscher stellte den anglo-normannischen Staat auf ein solides Fundament. Mütterlicherseits war er der rechtmäßige König von England, vom Vater erbte er den Titel eines Grafen von Anjou. Durch die Ehelichung Eleonore von Aquitaniens bemächtigte er sich auch ihrer Ländereien, während Schottland, Irland und Wales unabhängig blieben. Zur Stärkung seines Einflusses reformierte er die Verwaltung und entwickelte das sogenannte *common law*, ein unkodifiziertes Gewohnheitsrecht, das noch heute Gültigkeit hat und sich vom europäischen und schottischen Recht unterscheidet.

Die Beziehungen zwischen Kirche und Staat verschlechterten sich jedoch zusehends. Bestimmte Aspekte seiner Rechtsreformen suchten das kirchliche Monopol bei Verhandlungen gegen Mitglieder des Klerus zu brechen, denen weltliche Vergehen angelastet wurden, und sie dem Landesrecht zu unterwerfen. Thomas Becket, sein früherer Freund und willensstarker Erzbischof, wandte sich entschieden gegen dieses Vorhaben. Die Situation wurde immer gespannter. 1170 nahmen vier Ritter des Königs dessen Wunsch beim Wort, jemand „möge mich von diesem lästigen Priester befreien", und brachten ihn vor dem Altar der Kathedrale von Canterbury um. Eine Welle der Empörung ging durchs Land, der Papst verhängte ein Interdikt, das erst aufgehoben wurde, nachdem der König an Beckets Grab Buße getan hatte.

Nach dem Tod Heinrichs 1189 wurde sein Sohn Richard neuer König. Richard war immer schon einer der beliebtesten Herrscher Englands gewesen, obwohl oder vielleicht

Vorherige Seiten: Kostüme des 14. Jahrhunderts.
Links: Heinrich V. **Oben**: Johann ohne Land.

gerade weil er die meiste Zeit im Heiligen Land zubrachte, wo er während der Kreuzzüge die „Ungläubigen" bekämpfte. Der wegen seiner Tapferkeit „Löwenherz" genannte Monarch wurde nach seinem Tod in Frankreich trotz der durch seine ständige Abwesenheit und kostspieligen Heldentaten verursachten inneren Wirren heftigst betrauert. Die haltlosen Zustände in der Heimat, an denen sein Bruder und Nachfolger, König John, nicht ganz schuldlos war, riefen Robin Hood, den edlen Geächteten, auf den Plan.

Magna Charta: Daß König John ein schlechter Herrscher war, weiß jedes Kind in England. Er stritt mit dem Papst, weil er Einkünfte aus kirchlichen Besitztümern in die eigene Kasse fließen ließ und weil ihm die Ernennung von Stephen Langton zum Erzbischof von Canterbury nicht paßte. Ein weiteres päpstliches Interdikt und die Exkommunikation Johns waren die Folge.

Auch zog er sich den Unmut der Barone zu, da er nicht in der Lage war, ihre Ländereien in der Normandie vor dem Zugriff des Französenkönigs Philipp August zu schützen. Nicht zu vergessen seine von ihm erhobenen hohen Steuern, die Mißachtung der Lehensgerichte und die widerrechtliche Aneignung von Abgaben, an denen sich bislang die Barone selbst gütlich getan hatten.

Die durch die ihnen entgegengebrachte Verachtung zutiefst verärgerten Barone drohten mit bewaffnetem Widerstand, sollte der König sich weigern, an ihn gestellte Forderungen zu erfüllen. Es handelte sich dabei um die Grundlagen der Magna Charta, die 1215 in Runnymede bei Windsor unterzeichnet wurde. Die alten Rechte der Kirche wurden wiederhergestellt, der König mußte willkürliche Verhaftungen einschränken und durfte keine Abgaben mehr in die eigene Tasche fließen lassen. Den Baronen lag in erster Linie daran, ihre feudalen Privilegien zu verteidigen.

Zwar gilt die Charta in der britischen Rechtsgeschichte als Meilenstein, der gewisse Freiheiten festschreibt, eine Lösung der Probleme damals bedeutete sie aber nicht. Der Papst verurteilte sie, König John scherte sich wenig darum und hob so rasch es ging Truppen aus, um den Norden zu plündern. Die Barone ersuchten Ludwig von Frankreich um Hilfe, aber John starb 1216, ehe er noch mehr Schaden anrichten konnte.

Sein Sohn Heinrich III. hatte auch keine glücklichere Hand. Er schanzte alle hohen Posten in Kirche und Staat ausländischen Günstlingen zu, die nach seiner Heirat mit Eleonore von Provence ins Land strömten.

1242 zettelte er einen verhängnisvollen Krieg mit Frankreich an, durch den die Ländereien von Poitou verlorengingen. Die Barone erhoben sich unter Simon de Montfort und besiegten den König in der Schlacht von Lewes (heute Hauptstadt der Grafschaft East Sussex). 1265 berief de Montfort ein Parlament ein, in dem alle wichtigen Städte und Gemeinden saßen. Allerdings war dieses erste „Unterhaus" noch Jahrhunderte von einer echten demokratischen Volksvertretung entfernt. Doch de Montforts Machtgelüste kosteten ihn bald die Loyalität der Barone, so daß 1266 Heinrich III. wieder zum König gemacht wurde, der bis 1272 eine friedliche, ja sogar erfolgreiche Politik betrieb.

Unter seinem Sohn Edward I. wurde Wales schließlich erobert und der englischen Krone unterstellt. Llewellyn, der Fürst von Wales, fand am Ufer des Wye in der Schlacht von Builth den Tod, sein Bruder David wurde gefangengenommen und hingerichtet. Durch die Statuten von Wales wurde das Land englischem Recht unterworfen, und Edward machte seinen Sohn zum Fürsten von Wales – ein Titel, der auch heute noch dem englischen Thronfolger zusteht.

Schottische Unabhängigkeit: Kaum war Wales unter die englische Knute geraten, begannen die Auseinandersetzungen mit den Schotten. Vor über 100 Jahren hatte König David das Land geeint, allerdings ohne die Inseln, die nach wie vor zu Dänemark gehörten. In den Highlands sprach man Gälisch, andernorts hatte sich weitgehend das Englische durchgesetzt. Der Handel zwischen beiden Ländern florierte. Daß die Schotten den Engländern deshalb sonderlich gewogen waren, kann man jedoch nicht behaupten.

Als König Alexander II. 1286 starb, kam es zu Streitigkeiten zwischen potentiellen Nachfolgern. Zunächst überredete man John Balliol, Sohn des Gründers von Balliol College, als englischer Vasall die Krone zu übernehmen. Doch er verweigerte den Treueeid auf England, verbündete sich stattdessen mit dem französischen König, überschritt die Grenze und verwüstete Cumberland. Edward gefiel dies natürlich gar nicht, er ließ den Treulosen gefangennehmen und den Stone of Scone (Krönungsstein der Schotten) in die Westminster Abbey bringen.

Robert Bruce (1274-1329), einer der größten schottischen Nationalhelden, setzte den Kampf gegen die englische Vorherrschaft fort. Er unterlag zwar dem Earl of Pembroke und mußte fliehen, wurde dann aber doch König, besiegte die Engländer 1314 bei Bannockburn und sicherte so die Unabhängigkeit seiner Heimat. Seine Tochter Margery heiratete Walter Stewart, deren Sohn Robert II. als erster Stuart 1371 den Thron bestieg.

In England bekleckerte sich Edward II. nicht gerade mit Ruhm: Seine Niederlage gegen Bruce ebnete den Schotten den Weg nach Irland. Auch ging die Gascogne verloren, und er brachte die Barone gegen sich auf, da er hohe Ämter mit unfähigen Freunden bekleidete. Schließlich verließ ihn seine Frau zugunsten seines Feindes Roger Mortimer. Die beiden nahmen die Königswürde an, und 1327

Philipp IV. von Frankreich war, den französischen Thron beanspruchte. Der Erfolg neigte sich bald auf die eine, bald auf die andere Seite. In der Schlacht von Crécy fanden über 30 000 Franzosen den Tod, und im Massaker von Limoges mußten 3000 Soldaten ihr Leben lassen. 1371 hatte England den größten Teil seiner französischen Besitzungen verloren. Nach einer langen Friedensphase erneuerte Edwards Urenkel, Heinrich V., den Shakespeare in seinem Stück verewigte, den Thronanspruch. Unter erstaunlich geringen Verlusten besiegte Heinrich (den später Sir Laurence Olivier spielte) die Franzosen bei Agincourt und hungerte vier Jahre später Rouen aus, das schließlich eingenommen wurde. Als

setzte das Parlament Edward ab, der seinen Sohn als Thronfolger bestimmte. Edward fand im Berkeley Castle, Glostershire, ein gewaltsames Ende.

Edward III. scheute sich nicht, seine Mutter lebenslänglich in Castel Rising, Norfolk, einsperren, Mortimer hinrichten zu lassen. Die meiste Zeit verbrachte er im Hundertjährigen Krieg gegen Frankreich (1337-1453), in dem es auch friedliche Phasen gab.

Die Auseinandersetzungen begannen, als Edward, dessen Großvater mütterlicherseits

Links: Ritterwappen. <u>Oben:</u> Schlacht von Agincourt, in der Heinrich V. die Franzosen schlug.

er 1422 starb, hatte er den gesamten Norden Frankreichs unter seine Herrschaft gebracht.

Pest und Kopfsteuer: Auch die Zeiten daheim waren hart. Der Pest, die 1348 die Insel erreichte, fiel fast die Hälfte der Bevölkerung zum Opfer. Im Laufe der kommenden 50 Jahre dezimierten kleinere Epidemien die Bevölkerung von vier auf zwei Millionen. Das hatte weitreichende Folgen. Viel Land blieb unbestellt, Arbeitskräfte waren rar, so daß die Position der überlebenden Bauern und ihrer Nachfolger gestärkt wurde. Es bedeutete aber auch, daß der eine oder andere Großgrundbesitzer wieder mit der Leibeigenschaft liebäugelte, wenn er den Bauern nicht mehr zahlen wollte oder konnte als bislang. Die wohlhabenden Bauern Kents und East Anglias ließen ihre Muskeln spielen, und als 1381 eine Kopfsteuer eingeführt wurde, kam es zum Aufstand gegen diese Abgabe und die unterdrückerischen Großgrundbesitzer. „Als Adam grub und Eva spann, wer war da der Edelmann?", sangen die Menschen und stellten zum ersten Mal in Frage, daß die gesellschaftlichen Verhältnisse gottgewollt seien.

Wat Tyler und Jack Straw hießen die bekanntesten Anführer des Bauernaufstands, die die städtische Unterschicht hinter sich brachten und kurze Zeit London beherrschten. (In Hampstead Heath erfreut sich ein Pub namens Jack Straw's Castle großen Zulaufs.) Die Re-

dürftigen Scholle das Notwendigste abzuringen und als Kleinbauer die eigene Existenz zu sichern.

Im Jahre 1399 kam es zu einem Umsturz: Richard II. wurde abgesetzt, seine Stelle nahm Heinrich IV., der Herzog von Lancaster, ein. Damals wurde der erste englische „Ketzer", William Sawtrey, Pfarrer von Lynn in Dorset, verbrannt, weil er die Lollard-Doktrinen gepredigt hatte. Bei den Lollards handelte es sich um Anhänger John Wycliffes, die die Autorität des Papstes in Frage stellten und die Bibel ins Englische übersetzten, damit auch der gemeine Mann sie lesen konnte. Auch der nächste König ließ die Lollards verfolgen, so daß die schwer unter Druck geratene Bewegung in

volte wurde brutalst unterdrückt, und Richard II. brach sein Wort, die Leibeigenschaft abzuschaffen. Diese Machtdemonstration des einfachen Volkes hatte die Herrschenden etwas nervös gemacht, und die Großgrundbesitzer waren bei der Durchsetzung ihrer Privilegien vorsichtiger geworden. Das Feudalsystem verschwand von der Bildfläche.

Auch die sogenannten „Yeomen of Old England" traten im Zuge der Entwicklungen des 14. Jahrhunderts auf den Plan, da es für die Grundbesitzer rentabler war, ihr Land zu verpachten. „Yeoman" bedeutet eigentlich ‚junger Mann', denn solche waren es auch, die über genügend Energie verfügten, der zumeist

den Untergrund gehen mußte. 100 Jahre später war den Bemühungen um kirchliche Erneuerung und Reform mehr Erfolg beschieden, da sie dann nämlich auch dem König zupaß kamen.

Rosenkriege: Friedliche Phasen waren die Ausnahme in jenen Zeiten. Im Ausland suchte man sich durch Krieg Ländereien anzueignen oder wiederzugewinnen, während zu Hause streitbare Thronkonkurrenten für nicht minder blutige Auseinandersetzungen sorgten. Heinrich IV. lag mit den Perceys im Clinch, einer mächtigen Familie aus Northumberland, und mußte mit dem Guerrilla-Krieg des Owain Glyndwr (Owen Glendower, 1354-

1416) fertigwerden, der sich zum Fürsten ernannt hatte und ein unabhängiges Wales errichten wollte.

Heinrich V. (1413-22), der Sohn Heinrichs IV., sah sich einer vom Earl of Mortimer angezettelten Verschwörung ausgesetzt, und im Jahre 1455 – Heinrich VI. war dem Wahnsinn verfallen, die Regierungsgeschäfte nahm ein Protector wahr – führten die Streitigkeiten zwischen den Herzögen von York und Lancaster zu den sogenannten Rosenkriegen. Zwar prägte erst Sir Walter Scott diesen Begriff im 19. Jahrhundert, er hat sich aber als stehender Ausdruck für die Kämpfe zwischen den Häusern York (weißes Rosenemblem) und Lancaster (rotes Emblem) eingebürgert.

halb der Schlachtfelder mit oder ohne Gerichtsverhandlung forderten. Paradebeispiele dafür sind Prinz Edward und Prinz Richard, die 1483 während ihrer Haft im Tower von London ermordet worden sein sollen. Man hat zwar ihren Onkel, den buckligen Richard III. Shakespeares, dafür verantwortlich gemacht, doch Beweise gibt es keine. Noch heute bemüht sich eine Vereinigung, seine Unschuld zu belegen.

Über die Umstände des Todes von Richard III. wissen wir besser Bescheid. Er kam in der Schlacht von Bosworth in Leicestershire ums Leben („Ein Pferd, ein Pferd, ein Königreich für ein Pferd"), wobei seine Krone in einem Weißdornbusch landete.

Edward IV. war zwischen 1461 und 1483 König von England. Er galt als „Mann von sanftem Wesen mit freundlichem Gesichtsausdruck", was wohl sein Bruder, der Herzog von Clarence, nicht unterschreiben würde, da er sich den Unmut des Monarchen zugezogen hatte und wegen Verrat 1478 in einem Faß Malmsey-Wein ertränkt wurde.

Einer der grausamsten Aspekte dieser Kriege waren die zahllosen Opfer, die sie außer-

Die Heirat zwischen Heinrich VII. (1485-1509), Urenkel von Owen Tudor und Sprößling des John von Gaunt, Herzog von Lancaster, mit Elizabeth von York beendete den Krieg. Damit waren die streitenden Fraktionen versöhnt, die Macht lag nun in den Händen der Tudors. Heinrich erwies sich als Finanzgenie, der es verstand, neue Geldquellen zu erschließen, um die leeren Staatskassen wieder zu füllen.

Durch Kredite, Subventionen, Vermögensabgaben und die Einziehung von Abgaben an die Grundherrn ging es finanziell aufwärts, doch leider verplemperte sein Sohn, Heinrich VIII., fast alles in erneuten Kriegen mit Frank-

Links: Wat Tyler wird vom Londoner Oberbürgermeister nach der Revolte im Beisein König Richards (auch rechts bei der Truppeninspektion) geköpft. Oben: Zweikampf im Mittelalter.

reich. Die Schotten nutzten die Chance, verbündeten sich mit Frankreich und drangen in England ein. Doch in der Schlacht von Flodden Field erlitt James IV. eine vernichtende Niederlage – 10 000 Schotten fanden mit ihm den Tod.

Bruch mit Rom: Heinrich VIII. ist der berühmteste englische König. Der korpulente, gefräßige und ausschweifende Herrscher war sechsmal verheiratet, wurde zweimal geschieden und ließ zwei seiner Frauen köpfen. Auch holte er die Reformation ins Land, so daß sich in England der Protestantismus gegen den Katholizismus durchsetzte, da der Papst sich weigerte, seine Ehe mit Katharina von Aragonien zu annullieren, die ihm keinen männli-

chen Thronerben gebar. Weitere Protagonisten im Drama um Heinrich VIII. waren Erzbischof und Lordkanzler Thomas Wolsey, der als Ausdruck seines Reichtums Hampton Court erbauen ließ und später wegen Hochverrat angeklagt wurde; Sir Thomas More, der sich weigerte, Heinrich als Oberhaupt der Anglikanischen Hochkirche anzuerkennen, wurde geköpft, während Thomas Cromwell zwischen 1536 und 1539 dem Wunsch des Königs Folge leistete und die Klöster des Landes zerstörte. Doch ging er in seinem Eifer für den Geschmack des Königs wohl etwas zu weit, denn auch er wurde schließlich auf dem Tower Hill einen Kopf kürzer gemacht, während alle klösterlichen Besitzungen und Reichtümer dem Monarchen anheimfielen.

Natürlich liegen die Wurzeln der englischen Reformation tiefer. Papst Clemens VII. verweigerte die Dispens für die Scheidung nur deshalb, weil er den römisch-deutschen Kaiser Karl V. fürchtete, den mächtigsten Monarchen Europas und Neffen Katharinas. Seit Jahren war in der Kirche der Wunsch nach Wandel und Reform spürbar gewesen, und jetzt schien die Zeit aufgrund des Erfolges von Martin Luther (1483-1546), dem großen Reformator, reif dafür zu sein. Die Privilegien und der Reichtum des Klerus erregten auch den Unmut jener Kreise, die an den Lehren an sich nichts auszusetzen hatten. Und selbstredend benötigte Heinrich VIII. das Geld, das durch den Einzug der Klostervermögen in seine Kassen fließen würde.

Im Jahre 1536 wurde Wales mit England im Act of Union vereinigt und erhielt damit Sitze im englischen Parlament. Als Heinrich VIII. 1547 auf dem Totenbett lag, folgte ihm sein einziger Sohn Edward, ein kränklicher Knabe von zehn Jahren, nach, der bereits sechs Jahre später starb. Nun war seine Halbschwester Maria I. Tudor an der Reihe, die den Beinamen „die Blutige" erhielt und bewies, daß Frauen genauso rücksichtslos ihre Interessen vertreten konnten wie Männer, wenn es die Situation erforderte. Die fanatische Katholikin führte die alte Religion wieder ein und nährte Befürchtungen, daß ihre Heirat mit Philipp II. von Spanien diesem Land zuviel Einfluß und auch noch die gefürchtete Inquisition in England bescheren würde. Während ihrer Herrschaft wurden mindestens 300 Protestanten als Ketzer verbrannt, zu denen auch Erzbischof Cranmer gehörte, der in Oxford umgebracht wurde, wobei man zuerst „die nichtswürdige Hand" ins Feuer warf, die zuvor einen Widerruf unterzeichnet hatte.

Maria I. Tudor (nicht zu verwechseln mit Maria Stuart) verlor darüber hinaus in einem erneuten Krieg mit Frankreich Calais, „hellster Juwel der englischen Krone" und letzte englische Besitzung auf dem Kontinent. Da ihr offenbar der Verlust von Land mehr ans Gemüt schlug als der von Menschenleben, meinte sie auf dem Sterbebett, das Wort „Calais" sei in ihr Herz eingegraben.

<u>Oben</u>: Kardinal Wolsey, Erzbischof und Kanzler Heinrichs VIII.(<u>rechts</u>). Wolsey war ein Opfer der Hinrichtungsmanie des heiratslustigen Königs.

Das elisabethanische Zeitalter mit seinem Mythos von der „jungfräulichen" Königin ist vom Draufgängertum geprägt: Schneidige Höflinge bevölkerten den Palast von White-hall, die spanische Armada wurde vernichtend geschlagen, Freibeuter wie Sir Martin Frobisher und Sir John Hawkins gingen in die Geschichte ein. Sir Walter Raleigh brachte Tabak aus Virginia, und Sir Francis Drake umsegelte die Welt. Sogar große Dichter wie Sir Philip Sidney und John Donne bereisten die Welt per Schiff, während William Shakespeare (1564-1616) zu Hause blieb und die Menschen der Renaissance im Globe Theatre in Southwark unterhielt. Dichtung, Theater und historische Festspiele hatten Hochkonjunktur und standen auf der Tagesordnung, wenn die Königin das Land bereiste.

Elizabeth I., Tochter Heinrichs VIII. aus der Ehe mit Anne Boleyn, dürfte ein interessantes Leben am Hof geführt haben, war aber fast 20 Jahre ihrer langen Herrschaft (1558-1603) damit beschäftigt, die Versuche der Katholiken zu unterbinden, sie zu entmachten oder umbringen zu lassen. Sie führte den Protestantismus wieder ein, sah sich aber ständig Komplotten jener Zeitgenossen ausgesetzt, die die schottische Königin Maria Stuart auf den Thron setzen und die alte Religion wieder zur Geltung bringen wollten.

Maria Stuarts Geschichte ist recht abwechslungsreich: Als junge Witwe kehrte sie aus Frankreich zurück, wohin sie als Kind gebracht worden war, und heiratete 1565 ihren Vetter Lord Darnley. Doch sie knüpfte allzu zarte Bande mit ihrem Sekretär Rizzio, der deshalb von ihrem Gatten im Edinburgher Holyrood Castle erstochen wurde – der Fremdenführer kennt die Stelle genau, auch verblaßte Blutspritzer fehlen nicht! Kurz darauf erwischte es auch Darnley, und als Maria ihren Liebhaber Bothwell etwas verfrüht ehelichte, kam es zum Aufruhr und ihr Sohn James bestieg den Thron.

Auf der Flucht nach England ließ Elizabeth sie verhaften und einsperren. Trotz spanischer Komplotte mußte sie im Kerker dahinvegetie-ren. Prozeß und Hinrichtung (1587) bedeuteten die Ausschaltung der Galionsfigur auf seiten der katholischen Verschwörer, und nach der Vernichtung der Armada ein Jahr später war der katholische Widerstand endgültig gebrochen. England hatte die Seeherrschaft erobert und damit die Grundlagen geschaffen für einen gedeihlichen Handel und die Kolonisierung der Welt.

Da Elizabeth aber keinen Erben hinterließ, folgte ihr Marias Sohn als James I. von England auf den Thron nach. Damit kam es vor-

übergehend zur Union zwischen Schottland und England, doch auch er mußte sich mit religiös verbrämten Machtkämpfen auseinandersetzen. Die Puritaner traten mit der Überzeugung in den Vordergrund, die Reformation sei nicht weit genug gegangen und forderten eine reinere Form des Glaubens. Im Zuge weiterer katholischer Verschwörungen landete Sir Walter Raleigh 13 Jahre lang im Tower of London, wurde jedoch sinnigerweise von James I. begnadigt und nach Guyana geschickt, um die leeren Staatskassen zu füllen. Das Vorhaben scheiterte, Raleigh wurde des Hochverrats bezichtigt und in Winchester hingerichtet.

Vorherige Seiten: Charles II. (links) und Charles I. auf einer Stickerei des 17. Jh. **Links**: Vernichtung der spanischen Armada. **Oben**: Elizabeth I.

Aufruhr und Verschwörung: 1605 kam es zum berühmtesten katholischen Terrorakt, als Guy Fawkes das Parlamentsgebäude in die Luft jagen wollte (Gunpowder Plot). Doch Fawkes und seine Helfershelfer wurden hingerichtet, man erließ scharfe Gesetze gegen die Katholiken. Noch heute feiert man am 5. November diesen Tag, Fawkes wird als Strohpuppe verbrannt, das Knallen von Feuerwerkskörpern untermalt das umtriebige Spektakel.

Die Proteste der Puritaner waren etwas zivilisierter, doch viel Wohlwollen brachte ihnen der König nicht entgegen. Abgesehen von einer Bibel-Übersetzung ins Englische machte er so gut wie keine Zugeständnisse, sondern erklärte, er erwarte Anpassung, „sonst werfe

donderry hieß. Ulster wurde zur ersten wichtigen Kolonie Englands.

Die Stuart-Ära war geprägt durch die Kämpfe zwischen Monarch und Parlament. James I., ein strammer Verfechter des Gottesgnadentums, hätte am liebsten ganz auf die Volksvertreter verzichtet und regierte sieben Jahre lang tatsächlich autokratisch. Doch nach der erneuten Einberufung 1621 verlangte das Unterhaus politische Mitspracherechte, wenn man schon für die Aristokratie den Steuereintreiber spielen mußte.

Bürgerkrieg: Unter Charles I. wurden die Spannungen unerträglich. 1628 nahm er widerstrebend die Petition of Right an, die als Meilenstein der britischen Geschichte gilt.

ich euch aus dem Land". Dem kamen freiwillige Auswanderer zuvor, die sich zunächst nach Holland absetzten, 1620 mit der *Mayflower* nach Amerika segelten und als „Pilgerväter" New Plymouth, die erste englische Siedlung in der Neuen Welt, gründeten.

Werfen wir einen Blick nach Irland, wo sich Dinge taten, die noch heute für Blutvergießen und Terror verantwortlich sind. Die Ländereien nordirischer Lords waren im Zuge der brutalen Unterdrückung von Aufständen durch Elizabeth I. konfisziert und an englische und schottische Siedler verteilt worden. Zwölf Londoner Handelsgilden erhielten die Grafschaft Derry zugesprochen, die ab jetzt Lon-

Willkürliche Verhaftung und Einkerkerung wurden verboten, Steuern sollten nur mit Billigung des Parlaments erhoben werden. Doch 1629 löste der König das Parlament auf und regierte bis 1640 als absoluter Monarch – und zwar nicht einmal schlecht. Doch bereitete der Übereifer eines William Laud, seines Zeichens Erzbischof von Canterbury, dieser Phase ein Ende, da er versuchte, die Liturgie der Anglikanischen Kirche der Church of Scotland überzustülpen.

Die Schottische Kirche (Kirk) war unter dem Einfluß Johann Calvins (1509-64) einen steng puritanischen Weg gegangen und wurde von Presbytern, nicht von Bischöfen verwaltet. Lauds Instinktlosigkeit führte zu offenem Aufruhr. Man gründete den National Covenant, um „dem Papismus die Stirn zu bieten" und marschierte gegen England.

Dem König gebrach es an Geld und Soldaten, also mußte er das Parlament einberufen. Doch Monarch und Volksvertreter lagen einander ständig in den Haaren, so daß 1641 irische Katholiken den Zwist ausnutzten und die Siedler angriffen, die ihnen ihr Land genommen hatten. Tausende von Opfern waren zu beklagen, und die Entrüstung in England wurde zusätzlich durch das Gerücht geschürt, Charles habe die Katholiken unterstützt. Außerdem hatte sich dieser nicht entblödet, den Versuch zu unternehmen, seine fünf offen-

lische Bürgerkrieg war Gegenstand leidenschaftlicher Romantisierungsversuche, wobei die Sympathien für König und „Kavaliere" zu Lasten von Cromwell und seiner „Rundköpfe" gingen. Es gibt eine zeitgenössische Gesellschaft, die regelmäßig die entscheidenden Schlachten in Szene setzt.

Auch die Enthauptung von König Charles auf einem Schafott vor dem Banqueting House von Inigo Jones in Whitehall 1649 ist zum Gegenstand der Mythenbildung geworden. Er soll zwei Hemden getragen haben, um in der Januarkälte nicht zu frieren, was das Volk als Feigheit hätte mißdeuten können.

Wie so oft in der Politik beobachtet werden kann, brachte der Märtyrertod eines Gegners

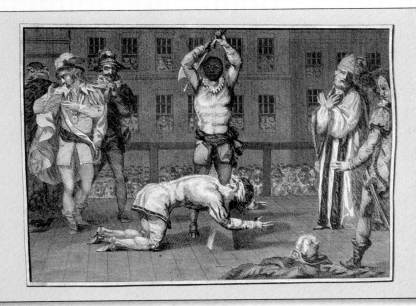

kundigsten Gegner im Parlament verhaften zu lassen – der Bürgerkrieg war entbrannt.

Charles sicherte sich die Unterstützung Nord- und Westenglands und von Wales. Oliver Cromwell, der Vertreter von Cambridge im Parlament und eingefleischte Puritaner, stand an der Spitze der von London und den südenglischen Grafschaften unterstützten Ironsides, denen sich später auch schottische Regimenter anschlossen. Schlösser, Kirchen und Burgen erlitten schwere Schäden im Krieg und wurden danach geschleift. Der eng-

nur Nachteile. In England griff allgemeines Entsetzen um sich, während man in Schottland seinen Sohn Charles zum König krönte. Dieser wurde jedoch mit dem Presbyterianismus nicht warm, den er eigentlich verteidigen sollte. Er wandte sich mit seinem Heer nach England, wo er bei Worcester geschlagen wurde, sich nach Süden durchschlug und schließlich in Frankreich Asyl fand.

Oliver Cromwell hatte zwischenzeitlich mit seinen „Rumpfparlamentariern" – das waren jene, die die Exekution des Königs gebilligt hatten – England zum Commonwealth gemacht. Zu Beginn seiner Herrschaft ließ er als Vergeltung für die irischen Massaker sämtli-

Links: Hinrichtung der schottischen Königin Maria Stuart. Oben: Charles I. erging es nicht besser.

che Bewohner von Drogheda und Wexford umbringen. Es folgte die Unterdrückung der Levellers, einer Gruppierung in seiner eigenen Armee, der die Demokratisierungsmaßnahmen nicht weit genug gegangen waren. 1653 löste Cromwell das Parlament auf, ließ sich zum Lord Protector ernennen und herrschte bis zu seinem Tod 1658 autokratisch. Die republikanische Bewegung fiel ohne ihn auseinander, und schon 1660 krönte man Charles II. zum König.

Unter seiner Herrschaft (1660-85) erlebte England eine Blüte. Er soll „nie eine Narretei begangen, aber auch nichts Vernünftiges" zuwege gebracht haben. Jedenfalls fürchtete das Parlament, er könnte töricht genug sein, zum

nannten Clarendon Code Unterdrückungsmaßnahmen ausgesetzt. Dennoch stammen zwei der wichtigsten literarischen Werke der Zeit aus puritanischer Feder: John Bunyans *Pilgrims' Progress* entstand im Gefängnis, in das er wegen „unerlaubten Predigens" gesteckt worden war, und John Miltons *Paradise Lost*, ein schlecht getarntes Klagelied für die Sache der Puritaner.

Whigs und Tories: Die ersten politischen Parteien entstanden aus der Angst heraus, das Königtum könnte wieder zu stark werden. Man bedachte sie mit Spitznamen: *whigs* war ein abwertender Begriff für Viehtreiber, während *tory* im Irischen Raubmörder bedeutet. Die Whigs bekämpften die absolute Monar-

Katholizismus überzutreten. Dem beugte man mit dem Test Act vor, einem Gesetz, das alle Katholiken von Staatsämtern ausschloß. 1678 sorgte Titus Oates, dessen Haus in der High Street von Hastings zu besichtigen ist, mit einer Falschmeldung für ein Klima der Hysterie. Durch eine Verschwörung des Papstes sollte der König ermordet werden, hieß es, und damit konnten bequem Tausende von Katholiken aus dem Verkehr gezogen werden. Der Disabling Act sorgte dafür, daß fast 300 Jahre lang kein Katholik ins Unterhaus gewählt werden konnte.

Auch die Puritaner, die sich jetzt Nonkonformisten nannten, sahen sich mit dem soge-

chie und traten für Religionsfreiheit ein, die Tories hielten der Staatskirche und der Krone die Stange, waren also die natürlichen Nachfolger der Royalisten Charles I. Mitte des 19. Jahrhunderts sollten die Whigs mit abtrünnigen Tories eine Koalition eingehen, was die Bildung der Liberal Party bedeutete. Die Tories waren somit die Vorläufer der heutigen Konservativen Partei.

1685 folgte James II. (1685-89) Charles auf den Thron nach. Innerhalb eines Jahres hatte er widerrechtlich Steuern erhoben und versucht, die absolute Monarchie und den Katholizismus erneut zu etablieren. Aufstände der Herzöge von Monmouth und Argyle ließ er brutalst unterdrücken. Richter Jeffreys wurde ins West Country geschickt, um in Dorset mit den Anhängern Monmouths kurzen Prozeß zu machen: 300 Menschen hängte man, viele andere mußten als Sklaven auf die Westindischen Inseln gehen.

Whigs und Tories rauften sich schließlich zusammen und ersuchten die Tochter von James II., Mary, und ihren Mann, den Protestanten Wilhelm von Oranien, um Unterstützung. James floh, und 1688 bot man den beiden die englische Krone an – ein Ereignis, das als „Glorreiche Revolution" Geschichte machte. Durch die Wahl des neuen Monarchen hatte sich das Parlament als mächtiger erwiesen als der König. In der sogenannten

Bill of Rights mußte der Monarch Zugeständnisse machen: Die Ära des Gottesgnadentums und der absoluten Monarchie war unwiderruflich zu Ende.

Doch James II. hatte die Hoffnung noch nicht aufgegeben. Mit französischer Unterstützung landete er 1689 in Irland, wo er auf die Unterstützung der Katholiken hoffte, die ihm auch gewährt wurde, allerdings mit verheerenden Folgen. 30 000 Protestanten trotzten in Londonderry einer 15wöchigen Belage-

Links: Battle of the Boyne – Wilhelm von Oranien besiegt die Iren. Oben: Portrait John Churchills, des Herzogs von Marlborough.

rung, wurden aber schließlich doch besiegt. Ihre Nachkommen nennen sich immer noch „Orangemen", deren Motto „Wir geben nicht auf" auch 1991 in Ulster Gültigkeit hat. 1690 schlug Wilhelm den Aufstand nieder (Battle of the Boyne). James flüchtete nach Frankreich, auch der Süden Irlands wurde unterworfen: die Protestanten hatten auf der ganzen Linie gesiegt.

Die ganze Zeit über lag England mit Frankreich im Clinch, der sich schließlich zum Spanischen Erbfolgekrieg (1701-14) auswuchs, in dem England versuchte, den österreichischen Erzherzog Karl zum spanischen König zu machen. John Churchill, der Herzog von Marlborough, errang 1704 bei Blenheim einen glänzenden Sieg, für den er Blenheim Palace in Oxfordshire erhielt. Im gleichen Jahr wurde Gibraltar – nach wie vor Streitpunkt bei Gesprächen mit Spanien – besetzt. Mit dem Utrechter Frieden von 1713 ging der Krieg zu Ende, und die englische Königin Anne starb 1714, ohne einen Erben zu hinterlassen.

Während ihrer Amtszeit war die Bezeichnung Großbritannien entstanden, als 1707 mit dem Act of Union Schottland und England hauptsächlich aus wirtschaftlichen Gründen vereinigt wurden: Das sogenannte Darien Scheme, das den schottischen Handel mit den Westindischen Inseln erleichtern sollte, war in erster Linie deshalb gescheitert, weil die East India Company ihre mächtigen Finger im Spiel hatte und die Handelssteuern für schottische Exportgüter nach England astronomische Ausmaße angenommen hatten. Das Gesetz sah vor, daß die beiden Länder zwar ein gemeinsames Parlament und den gleichen König haben sollten, Schottland aber eine eigene Kirche und Rechtsprechung behalten würde. Ständige freundschaftliche Beziehungen ließen sich damit freilich nicht erreichen, und einige Jahre später kam es deswegen auch in Schottland zum Jakobitenaufstand.

Händels Großbritannien: Nach dem Ableben von Königin Anne wurde dringend ein verläßlicher Protestant als König gesucht. Die Wahl fiel auf George I. aus dem Hause Hannover, den Urenkel James I. mütterlicherseits. Während seiner 13jährigen Amtszeit lernte der Deutsche nie fließend Englisch und hatte auch nichts für seine Untertanen übrig. Doch wenigstens auf musikalischem Gebiet erwies er sich als Segen für die Briten: Georg Friedrich Händel war in Hannover als Hofkapellmeister beschäftigt gewesen und 1712 noch vor seinem Brötchengeber nach London gekommen, um dort sein Glück zu versuchen. Das hatte George I. verärgert, so daß Händel seinem neuen König zu Ehren die *Wassermusik* schrieb. Händel wurde ein typisch englischer Komponist und ist in Westminster Abbey beigesetzt.

Das Haus Hannover herrschte mit vier Königen namens George fast 115 Jahre lang. Es war eine Zeit der Kriege mit Frankreich und Spanien, des sich ausdehnenden Weltreichs, der Industrialisierung und zunehmender Forderungen nach politischen Reformen. In dieser Phase kam es auch zum letzten Mal zu Bestrebungen, gewaltsam den König zu entmachten, und zwar handelte es sich um zwei

Gesetze wurden erlassen, die den Anführern der Clans die Rechtsprechungsbefugnis entzogen, das Tragen der landesüblichen Kleidung untersagten und die traditionellen Lebensgewohnheiten in den Highlands praktisch ausmerzten. Prince Charlie durchstreifte als Vogelfreier monatelang die Highlands, ehe er nach Frankreich entkommen konnte. Kaum eine andere Figur hat die schottische Volksseele so stark beeinflußt wie dieser Mann, der sowohl bei seinen Landsleuten als auch bei denen, die ihn besiegt hatten, unsterblichen Ruhm erlangte.

Seit dieser Zeit spielten sich die Machtkämpfe auf politischer Ebene ab, denn bei Politikern und beim Parlament lag nunmehr

Jakobitenaufstände zur Unterstützung der „Pretenders", Nachkommen von James II.

Der erste vom Earl of Mar angezettelte Aufstand (1715) brach nach der Schlacht von Stirling zusammen. Die Anführer flohen nach Frankreich. 1745/46 versuchte man es erneut, da England gerade wieder Frankreich bekriegte. Bonnie Prince Charlie kehrte aus Frankreich zurück, scharte eine gewaltige Armee um sich und rückte gegen England vor. Da er von den englischen Jakobiten kaum unterstützt wurde, ging er nach Schottland, wo seine Highlander in der grauenhaften Schlacht von Culloden vom Herzog von Cumberland („der Schlächter") geschlagen wurden.

der tatsächliche Einfluß. Der König wurde zusehends entmachtet. Mag für den Historiker George III. eine interessante Figur sein, letztlich gab die Politik von William Pitt oder Lord Liverpool den Ausschlag. Auch das Viktorianische Zeitalter war eigentlich die Ära Peels, Palmerstons, Gladstones und Disraelis.

Armes London, reiches London: Wie sah nun das Leben in der Hauptstadt aus, als 1714 der neue König nebst Gattin eintraf? Die Bevölkerung hatte sich seit 1600 mehr als verdoppelt und betrug jetzt 550 000 Menschen, obwohl während der Pestepidemie von 1665 gut 100 000 Menschen starben und die Kindersterblichkeit sehr hoch war. Endlos war die

Zahl der Zuwanderer aus verarmten ländlichen Regionen, die auf Arbeitssuche nach London kamen. Neue Bewirtschaftungstechniken und Maschinen sorgten für zusätzliche Massenströme, da viele Menschen auf dem Land keine Arbeit mehr fanden.

Man hatte London nach dem Großfeuer von 1666, das in einer Bäckerei in der Pudding Lane ausgebrochen war und zwei Drittel aller Holzgebäude vernichtet hatte, teilweise neu aufgebaut. Doch die eleganten Gebäude eines Sir Christopher Wren (1632-1723), der mit der St. Paul's Cathedral sein Meisterwerk schuf, hatten nicht das Geringste zu tun mit den übervölkerten und unhygienischen Slums, in denen die Mehrheit der Bevölke-

ten Vermögen verursachten einen fulminanten Boom im Bank- und Versicherungswesen sowie im Aktienhandel. Doch auch das Sprichwort „Wie gewonnen, so zerronnen" hatte seine Gültigkeit: Als Gegenleistung für exklusive Handelsrechte hatte sich die South Sea Company 1720 bereiterklärt, für einen Teil der horrenden Staatsverschuldung aufzukommen. Doch die Aktien verloren an Wert, zurück blieben Tausende von ruinierten Geschäftsleuten. Robert Walpole (1676-1745) intervenierte in dieser Situation so geschickt, daß er Schatzkanzler und 1721 erster britischer Premierminister wurde.

Auch das Handwerk und das Kunsthandwerk blieben nicht beschäftigungslos. Dar-

rung ein armseliges Dasein fristen mußte. In wohlhabenderen Gegenden verbreitete man die Straßen, damit die Kutschen durchkamen, und um 1750 tauchte erstmals Straßenbeleuchtung auf. Die Westminster Bridge erstrahlte 1813 im Glanz der Gaslaternen. Typisch für die Benachteiligung in den Elendsvierteln ist das Bild *Gin Lane* von William Hogarth.

Damals wie heute war London das Handelszentrum des Landes, und die durch die Ausbeutung der Kolonien zusammengeraff-

über hinaus entwickelten sich Dienstleistungsbetriebe, die für die Bedürfnisse der Stammgäste der Theater, Konzertsäle und Kaffeehäuser sorgten, die in den wohlhabenderen Stadtteilen entstanden waren.

London war auch Zentrum des höfischen und politischen Lebens. Die königliche Familie logierte im Buckingham House, Kensington Palace und Hampton Court. George III. bewohnte als erster König Buckingham House, das George IV. von John Nash in einen Palast umbauen ließ. Das Parlament trat in Westminster zusammen, allerdings nicht in den heutigen Räumen, sondern in einem nach dem Feuer von 1834 neu erbauten Gebäude.

Links: Niederlage der Jakobiten bei Culloden.
Oben: *Gin Lane* von William Hogarth.

Durch den Pariser Frieden von 1763 festigte Großbritannien nach dem Siebenjährigen Krieg seine Stellung in den überseeischen Kolonien und stieg zur Weltmacht auf. Das Empire war seit Beginn des 17. Jahrhunderts ständig gewachsen. 1607 hatte man mit Virginia die erste Kolonie in Nordamerika gegründet. 1620 ließen sich die Pilgerväter in Massachusetts nieder, weitere Siedlungen folgten im Laufe des Jahrhunderts. Um 1700 hatten dort zumeist Gouverneure der Krone das Sagen, die Kolonien waren ins britische Weltreich eingegliedert.

Der Bedarf an Fellen, Reis, Seide, Tabak und Zucker führte zu kriegerischen Auseinandersetzungen mit den Holländern und Franzosen, aus denen Großbritannien gestärkt hervorging und weite Teile Westafrikas, Neufundland und Neuschottland sowie einige Inseln der Karibik beherrschte. Im 18. Jahrhundert stritten Frankreich und England um die Vorherrschaft in Kanada und Indien, wobei die Briten ab 1760 die Nase eindeutig vorne hatten: Die Eroberung Quebecs durch General James Wolfe beendete den französischen Einfluß, und Robert Clive hatte sowohl Franzosen wie Inder auf dem Indischen Subkontinent bezwungen, so daß die East India Company als private Kolonialmacht dastand.

Der Verlust der amerikanischen Kolonien 1783 wurde durch die Öffnung des pazifischen Raumes ausgeglichen. James Cook erreichte 1768 Tahiti, segelte nach Neuseeland und Australien, wo er in der Botany Bay an Land ging. Da man keine Sträflinge mehr nach Nordamerika schicken konnte, bot sich Australien als willkommene Alternative an.

Leider war der Warenverkehr mit den Kolonien untrennbar mit der Sklaverei verknüpft. Europäische Händler kauften Sklaven in Westafrika, brachten sie unter katastrophalsten Bedingungen nach Amerika und verkauften sie an Plantagenbesitzer, häufig im Tausch gegen Naturalien. Diese Rohstoffe wurden zu Hause weiterverarbeitet und gingen als Enderzeugnisse in andere Teile des Empires. Dieses Handelsdreieck bedeutete für die einen Superprofite, für die anderen Elend und Ausbeutung. Erst 1807 sorgte der unermüdliche William Wilberforce für ein Verbot dieser Handelspraktiken, und 1834 wurde schließlich in allen englischen Kolonien die Sklaverei abgeschafft.

Wege zum Reichtum: Im späten 18. Jahrhundert kam es auf dem Land zu radikalen Veränderungen. Seit den Tagen der Angelsachsen hatte man die schmalen Äcker von Pächtern bestellen lassen, gemeinschaftliches Land diente als Weide. Dinge wie Fruchtwechsel

und Düngung waren so gut wie unbekannt, und man nutzte den Boden, bis er völlig ausgelaugt war.

Im späten 18. und frühen 19. Jahrhundert versetzten die Enclosure Acts wohlhabendere Grundbesitzer in die Lage, sich Ländereien anzueignen, für die der Pächter keinen Rechtsanspruch geltend machen konnte. Diese Neuaufteilung ist bis heute für weite Teile des ländlichen Englands charakteristisch, und die Bilder John Constables (1776-1837) von Suffolk belegen, daß sich in einigen Landesteilen bis heute nichts verändert hat.

Das Fruchtwechselsystem bedeutet, daß die Bodenkapazität voll ausgenutzt werden konn-

Links: *Schlacht bei Trafalgar*, Gemälde von Turner. **Oben:** Im Hafen von Bristol wird reger Handel mit Waren aus der Neuen Welt getrieben.

te, wobei der Anbau von Futterpflanzen die Versorgung des Viehs im Winter garantierte. Kunstdünger und Erfindungen wie die Sämaschine durch Jethro Tull steigerten Effizienz und Rentabilität in der Landwirtschaft. Für die vertriebenen Pächter und von der Maschine verdrängten Arbeiter war es eine Katastrophe. Es kam zu Unruhen, doch der Fortschritt ließ sich nicht mehr aufhalten. Viele besitzlose Bauern mußten sich Arbeit in den Städten suchen, die bald hoffnungslos übervölkert waren. In Irland und den schottischen Highlands führte die Agrarrevolution zur Massenauswanderung, und zwar vorwiegend in die Neue Welt. Natürlich waren auch soziale Spannungen die Folge.

Industrialisierung: Die erste Dampfmaschine wurde zwar schon 1690 gebaut, doch erst als der schottische Erfinder James Watt (1736-1819) diese 1765 veränderte und verbesserte, wurde Dampf zur nutzbaren Energiequelle, mit der Züge und Schiffe sowie die Maschinen in den Fabriken angetrieben wurden. Mit neuen Dampfpumpen ließen sich im Kohlebergbau tiefe Schächte bohren, was die Ausbeute enorm steigerte. Dieser technischen Errungenschaft kam große Bedeutung zu, als die im Tagebau ausgebeuteten Bergwerke nahezu erschöpft waren.

Die Textilindustrie war traditionell ein lebenswichtiger Teil der britischen Wirtschaft gewesen, und die Erfindung der Jenny-Spinn-

Diejenigen, denen die neuen Bewirtschaftungsmethoden zu Reichtum verholfen hatten, wollten ihr Geld gewinnbringend investieren und taten sich mit den Bankiers und Händlern zusammen, die kräftigst am internationalen Handel verdient hatten.

Dieser Kapitalüberschuß war einer der Gründe, warum Großbritannien als erstes Land der Welt zur Industrienation wurde, begünstigend wirkte auch relative politische Stabilität, die schützende Insellage, Bodenschätze und günstige Handelsabkommen. Die auf dieser Basis vonstatten gehenden Umwälzungen bedeuteten im wahrsten Sinne des Wortes eine echte Revolution.

maschine (1767) und des mechanischen Webstuhls (1786) ermöglichte die Massenproduktion. Wie in der Landwirtschaft wurden auch hier die Lebensgrundlagen jener Menschen zerstört, die kein Investitionskapital besaßen. Wer noch zu Hause auf dem Handwebstuhl gearbeitet hatte, mußte jetzt in die „düsteren, satanischen Fabriken". Die Ludditen – benannt nach Ned Ludd aus Leicestershire – versuchten, die verhaßten Ungetüme zu zerstören. Sie scheiterten, und in der Folge verschwand die Heimarbeit fast vollständig von der Bildfläche.

Wichtigster Meilenstein für die Beschleunigung der Industrialisierung dürfte jener epochemachende Durchbruch gewesen sein, mit dem es Abraham Darby erstmals gelang, Eisen mit Koks anstatt wie bisher mit Holzkohle zu verhütten. Damit stand wesentlich mehr Eisen zum Bau von Maschinen, Eisenbahnen und Schiffen zur Verfügung. 1776 baute man in England die erste gußeiserne Brücke, die nach wie vor benutzt wird. Gußstahl kannte man zwar schon um 1750, doch erst 1855 ermöglichte der Bessemerprozeß eine kostengünstige Massenproduktion.

Natürlich wäre es sinnlos gewesen, Güter zu fertigen, ohne sie auf den Markt bringen zu wollen. Parallel zur Produktion verbesserte man deshalb die Transportmittel. Im 18. Jahrhundert wurden viele Kanäle gebaut, so daß ab

Unter Verwendung eines Belags aus Schotter, Splitt und grobem Sand wurden neue Straßen gebaut. Der Name des Erfinders McAdam steckt noch in der heute geläufigen Bezeichnung Teermakadam, einer verbesserten Version. Bis zum Beginn des 19. Jahrhunderts hatten John Loudon McAdam und Thomas Telford, dessen Meisterwerk die Menai Strait Bridge ist, ein Straßennetz von gut 200 000 Kilometern Länge geschaffen.

Schienenwege: Wir sind jedoch eigentlich mitten im Zeitalter der Eisenbahn, das J.M.W. Turner (1775-1851) in abstrahierender Weise etwa in Bildern wie *Regen, Dampf und Geschwindigkeit* festgehalten hat. Isambard Kingdom Brunel (1806-59), der auch die ele-

etwa 1830 alle wichtigen Industriezentren durch Wasserwege miteinander verbunden waren und Schottland durch den Caledonian Canal in zwei Hälften zerfiel. Die meisten Kanäle wurden mit dem Aufkommen der schnelleren und rentableren Eisenbahn zwar überflüssig, doch bieten sie heute auf Tausenden von Kilometern Sportmöglichkeiten für Freizeitkapitäne. Allein das Kanalnetz Birminghams beispielsweise ist länger als jenes in Venedig!

Links: Kohlebergwerk in den Midlands zu Beginn der industriellen Revolution. Oben: Turners Bild *Regen, Dampf und Geschwindigkeit* (1844).

gante Clifton Suspension Bridge über die Avon-Schlucht konstruierte, plante auch die Great Western Railway. Die von George Stephenson entworfene Strecke zwischen Stockton und Darlington wurde 1825, fünf Jahre vor der Linie zwischen Liverpool und Manchester, in Betrieb genommen. Getrübt wurde dieses historische Ereignis durch den tragischen Unfall von William Huskisson, dem Präsidenten der Handelskammer.

Im 18. und 19. Jahrhundert entstand eine neue Industriellen- und Unternehmerschicht, die in ihrem Reichtum der Aristokratie in nichts nachstand, von dieser aber als Neureiche (*nouveaux riches*) verachtet wurde. Und die Arbeiter? Die neuen Fabriken boten zwar Arbeitsplätze, doch die Bedingungen waren fürchterlich. Die neuen Bergwerke forderten viele Todesopfer, und wer einem plötzlichen Tod entging, siechte oft langsam an der Staublunge dahin. Vierjährige Kinder wurden im Untertagebau eingesetzt, Frauen arbeiteten zusammen mit Männern. Auch in den Fabriken waren Arbeiter jeden Alters schlechten Lichtverhältnissen und ohrenbetäubendem Lärm ausgesetzt, ganz zu schweigen von der rücksichtslosen Behandlung und einem 15stündigen Arbeitstag.

Erst 1833 verbot der erste Factory Act die Beschäftigung von Kindern unter neun Jahren. Frauen unter 18 durften nicht länger als

zwölf Stunden täglich arbeiten. Es sollten jedoch weitere 60 Jahre vergehen, ehe ein neues Gesetz gesundheitliche Probleme und Sicherheitsfragen am Arbeitsplatz regelte. Diese frühen Reformen der Arbeitswelt gingen von aufgeklärten Liberalen aus, die sich die Sache der unterprivilegierten Klassen zu eigen machten und sich deshalb häufig den Unmut ihresgleichen zuzogen. Es würde noch einige Zeit dauern, ehe sich das Proletariat selber Gehör verschaffen konnte.

Die Combination Acts (1824) ermöglichten den Zusammenschluß von Arbeitern lediglich zur Durchsetzung von Lohnforderungen. Der Fall von sechs Arbeitern aus Dorset, die des Landes verwiesen wurden, weil sie mehr Rechte durchsetzen wollten (Tolpuddle-Märtyrer) zeigte, daß sich die Arbeiterschaft gegen Ausbeutung schützen mußte. Doch erst 1868 trat der erste Gewerkschaftskongreß zusammen. Die Arbeiterorganisationen wurden immer stärker, wenngleich sie sich zunächst in erster Linie für die Belange der Bergleute, Eisenbahner und Transportarbeiter einsetzten.

Wandel tut not: Der Amerikanische Unabhängigkeitskrieg und die Französische Revolution bereiteten den herrschenden Klassen gegen Ende des 18. Jahrhunderts das größte Kopfzerbrechen, da sich einerseits zeigte, daß die Menschen bereit waren, für Gleichheit, Eigenstaatlichkeit und Demokratie zu sterben, während es im anderen Fall darum ging, die Aristokratie sowie alle Gegner von Freiheit, Gleichheit und Brüderlichkeit einen Kopf kürzer zu machen.

Radikale Denker wie Edmund Burke (1729-97) und Tom Paine (1737-1809) waren begeistert vom Unabhängigkeitsstreben der Amerikaner, wobei Paine zunächst die Ideale der Französischen Revolution unterstützte, sich später aber aufgrund der Auswüchse angewidert abwandte. In seinem Werk *Die Rechte des Menschen* (1792) trat er dafür ein, daß ein korrupter Staat von seinen Bürgern reformiert werden dürfe. Viele Gleichgesinnte fühlten sich angesprochen, die Regierung zeigte sich natürlich besorgt, unterdrückte die Pressefreiheit und ließ die Protagonisten der neuen Bewegung einsperren; Paine floh nach Frankreich, um Repressalien zu entgehen.

Die Angst vor der Revolution wurde durch Kriege mit Frankreich und Spanien verstärkt. Die Napoleonischen Kriege begannen, als Frankreich in Holland und Belgien einzufallen drohte, und zogen sich mit einer dreijährigen Unterbrechung bis 1815 hin.

Zwei der größten britischen Nationalhelden – Lord Nelson (1758-1805) und der Herzog von Wellington (1759-1852) – traten nun auf den Plan und sorgten für wichtige Siege: 1798 kam es zum Seesieg bei Abukir gegen Frankreich und 1805 zur Schlacht bei Trafalgar, in der Nelson den Tod fand. Wellington seinerseits besiegte Napoleon in der Schlacht bei Waterloo (1815), was das Ende der Auseinandersetzungen bedeutete.

Dennoch sollten nicht revolutionäre Umwälzungen, sondern allmähliche Reformen die Geschicke Englands beeinflussen. Zwischen 1832 und 1884 wurden drei Reform Bills verabschiedet. Das erste dieser Gesetze schuf ein realistisches Verhältnis zwischen Bevölkerungsdichte in den Wahlkreisen und Sitzverteilung im Parlament. Darüber hinaus erhielten viele Haus- und Grundbesitzer je nach Wert ihrer Liegenschaften das Wahlrecht zugesprochen.

Die späteren Reformen dehnten das Wahlrecht zwar allmählich aus, beschränkten es aber nach wie vor auf besitzende Schichten. Erst 1918 wurde das allgemeine Wahlrecht eingeführt, das aber immer noch Frauen unter 30 diskriminierte. 1928 durften auch sie erstmals an die Urnen gehen. Es ist sehr unwahrscheinlich, daß Frauen überhaupt schon so

den zu weit. Die Chartisten, die sich für geheime Wahlen unter Einbeziehung der Proletarier einsetzten, galten als gefährliche Revolutionäre, doch die Bewegung löste sich 1848 infolge innerer Zwistigkeiten auf.

Der 1829 verabschiedete Emancipation Act, durch den auch Katholiken ins Parlament gewählt werden konnten, war ein weiterer Schritt, der bei vielen von der alten Garde Befürchtungen nährte, der Papst könnte an Einfluß gewinnen und die anglikanische Kirche sowie den Staat untergraben. Die Rücknahme der Corn Laws, also der hohen Besteuerung ausländischer Getreideeinfuhren, durch die der Handel erschwert wurde und die Armen Not litten, war derart umstritten, daß sich

früh das Wahlrecht erhalten hätten, wären da nicht die Suffragetten gewesen, die sich mit spektakulären und hier und da auch gewalttätigen Demonstrationen unter der Führung Emmeline Pankhursts vehement für die Sache der Frauen einsetzten. Auch die Rolle, die die Frauen im Ersten Weltkrieg in den Fabriken übernommen hatten, beschleunigte diesen Emanzipationsprozeß.

Mögen uns diese Maßnahmen heute auch als nicht sehr tiefgreifend anmuten, vielen gingen die Veränderungen dennoch entschie-

Links: Seeheld Admiral Nelson. **Oben:** Die Industrialisierung schafft eine neue Arbeiterklasse.

die herrschenden Konservativen in zwei Lager spalteten. Die Anhänger von Premierminister Sir Robert Peel, die die Rücknahme befürworteten, taten sich bald mit den Whigs zusammen und gründeten die Liberal Party, die sich dem Freihandel, der Religionsfreiheit und der Auffassung verschrieben hatte, daß Irland in die Unabhängigkeit zu entlassen sei.

Das irische Problem: Die irische Frage erwies sich als unlösbar. Jahrhundertealte Ressentiments kamen wieder an die Oberfläche, als 1848 nach der verheerenden Kartoffelmißernte 20 Prozent der Iren verhungert waren und über eine Million auswanderten. Die Feindschaft gegen alles Britische kam in den folgenden Jahrzehnten in sporadischen Gewalttaten zum Ausdruck. Nachdem 1885 das Wahlrecht erneut erweitert worden war, erhielten erstmals 86 Mitglieder der Irish Party einen Parlamentssitz.

Unter der Führung von Charles Parnell, dem „ungekrönten König Irlands", und mit der Unterstützung Gladstones und seiner liberalen Partei sah es ganz danach aus, daß sich die irischen Hoffnungen auf Unabhängigkeit erfüllen könnten. Doch Gladstones Gesetzesvorlagen fanden keine Mehrheit, Parnell setzte man durch die Aufdeckung eines Skandals schachmatt. Erst 1914 gestand Großbritannien Irland ein eigenes Parlament zu. Doch der Erste Weltkrieg machte diese Pläne zunichte,

erklärte Premierminister Eamon de Valera Südirland zur Republik.

Die Feindschaft zwischen Katholiken und Protestanten und gegen England verschärfte sich, und eine einflußreiche Minderheit war nach wie vor der Ansicht, daß ein vereinigtes Irland durch bewaffneten Kampf erreicht werden könne. Nach einer relativ friedlichen Periode eskalierte 1969 in Belfast die Gewalt, als britische Truppen in Nordirland stationiert wurden. Seither sieht sich die IRA im Kriegszustand mit Großbritannien.

Anspruch und Wirklichkeit: Im Jahre 1848 wurde in Irland gehungert, während über ganz Europa die Revolution hereinbrach. Nachdem Großbritannien die Chartisten nicht mehr zu

und irische Nationalisten bereiteten sich auf den bewaffneten Kampf vor.

An Ostern 1916 kam es zum Aufstand, der brutalst unterdrückt wurde. Die Rädelsführer richtete man kurzerhand hin, so daß sich die irische Öffentlichkeit hinter die Insurgenten stellte, die ein eigenes Parlament, den Dail, gründeten und die Briten bekämpften, wo sie nur konnten. 1921 wurde Irland geteilt: Der Irische Freistaat im Süden erhielt den Status eines Dominions, jedoch nicht die volle Souveränität zugesprochen und nahm die Abspaltung der Provinz Ulster im Norden hin. Es kam zum Bürgerkrieg. 1932 gewann eine neue Partei, Fianna Fail, die Wahlen, und 1937

fürchten brauchte, machte sich Überheblichkeit und eine trügerische Harmonie breit, obwohl Benjamin Disreali in seinem Roman *Sybil* Großbritannien als Land der „zwei Nationen" bezeichnete.

Chrystal Palace, der Schauplatz der Weltausstellung 1851, war von Joseph Paxton entworfen worden und erwies sich als Paradestück der industriellen und technischen Leistungsfähigkeit Großbritanniens. Allerdings fragten sich viele Londoner, wann sie endlich in den Genuß der neuen Errungenschaften kommen würden, denn ihr Leben spielte sich so ab, wie Charles Dickens (1812-70) es in seinen Romanen – zunächst als Fortsetzungsserien in Zeitungen erschienen – beschrieb. Glücklicherweise erkannte nicht nur Dickens die Notwendigkeit von sozialen Reformen, die nur schleppend verwirklicht wurden. Allmählich setzte sich sogar die Idee durch, daß die Pflege des Gesundheitswesens Aufgabe des Staates war. Nach einer Choleraepidemie im Jahre 1832, die Tausende von Opfern forderte, ergriff man endlich Maßnahmen zur Versorgung der Bevölkerung mit sauberem Trinkwasser.

Die Polizeitruppe, die Sir Robert Peel 1829 ins Leben gerufen hatte und die nach ihm den Spitznamen „Bobbies" erhielt, sorgte in London und anderen Großstädten für Ruhe und Ordnung. Peel hatte – wohl beeinflußt von den bildung zu eigen gemacht. Das 1844 in Rochdale einsetzende Cooperative Movement fußte auf den Idealen der Selbsthilfe, bot Waren zu günstigen Preisen an und beteiligte die Mitglieder am Gewinn. Der von John Wesley (1703-91) begründete Methodismus war zur Religion der Arbeiterklasse geworden. Man sagt oft, die britische Labour Party habe mehr dem Methodismus als dem Marxismus zu verdanken.

Proletarier aller Länder…: In ihrer Gesamtheit gesehen fühlte sich die Arbeiterklasse definitiv weniger dem revolutionären Klassenkampf verpflichtet, sondern zog es vor, mit Hilfe der Gewerkschaften und durch Parlamentsvertreter ihre Interessen durchzusetzen.

Ideen Jeremy Benthams – die Todesstrafe für geringfügige Vergehen wie etwa Taschendiebstahl abgeschafft. Bentham, nach dessen Auffassung sich Belohnung und Strafe die Waage halten sollten, hatte in London das University College gegründet.

Eine neu entstandene Schicht von Angestellten, Händlern und Kunsthandwerkern hatte sich die in dem Buch *Self-Help* von Samuel Smiles befürworteten Werte wie Sparsamkeit, Mäßigkeit und selbständige Weiter-

Der erste 1892 ins Parlament gewählte Arbeiter hieß John Keir Hardie und war Führer der schottischen Bergarbeiter. 1906 zog dann die Labour Party erstmals ins Parlament ein. Karl Marx (1818-83) lebte und arbeitete zwar lange Zeit in London und ist auf dem Friedhof von Highgate begraben, doch übernahm nur eine relativ kleine Gruppe bürgerlicher Intellektueller seine Ideen.

Auch John Ruskin (1819-1900) fand bei der Arbeiterschaft kaum je die erhoffte Resonanz. Er war Gründungsmitglied der Präraffaeliten, einer Vereinigung von Malern und Schriftstellern, die im späten 19. Jahrhundert ihre Blüte erlebte. William Morris (1834-96), ein

Links: Wahlversammlung in Blackburn, Midlands. **Oben:** Druck von William Morris, der mittelalterliches Kunsthandwerk wiederbelebte.

entschiedener Gegner der Maschinenarbeit, teilte Ruskins Verbitterung über die im Kapitalismus herrschende soziale Benachteiligung der Besitzlosen. Beispiele seines Kunstverständnisses finden sich in Kelmscott Place bei Oxford, dem früheren Zentrum der Präraffaeliten. Als Mitstreiter sind zu nennen Edward Burne-Jones, John Millais und Dante Gabriel Rossetti, auch wenn sich diese Künstler zwar weniger Gedanken über soziale Mißstände ihrer Zeit machten, aber ebenso von der Rückkehr zu Kunstformen überzeugt waren, die vor der Renaissance gepflegt wurden. Sie hatten bald eine führende Position inne, und ihre Arbeiten finden sich in Galerien Londons, Birminghams, Manchesters und Liverpools.

Ruskin und Morris gehörten zu den immer zahlreicher werdenden Zeitgenossen, die der Ansicht waren, daß sich das Los der Arbeiterschaft nur durch Erziehung und Bildung verbessern ließ. Trotz gewisser Bedenken bestimmter Kreise verabschiedete man 1870 und 1902 die Education Acts, mit denen kostenloser Schulbesuch und die allgemeine Schulpflicht bis zum 13. Lebensjahr eingeführt wurden. Damit zog England mit Schottland gleich, das bereits seit 1696 ein staatlich geregeltes Bildungswesen kannte.

Im letzten Viertel des 19. Jahrhunderts wurden die Lebensbedingungen der Arbeiter entscheidend verbessert. In vielen Wohnungen brannten Gaslampen, und die Stadtverwaltungen sorgten für Straßenreinigung. Das Varieté sorgte für das Unterhaltungsbedürfnis der Unterschichten. Fahrräder wurden zum beliebten Fortbewegungsmittel, und im Sommer war es große Mode, mit dem Zug einen Tagesausflug ans Meer zu machen, auch wenn sich die meisten Ausflügler keine Badekarren leisten konnten, mit denen betuchtere Wasserfrösche ohne Verletzung des Schamgefühls ins kühle Naß gelangten.

Die Mittelschicht führte ein recht angenehmes Dasein. Verbesserungen des Transportwesens etwa durch die Eröffnung der Londoner U-Bahn im Jahre 1900 ermöglichten das Arbeiten in der Stadt, während es sich in den grünen Vororten gut leben ließ. Das Badezimmer war keine Seltenheit mehr, und viele konnten sich ein Dienstmädchen leisten.

Die Künste blühten: Aubrey Beardsleys (1872-98) dekorativ-sinnliche Zeichnungen erregten großes Aufsehen. Der Jugendstil hatte als Art nouveau die Insel erreicht und beeinflußte Charles Rennie Mackintosh (1868-1928), dessen Glasgow School of Art eines seiner berühmtesten Werke darstellt. Am Theater hatten sich zwei anglo-irische Autoren einen Namen gemacht: Während George Bernard Shaw (1856-1950) Bildungsanspruch mit Unterhaltung vereinigte und radikale Ansichten in sein Werk einfließen ließ, machte sich Oscar Wilde (1856-1900) gepflegt über die High-Society lustig, wurde wegen homosexueller Eskapaden eingesperrt und starb als gebrochener Mann.

Großbritannien konnte sich also selbst auf die Schulter klopfen, als Königin Victoria 1897 diamantenes Jubiläum feierte, und das sollte noch gute zehn Jahre so bleiben.

Mit dem Jubiläum blickte man auf eine Zeitspanne von 60 Jahren zurück, in denen die Königin zumeist als schwarzgekleidete Witwe den Thron innehatte. Sie war Herrscherin über das größte Reich der Erde. Auf zeitgenössischen Atlanten waren weite Teile der Welt rot eingezeichnet: britische Kolonien. Auch den indischen Punjab und große Teile Südafrikas hatte man sich angeeignet. Ägypten und der Sudan waren Kolonien geworden, nachdem man dort 1882 einmarschiert war, um die Schiffsrouten nach Indien durch den eben fertiggestellten Suezkanal zu sichern.

Oben: Königin Victoria, George V., Edward VII. und Edward VIII. **Rechts:** Crystal Palace.

AUGUSTUS BUTLER, DEL.T ET LITH. THE GUIDES AT THE CRYSTAL PALACE, OCT.R 28.TH 1854. STANNARD & DIXON, IMP.

Jede Glückssträhne geht einmal zu Ende. Zwar endete der Burenkrieg in Südafrika im Jahre 1900 mit einem britischen Sieg, doch für das internationale Ansehen des Landes war er ein Desaster. Frankreich, Deutschland und die USA wurden ernst zu nehmende Konkurrenten auf dem Weltmarkt. Als größte Herausforderung erwies sich das Deutsche Kaiserreich, das mit seinem Bildungssystem im wissenschaftlich-technischen Bereich die Nase vorne hatte. Es verfügte über immense Kohle- und Eisenvorräte und produzierte weltweit die größten Mengen an Stahl, der zum Bau von Kriegsschiffen verwendet wurde.

Die Furcht vor einer deutschen Überlegenheit zog den Schulterschluß von Franzosen und Briten nach sich. Der Kriegseintritt Großbritanniens 1914 war die Folge britischer Garantien für die Neutralität Belgiens sowie von Befürchtungen, wonach Deutschland Europa überrennen und sich Teile des Empires einverleiben könnte. Das Edwardianische Zeitalter (1900-1914) gilt gemeinhin als Höhepunkt der Stabilität, doch bei genauem Hinsehen standen die Zeichen schon auf Sturm.

Der Erste Weltkrieg kostete über eine Million Briten das Leben, die meisten waren noch keine 25 Jahre alt. Dieser hohe Blutzoll schokkierte sogar patriotisch eingestellte Autoren wie Rudyard Kipling (1865-1936), der die Kriegsziele kompromißlos unterstützt hatte. Darüber hinaus sahen sich jene Männer getäuscht, die in Frankreich gekämpft hatten und denen ein „Land für Helden" versprochen worden war, da bei ihrer Rückkehr bestenfalls Arbeitslosigkeit und katastrophale Wohnverhältnisse auf sie warteten. Frauen, die während des Krieges in den Fabriken gearbeitet hatten, waren nicht bereit, sich wieder an den Herd stellen zu lassen.

Es kam zu Streiks bei der Eisenbahn und im Bergbau. Unzufriedenheit mit den Verhältnissen führte in gut fünf Jahren zu vier Neuwahlen, wobei auch die Labour Party eine Regierung stellte. Ein Generalstreik lähmte 1926 das Land, die Forderungen der Gewerkschaften blieben jedoch unerfüllt. Unzufriedener denn je machten sich die enttäuschten Arbeiter wieder ans Werk.

Die „Goldenen" Zwanziger: Doch nicht alle lebten in kümmerlichen materiellen Verhältnissen. Damen mit Bubikopf und kurzen Kleidern tranken Cocktails und tanzten zu den neuen Jazz-Rhythmen aus Amerika. Der Stummfilm war gerade aufgekommen. Schriftsteller wie Virginia Woolf und D.H. Lawrence eröffneten den Neugierigen und Wagemutigen neue Horizonte, auch wenn es

bis 1960 dauern sollte, ehe *Lady Chatterley's Lover* erstmals bei Penguin Books erscheinen konnte.

Mit dem „Schwarzen Freitag" des Jahres 1929 schien das Leben in Saus und Braus abrupt zu Ende zu sein. Die Folgen waren bald in ganz Europa zu spüren, und 1931 hatte die Krise auch Großbritannien erreicht. Zwar mußten auch ein paar Reiche Federn lassen, doch die am härtesten betroffenen Regionen waren Nordengland, Südwales und das schottische Clydeside. Fast drei Millionen Menschen verloren ihren Arbeitsplatz, und das bißchen Arbeitslosengeld bewahrte sie vor Hunger und Obdachlosigkeit. Walter Green-

Vorherige Seiten: Sir Winston Churchill führte die Briten durch den Krieg. **Links:** Badenixen. **Oben:** Emmeline Pankhurst fordert Wahlrecht für Frauen und wird vor dem Buckingham-Palast verhaftet.

woods klassischer Roman *Love on the Dole* (1933) dürfte die damalige Stimmung am besten wiedergeben.

Süd- und Mittelengland waren weniger stark von der Krise betroffen und erholten sich aufgrund des raschen Wachstums in der Automobil- und Elektroindustrie sowie im Leichtmaschinenbau schneller. Die kühnen geometrischen Muster des Art déco, einer um 1925 in Paris entstandenen Kunstrichtung, zierten bald die neuen Fabrikgebäude, die entlang der Hauptstraßen gebaut worden waren. Auch das Automobil trat seinen Siegeszug an.

Nach dem Tod König George V. mußte das Land 1936 mit einer unerwarteten Krise fertigwerden. Edward VIII. folgte zwar seinem

Zweiter Weltkrieg: Da die Erinnerung an den „Krieg zur Beendigung aller Kriege" noch nicht verblaßt war, zögerte Großbritannien, sich auf eine neue Kraftprobe einzulassen. Doch ab 1939 war die Beschwichtigungspolitik gegenüber Deutschland nicht mehr zu rechtfertigen, Krieg unvermeidlich geworden. Zwar bedeutete die Insellage Schutz vor einer Invasion, dennoch zogen die Kämpfe in einem nie gekannten Ausmaß auch die Zivilbevölkerung in Mitleidenschaft. Die deutschen Luftangriffe brachten Tod und Verderben über viele Städte. Besonders schwer traf es Coventry, dessen moderne Kathedrale mit den Fenstern aus der Hand John Pipers die zerstörte alte ersetzen sollte.

Vater auf den Thron nach, mußte aber auf Druck von königlicher Familie, Kirche und Regierung abdanken, da er auf eine Verehelichung mit der zweimal geschiedenen Wallis Simpson nicht verzichten wollte. Das Paar heiratete schließlich in Frankreich und blieb als Herzog und Herzogin von Windsor ständig im Ausland. Edwards Bruder wurde als König George VI. zu einem der beliebtesten Monarchen Großbritanniens, und zwar nicht zuletzt deshalb, weil er mit seiner Gattin Elizabeth (der späteren Queen Mother) den Menschen während der deutschen Bombenangriffe im Zweiten Weltkrieg Mut zusprach und stets auf ihrer Seite stand.

Der Blitzkrieg veränderte zum ersten Mal seit dem großen Feuer von 1666 das Gesicht Londons radikal. Häfen und Werften waren immer wieder Ziel von Angriffen. Viele Neubauten sind anstelle von zerstörten Gebäuden errichtet worden.

Unzählige Londoner Familien verbrachten die Nächte in den U-Bahn-Schächten, wo es während eines Angriffs am sichersten war, und viele Menschen wurden bei besonders schweren Bombardements aufs Land gebracht. Für die Kinder aus der Stadt bedeutete die Zeit ohne Eltern große Einsamkeit, aber auch den ersten Kontakt mit der Natur, während die Landbevölkerung zum ersten Mal mit den Nachteilen des Lebens in der Stadt konfrontiert wurde.

Sir Winston Churchill war im Krieg gegen Deutschland große Unterstützung durch die Bevölkerung zuteil geworden, und für viele ist er nach wie vor der größte Premierminister, den das Land je hatte. Doch nach dem Ende des Krieges ging die Labour Party als Wahlsieger hervor. Man hoffte offensichtlich, eine neue Regierung würde die Probleme Großbritanniens lösen können. In den Nachkriegsjahren bildeten sich die Grundlagen des Wohlfahrtsstaats heraus: kostenlose medizinische Versorgung für alle sowie staatliche Unterstützung für Alte, Kranke und Arbeitslose. Die Bank von England, Kohlereviere, British

sen nominelles Oberhaupt die englische Königin ist. Jamaika und Trinidad erlangten zwar erst 1962 die Unabhängigkeit, doch gehörten die Bewohner der Inseln zu den ersten Einwanderern, die bereits in den frühen fünfziger Jahren nach Großbritannien kamen. Neuankömmlinge aus der Karibik ließen sich zunächst meist in London nieder, während spätere Zuwanderer vom Indischen Subkontinent in die Midlands gingen, wo sie in der Textil- und Automobilindustrie Arbeit fanden.

Die Nachkriegsjahre waren von einem trügerischen Frieden geprägt. Großbritannien kämpfte vier Jahre lang (1950-53) an der Seite der Alliierten gegen Nordkorea. 1956 griffen britische und französische Verbände Ägypten

Rail und die Stahlindustrie wurden verstaatlicht. Doch es war eine harte Zeit, und nach wie vor mußten Nahrungsmittel, Kleidung und Brennstoff rationiert werden.

Empire ade: Eine der weitreichendsten Folgen des Krieges war die allmähliche Auflösung des britischen Weltreichs. Zwischen 1947, als Indien die Unabhängigkeit erlangte, und 1967 wurde eine Kolonie nach der anderen in die Autonomie entlassen, wobei viele Länder im Commonwealth verblieben, des-

an, das den Suezkanal kurzerhand verstaatlicht hatte. Die Aktion stieß international und im eigenen Land auf Ablehnung und führte zum Rücktritt Sir Anthony Edens.

Es war die Zeit des Kalten Krieges zwischen der Sowjetunion und dem Westen, und Großbritannien nutzte die Gelegenheit, sich als Atommacht zu etablieren. 1957 wurde die erste britische Wasserstoffbombe gezündet, nachdem 1955 im heutigen Cumbria das erste Atomkraftwerk der Welt ans Netz gegangen war. Es formierten sich die Gegner der atomaren Aufrüstung, die vom Atomic Weapons Research Establishment in Aldermaston alljährlich nach London marschierten.

Links: U-Bahn-Schächte dienten im Zweiten Weltkrieg als Schutzbunker. **Oben:** St. Paul's Cathedral übersteht die Angriffe unbeschädigt.

Doch auch auf kulturellem Gebiet tat sich etwas: 1947 fanden in Edinburgh sehr erfolgreiche Musik- und Theaterfestspiele statt, die sich von Jahr zu Jahr steigern konnten. Zur gleichen Zeit wurde im walisischen Llangollen das erste internationale Eisteddfod abgehalten. Vier Jahre darauf feierte man in der nagelneuen Royal Festival Hall in London das Festival of Britain. Im Jahre 1964 wurde dem umstrittenen Betonklotz das National Theatre angefügt.

Mit diesen Festspielen sollte an die Weltausstellung von 1851 erinnert werden, und man wollte das allmähliche Ende der wirtschaftlichen Not nach dem Krieg feiern. Über acht Millionen Besucher wurden auf dem Fe-

re Segnungen leisten, die einem im Haushalt die Arbeit abnahmen. Stolze Autobesitzer verstopften mit ihren fahrbaren Untersätzen mehr und mehr die Straßen, so daß 1959 die erste Autobahn zwischen London und Birmingham, die M1, eingeweiht werden konnte.

Mehrere neue Universitäten wurden errichtet, damit sich nicht nur eine privilegierte Elite eine höhere Bildung angedeihen lassen konnte. Für die meisten Berufstätigen gab es zwei Wochen bezahlten Urlaub im Jahr, und abgesehen von den traditionellen Seebädern blühten die Ferienlager, in denen ganze Familien günstig Urlaub machen konnten. Die Anlagen bieten Unterkunft, Swimmingpool, Sportmöglichkeiten und Tanzsäle.

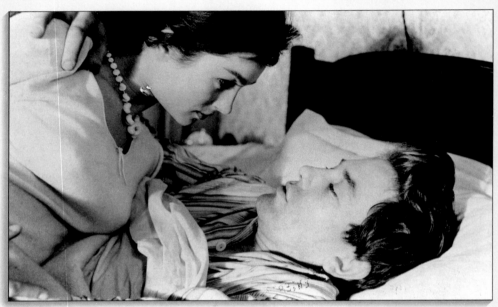

stival gezählt, das den Menschen neuen Auftrieb gab. Das Jahr 1953 bot einen weiteren Anlaß zum Feiern: Nach dem Tode ihres Vaters wurde Prinzessin Elizabeth in der Westminster Abbey zur Königin Elizabeth II. gekrönt, ein Ereignis, das von vielen an der neuesten Errungenschaft der Technik, dem Fernsehapparat, verfolgt wurde.

Mittlerweile standen die Dinge gar nicht so schlecht. Harold Macmillan, der konservative Premierminister, meinte angesichts eines steigenden Lebensstandards und geringer Arbeitslosigkeit in einer berühmten Rede, daß „es uns noch nie so gut gegangen sei wie jetzt". Viele konnten sich einen Fernseher und ande-

Auch gesellschaftliche Wertvorstellungen unterlagen dem Wandel, was sich literarisch etwa in den Werken von John Osborne und Arnold Wesker niederschlug, deren Stücke althergebrachte Konventionen in Frage stellten. Damit vollzog sich auch in der Literatur ein Schritt weg von der Dominanz der Mittelschicht, wobei ebenso der Einfluß Amerikas abnahm.

In den sechziger Jahren traten neue Talente auf den Plan: Alan Sillitoe und Stan Barstow beschrieben das Leben der Arbeiterklasse in einer völlig neuen Art und Weise. Schauspieler wie Albert Finney aus Nordengland waren sehr erfolgreich, während Regisseure wie

Lindsay Anderson und Karel Reisz (*If* und *Saturday Night and Sunday Morning*) den britischen Film zum Kassenschlager machten. Im Bereich der Tonkunst erlebte die Pop-Musik eine Revolution, als die Beatles ihren einzigartigen Siegeszug um die Welt antraten („Wir sind wahrscheinlich berühmter als Jesus", meinte John Lennon) und ihre Heimatstadt Liverpool in ein Mekka für Musikbegeisterte verwandelten.

Doch so tabufrei sich die „Swinging Sixties" auch gaben: sie waren es nicht. Verteidigungsminister John Profumo etwa stolperte 1963 über seine Affäre mit Christine Keeler, einem Callgirl. Dennoch war es im Lauf der sechziger Jahre durch die Einführung der Pille

des Optimismus, und das neue Nationalgefühl war ansteckend, hatte doch England 1966 sogar den Fußballweltmeistertitel einheimsen können. Doch im Winter 1973 schien im Zuge der sogenannten Ölkrise und eines Bergarbeiterstreiks plötzlich alles vorbei zu sein: Der nationale Notstand trug zum Sturz der konservativen Regierung Heath bei. Im selben Jahr wurde Großbritannien mit gemischten Gefühlen Vollmitglied der EG, die damals noch als Europäische Wirtschaftsgemeinschaft (EWG) bezeichnet wurde.

Das Land schlitterte in eine Rezession. Der Optimismus der sechziger Jahre war verflogen, steigende Ölpreise trieben die Lebenshaltungskosten in die Höhe, eine hohe Inflations-

und eine Lockerung der Moralvorstellungen zu einer „sexuellen Revolution" gekommen. Philip Larkin, einer der angesehensten zeitgenössischen britischen Dichter, schrieb:
Geschlechtsverkehr begann
neunzehnhundertdreiundsechzig
(ziemlich spät für mich)
zwischen dem Ende des Chatterley-Verbots
und der ersten Beatles-LP.
Zwar ging nicht jeder den Modetorheiten der Zeit auf den Leim, aber es war eine Phase

rate ließ den Geldwert sinken, die Arbeitslosenzahlen stiegen sprunghaft an und Bombenattentate der IRA machten deutlich, wie ernst die Lage in Nordirland war. Es wurden zwar Ölfelder in der Nordsee entdeckt, doch die Einnahmen daraus waren nicht gerade berauschend, auch wenn im Zuge der Förderung neue Arbeitsplätze entstanden und besonders Städte wie Aberdeen profitierten.

Die siebziger Jahre waren geprägt von nationalistischen Bestrebungen der Waliser und Schotten. Plaid Cymru gewann an politischem Einfluß und sorgte dafür, daß Wales Fernseh- und Radioprogramme in der Landessprache senden durfte. Auch an den Schulen

Links: Jean Simmons und Albert Finney in *Saturday Night and Sunday Morning*. **Oben:** Bohrinsel in der tobenden Nordsee.

wurde wieder Walisisch gelehrt, obwohl weniger als 20 Prozent der Bevölkerung die Sprache beherrschen.

In Schottland wuchs die Unterstützung für die Scottish Nationalist Party (SNP), die bei Wahlen die Konservativen überrundete und auch der Labour Party gefährlich wurde, die in Schottland immer recht gut abgeschnitten hatte. 1976 brachte man einen Gesetzentwurf über die Teilautonomie von Schottland und Wales ein. Bei den folgenden Referenda sprachen sich jedoch nicht genügend Wahlberechtigte für ein Inkrafttreten aus.

Die Ära Thatcher: 1979 gab es in Großbritannien 3,5 Millionen Arbeitslose, und eine Streikwelle brachte dem Land „einen Winter

der Unzufriedenheit". Die Labour-Regierung verlor das Vertrauen der Bevölkerung, und die Wahlen brachten die Konservativen unter Margaret Thatcher ans Ruder.

Zwar wirbelte der erste weibliche Premierminister der westlichen Welt viel Staub auf, aber sonderlicher Beliebtheit erfreute sie sich nicht. Da kam ihr 1982 der Falkland-Krieg sehr gelegen, als die argentinischen Truppen vertrieben werden konnten, was einen ungeheuren Popularitätsschub bedeutete. Nachdem sie zweimal wiedergewählt worden war, entzog ihr im November 1990 die eigene Partei das Vertrauen, da man der Meinung war, Frau Thatcher schätze die Rolle Großbri-

tanniens in der EG falsch ein, so daß eventuell die nächsten Wahlen verlorengehen könnten.

Die achtziger Jahre gingen als Ära Thatcher in die Geschichte ein. Für viele war es ein Jahrzehnt ungetrübten Wohlstands. Die alten Docks von Cardiff, Liverpool und Hull suchten die schicke Eleganz des Einkaufsparadieses in Covent Garden nachzuahmen, und sogar ein paar der gräßlichsten Fabriken im Norden wurden aufgemöbelt. Ehrgeizigstes Projekt war die Umgestaltung der Londoner Docks mit kleinem Flughafen und Umbau alter Lagerhäuser in Nobelunterkünfte für die Yuppies. Die Docklands wurden zum Symbol des Jahrzehnts.

Doch zu Beginn der neunziger Jahre kehrte die überwunden geglaubte Rezession zurück, so daß viele neue Luxuswohnungen keine Käufer fanden. Für viele Menschen, besonders in Nordengland, wo Stahlwerke, Werften und Kohlegruben schließen mußten und die Infrastruktur der Industrie zusammengebrochen war, war es eine Phase großer sozialer Härten. Disraelis Wort von den „zwei Nationen" hatte wieder Gültigkeit erlangt. Ein langer, erbittert geführter Bergarbeiterstreik schwächte 1984 die Gewerkschaften, wobei es in der Folge auch in Südwales zu zahlreichen Zechenstillegungen kam.

Auch das schwer in Mitleidenschaft gezogene Schottland bekannte Flagge, als bei Wahlen im Jahre 1987 ganze zehn Tory-Abgeordnete den Sprung ins Parlament schafften. Die meisten verstaatlichten Industriezweige wurden reprivatisiert, ein Schritt, den sogar der frühere Premier Macmillan – selbst aus dem konservativen Lager – als „Ausverkauf des Familiensilbers" bezeichnete. Begeistert davon waren natürlich jene, die sich als Aktionäre in die neuen Unternehmen einkaufen wollten.

Nachfolger Thatchers wurde John Major, der dritte konservative Premier in Folge ohne Ausbildung an einer Eliteschule und der erste, der keine Universität besucht hat. Seine erste Bewährungsprobe, den Golfkrieg, hat er bestanden, doch das Charisma eines Staatsmannes von Weltformat fehlt ihm. Als sein Ziel gab er die Schaffung einer klassenlosen Gesellschaft an. Bis dahin ist es noch ein sehr weiter Weg.

Oben: Frau Thatcher bestimmte ein Jahrzehnt die Geschicke Großbritanniens. **Rechts:** Der Ärmelkanaltunnel verbindet Europa mit der Insel.

Spitze Bemerkungen über ihre miserablen Zukunftsaussichten scheinen die Briten mit einer geradezu masochistischen Freude zu erfüllen. Winston Churchill sagte über seine Landsleute, sie seien „das einzige Volk, das gern vernimmt, wie schlecht die Dinge stehen – sie wollen immer das Schlimmste hören". Wenn das kein auffälliger Charakterzug ist! Noel Cowards Spottlied „There are bad times just around the corner" mußte folglich ein Hit werden.

Angesichts der Tatsache, daß Großbritannien ein überaus attraktives Reiseland ist, fällt es dem Touristen schwer, sich mit dieser Form der Selbstmißbilligung anzufreunden – möglicherweise verbirgt sich dahinter nur ein besonderer Snobismus. Egal welche Gegend man besucht, stets ergeben sich neue Überraschungen: unterschiedliche Volksgruppen, Häuser, Landschaften, Dialekte, Wertvorstellungen, Ansichten. Als Ganzes betrachtet bilden die Briten ein Inselvolk der ausgefallenen Art, dessen Kulturzugehörigkeiten und Gewohnheiten unentwirrbar sind. Der britische Charakter ist die Summe höchst unterschiedlicher Lebensformen.

Schnuppern Sie doch einfach in unseren Überblick über eine Nation und ihre Faibles hinein. 26 kleine Essays behandeln Dinge wie Regierung, Ritterschaften, Lords, Monarchie oder die Rolle der BBC; nationale Reizthemen wie Klerus, Wetter, Geheimdienst, die Bedeutung des Akzents, Gesellschaftsstrukturen oder Sex kommen auch nicht zu kurz, und wir stellen Gartenkultur, Theater und Pubs sowie spezifisch britische Eigenheiten wie etwa Teetrinken, Fuchsjagd und Schlangestehen vor. Nicht zu vergessen die Fremdenfeindlichkeit. Den Abschluß bildet eine kurze Analyse des im postimperialen Großbritannien herrschenden „Zeitgeists". Der amerikanische Romancier John Updike beschrieb das Land unverblümt als „regengetränktes Inselchen, das sich schnaubend und keuchend bemüht, den Anschluß an Westeuropa nicht zu verlieren."

Wir haben unsere Aufgabe nicht darin gesehen, alles das zu analysieren, was sich in der Öffentlichkeit oder hinter verschlossenen Türen zwischen John O'Groats und Land's End abspielt. Vielleicht ist es uns dennoch gelungen, einige Schlaglichter auf jene Bereiche zu werfen, die an den Rändern einer Gesellschaft erkennbar werden, die für ihre kuriosen Sitten, ihre Exzentrik und das einstige Streben, die halbe Welt zu beherrschen, bekannt ist.

Die ursprüngliche alphabetische Reihenfolge wurde beibehalten, wobei dem in Klammern stehenden englischen Stichwort die deutsche Übersetzung folgt.

Vorherige Seiten: Beim Tee. Die Königin mit Prinz Philip und Prinz Charles. **Links**: Chorsängerin.

(Accents) Akzente

In *Pygmalion* (später als *My Fair Lady* populär geworden) stellt George Bernard Shaw seinen Protagonisten Professor Henry Higgins vor die Aufgabe, das Blumenmädchen Eliza Doolittle mit unüberhörbarem Cockney-Akzent anläßlich einer Dinnerparty als Herzogin auszugeben. Damals wie heute kann man die Herkunft eines Menschen – Schichtzugehörigkeit und Heimat – anhand seiner Aussprache festmachen. Dazu Shaw: „Für einen Engländer ist es unmöglich, den Mund aufzumachen, ohne daß ein anderer deshalb in Rage gerät."

Zwar bringt man einen derartigen Snobismus vor allem mit den Engländern in Verbindung, aber auch die Schotten und Waliser sind nicht dagegen gefeit. Wer sich ein bißchen umschaut, kann etwa zwischen Nord- und Südwalisern eine ganze Reihe von Klassenunterschieden ausmachen, die sich in der Sprache manifestiert haben. Ferner wird ein Botschafter zu seiner Dinnerparty viel lieber einen Gast begrüßen, der ihn im weichen Tonfall der Edinburgher Mittelklasse anspricht, als ein Mitglied der Glasgower Arbeiterschicht mit seiner rauhen Mundart.

Es mutet paradox an, aber obwohl es keine „Hochsprache" gibt, verhalten sich viele Briten all jenen Regionaldialekten gegenüber feindlich, die sich vom eigenen unterscheiden. Nur drei Prozent der Bevölkerung benutzen ständig die allgemein akzeptierte „Received Pronunciation" (Standardaussprache) der BBC-Sprecher, und trotzdem wird die BBC jedesmal mit Beschwerden überschwemmt, sobald bei einem Nachrichtensprecher auch nur der Hauch eines Dialekts hörbar wird.

Es ist erstaunlich genug, daß sich trotz des gesellschaftlichen Drucks und der Gleichmacherei des Fernsehens eine solche Vielzahl an Regionaldialekten halten kann: Ein Brite mit dem starken Akzent des West Country und einer aus Newcastle upon Tyne haben große Verständigungsschwierigkeiten.

Die Königsfamilie legte sich einen eigenen Akzent zu, um ihre Überparteilichkeit zu demonstrieren. Als Variante des „Aristokratentonfalls" sagt man statt *stone* etwa *stain*, und während der gewöhnliche Brite sich *about the house* befindet, ist Prinz Charles *abite the hice*. Das ist vor allem für Stimmimitatoren ein gefundenes Fressen.

Mit dem Zuzug asiatischer und westindischer Einwanderer erfuhr die Vielzahl der Akzente nochmals eine Erweiterung – eine Einigung im Streit um „vorbildliches Englisch" ist nicht abzusehen. Die Schöpfer digitalisierter Stimmen sind zu bedauern: Welcher Glasgower etwa sähe es gern, wenn ihm sein Herd im Surrey-Akzent kundtut, daß der Braten fertig ist, oder welcher Fahrer aus Oxford würde sich freuen, im Norfolk-Akzent aufgefordert zu werden, sich anzuschnallen? Die Lösung solcher Probleme wird unbefriedigend bleiben, und so dürften sich auch in Zukunft Maschinen und Rundfunksprecher der Received Pronunciation bedienen.

BBC

Die Stimme Großbritanniens, das ist für viele die Stimme der BBC, der Radiosprecher des World Service mit ihrer schwerfälligen, doch makellosen Aussprache. Der World Service sendet in 38 Sprachen vom Londoner Stadtteil Aldwych aus (Bush House).

Die 1927 gegründete British Broadcasting Corporation hat keine Monopolstellung, aber viel Einfluß. Alle regionalen und überregionalen Radiostationen gehören zur BBC, dazu zwei der vier terrestrischen Fernsehkanäle.

Als öffentliche Sendeanstalt zeigt die BBC keine Werbespots. Entscheidungsgremium ist das von der Regierung eingesetzte Board of Governors. Es besteht aus einem ständigen Mitarbeiterstab, an dessen Spitze der Director General sowie das Board of Management stehen. Das Board soll unparteiisch und frei von politischer Einmischung sein.

Soviel zur Theorie. Tatsächlich zählen die beteiligten Parteien fortwährend, wieviele Minuten lang man die verschiedenen Aspekte eines Themas beleuchtete, weil sie ständig Ausschau nach einseitiger Berichterstattung halten. Die Linke nennt die BBC elitär und konservativ, die Rechte prägte den Begriff „Bolshevik Broadcasting Corporation". Nor-

Da man keinen Werbeträgern die Füße küssen muß, sendet die BBC eher das, was sie für richtig hält und weniger, was die Zuschauer gerne sähen. Dieses Konzept geht auf John Reith zurück, den ersten Generaldirektor der BBC, der wie alle Rundfunkpioniere einen didaktischen Anspruch vertrat. 1936 machte man mit einem Varietéprogramm (ein chilenisches Step-Duo, die Lai Founs Chinese-Jongleure und Miss Lutie mit ihrem Märchenpferd) erstmals Konzessionen an den Publikumsgeschmack. Natürlich war das neue „Tantchen-Image" ein Volltreffer.

Doch Exzentrisches ist keineswegs Mangelware – ein Beweis dafür, daß hier eine Nation in Form einer Institution zu sich selbst

malerweise kann die amtierende Regierung zufrieden sein, da sie das Board of Governors mit Gleichgesinnten besetzt.

Der Innenminister hat unmittelbaren Zugriff auf das, was gesendet wird. Er kann zum Beispiel Interviews mit Mitgliedern terroristischer Vereinigungen bannen (damit zielte man auf die IRA und ihren politischen Flügel, Sinn Fein). Doch die staatliche Kontrolle beschränkt sich auf kurze Stellungnahmen, einen Wink oder Hinweis – wodurch sich die BBC bisweilen lächerlich macht.

Traditionelle Bastionen vorbildlichen Sprachgebrauchs: Oxford (*links*) und die BBC (*oben*).

spricht. Einer der ersten TV-Stars war Joseph Cooper mit seinem stummen Klavier; als Dauerrenner erwies sich der Radio-Bauchredner Archie Andrews mit seiner Puppe.

Unter Sir Hugh Greene, dem Generaldirektor in den sechziger Jahren, legte die BBC ihr Tantchen-Image ab und konzentrierte sich auf bissige Satiren wie die von David Frost moderierte Sendung *That Was the Week That Was*, wo junge Talente wie John Cleese ihr Debüt gaben. Seit dieser Zeit sind komische, wenn auch meistenteils anspruchslose Sendungen sehr beliebt. Die boshafteste Satireshow der letzten Jahre, *Spitting Image*, geht auf das Konto des Konkurrenzsenders ITV.

Der Popularitätsindex ist für die BBC nach wie vor wichtig, vor allem beim Rechenschaftsbericht über die jährlich gezahlten Gebühren. Die BBC lehnt Werbesendungen strikt ab und ist daher ständig auf der Suche nach Finanzspritzen. Da sie jedoch auf Regierungsmittel angewiesen ist, muß sie behutsam vorgehen – die Zukunft ist immer ungewiß.

(Class) Gesellschaftliche Schichten

Mit einer Karikatur mokiert sich eine Zeitung über die gesellschaftlichen Spleens der Briten: „Ich glaube nicht an Klassenunterschiede",

stem" zu integrieren, wie eine Spinne Fliegen in ihr Netz lockt. In den sechziger Jahren entstanden Ansätze zu einem neuen Egalitarismus, doch 30 Jahre später hat sogar ein ehemaliger Bürgerschreck wie Mick Jagger Kontakte zur Königsfamilie. In den achtziger Jahren bedrohte der Thatcherismus den Klassenkonsens, weil die Wirtschaftspolitik einige Regionen völlig verarmen ließ und die Zahl der Arbeitslosen stark zunahm. Doch die Konservativen ersetzten Frau Thatcher durch den Beschwichtigungskünstler John Major, ehe der Schaden überhaupt nicht wiedergutzumachen gewesen wäre.

Majors bescheidene Herkunft verleitete zu der Auffassung, jedes Mitglied der Arbei-

sagt da ein vornehmer Gentleman, „doch glücklicherweise stimmt mein Butler nicht mit mir überein."

Damit soll ausgedrückt werden, daß die unteren Schichten der Gesellschaft nicht nur keine Revolutionäre sind, sondern auch streng auf die Beibehaltung des Status quo achten. W.S. Gilbert schrieb vor über 100 Jahren:
Beugt euch, beugt euch, untere Mittelklassen!
Beugt euch, beugt euch, Kaufleut' und Massen! (aus: *Iolanthe*)
Zwischendurch scheint das rigide Klassensystem zu bröckeln, doch es passiert nie wirklich etwas. Das liegt in erster Linie an der britischen Eigenart, Andersdenkende ins „Sy-

terklasse könne Premierminister werden – ist er deshalb eine Bedrohung für die Oberschicht? Tatsächlich bleibt der echte Aristokrat von solchen Nebensächlichkeiten unbeeindruckt. Er sieht im Premierminister ohnehin nur das staatliche Pendant zu seinem Butler.

Die gesellschaftliche Hierarchie wird von der Monarchie festgeschrieben. Aristokraten definieren ihren sozialen Rang durch die jeweilige Nähe zum Königshaus, und das ausgeklügelte Ehrungssystem – vom Peer über den Ritter bis zur Companionship of the British Empire – sorgt dafür, daß die Leute ganz versessen auf die Verleihung eines

Adelstitels sind. Wen interessiert schon, daß kleine Staatsdiener die Personen auswählen, denen die Queen das Ehrenzeichen anheftet.

Es mutet fast seltsam an, aber die britische Aristokratie ist nicht einmal besonders alt. Es heißt, nur zwei Familien (die Ardens und die Berkeleys) könnten ihr Geschlecht bis zu einem Zeitpunkt vor der normannischen Eroberung (1066) zurückverfolgen. Die meisten Ritter, Barone, Grafen, Herzöge, Marquis und Viscounts erwarben ihre Titel vom König oder von der Regierung.

Innerhalb der Aristokratie legt man nicht viel Wert auf intellektuelle Fähigkeiten, umso mehr auf ausschweifende Partys. Der Essayist Hilaire Belloc drückt es so aus:

Wie vielen aus der Oberschicht
Gefiel es ihm, wenn Glas zerbricht.

Der Snobismus, die „britische Pest", stellt Haltung und gesellschaftlichen Rang über Reichtum und die Gabe, schnelles Geld zu machen. „Altes", seit Generationen gehortetes Vermögen ist mehr wert als „neues" Geld, das nur durch Geschäfte entstand. Folglich rangiert ein armer Herzog in der sozialen Hackordnung höher als ein erfolgreicher Geschäftsmann.

Ein Zweckbündnis aus Mitgliedern der Mittel- und Oberschicht bildet die herrschende Klasse. Im allgemeinen bleiben „sie" (die Entscheidungsträger) auf mysteriöse Weise gestaltlos. Auf der Straße hört man oft, daß „sie" eine unzureichende neue Schnellstraße bauen ließen, oder daß „sie" ein scheußliches Hochhaus neben die gotische Kathedrale stellten. Bestimmte Eigenheiten sind „ihnen" jedoch gemeinsam: Alle sind Absolventen der elitären Public Schools und der Universitäten von Oxford oder Cambridge. Danach sind die Fäden geknüpft, und für alles weitere sorgen Abendgesellschaften, Wochenenden auf den Landsitzen und Wiedersehensfeiern ehemaliger College-Kollegen. Die „alten Schulkrawatten" haben feste Knoten.

(Drama) Schauspielkunst

Londons West End wird seinem Ruf, die Perlen des britischen Schauspiels zu zeigen, nicht

Links: Cricket-Spiel zwischen Eton und Harrow. **Oben:** William Shakespeare zieht nach wie vor die Massen an.

überall gerecht. Sowohl Theater als auch Performance haben hier ihren traditionellen Sitz. Die mit Samt und Gold verzierten viktorianischen Schauspielhäuser wurden so konzipiert, daß die Mehrzahl der Zuschauer oberhalb der Bühne saß und man im „Olymp" Höhenangst bekam. Heutigen feuerpolizeilichen Bestimmungen zufolge hätten solche Gebäudepläne nie das Reißbrett des Architekten verlassen dürfen.

Trotzdem trachtet jede Theatertruppe danach, ihre Produktionen ins West End zu bringen, weil hier das Geld zu Hause ist. Um ein großes Publikum anzulocken, konzentrieren sich die Intendanten auf Musicals, Wiederaufführungen und Stücke, die möglichst

jeden Geschmack ansprechen. So konnten risikoscheue Zeitgenossen wie Andrew Lloyd Webber oder der Dramatiker Alan Ayckbourn berühmt und reich werden.

Die neunziger Jahre werden wohl keine großen Skandale heraufbeschwören. Junge Regisseure wie Peter Hall, der mit seiner hervorragenden Inszenierung von Becketts *Warten auf Godot* glänzte und das National Theatre in Londons South Bank engagiert leitete, sind zusehends einer geschmäcklerischen Arbeitsweise verfallen. Halls Shakespeare-Charaktere bewegen sich in einer Szenerie, die aus Gemälden Watteaus oder Fragonards stammen könnte.

Diese neue Vorsicht ist teils Folge der begrenzten staatlichen Subventionen, spiegelt aber vor allem bestimmte Trends wider. Das oft beklagte Mäzenatentum muß sich nicht unbedingt negativ auf die Qualität einer Produktion auswirken.

Shakespeare steht natürlich im Zentrum des Interesses. Die in Stratford-upon-Avon beheimatete Royal Shakespeare Company, mit Filiale in Londons Barbican Theatre, entfaltet sich prächtig unter neuen Leitern wie Deborah Warner und Katie Mitchell, die auch dafür sorgen, daß talentierte junge Schauspieler gefördert werden. Mitglieder großer Schauspielerfamilien, seien es die Cusacks, Redgraves oder Richardsons, treten bereits in der dritten

Generation auf und belegen so die anhaltende Kraft des traditionsreichen Theaters. Andererseits sorgen Ian McKellen oder Kenneth Branagh dafür, daß die Tradition der selbstbestimmten Truppe – wie zu Shakespeares Zeiten üblich – nicht ausstirbt.

Das National Theatre ist immer für eine Überraschung gut. Bemerkenswerte Produktionen zeigen ferner das Young Vic, Gate, Almeida und das Royal Court am Sloane Square, wo Max Stafford-Clark die Fahne der Avantgarde mit Autoren wie David Hare und Caryl Churchill hochhält.

Das Rückgrat des britischen Theaters bilden jedoch die Repertoirekompanien außerhalb Londons. Das Manchester Exchange, Leicester Phoenix, Glasgow Citizens' und Edinburgh Traverse genießen allesamt einen gleichermaßen guten Ruf. Zu den vielen Talenten der Liverpooler Theaterszene zählen der Bühnenautor Willy Russell und die Schauspielerin Julie Walters. Nicht zu vergessen Edinburghs allsommerliches Fringe Festival, das ungezählten Jungschauspielern die Möglichkeit bietet, sich voll zu verausgaben.

Die Situation der englischen Filmindustrie ist finanziell ebenso angespannt wie die des Theaters. Mehr als 40 Filme im Jahr sind nicht realisierbar. Mehr und mehr Fernsehproduktionen sorgen nicht nur für eine Verbindung zwischen Theater und Film, sondern auch dafür, daß sich das Schauspiel brisanterer Themen annimmt.

Sowohl ITV als auch die BBC haben Filmprojekte in Auftrag gegeben, die sonst nie hätten entstehen können. Manche dieser Produktionen werden im Fernsehen und im Kino gezeigt, etwa Peter Greenaways *Der Kontrakt des Zeichners*, der sich auf dem Kontinent zum Kultfilm entwickelte. Andere Filme kommen erst ins Fernsehen, nachdem sie von Verleihfirmen vertrieben wurden, etwa Granada Televisions *Mein linker Fuß*, der dem Hauptdarsteller, Daniel Day-Lewis, internationales Ansehen einbrachte.

Trotz allem hat das Theater bis heute nichts von seiner Anziehungskraft eingebüßt. Wie weit sich mancher Schauspieler, Regisseur oder Autor auch auf anderes Terrain wagte und sich in anderen Medien versuchte, irgendwann scheint jeder zurück auf die Bühne zu wollen. Sogar ein Star wie Joan Collins, die es finanziell gewiß nicht mehr nötig hat, wagte sich wieder auf die Bretter, die die Welt bedeuten und echten Erfolg verheißen.

(Elections) Qual der Wahl

Die Politik wird von der Labour Party und der Conservative Party beherrscht. Kleinere Parteien wie Liberal Democrats, Plaid Cymru (walisische Nationalisten), Scottish Nationalists oder Ulster Unionists haben nicht viel zu sagen. Wenn Wahlen angesagt sind, beleben exotische Splittergruppen das Bild: Grüne, Rainbow Alliance, Monster Raving Loony Party (Partei der monsterverliebten Verrückten) oder Sausages Against HP Sauce (Würstchen gegen HP-Sauce).

Jeder britische Bürger hat die Möglichkeit, eine Partei zu gründen. Er muß ihr nur einen Namen geben und sich jemanden suchen, der bei der Eintragung Pate steht. Außerdem sind 500 Pfund zu hinterlegen, die man in den Wind schreiben kann, wenn die Partei weniger als fünf Prozent im betreffenden Wahlkreis erhält. Auf diese Weise versucht man aussichtslose Spinner abzuschrecken.

Das House of Commons (Unterhaus) unterscheidet sich durch seine grünen Sitze vom House of Lords (Oberhaus) mit roten Sitzen. Im Unterhaus haben alle 650 Abgeordnete Platz, doch wegen der vielen Ausschußsitzungen sind oft nicht mehr als eine Handvoll Mitglieder im Saal. Auch das Parlament ist eine Männerdomäne mit der Atmosphäre einer Privatschule. Auch wenn der Parlamentspräsident immer wieder zur Ordnung ruft, um das Schlimmste zu verhindern, wird rüdes Benehmen geradezu herausgefordert.

Zu den unverzeihlichen Sünden gehört es jedoch, einen anderen MP der Lüge zu bezichtigen (obwohl ganz gern „sparsam mit der Wahrheit umgegangen wird"). Als Ausgleich dürfen Parlamentarier Personen des öffentlichen Lebens schamlos diffamieren – zumindest solange sie dies nur innerhalb des Sitzungssaals tun, andernfalls kann das vor Gericht ein teurer Spaß werden. Die Minister sind dem Parlament rechenschaftspflichtig, der Premierminister steht dienstags und freitags für Fragen zur Verfügung. Oft ist es ein langwieriger Prozeß, bis man eine Frage stellen kann, und mancher Abgeordnete versucht seit Jahren vergeblich, sich Gehör zu verschaffen.

Das Parlament kennt keine schriftlich fixierte Verfassung, sondern stützt sich auf jahrhundertealte Statuten und Gesetze. Der König hat ein Vetorecht, von dem er jedoch seit geraumer Zeit keinen Gebrauch mehr machte. Die Königin darf den Sitzungssaal nur nach vorheriger Einladung betreten, was zu Beginn jeder neuen Legislaturperiode im November der Fall ist, wenn sie eine von Ministern und Staatsbeamten vorbereitete Rede verliest, in der die Pläne der Regierung dargelegt werden.

Eine Legislaturperiode dauert in der Regel fünf Jahre. Innerhalb dieser Zeit steht es dem Premierminister frei, vorzeitige Wahlen abzuhalten. Er muß seine Absichten jedoch sechs Wochen im voraus bekanntgeben.

Links: Laurence Olivier als Henry V. **Oben:** Fuchsjagd in Südengland.

(Fox-hunting) Fuchsjagd

Neben Politik, Sex und Religion ist die Fuchsjagd das vierte Reizthema, das man auf einer Dinnerparty am besten ausklammert. Schon die Erwähnung des Begriffs bringt jene Menschen zur Weißglut, die in Übereinstimmung mit Oscar Wilde der Meinung sind, das Hetzen eines kleinen, rostbraunen, hundeartigen Wesens bis zur Erschöpfung sei eine unaussprechliche Gemeinheit. Die gegnerische Partei wird dem entgegenhalten, sie verstehe nicht, was die ganze Aufregung soll: Die Natur ist grausam, der Fuchs habe eine reelle Chance davonzukommen, und für die Hunde

und Pferde sei es ein Riesenspaß. Die Bälle anläßlich einer Jagd seien ebenfalls nicht zu verachten, heißt es abschließend.

Es läßt sich darüber streiten, ob die Fuchsjagd ein Sport ist oder nicht – die Gepflogenheit, den Fuchs schon vorher zu fangen und dann noch einmal weglaufen zu lassen, genießt jedenfalls keinen guten Ruf. Für alle, die an ein mythisches „Glückliches England" glauben, wird sie ihr nostalgisches Flair nicht verlieren. Als Motiv für Tischdecken und Weihnachtspostkarten beschwört die Fuchsjagd ein gefälliges Bild herauf: den echten Briten als rauhbeinigen Gutsherrn. Ein John Peel oder Jorrocks der Literaturgeschichte hat ein Herz aus Stein und ein einfaches Gemüt – er genießt, was ihm die freie Natur bietet und setzt dabei seinen Witz und seine Reitkunst gegen die Tricks von Reineke Fuchs.

John Peel (1776-1854) ging 40 Jahre lang mit seiner legendären Hundemeute auf die Jagd. Der fröhliche Jorrocks ist eine Romanfigur von Robert Surtees – kein hochwohlgeborener Freizeitsportler, sondern ein Cockney-Krämer, der das Abenteuer liebte.

Inzwischen ist der Fuchs vornehmlich das Opfer neureicher Volvofahrer geworden, deren Namen landesweit die Wartelisten füllen: Es war schon immer ein Privileg, zu einer Jagdgesellschaft zu gehören. Allerdings sollte es dann schon eine der ganz großen sein, etwa Quorn in Leicestershire oder Belvoir (sprich: *Biva*) in Lincolnshire. Auch das „gemeine Volk" ging wie die müßige Aristokratie auf Jagd, und was sie miteinander verband, war die Kenntnis der Tierwelt. Kritiker der „neuen Jäger" vermissen diese Eigenschaft, doch es ist schwer zu sagen, wo die Sachlichkeit aufhört und der Snobismus anfängt.

Ob alter Adel oder Neureicher, Geld ist entscheidend, will man am blutigen Spektakel teilnehmen. Die Gebühr für eine Saison beträgt bis zu 1000 Pfund – ohne Pferd und Zaumzeug –, je nachdem, wie oft und an welchen Tagen man teilzunehmen wünscht. Möchte man nur zu bestimmten Touren ausschwärmen, zahlt man entsprechend weniger.

Die Jagd auf Jungtiere beginnt im September, Startschuß für die richtige Fuchsjagd ist am ersten Samstag im November. Die Saison endet Mitte März. Auch „Fußvolk" ist willkommen. Überzeugte Gegner dieser Jagden versuchen mit Hörnern und anderen Mitteln die Meute von der Fährte abzubringen. Zusammenstöße zwischen ihnen und den Jägern verlaufen nicht selten gewalttätig – blutige Köpfe und Verhaftungen sind an der Tagesordnung. Grundbesitzer reagieren bisweilen sehr empfindlich auf die Flurschäden, die eine Jagdgesellschaft verursacht.

Als Mittel zur zahlenmäßigen Eindämmung der Fuchspopulation hat die Jagd gegenüber dem Auto keine Chance. Eine Untersuchung der Bristol University stellte fest, daß die 12 000 bis 13 000 getöteten Füchse pro Jagdsaison nur 2,5 Prozent des jährlichen Gesamtbestandes ausmachen. Doch auch die Hunde haben es nicht leicht: etwa 7000 von ihnen werden Jahr für Jahr während der Jagd getötet.

Die Otterjagd ist in Großbritannien seit Jahren verboten, da die Tiere aufgrund der Umweltverschmutzung ohnehin vom Aussterben bedroht sind. Dafür müssen dann Hase (zu Fuß und mit Beagles), Hirsch (im West Country gibt es drei Hirschhund-Meuten) und Mink als beliebte Jagdopfer herhalten. Der National Trust erwägt allerdings auf der Hälfte der von ihm erworbenen Ländereien ein Verbot für die Hirschjagd.

In den dreißiger Jahren beschrieb der Schriftsteller A. G. Street die Fuchsjagd als letztes Überbleibsel wahrer ländlicher Lebensart. „Volkstanz, Maibaum und ähnliches erfuhren durch die Städter lediglich eine Wiederbelebung, während die Fuchsjagd überleben konnte." Vielleicht wird auch sie bald nur noch ein kurioser Anachronismus sein.

(Gardens) Gartenkultur

„Bei Gott, Garten, was bist Du liebenswert!" schrieb der Dichter T. E. Brown im vorigen Jahrhundert, und fast alle Briten würden ihm da vorbehaltlos zustimmen. Aufgrund des gemäßigten Klimas fällt ausreichend Regen und scheint im Sommer häufig die Sonne. Das Gras ist saftig grün, die Pflanzen gedeihen prächtig, und Gärtnern gehört zu den beliebtesten Freizeitbeschäftigungen. In Chelsea veranstaltet die Royal Horticultural Society eine alljährliche Blumenschau und lockt Tausende von Gästen an. Jedes Dorf hält Wettbewerbe im Blumenziehen, Blumenarrangement und Gemüsepflanzen ab. Unter dem Namen National Gardens Scheme faßte man 3000 Landhausgärten zusammen.

Die Gartengestaltung großer Herrenhäuser folgte den Modetrends und war stilbildend. Im Mittelalter zog man in ummauerten Einfriedungen Obstbäume, Rosen und Kräuter (Elvaston Country Park, Derbyshire). Unter Elizabeth I. kamen mit aromatischen Gewächsen bepflanzte Duftteppiche (*knots*) in Mode. Die Gärten der Tudor-Zeit lagen hinter genau abgezirkelten Mauern verborgen und bestachen durch geometrische Muster, niedrige Hecken und Kieselwege (Hatfield House, Hertfordshire; Packwood House, Warwickshire; Tudor House Museum, Southampton).

Während der Renaissance schnitt man aus Heckenpflanzen gern kunstvolle Skulpturen. Westlich von London liegt Hampton Court, wo man bis heute zahlreiche dieser „Pflanzenskulpturen" bewundern kann. Am einfallsreichsten dürften jedoch die Gärtner in Hever Castle (Kent) gewesen sein. Die Vorliebe für kleine Blumenbeete hielt bis ins 18. Jahrhundert an, als man begann, Brunnenanlagen und Kanäle in die Gärten zu integrieren.

Was der englischen Hortikultur jedoch zu größtem Ruhm verhalf, war die Entwicklung des Landschaftsgartens. Der sogenannte *jardin anglais* entstand als Reaktion auf die Gartenbaukunst unter Ludwig XIV. (Versailles). Die Schäferidyllen der Landschaftsmaler wurden den Gartengestaltern zum Vorbild. Der Bankier Henry Hoare ließ sich um 1745 auf seiner Grand Tour durch Europa so von den Bildern inspirieren, daß er seinen Garten

und ihm den Spitznamen „Capability" eintrug. Brown wollte Landschaften in möglichst natürlichem Zustand belassen. Auch an der Gestaltung der Gärten von Stowe (Buckinghamshire), für den National Trust „Großbritanniens größtes Kunstwerk", war er beteiligt. In Stowe hatte man erstmals den „ha-ha" angewendet, einen schmalen Graben in Hausnähe, der verhindert, daß das Vieh in den Garten gelangt, obwohl dieser ans Haus grenzt und keine Zäune den Blick verstellen. Browns Genie zeigte sich vor allem bei der Einbeziehung von Wasser in eine Gartenlandschaft, vorzugsweise in Form von Seen. Die Park- und Seelandschaft von Blenheim Palace (Oxfordshire) ist eine seiner 200 Schöpfungen.

in Stourhead (Wiltshire) zu einer antikisierenden Landschaft mit Seen, Grotten und klassizistischen Bauwerken umfunktionierte. Wenig später griff die neue Mode auf Castle Howard über (Yorkshire), wo man Tempelbauten in die Landschaft setzte.

Zum Meister des neuen Stils entwickelte sich Lancelot Brown (1715-83), der „König der Landschaft". Er bereiste die Güter der Aristokraten, um die jeweiligen Verbesserungsmöglichkeiten (*capabilities to improvement*) zu überprüfen, was ihn reich machte.

Oben: **Ziergarten des Anwesens von Levens Hall in Cumbria.**

Auch an der Gestaltung der Gärten von Kew war Brown beteiligt. Kew ist einer der wichtigsten botanischen Gärten Großbritanniens – die Wiederherstellung nach dem Sturm von 1987 gilt als abgeschlossen. Über das ganze Land verstreute botanische Gärten, Baumgärten und Kiefernarboreten belegen das Interesse an der Flora. Viele Güter verfügen über bedeutende Parkanlagen, man denke an Powis Castle in Wales. Die botanischen Gärten Schottlands konzentrieren sich auf Edinburgh. Im Norden überwiegen Kiefern, Fichten und Tannen, doch gibt es auch hier milde Regionen, wo tropische Pflanzen gedeihen (Inverewe Gardens in den Grampians).

(Heritage Industry)Geschäft mit der Tradition

Einer der Gründe, warum die Briten so an der Vergangenheit orientiert leben, ist, daß sie so viel davon haben. Doch erst in den achtziger Jahren, als Margaret Thatcher dem korporativen Staat und der „Great Britain Ltd." ans Leder ging, begriff man, daß die Vergangenheit einer schonungslosen Neubewertung unterzogen werden mußte. Ein neues, strahlenden Image war vonnöten.

Statt der gewohnten Bezeichnungen für Grafschaften und Gegenden las man plötzlich Namen wie Robin Hood Country, James Herriott Country, Rob Roy Country, Brideshead Country, Poldark Country und so weiter. Jede Gegend war auf einmal dazu verdammt, ein namhaftes Aushängeschild zu finden. Der wirtschaftlich darniederliegende Nordosten taufte sich Catherine Cookson Country – und stiftete Verwirrung: Reisende, die nach South Tyneside kamen, um die von Cookson trefflich beschriebenen schäbigen Straßen zu entdecken, mußten feststellen, daß diese längst nicht mehr existierten.

Beinahe jede Woche eröffnet im Nordosten ein neues Museum. Offenbar wird jede Lebensäußerung isoliert, umgestaltet, aufpoliert und für Profitzwecke aufbewahrt. Während die Eisen- und Stahlindustrie am Untergehen ist, macht das Ironbridge Gorge Museum gute Umsätze. Zwar schließen mehr und mehr walisische Kohlegruben, dennoch verpaßt man den Touristen Schutzhelme und Minenlampen, um sie durchs Big Pit Mining Museum bei Blaenavon zu führen.

Kritiker dieser Entwicklung beklagen die durch das neuinszenierte „Erbe" entstehende Scheinhistorie. Ein ehemaliger Direktor des Ironbridge Gorge Museums erklärte, daß die Verfechter des neuen Stils dazu neigen, ein „kurios-nostalgisches rosarotes Bild der Vergangenheit heraufzubeschwören, das nichts mit der damaligen Realität zu tun hat. Man zeigt das, was wir gern sehen möchten, und vieles ist nicht wissenschaftlich abgesichert, sondern beruht allein auf Vorurteilen".

Auch können sich nicht alle ehemaligen Industriearbeiter an eine Stellung als Museumsführer gewöhnen. Ein Big-Pit-Kumpel erklärt: „Ich bin zwar froh, daß ich einen Job habe, aber richtige Arbeit ist das keine. Der Bergbau ist ein hartes Brot, aber es war wenigstens sinnvolle Arbeit – und dann hattest du natürlich auch deine Kumpels."

Gordon Marsden, Herausgeber des Magazins *History Today* meint: „Institutionen wie in Jorvik (York), das Beamish Industrial Museum in Durham oder das Ironbridge in Shropshire zeigen sowohl echte Artefakte als auch Rekonstruktionen. Ein thematisiertes Museum wie etwa das Oxford Story in Oxford ist dagegen ein Osterei. Es bietet einen kurzen Abriß zur Vergangenheit, doch am Ende bleibt alles zusammenhanglos."

Vermutlich würde sich sogar George Orwell bestürzt zeigen, wüßte er, daß der Gegenstand seiner in den dreißiger Jahren entstandenen Studie über die Rezession, *The Road to*

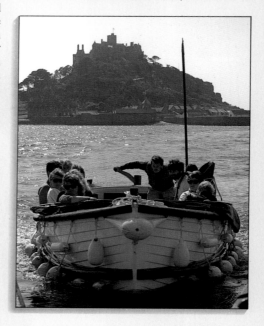

Wigan Pier, inzwischen zum 3,5 Millionen Pfund teuren Wigan Heritage Centre mutierte.

(Islands)Inseln

Großbritannien ist die größte der rund 2000 britischen Inseln. Es unterscheidet sich vom United Kingdom (dazu gehört nämlich auch Nordirland) durch den Ausschluß Irlands, und auch die selbstverwalteten Inseln Isle of Man und die Channel Islands zählen nicht dazu.

Auf der Isle of Man, die in der Irischen See zwischen England und Irland liegt (25 Kilometer vor der schottischen Küste), leben rund

50 000 Menschen. Das House of Keys gilt als ältestes Parlament der Welt. Manx, eine Sprache mit denselben Wurzeln wie das Gälische, sprachen Ende des vorigen Jahrhunderts noch die Hälfte der Einwohner, inzwischen ist es ausgestorben. Die Insel ist für die schwanzlose Manxkatze und die Rute bekannt. Letztere dient bis heute zur gerichtlich sanktionierten Vollstreckung der Prügelstrafe.

Im Golf von St. Malo liegen vor der französischen Küste die Kanalinseln, wo man sowohl französisch als auch englisch spricht. Seit die Detektivserie *Bergerac* die Inseln populär machte, versuchen viele, in diesem Steuerparadies ansässig zu werden – es ist allerdings sogar für Briten schwierig, eine

gehört Muckle Flugga, die nördlichste bewohnte Insel Großbritanniens.

Die Verbindungen zwischen entlegeneren Inselgruppen sind zuweilen problematisch, dafür aber umso amüsanter. Caledonian MacBrayne, die schottische Fährgesellschaft, steuert 22 Ziele auf den Western Islands an. Loganair unterhält den weltweit kürzesten Linienflug – ein zweiminütiger Trip von einer Orkneyinsel zu einer anderen – und benutzt auch Felder und Strände als Landebahnen.

Ein paar schottische Inseln verfügen über private Flugverbindungen für ihre neuen Besitzer. Waren diese Eilande früher Eigentum des Landadels, so gehören sie heute oft Filmstars, Rockmusikern, Spekulanten und Indu-

Wohnung zu finden. Die Hauptinseln sind Jersey (117 Quadratkilometer) und Guernsey (62 Quadratkilometer). Die fünf Quadratkilometer kleine Insel Sark ist bis heute im Besitz eines Lehnsherren (Erbrecht).

Fast alle britischen Eilande liegen vor der Westküste des Landes, seien es die Scilly Isles vor Land's End in Cornwall oder die Western Isles, die jenseits der Fjorde vor der schottischen Küste liegen. Im äußersten Nordwesten trotzen die Hebriden der See, im Nordosten die Orkney- und Shetlandinseln. Zu letzteren

Links: St. Michael's Mount vor der Küste Cornwalls. **Oben:** Benny Hill in einer seiner Shows.

striemagnaten. Wer aus Prestigegründen eine Insel kauft, kümmert sich nicht um Preise – kein Wunder, daß diese astronomische Höhen erreicht haben. Nur die Einheimischen verfolgen diese Entwicklung mit Mißtrauen: Sie müssen um ihre Zukunft bangen, wenn „ihre" Insel unter den Hammer kommt.

(Jokes) Humoriges

Das Bemühen um eine objektive Sicht einer so subjektiven Sache wie Humor könnte in schlechteren Händen liegen als jenen von George Mikes, einem Ungarn, der nach England auswanderte und Humorist wurde. „England ist das einzige Land der Welt, das maßlos stolz auf seinen Sinn für Humor ist", heißt es bei ihm. „In anderen Ländern giltst du als dumm, rüpelhaft, Pferdedieb oder Hyäne, wenn man dich haßt oder inakzeptabel findet. In England sagt man, du bist humorlos – das ist das Todesurteil, die totale Ablehnung."

Trotzdem hat der britische Humor nichts Monolithisches, es gibt unzählige Varianten. Wir wollen hier die fünf wichtigsten Zwerchfellstrapazierer darlegen:

Ironie: Um eine Rechtfertigung dafür zu finden, daß die Briten sich für gute Verlierer halten, für die es wichtiger ist mitzuspielen als zu gewinnen, entwickelten sie eine sophistische Form der Selbstbespöttelung. Es gilt als Tugend, wenn man über sich selbst lacht.

Satire: Der Satiriker lacht über die anderen. Er lebt von der Vorherrschaft der Heuchelei in einer Gesellschaft. Natürlich ist es leichter, sich über Starrköpfigkeit und Konservatismus lustig zu machen, als sie zu ändern. Pamphletistische Politik nährt eine Eigenart, wie man sie etwa in der TV-Serie *Yes, Prime Minister* beobachten kann. Die Tradition der bösartigen Karikatur, die im 18. und 19. Jahrhundert mit Künstlern wie James Gillray, George Cruikshank oder William Hogarth ihren Höhepunkt erreichte, lebt heute in der TV-Puppenserie *Spitting Image* weiter.

Schweinigeleien: Noch immer ist es eine beliebte Posse, wenn ein Mann in einer Show die Hosen verliert. Wie in jedem lustfeindlichen Land haben Zoten in England Hochkonjunktur, und Komiker wie Benny Hill können mit den immer gleichen Anzüglichkeiten im Repertoire Karriere machen. Der Dramatiker Alan Bennett schrieb: „Glauben Sie mir, wenn der Humor einer Gesellschaft das Niveau öffentlicher Bedürfnisanstalten erreicht hat, verheißt das nichts Gutes."

Absurdität: Vielleicht ist der surreale Humor in England deshalb so stark ausgeprägt, weil man damit Förmlichkeit und Aufgeblasenheit (zwei britische Schwächen) bemänteln kann. Lewis Carroll ist der bedeutendste Vertreter in einer langen Reihe von Nonsensdichtern. Moderne Beispiele sind die *Goon Shows* der fünfziger Jahre (durch die Peter Sellers bekannt wurde) und die in den siebziger Jahren entstandenen Folgen von *Monty Python's Flying Circus*. Auch vor Grausamkeit und Sadismus macht diese Unterhaltungsform nicht halt – hier kann man höflich lächelnd seine Gemeinheit und Frustration ausleben, ohne größeren Schaden anzurichten.

Witz: Die Werke Shakespeares sind voll davon, und Dr. Johnson wird unermüdlich zitiert („Die Zweitehe ist der Sieg der Hoffnung über die Erfahrung."). Die englische Sprache mit ihrem unerschöpflichen Reichtum an Homonymen und Synonymen mußte Wortakrobaten wie Oscar Wilde („Er besitzt kein versöhnendes Laster.") oder George Bernard Shaw („Ein Engländer denkt, er sei tugendhaft, sobald er sich unbehaglich fühlt.") beflügeln. Solche Schlagfertigkeit zeigen die Briten in allen Lebenslagen – selbst im Parlament. In einem berühmten Wortwechsel fauchte Lady Astor Sir Winston Churchill an: „Wäre der ehrenwerte Gentleman mein Gatte, ich täte Gift in seinen Tee." Darauf Churchill: „Wäre die ehrenwerte Lady meine Gattin, ich tränke ihn."

(Knights) Ritterschaften

Zweimal im Jahr – zu Neujahr und am offiziellen Geburtstag der Königin im Juni – findet man auf zwei eng bedruckten Seiten in den Zeitungen die Ehrenliste vorbildlicher Staatsbürger, die einen Orden bekommen haben. Einige erhalten nur einen Orden, ein paar werden zu Lords gemacht, andere dürfen sich als neu ernannte Adlige für den Rest ihres Lebens mit Sir oder Dame anreden lassen.

Solche Zeremonien sind Reste der traditionellen Ämterbesetzung; Kriege wurden darum geführt, Steuern damit erhoben, und der jeweilige Monarch sicherte sich so die Loyalität seiner Anhängerschaft. Im Mittelalter gab es zwei Formen des Rittertums, eine religiöse und eine weltliche. Mitglieder religiöser Orden legten das Mönchsgelübde ab und kämpften in den Kreuzzügen gegen die „Ungläubigen". Weltliche Ritter schworen ihren Lehnsherren die Treue. Ab dem 14. Jahrhundert waren aus diesen Rittern reiche Großgrundbesitzer geworden, und jeder, der über mehr als 20 Pfund pro Jahr verfügte, konnte einen Titel erwerben.

Heute kauft man keine Titel mehr – wenigstens nicht offen. Ist man allerdings auf den „Sir" vor dem Vornamen scharf, sollte man sich bei den politischen Parteien in Form großzügiger Spenden beizeiten lieb Kind machen. Beamte der Regierung stellen die Ehrenliste zusammen. Wer einen Adelstitel verliehen bekommt, wird in den Buckingham Palace eingeladen, wo ihm die Königin höchstpersönlich den Ritterschlag verpaßt.

Meist ist vorhersehbar, wer auf die Liste kommt. Es handelt sich in erster Linie um Streber, Wichtigtuer und Bürokraten. Um das Bild abzurunden, setzt man der Liste gern ein Sahnehäubchen auf, das heißt, man adelt einen Künstler, der dem Volk zumindest namentlich bekannt ist. Und schon geht der Streit los: Der Schauspieler Ian McKellen sah sich Angriffen ausgesetzt, weil er die von Margaret Thatcher vorgeschlagene Ehrung annahm, obwohl die Eiserne Lady sich nicht für die Belange der Homosexuellen eingesetzt hatte. Die Auszeichnung des Band-Aid-Organisa-

nicht mehr vergeben wurde). Und als Mensch gemeiner Herkunft hat man sowieso keine Chance, jemals dem ältesten europäischen Ritterorden anzugehören, dem Most Noble Order of the Garter (Hosenbandorden, 1348 gegründet). Er untersteht der Chapel of St. George (Windsor Castle) und ist auf 24 Mitglieder beschränkt, deren Souverän die Königin ist. Eine Handvoll ausländischer Monarchen gehört ihm als Extra Knights an.

Allein die Kosten der benötigten Ordensinsignien schließen außer Monarchen und Millionären alle anderen aus. Der taftgesäumte blaue Samtumhang ist mit diamantgeschmückten Bändern abgesetzt und mit Straußen- und Reiherfedern verziert. Dazu kom-

tors Bob Geldof erstaunte manch einen, hatte der Musiker doch den Thatcherismus scharf attackiert (als Ire darf er sich ohnehin nicht „Sir Bob" nennen). Als man die Beatles zu Mitgliedern des Order of the British Empire machte (ohne Adelung), gaben einige empörte Militärs ihre Orden zurück.

Es existieren zehn Rangklassen der Ritterschaft. Natürlich ist es wahrscheinlicher, zum Knight Bachelor ernannt zu werden als zum Ritter des obskuren Most Eminent Order of the Indian Empire (ein Titel, der seit 1947

Oben: Heim des schottischen Herzogs von Roxburgh.

men eine Goldkette, silberne Sterne und die St. Georgs-Brosche. Auf dem blaugoldenen „Hosenband" (von Herren unter dem linken Knie getragen, von Damen am linken Oberarm) lesen wir: *Honi Soit qui Mal y Pense* (Ein Schurke sei, wer Schlechtes dabei denkt).

Die meisten Titelanwärter gäben sich schon mit dem schlichten Baron oder Ritter zufrieden, dürften sie sich doch „Sir" beziehungsweise „Lady" nennen und sich einem elitären Club von rund 4500 Auserwählten zugehörig fühlen. Sofern man sich nichts zuschulden kommen läßt, behält man den Titel auf Lebenszeit. Wer im Knast landet, gilt als „Ehrengast Ihrer Majestät".

(Lords) Lordschaften

Manche Briten werden als Lords geboren, andere werden damit geehrt und wieder andere bekommen den Titel schier nachgeworfen. Allerdings hat der König nicht mehr das Recht, wie früher vetternwirtschaftlich Grund und Boden an ergebene Mitläufer zu verteilen.

Alle britischen Aristokraten sind Lords, doch nicht alle Lords sind Aristokraten. Die Rangordnung sieht laut jüngster Statistik folgendermaßen aus: Fünf königliche Herzöge (Edinburgh, Cornwall, York, Gloucester, Kent), 24 gewöhnliche Herzöge, 35 Marquis, 204 Grafen, 127 Viscounts und 500 Barone. Einen Herzog spricht man mit „Your Grace", einen Marquis mit „Most Honourable" an, für alle anderen tut es „Right Honourable Lord". Ein knapper Meter Samt und sieben Zentimeter Hermelinbesatz trennen einen Herzog von einem Baron – die Länge der Schleppe des Ehrengewandes ist genau vorgeschrieben.

Englische Lords stehen in der Rangordnung höher als schottische, von denen es unverhältnismäßig viele gibt. Innerhalb des schottischen Adels genießt der Duke of Atholl eine Sonderstellung, denn er darf als einzige Person des Vereinigten Königreichs ein stehendes Heer unterhalten (die 100 Mann starken Atholl Highlanders). Nur die wenigsten Lords sind reich und mächtig. Immer wieder entdeckt die Presse mittellose Lords, die ihr Dasein in winzigen Apartments fristen oder gar für British Rail arbeiten. Doch eigentlich kann sich der Adlige kaum beklagen, sieht man davon ab, daß auch er sterben und Steuern zahlen muß. Einer der reichsten Männer Englands ist der Duke of Westminster, der seine millionenschweren Grundstücke in London bereits vor seinem dreißigsten Geburtstag erbte und einer der begehrtesten Junggesellen ist.

Bis heute lebt ein Großteil der Aristokratie auf ihren Stammsitzen. Viele dieser Schlösser sind architektonische Perlen und bergen Kunstsammlungen, die jedes Museum vor Neid erblassen lassen. Drückende Erbschaftssteuern und hohe Instandhaltungskosten zwingen seit den sechziger Jahren manchen Lord, sein Anwesen gegen Eintritt dem Publikum zu öffnen. Zuweilen behelfen sie sich auch durch den Verkauf von Kunstwerken und Mobiliar.

Insgesamt gibt es rund 800 Peers (Hochadel), die ihre Titel mit wenigen Ausnahmen an die männliche Linie der Familie vererben. Die Sprößlinge besuchen im allgemeinen eine Eliteschule, aber keine Universität, ehe sie sich dann soldatisch zum Manne machen lassen (Royal Military Academy, Sandhurst), in der Hoffnung, in einem der prestigeträchtigen Garderegimenter unterzukommen.

Mit dem vollendeten 21. Lebensjahr steht ihnen ein Sitz im Oberhaus des Parlaments, im House of Lords, zu. Dort können sie große Reden schwingen oder Gesetzesvorlagen billigen beziehungsweise ergänzen, die ihnen das Unterhaus vorgelegt hat. Theoretisch darf dabei jeder sagen, was er denkt, sofern er sich an systemkonforme Spielregeln hält. Als John, Viscount Amberley, Lord Russell in seiner Rede 1978 die Abschaffung der Gefängnisse, Gratiswaren in den Geschäften, kostenlose Unterkünfte für Mädchen ab zwölf und die Abschaffung der Ehe forderte, durfte er dagegen nicht einmal ausreden.

Um wenigstens einen gewissen Sinn ins Leben der diversen Blaublütigen zu bringen, ernennt man jährlich ein paar Zeitgenossen zu Peers auf Lebenszeit (siehe Kapitel *Ritterschaften*). Gewöhnlich sind ehemalige Politiker des Unterhauses davon betroffen, die man aus Altersgründen oder wegen ihrer Verdienste „weglobte". Genaugenommen sind sie Barone auf Lebenszeit (niedrigerer Rang), das heißt, der Titel ist nicht vererbbar.

Es gibt etwa 400 Peers auf Lebenszeit. Dazu kommen noch die Lords Spiritual (Erzbischöfe von Canterbury und York und 24 Bischöfe, die zum Oberhaus gehören) sowie die 19 Law Lords (Mitglieder des Obersten Berufungsgerichts). Das Oberhaus verfügt also über 1200 Mitglieder, doch die wenigsten nehmen ihren Sitz wahr – bei der ersten Fernsehübertragung waren gerade 300 anwesend. Den Lords gehört ein so großer Teil des Landes, wer kann da von ihnen erwarten, daß sie sich auch noch um die Staatsgeschäfte kümmern!

(Monarchy) Monarchie

„Die Rede Ihrer Majestät anläßlich der Wiedereröffnung des Parlaments war wie gewöhnlich von geistloser Langeweile und Unergiebigkeit. Der Tenor lag auf der bevorstehenden Eheschließung Ihrer Majestät, die – abgesehen von den damit verbundenen unnötigen Sonderausgaben – für das Land weder wichtig noch interessant ist."

So kanzelte ein Reporter der *Times* vor 150 Jahren Königin Viktoria ab. Seitdem sind die britischen Stammesvölker demokratischer, pluralistischer, gebildeter und informierter geworden und wissen jene Familie wieder mehr zu würdigen, deren Oberhaupt sie nach wie vor das wertvollste Schmuckstück der Welt als Krone aufs Haupt drücken.

Königin Elizabeth II. ist ein Nachkomme König Egberts von Wessex (827-39) und König McAlpines von Schottland (1057-93) und mit allen europäischen Herrscherhäusern verwandt. Pro Tag verdient die Queen über fünf Millionen Mark. Schon eine Kurzreise zu den wichtigsten Schlössern Großbritanniens offenbart, daß sie die reichste Frau der Welt als Stütze des Nationalbewußtseins. Erhaben über die oft fade Parteipolitik und von Wahlen unangetastet, steht die Monarchie wie ein Fels in der Brandung.

Im Unterschied zu Königin Viktoria, die sich in die Politik ihrer demokratisch gewählten Premierminister einzumischen versuchte (und wegen der damit verbundenen Frustrationen beinahe ihren Regierungssitz nach Australien verlegte), halten sich die Mitglieder des House of Windsor an zwei Spielregeln: Man läßt die Finger von der Politik und lebt dem Volk die gewünschte Form der Monarchie vor. Was macht es da schon, wenn sie als Kunstmäzene, Bauherren und Trendsetter für manche als Langweiler gelten?

und Hüterin der größten und hervorragendsten privaten Kunstsammlung ist. Zu den Einkünften der Königsfamilie kommen die in die Millionen gehenden Apanagen, die Jahr für Jahr aus Steuergeldern finanziert werden.

Immer wieder reagiert das Volk empört, wenn ein entferntes Mitglied der Königsfamilie wie die Made im Speck lebt, ohne Gegenleistungen in Form von sozialem Engagement zu erbringen. Alles in allem gilt die Monarchie jedoch nach wie vor als nützliche Einrichtung. Schon wegen ihrer langen Tradition dient sie

<u>Oben</u>: Ihre Majestät Königin Elizabeth II., die reichste Frau der Welt.

1986 erreichte die Königin das Rentenalter und gab bekannt, daß sie zurücktreten werde, wenn das Volk dies wünsche. Natürlich will das Volk sie behalten. Auch ihr Sohn und Erbe, Charles III. (das wird sein Königsname sein), Gewissen der Architekten und Komplize der Natur, dürfte sich der Liebe seiner Untertanen gewiß sein. Charles' Hochzeit mit Lady Diana Spencer (1981) war seinerzeit das Ereignis schlechthin, und höchstens die eingefleischtesten Republikaner dürften ihnen den Pomp mißgönnt haben.

Noch wird darüber gestritten, wie das „Idealbild" der Königsfamilie der neunziger Jahre auszusehen hat. Niemand möchte sie als unnahbare Galionsfiguren haben, die sie in den Sechzigern waren. Aber die Art, wie die Journaille über sie berichtet, ist ebenso fragwürdig. Die Sensationspresse schreckt vor keiner Indiskretion zurück. So wird der Nimbus zerstört, der eine Erbmonarchie umgeben muß, soll sie in einer Epoche der Demokratie gedeihen. In der gehässigen Puppenshow *Spitting Image* nimmt man die Royals gnadenlos aufs Korn: Prinzessin Margaret wird als Schnapsdrossel dargestellt, Prinz Charles als Öko-Freak und Prinzessin Diana als blondes Dummchen, das nicht ohne seinen Walkman leben kann. Wird Prinz Charles jemals den Thron besteigen? Abwarten und Tee trinken…

brauchtwagenhändlern rangieren. Allerorten hört man das alte Humbert Wolfe-Zitat:

Denk nicht, daß zu bestechen ist,
zum Glück, der englisch' Journalist.
Doch was er ohne Schmiergeld schreibt,
es hätt' dich ohnehin gereut.

Derartiger Zynismus gründet auf der Tatsache, daß in England zwar ein paar der besten Zeitungen der Welt (*The Times*, *The Guardian*, *The Independent*, *The Financial Times*) erscheinen, aber eben auch einige der schlechtesten (*The Sun*, *The Star*).

Die Sensationspresse achtet nicht auf Objektivität, sondern schreibt vor allem Phantasiegeschichten über das Sexleben von TV-Stars, Popmusikern, Fußballern und Mitglie-

(Newspapers) Zeitungs(un)wesen

In Tom Stoppards Stück *Night and Day* verteidigt ein Journalist leidenschaftlich die Bedeutung einer freien und unabhängigen Presse in einer modernen Demokratie wie Großbritannien. Darauf erwidert eine andere Figur: „Ich stimme mit Ihnen überein, was die Pressefreiheit betrifft. Was ich nicht leiden kann, sind die Zeitungen."

Diese Einstellung dürfte auf viele Briten zutreffen, denn Meinungsumfragen zeigen, daß Journalisten im öffentlichen Ansehen noch hinter Steuerinspektoren und Ge-

dern des Königshauses. Auch die wenigen Nachrichtenspalten werden in grotesker Weise zu Sensationsmeldungen „aufgemöbelt". Rupert Murdoch gilt als Verantwortlicher für den Verfall des Journalismus. *The Sun* ist vor allem wegen der barbusigen Damen und für seinen Stahlhelm-Patriotismus berüchtigt (nach der Versenkung der *Belgrano* im Falkland-Krieg, wobei viele argentinische Marinesoldaten ihr Leben verloren, lautete der reißerische Aufmacher: „Volltreffer!"). Mit einer Auflage von fast vier Millionen Exem-

Oben: Nähme man den Zeitungen den Fettdruck – um wieviel stiller wäre es auf der Welt!

plaren ist *The Sun* landesweit die meistgekaufte Tageszeitung. Solche Zahlen sprechen für sich. Kritiker dieses Presseunwesens mögen sich mit einem anderen Stoppard-Zitat trösten: „Die Sensationspresse ist der Beweis dafür, daß unsere Gesellschaft zumindest eine Sache begriffen hat, nämlich, daß es niemanden geben darf, der festlegt, wo seriöser Journalismus zu beginnen hat." Trotzdem droht die Regierung immer wieder einmal mit gerichtlichen Schritten, wenn sie den Eindruck hat, daß sie von der Presse angegriffen wird.

Doch die Vielfalt der britischen Presselandschaft stimmt versöhnlich: Elf landesweite Tageszeitungen (mit einer täglichen Auflage von 15 Millionen Exemplaren), zehn Sonntagsblätter (mit einer Auflage von 17 Millionen) und eine unüberschaubare Anzahl regionaler Tages- und lokaler Wochenblätter.

Bedenklich stimmt die Monopolstellung mancher Verleger. So gibt Rupert Murdoch fünf landesweit erscheinende Zeitungen heraus, darunter das Sonntags-Skandalblatt *News of the World* (Auflage: fast fünf Millionen), aber auch die seriöse Sonntagszeitung *Sunday Times* (Auflage: 1,2 Millionen).

Man beklagt immer wieder die Rechtslastigkeit der meisten landesweit erscheinenden Blätter, doch sollte das nicht überbetont werden. Im allgemeinen kritisieren die Briten ihre Politiker ebenso zynisch wie ihre Presse. Gewählt wird, wer die eigenen Interessen vertritt und nicht, wer einen Pressemogul hinter sich hat.

(Official Secrets) Geheimniskrämerei

Offiziell existieren jede Menge Geheimnisse in Großbritannien, doch niemand kennt sie genau. Der Official Secrets Act (Gesetz zur Wahrung der Geheimhaltung von Staatsgeheimnissen) beruft sich ständig auf die nichtssagende Phrase, etwas verstoße „gegen die nationalen Interessen", was selbst auf Informationen angewendet werden kann, die von offizieller Seite kommen.

Das Parlament darf über alles debattieren, nur nicht über die Geheimdienste M15 und M16. Bis vor wenigen Jahren durfte man den Namen des Geheimdienstchefs allenfalls auf dem Gipfel des Ben Navis flüstern, wollte man Unannehmlichkeiten vermeiden – dabei war es mit etwas Grips nicht schwer, selbigen aus Veröffentlichungen zu erschließen. Die Ironie dabei wird noch deutlicher, wenn man

bedenkt, daß der ganze Apparat seit dem Ausbruch des Kalten Kriegs wie ein Schweizer Käse durchlöchert war. Man denke nur an den Fall des Überläufers Kim Philby (1963), der seit dem Zweiten Weltkrieg beim britischen Geheimdienst beschäftigt gewesen war und sich so weit nach oben gearbeitet hatte, daß er bereits als Anwärter auf den Chefsessel des Secret Intelligence Service galt.

Bis 1982 waren auch die Government Communications Headquarters (GCHQ), ein Lauschposten der Regierung in Cheltenham, den man immer als experimentelle Radiostation ausgab, offiziell nicht existent. Schließlich gestand ein höherer Beamter, er habe drei Schulmädchen mißbraucht, und da er gerade dabei war, plauderte er munter weiter. Es stellte sich heraus, daß Geoffrey Prime den Sowjets seit über zehn Jahren alles über den GCHQ verraten hatte. Dafür wanderte er für 35 Jahre ins Gefängnis, zuzüglich drei (!) Jahre für die Vergewaltigung der Mädchen.

Die Tätigkeit solcher „Maulwürfe" – also von Insidern, die für die Gegenseite arbeiten – lieferte den Stoff für die überaus populären Spionageromane eines Len Deighton oder John Le Carré. Le Carrés Thriller *Der Spion, der aus der Kälte kam* erschien im gleichen Jahr, als Philby zum Feind überlief. Der in der Tschechoslowakei geborene Dramatiker Tom Stoppard schrieb ein durchaus glaubhaft klingendes Stück über einen pensionierten englischen Spion, der nicht mehr weiß, für welche Seite er eigentlich arbeitet.

In den USA sind Informationen über britische Angelegenheiten frei erhältlich, die in Großbritannien geheimgehalten werden. Die Regierung stellte Millionen zur Verfügung, um Licht in einen Spionagefall zu bringen, nachdem der frühere Geheimagent Peter Wright sein Buch *Spycatcher* in vielen Ländern der Erde veröffentlicht hatte.

Zu eng ist Spionage mit der Arbeitsweise von Regierung und Industrie verknüpft, als daß sie nach dem Ende des Kalten Kriegs einfach ausgedient hätte. Das Parlament bedient sich eines Lobby-Systems, wobei eine Gruppe ausgewählter politischer Journalisten in regelmäßigen Abständen zusammengerufen wird, die dann von den Ministern Informationen erhält. Später dürfen die Journalisten nicht verraten, von wem sie ihr Wissen haben.

Der Öffentlichkeit gegenüber neigt man zu einer gewissen Verschleierungstaktik. Das schlimmste Beispiel für diese Einstellung stammt aus dem Ersten Weltkrieg, als man die Briten in Unkenntnis darüber ließ, daß auf den Schlachtfeldern Frankreichs eine ganze Generation junger Männer verheizt wurde.

(Pubs) Kneipenkultur

Englands bestes Pub heißt „The Moon Under Water" und liegt in der unscheinbaren Seitengasse einer alten nordenglischen Industriestadt nahe Manchester. Mehrere Elemente tragen zu seiner unnachahmlichen Atmosphäre bei: die Gäste, meist Stammkunden, die nicht nur wegen des Biers, sondern auch wegen der Geselligkeit herkommen, und die ty-

The Moon Under Water blieb von Errungenschaften der Moderne wie Musikbox, nachgemachter Eichenholzverkleidung und glasgedeckten Tischen verschont. Es ist immer ruhig genug für ein gutes Gespräch und sei es nur über die Qualität des traditionell gebrauten Biers und die niedrigen Preise.

Aber The Moon Under Water existiert nur in der Phantasie. Es ist eine Erfindung George Orwells, der vor 50 Jahren einer Lieblingsbeschäftigung der Briten nachhing, nämlich vom perfekten Pub zu träumen. In England und Wales gibt es 70 000 Pubs, einige tausend weitere in Schottland.

Was ein *ideales* Pub ausmacht, hängt vom persönlichen Geschmack ab und bleibt zu-

pische viktorianische Einrichtung mit dunklem Mahagoni, verzierten Spiegeln und geschliffenem Glas, gußeisernen Kaminen und einer vom Zigarettenqualm gelbbraun verfärbten Decke. Diese Kombination sorgt für ein Ambiente solider Häßlichkeit wie aus dem 19. Jahrhundert.

In der Public Bar kann man Darts spielen, an den Tischen gibt es gute Hausmannskost zu Preisen, die jedes Restaurant ruinieren würden. Die Bedienungen kennen alle Gäste beim Namen, im Sommer sitzt man im angrenzenden Garten unter Platanen und trinkt sein Bier, während die Kinder nach Lust und Laune spielen und toben können.

meist illusorisch. Allerdings gibt es ein paar genau definierte Grundcharakteristika, wie ein *gutes* Pub auszusehen hat, und davon findet man mehr als genug. Im *Good Beer Guide*, der Biertrinkerbibel von Michael Jackson, heißt es dazu: „In einem guten Pub schenkt man den Getränken die allergrößte Aufmerksamkeit, vor allem dem Bier. Geselligkeit vor und hinter der Theke ist beinahe ebenso wichtig. In einem guten Pub achtet man auf ein gemischtes Publikum und vermeidet Cliquenwirtschaft. Ein gutes Pub hat einen fürsorglichen, aufgeschlossenen Wirt, keinen desinteressierten Gesinnungslumpen oder anmaßenden Kasper. Egal, über was für Einrichtungen es sonst noch verfügt, ein gutes Pub hat stets einen Schankraum, in dem sich die Gäste gern aufhalten, ohne von geschmacklosem Interieur, lauter Musik oder aufdringlichem Restaurantbetrieb belästigt zu werden."

Das Wichtigste an einem guten Pub (die moderne Bauweise tut sich da leider sehr schwer) ist die intime Atmosphäre mit Winkeln, Ecken und Nebenräumen, wo man sich unterhalten kann, ohne daß die halbe Welt mithört.

Das Bier muß frisch gezapft werden. Englisches Bier lebt und fermentiert noch und wird bei Kellertemperatur ohne sonstige Kühlung ausgeschenkt. Man setzt keine Kohlensäure zu und braut es ausschließlich aus Gerste, Hopfen und reinem, klarem Wasser. Hält man das Glas gegen das Licht, muß das Bier gold- oder strohfarbig und kristallklar sein.

Die meisten Pubs haben mindestens zwei getrennte Schankräume: In der *public bar* wird nur getrunken, die *lounge bar* ist mit Teppichboden und viel Plüsch luxuriöser. Der Preisunterschied beträgt nur ein paar Pence pro Glas. Die Preislisten müssen deutlich sichtbar ausliegen.

Die *public bar*, sagen einige, sei für ernsthafte, meist männliche Trinker und Werktätige in schmutzigen Arbeitskitteln. Der Boden ist kahl und an der Wand hängt die unausweichliche Scheibe für Darts, das beliebteste aller Pub-Spiele, auch wenn Billard groß im Kommen ist. In der *lounge bar* hingegen setzt man sich, trifft sich mit der Damenwelt und macht sich einen schönen Abend. Manchmal gibt es Klavieruntermalung oder eine Musikbox, was von vielen als deplaziert empfunden wird, da das Pub, abgesehen vom Trinken, eigentlich der Unterhaltung dienen soll.

Der Begriff „Pub" ist eine Abkürzung von *public house* (öffentliches Haus) und rührt von der Sitte der Wirte in vergangenen Tagen, das in der Küche gebraute Bier an der Haustür zu verkaufen oder in der Stube auszuschenken. Um auf den Ausschank aufmerksam zu machen, befestigte der Besitzer eine mit Immergrün bestückte Stange am Haus.

An Anwärtern auf den Titel „ältestes Pub" besteht kein Mangel, die größten Chancen darauf dürfte allerdings das *Trip to Jerusalem* haben. Es besteht mindestens seit der Zeit der Kreuzzüge und wurde aus den Felsen unter-

halb von Nottingham Castle gehauen. Wie vieles andere in Großbritannien erlebte das Pub seine Glanzzeit in der viktorianischen Epoche. Trotz aller Anstrengungen philisterhafter Brauereien, sie zu „modernisieren", ist das Land bis heute mit ungezählten viktorianischen Pubs und der dazugehörigen Einrichtung gesegnet. Wer als Wirt etwas auf sich hielt und sich von den billigen Bierschenken und Schnapsläden distanzieren wollte, scheute keine Kosten: Mahagoni und Messing, Marmor und Keramikkacheln, geschliffenes Glas und dekorative Spiegel gehörten zur Standardausstattung.

Immer häufiger bietet das Pub gutes und preiswertes Essen an und macht den Restau-

rants Konkurrenz. Die Karte beinhaltet oft auch Kaffee und Tee sowie Getränke für Kinder. Kindern unter 14 Jahren ist der Zutritt zum Pub verwehrt, Jugendliche zwischen 14 und 18 Jahren brauchen eine erwachsene Begleitperson und dürfen keinen Alkohol trinken. Tatsächlich aber heißt jedes Pub mit Garten ganze Familien willkommen, und vor allem die Landgasthöfe tragen den Bedürfnissen von Familien mit Kindern Rechnung. Die Auslegung des Gesetzes hängt vom Ermessen des Wirts und von der Toleranz des zuständigen Polizeichefs ab.

Die drastischste Veränderung kam 1988, als man die Öffnungszeiten der Pubs in England

Links und oben: Das perfekte Pub kennt freundliche Gesichter und stille Winkel.

und Wales neu festlegte. Sie dürfen nicht mehr nur mittags und abends öffnen, sondern den ganzen Tag von 11 bis 23 Uhr (in Schottland war das bereits vorher der Fall). Etwa ein Viertel aller Pubs macht davon Gebrauch. Nur sonntags sind die Öffnungszeiten nach wie vor von 12 bis 15 Uhr und von 19 bis 22.30 Uhr (in Schottland 12.30 bis 14.30 und 18.30 bis 23 Uhr). Nach der Sperrstunde hat man noch 20 Minuten Zeit zum Austrinken, wenn man eine Mahlzeit zu sich genommen hat, sind es 30 Minuten.

(Queues) Schlangestehen

„Ein Mensch in einer Schlange symbolisiert den wahren Engländer, so wie der Stierkampf mit Spanien gleichgesetzt wird oder der Mann mit der ellenlangen Zigarre mit Amerika", schrieb der Humorist George Mikes. „Auch wenn er allein ist, bildet ein Engländer eine ordentliche Ein-Mann-Schlange."

Diese Bereitschaft, sich geduldig in eine Reihe zu stellen, trifft auch im Straßenverkehr zu. An einem Verkehrskreisel wird man kaum Autofahrer beobachten, die sich hineindrängeln oder jemanden schneiden, wie man es vielleicht in Italien gewohnt ist.

Vordrängeln gilt in Großbritannien als unschicklich, obwohl andere Verkehrsteilnehmer ihr Mißfallen allenfalls durch Hupen und Bemerkungen wie „Sie sehen wohl nicht, daß da eine Schlange ist" kundtun. Wer schlau ist, tut so, als sei er ein Ausländer – dann seufzen die verärgerten Autofahrer nur noch resigniert und beklagen wieder einmal, daß die anderen es halt nicht besser wissen.

Manche glauben, der einzige Grund für das Gruppenverhalten der Briten sei die Tatsache, daß sie auf einer übervölkerten Insel leben. Eine andere Theorie vermutet dahinter jene germanischen Charakterzüge, die unter der britischen Oberfläche verborgen liegen (das erklärt auch, warum sich Briten und Deutsche, obwohl sie sich in zwei Weltkriegen bekämpften, immer respektierten).

Der Deutsche Ralf Dahrendorf, seines Zeichens Leiter der London School of Economics, trifft den Nagel auf den Kopf, wenn er folgendes sagt: „Ich glaube, daß diese Insel eigentlich unbewohnbar ist. Aber um sie doch bewohnbar zu machen, versuchen die Menschen halt, irgendwie vernünftig miteinander umzugehen."

Race (Völkergemisch)

In den Adern der Briten fließt das Blut vieler Völkerschaften. Schon in vorgeschichtlicher Zeit kamen Stämme von der Iberischen Halbinsel, aus Mitteleuropa und vom Indischen Subkontinent hierher. Die Römer wurden von Jüten, Angeln, Sachsen, Skandinaviern und Normannen (ursprünglich skandinavische Wikinger) abgelöst. Prinz Llewellyn kämpfte in Wales nicht um das wahre keltische Erbe, sondern um die letzte Bastion einer Volksgruppe, die es von der Iberischen Halbinsel nach Norden verschlagen hatte und die schließlich von der Irischen See aufgehalten

wurde. Der von den Schotten so verehrte Robert Bruce war ein Nachfahre von Robert de Bruis, einem normannischen Ritter aus dem Gefolge Wilhelm des Eroberers.

Handel, Verfolgung und Krieg ließen flämische Weber, französische Hugenotten, chinesische Seeleute, Weißrussen, polnische Patrioten und deutsche Juden ins Land kommen. Hungersnöte trieben vor allem Iren ins Land. In den fünfziger Jahren lockte man Angehörige des Commonwealth mit Arbeitsangeboten nach England, doch nach ihrer Ankunft (vor allem von den Westindischen Inseln) mußten sie entdecken, daß man sie nicht gern sah. Heute leben rund eine halbe Million Menschen aus der Karibik in Großbritannien. Viele verschmolzen mit der britischen Kultur, obwohl sich unter der jungen Generation eine Rückbesinnung auf die afro-karibischen Wurzeln beobachten läßt. 1987 wählte man vier Schwarze ins Parlament.

Asiaten vom Indischen Subkontinent und aus Afrika drängten in die Industriestädte Birmingham, Bradford und Leicester. 1972 gestattete man aus Uganda ausgewiesenen Asiaten widerstrebend die Immigration. Der Außenminister gewährte nichtbritischen Angehörigen des Commonwealth immer seltener Aufenthaltsgenehmigungen. Das Wort „Immigrant" entwickelte sich zum Euphemismus, den man nur auf Farbige anwendete.

800 000 Inder, 400 000 Pakistani und 100 000 Bangladeshi. Die Zahl der Chinesen (125 000) wird sich 1997 womöglich drastisch erhöhen, wenn Hongkong an China zurückgegeben wird. Zu den weiteren ethnischen Minderheiten gehören 12 000 Afrikaner und 73 000 Araber.

Farbige machen nur drei Prozent der Gesamtbevölkerung aus (54,5 Millionen). Rassenhaß ist kein britischer Charakterzug, obwohl immer wieder von unerfreulichen Zwischenfällen berichtet wird, die sich vor allem gegen Asiaten richten. Rassenprobleme nahmen in den letzten 15 Jahren zwar ab, dennoch sind in Großbritannien noch längst nicht alle Minderheiten gleichberechtigt.

Viele ugandische Asiaten waren Geschäftsleute. Obwohl sie wieder von vorn anfangen mußten, sind sie bei der Neugründung von Firmen zum Teil recht erfolgreich. Zeitungs- und Lebensmittelgeschäfte sind zu einem geringeren Prozentsatz ebenfalls in asiatischer Hand. In ganz Großbritannien trifft man auf Restaurants, deren Besitzer oder Pächter in der Regel aus Pakistan oder Bangladesch stammen; nicht zu vergessen die traditionellen Fish-and-chips-Läden, die von Chinesen geführt werden. In Großbritannien leben rund

Links: Drei Prozent der Briten haben dunkle Hautfarbe. Oben: Man geht auf Nummer sicher.

Sex

Das Wort hat wieder George Mikes: „Die Menschen vom Kontinent haben ein Sexualleben, die Engländer haben Wärmflaschen", lautet einer seiner bekanntesten Sprüche, der natürlich ebenso für die Schotten und Waliser gilt. Dabei soll nicht übergangen werden, daß auch Großbritannien in den Sechzigern so etwas wie eine sexuelle Revolution erlebte. Im Zeitalter von Aids ist das jedoch längst vergessen: *Bitte kein Sex, wir sind Briten* lautete der

Titel eines Theaterstücks, das lange Zeit im Londoner Westend gespielt wurde.

Die Briten bevorzugen ein ungefährliches Sexualleben: lieber ein zotiger Witz als eine heiße Affäre. Ähnlich verhält es sich auch mit ihren Eßgewohnheiten: Nahrungsaufnahme ist ein notwendiges Übel, der Phantasie sind enge Grenzen gesteckt. Fanden vom Kontinent kommende Zeitgenossen bei der Eröffnung von Spezialitätenrestaurants und Cafés kaum ernsthafte Konkurrenten vor, so fragen sich die Männer aus Mitteleuropa seit Generationen, wer ihnen beim Flirt mit den Britinnen jemals den Rang ablaufen soll.

Warum hat eigentlich sogar das banalste Kompliment – noch dazu mit ausländischem

Akzent vorgetragen – Jahr für Jahr einen so durchschlagenden Erfolg? Es liegt vermutlich daran, daß bei der britischen Ausprägung des Liebeswerbens, trotz eventuell vorhandener anderer Qualitäten, Flirt und Getändel kaum eine Rolle spielen. In England sind erste Begegnungen zwischen den Geschlechtern meist von geringschätzigen Spötteleien begleitet. Zwei junge Herrn der Schöpfung erfreuen zwei junge Damen beispielsweise mit der Bemerkung: „Ich nehm' die da, die deine bringt's ja nich' besonders." Das derart angehimmelte Wesen weiß nun, daß der Süßholzraspler ihr in zarter Verehrung zugetan ist. Mit Balzrufen wie: „Mann, was für'n Fum-

mel! Welcher Trödler verkauft noch so 'was?" wird das äußere Erscheinungsbild der holden Angebeteten gewürdigt. Will John Casanova ihr Herz vollends brechen, flötet er: „Schau nich' so sparsam. Hat's dir die Sprache verschlagen?" Kein Wunder, daß die Weiblichkeit beim freundlichen „Hallo, preety lady!" eines Mitteleuropäers aus allen Wolken fällt.

Prüderie und Gehemmtheit kennzeichnen seit jeher die Einstellung zum Sex. Es heißt, die Briten seien insgeheim ein bißchen scharf auf Prügel und andere Formen der körperlichen Züchtigung, was ihnen schon auf der Schule eingebleut worden sein soll. Sie schikken sich gegenseitig alberne Postkarten, etwa mit einem Pantoffelhelden am Arm der korpulenten Gattin, welcher sehnsüchtig einer drallen Bikini-Schönheit nachgafft. Dazu kommt ein dümmlicher Spruch betreffs der üppigen Oberweite.

Daß diese Art von Humor keineswegs altbacken ist, beweisen Radio- und Fernsehprogramme. Nichts liefert dem Fremden einen besseren Einblick ins britische Sexverständnis als die *Carry On*-Filme (es gibt 28 davon, und die Clichés reichen von der flittchenhaften Blondine mit Atombusen bis zur weibischen Schwuchtel) oder eine *Benny Hill Show*. Uns Benny mimt immer den tölpelhaften Einfaltspinsel, der mit lüsternen Blicken auf junge Mädchen schielt.

Die Briten schätzen es nicht, wenn man Sex in die Öffentlichkeit zerrt. Die grelle Reklame deutscher oder holländischer Rotlichtbezirke schreckt sie eher ab. Zwar hält man vor allem in London für jeden Lustmolch etwas bereit, doch dies geschieht sehr diskret. Straßenmädchen oder Stricher wird man am Piccadilly Circus nicht mehr finden. Die Prostituierten verschwanden schon vor Jahrzehnten, die Treffpunkte der Strichjungen hat die Polizei erst in jüngerer Zeit ausgehoben. Allerdings stecken in jeder Telefonzelle irgendwelche Zettelchen, auf denen alle Laster angeboten werden, die einer Orgie im römischen Stil zur Ehre gereichen würde. Anruf genügt.

Sex galt in England noch nie als akzeptable Entschuldigung für „Verbrechen aus Leidenschaft", wiewohl mancher Politiker es nicht lassen kann. 1963 beschleunigte der Profumo-Skandal das Ende der konservativen Macmillan-Regierung. Natürlich war und ist die Öffentlichkeit von der Geschichte begeistert („Verteidigungsminister teilt sich Call-Girl mit sowjetischem Marineattaché"): Wie sonst hätte man 25 Jahre später einen erfolgreichen Film (*Scandal*) daraus machen können? 1973 mußten Lord Lambton und Lord Jellicoe den Hut nehmen, nachdem sie intime Kontakte mit Prostituierten zugegeben hatten. Das konservative Kabinettsmitglied Cecil Parkinson, den viele bereits als Nachfolger Margaret Thatchers gehandelt hatten, war unten durch, als bekannt wurde, daß er seine Sekretärin geschwängert hatte.

(Tea) Abwarten und Tee trinken

Ein Brite nimmt pro Tag durchschnittlich fünf Tassen Tee zu sich, somit verbraucht man in

Den sehr starken indischen Tee mit viel Gerbstoff und Zucker trinken vorzugsweise hart arbeitende Männer, während Frauen, Kinder und anderes Männervolk die eher dünnen chinesischen Mischungen vorziehen.

Vermutlich existieren ebenso viele Arten, Tee zu brühen, wie Bewohner Großbritanniens, dazu jede Menge geheimnisumwitterter Methoden, die Kanne warmzuhalten und ähnliches mehr. Im Norden neigt man dazu, erst den Tee einzugießen und anschließend Milch zuzufügen, im Süden ist es umgekehrt. Natürlich schwört jeder auf die Richtigkeit seiner Methode. Wer Verbindungen nach Nah- oder Fernost unterhält, würzt den Tee beispielsweise mit einer Prise Kardamom.

Großbritannien ein Drittel des gesamten jährlichen Tee-Exports. Mitunter ist es jedoch schwierig, eine Tasse „echten" Tees zu bekommen. Die besten Adressen sind Nobelhotels, kleine Cafés der Kategorie „Fish-and-Chips" und Privatwohnungen, wo man noch keine Teebeutel benutzt.

Den besten Tee gewinnt man aus der Knospe beziehungsweise den ersten zwei bis drei Blättern des Teestrauchs. Man gibt ihn für drei bis fünf Minuten in sprudelnd heißes Wasser.

Links: Christine Keeler sorgte für einen Skandal, über den bei mancher Tasse Tee heiß diskutiert wurde (*oben*).

Die berüchtigten kalten englischen Schlafzimmer brachten den *Teasmade* hervor, ein sonderbares, altmodisches Gerät – eine Mischung aus Wecker, Thermosflasche und Beleidigung fürs Auge –, das für eine frisch gebrühte Tasse Tee gleich nach dem Aufwachen sorgte. Geschmacklich hielt das Gebräu zwar nicht, was es versprach, es kam jedoch der britischen Inselmentalität entgegen.

Einen Keks oder ähnliches in den Tee zu stippen oder aus Kühlungsgründen auf die Untertasse auszuweichen gilt heute nicht mehr als gesellschaftsfähig. Man leiht sich auch keinen Löffel zum Umrühren. Einheimische nennen den Tee auch „tiffin", „char",

„Rosie" oder „cuppa". Teetrinken ist auch eine Übersprungshandlung, vergleichbar einer Katze, die ihr Fell einer unnötigen Wäsche unterzieht, um Gefühlsregungen zu überspielen. Im Falle einer Geburt oder einer Beerdigung wird Tee literweise konsumiert.

Die Chinesen waren die ersten Teetrinker, und das schon vor Jahrtausenden. In einer Legende heißt es, die Blätter seien einem Philosophen in den Wasserkessel gefallen. Der Tagebuchautor Samuel Pepys war 1660 so von seiner ersten Begegnung mit chinesischem Tee beeindruckt, daß er eigens einen Tagebucheintrag verfaßte. Zunächst war Tee in England so teuer, daß man ihn in speziellen Tresoren einschloß, um das Personal daran zu hindern, sich selbst zu bedienen. Schon der Transport aus Fernost war sehr kostspielig. Schnelle Klipper wie die heute auf dem Trokkendock von Greenwich liegende *Cutty Sark* sorgten damals für Nachschub.

Die Zeremonie des Nachmittagstees wurde um 1840 von der Herzogin von Bedford ins Leben gerufen. Wenn Sie einen traditionellen Nachmittagstee erleben möchten, so lassen Sie sich am besten einen Tisch im Londoner Ritz reservieren. Im West Country genießt man zum Cream Tea *scones* (Gebäck), *jam* (Marmelade), *clotted cream* (geschlagene Sahne) und Kuchen: eine preiswerte und äußerst nahrhafte Angelegenheit, die den Cholesterinspiegel in schwindelnde Höhen treibt.

Eine Tasse Tee ohne Milch und Zucker hat vier Kalorien. Die anregende Wirkung kommt vom Koffein (Teeblätter enthalten mehr als doppelt so viel Koffein wie Kaffeebohnen), während Adstringenzien und Farbe vom Gerbsäuregehalt abhängen. Für das Aroma sorgen ätherische Öle.

High Tea nennt man in Nordengland eine Mahlzeit, zu der man am frühen Abend zum Beispiel Eier mit Schinken, Butterbrote mit Belag und Kuchen reicht. Zur Entspannung bietet sich der Besuch eines Tea Dance an, wo man zu nostalgischen Klängen wie *Blue Moon* oder *Smoke Gets In Your Eyes* eine flotte Sohle aufs Parkett legt. Diese Tanztees sind vor allem bei älteren Menschen sehr beliebt.

Union Jack

Großbritanniens Flagge ist identisch mit der des Vereinigten Königreichs, zu dem auch Nordirland gehört. Die meisten Briten kennen ihre offizielle Bezeichnung nicht und nennen sie Union Jack. Besser unterrichteten Zeitgenossen ist sie als Union Flag oder Great Union bekannt (nicht zu verwechseln mit dem Grand Union, einem Kanal im Norden Londons).

Die Union Flag entstand nach der Vereinigung Englands und Schottlands 1606. Es handelt sich um eine Kombination aus dem roten St.-Georgs-Kreuz und dem schottischen Andreas-Kreuz (weißes Diagonalkreuz auf blauem Grund). Im Jahre 1801 kam durch Irland St. Patrick mit dem roten Diagonalkreuz dazu. Für St. Dewi (Davidstaube), den Schutzheiligen von Wales, blieb kein Platz mehr.

Alle Mitglieder des Königreichs haben darüber hinaus eigene Flaggen und andere heral-

dische Embleme: Der Löwe steht für England und Schottland, ein Drache für Wales, eine Rose für England, eine Distel für Schottland und eine Lauchstaude für Wales.

Der Union Jack ist nicht völlig gleichmäßig und kann nur in einer Richtung aufgehängt werden. Falsch gehißt kann die Flagge vor allem auf See zu Mißverständnissen führen, weil sie dann einem Notsignal gleicht. Jede am Göschstock eines Schiffbugs (*jackstaff*) aufgezogene Nationalflagge heißt Jack. Hißt man also die Union Flag am Göschstock, heißt sie Union Jack. Die britische Nationalflagge abzumontieren oder zu verbrennen gilt als ungehobelt, ist aber keine Straftat.

(Vicars) Geistlichkeit

„Wie schade, daß wir außer dem Laster und der Religion keine Vergnügen kennen", bemerkte Sydney Smith, seines Zeichens Journalist und Geistlicher. Smith kam 1771 in Essex zur Welt und lernte später alle Schwächen und Vorlieben der Briten kennen. 200 Jahre nach Smiths Tod ist der Vikar noch immer Zielscheibe des Spotts, er liefert die Vorlage für den Stoff, aus dem man eine Farce macht, und zwar als salbadernder Einfaltspinsel der Oberschicht, der regelmäßig die Hosen verliert oder in irgendwelche Fettnäpfchen tritt. Mitunter dient er der Sensationspresse als

sind. Trotzdem ist die Kirche ein Mikrokosmos der Gesellschaft. Moscheen, Synagogen und Tempel stehen Seite an Seite mit Kathedralen, Kirchen und Kapellen. Das Rückgrat der britischen Ethik bildet jedoch die Church of England mit der Königin an ihrer Spitze. Dem Monarchen obliegt es seit der Zeit Heinrichs VIII., die Erzbischöfe von Canterbury und York zu benennen (heute bestätigt er sie nur noch), die ihrerseits für Bistümer und Generalsynode verantwortlich sind, die alle geistlichen, der Krone und dem Parlament unterstehenden Angelegenheiten regelt.

Ganz allgemein kann man sagen, daß die Church of England trotz ihrer – typisch britischen – frauenfeindlichen Grundhaltung eine

Opfer, wenn er wieder einmal den fleischlichen Lockungen nicht widerstehen konnte.

Doch der Geistliche, der in herrschaftlichen Pfarrhäusern residiert und seinen Gemeindemitgliedern zum nachmittäglichen Tee ins Haus fällt, wird immer seltener. Zu Beginn der neunziger Jahre hatte man zwar eine leichte Zunahme der Kirchenmitglieder festgestellt, gegenwärtig sind die Zahlen aber wieder rückläufig, was auch daran liegen mag, daß die Briten keine besonders fleißigen Kirchgänger

Links: Das bunte Gesicht der Nation. **Oben**: Schottische Presbyterianer sind aus härterem Holz geschnitzt.

Kirche der Toleranz ist. Sie vertritt eine liberale, ökumenische Einstellung und zieht die Güte dem Feuer und der Verdammnis vor.

Mit der walisischen und schottischen Kirche verhält es sich anders. Die schottischen Presbyterianer folgen den strengen Regeln des Calvinismus. In abgelegeneren Landesteilen gilt es unter Gläubigen bis heute als Todsünde, am Sonntag zu kochen, zu waschen oder Zeitung zu lesen. Auch die schottischen Katholiken sind längst nicht so aufgeschlossen wie ihre englischen Glaubensbrüder.

Die walisische Geistlichkeit predigt in ihren rein funktionalistischen „chapels" strenge Glaubensregeln. Hier herrscht der Methodismus vor, eine im 18. Jahrhundert von dem Prediger John Wesley ins Leben gerufene Bewegung, die zu Sparsamkeit und harter Arbeit aufrief und vor allem das Proletariat ansprach. Die Methodisten faßten im Nordosten Englands, in Teilen Cornwalls und vor allem in Wales Fuß, wo sich in Verbindung mit der walisischen Sprache der calvinistische Methodismus entwickelte.

(Weather) Wetter

„Wenn sich zwei Engländer treffen, sprechen sie erst einmal über das Wetter", schrieb Dr. Samuel Johnson. 200 Jahre später erfreut sich

diese eher harmlose Leidenschaft der Briten ungebrochener Beliebtheit. Bemerkungen über das Wetter, und seien sie noch so banal, sind immer der ideale Aufhänger, um mit Fremden ins Gespräch zu kommen. Versuchen Sie es mit Sätzen wie: „Hot/Cold enough for you, then, is it?" „Looks like rain", „All right if you're a duck" oder „Don't suppose this will hold much longer".

Warum die Briten sich so für die Launen ihres Klimas interessieren? Wegen der Wechselhaftigkeit. Dabei liefern die häufigen Wetterumschwünge keineswegs den Grund für den miserablen Ruf des englischen Klimas. Man behauptet immer, es würde ständig nie-

seln, die Sommer seien mittelmäßig, die Winter mild und feucht. Tatsächlich schwankt das Wetter oft zwischen extremer Trockenheit und Nässe, eisiger Kälte und glühender Hitze, und die Briten reagieren auf solche drastischen Wetterwechsel völlig überrascht.

Im Sommer 1976 erlebte England die längste Hitzewelle in seiner Geschichte, und im August 1990 erreichten die Temperaturen eine Rekordhöhe von 37,1°C. 1987 und 1990 forderten Hurrikans etliche Menschenleben und entwurzelten Tausende von Bäumen. Durch Surreys Straßen tobten Sandstürme wie im Western, und ein Küstenort in Wales wurde von haushohen Wellen überspült.

Die britische Architektur und die Bekleidungsgewohnheiten sind nicht auf solche Extreme zugeschnitten. Die wenigsten Wohnungen oder Büros verfügen über Ventilatoren oder Klimaanlagen, um die sommerliche Hitze zu lindern. Im Winter fehlen funktionstüchtige Heizungen und Wärmedämmung, und kaum fallen ein paar Zentimeter Schnee, bricht auf den Straßen das Chaos aus.

Mit skurrilem Stolz erzählen die Briten von den winterlichen Schlafumständen ihrer Kindheit: Die Schlafzimmer waren oft so kalt, daß in Gläsern ruhende Gebisse oder Goldfische über Nacht festfroren. Insgesamt neigt man dazu, das Wetter zu ignorieren. Man bietet lieber den entfesselten Elementen die Stirn, als sich auf sie einzustellen, denn das wäre ein Zeichen von Verweichlichung.

Folglich setzt man sich auch in der größten Hitze nicht unter schützende Bäume oder schließt die Fensterläden, um die Kühle des Kachelbodens zu genießen. Englische Städte sind so konzipiert, daß man der Hitze kaum entfliehen kann, die mit Möbeln vollgestopften Wohnungen werden unerträglich heiß und muffig. Im Winter kleiden sich viele Briten so, als gälte es, eine Mutprobe zu bestehen, oft sieht man Frauen in Hausschuhen durch vereiste Einkaufsstraßen schlittern. Die Männer tragen auch sommers unbequeme Kunstfaseranzüge und lockern kaum die Krawatte.

Abgesehen von den teuren Designerkreationen, die man in Ascot bestaunen kann, gelten Hüte gemeinhin als lächerlich. Sieht man einen Menschen, der unter einer breiten Hutkrempe Schutz vor der gleißenden Sommersonne sucht, handelt es sich vermutlich um einen Touristen.

Möglicherweise verändert der Treibhauseffekt das britische Klima, so daß heiße, lange und trockene Sommer die Folge sein werden. Die Schriftstellerin Virginia Woolf mutmaßte, daß dies die Briten in ein kontaktfreudiges, mediterranes Volk verwandeln könnte. Tatsächlich erzeugt stabiles Sonnenwetter eine eher skandinavische Melancholie der Kategorie Seasonal Affective Disorder (jahreszeitlich bedingte Störung), einer von Ärzten festgestellten Gemütskrankheit, die normalerweise durch Lichtmangel hervorgerufen wird.

Obwohl man immer vom Reich träumte, in dem die Sonne nie untergeht, untergräbt anhaltend gutes Wetter die Philosophie des Füralle-Fälle-Gerüstetseins der Briten. Zu den beliebtesten Accessoires gehören Regenschirm, Wollsachen und die zusammenfaltba-

Eine typisch britische Wetterunart konnte zum Glück ausgerottet werden. Die Rede ist vom giftigen Schwefelnebel, der ganze Städte einhüllte und jedes Jahr Hunderte von Todesopfern forderte. Der Nebel drang in der Hauptstadt mitunter bis in den Zuschauerraum des Royal Opera House, so daß man nicht mehr zur Bühne sehen konnte. Nur Filmleute begeisterten sich dafür, wenn es galt, das London des 19. Jahrhunderts darzustellen: Nebel wabert im trüben Laternenlicht über das Kopfsteinpflaster, eine sinistre Gestalt im schwarzen Umhang läuft einem netten Polizisten über den Weg: „Grauslige Nacht, was Chef? 'ne richtige Waschküche". Gleich würde ein schreckliches Verbrechen passieren. Im

re Regenhaut. Trügen die Britinnen nicht immer unattraktive Strickjacken über ihren Sommerkleidern, man könnte sie fast mit Pariserinnen verwechseln. Ehe es große Golfschirme gab und die Landbevölkerung ihre Mäntel einwachste, pflegte man sich unansehnliche Regenhäute überzustülpen, die jeden aussehen ließen wie ein in Folie eingeschweißtes Brathähnchen. Ältere Damen mit korrekter Dauerwelle deponieren nach wie vor das bis auf Kondomgröße zusammenfaltbare Regenhäubchen in der Handtasche.

Links und oben: Duck dich, laß vorüber gahn! Das Wetter will sein' Willen han!

richtigen Leben sorgte der Clean Air Act von 1956 dann für Abhilfe.

Heute beschäftigt man sich intensiver mit dem Klima und verfolgt aufmerksam den Wetterbericht im Radio oder Fernsehen. Die weiblichen und männlichen Wetterfrösche im Fernsehen, Staatsbeamte des Meteorological Office in Bracknell, Berkshire, genießen höchste Zuschauergunst. Ein schrilles Organ, bizarre Augengläser, häßliche Pullover und verrückte Namen, wie etwa Michael Fish, der zu Ruhm gelangte, weil er im Jahre 1987 den bevorstehenden Hurrikan schlichtweg verschwieg, machen sie zu besonderen Publikumslieblingen.

(Xenophobia) Fremdenfeindlichkeit

Wie so vielen Inselbewohnern ist auch den Briten – besonders der Arbeiterschicht – ein tiefes Mißtrauen Fremden gegenüber zu eigen. Vielleicht fürchtet man sich vor potentiellen Eroberern. Es verwundert daher auch nicht, daß sich England so lange weigerte, den Ärmelkanal-Tunnel mitzufinanzieren.

Die Schriftstellerin Nancy Mitford weiß uns ein extremes Beispiel britischer Engstirnigkeit: „Das Ausland ist unvorstellbar langweilig und alle Fremden sind eine Plage." Etwas zurückhaltender der Schauspieler Robert Morley: „Ein britischer Tourist fühlt sich im Ausland nur wohl, wenn die Einheimischen Bedienungen sind."

Sogar im Umgang mit ihren europäischen Nachbarn verfallen die Briten auf Stereotypes. In ihrem Buch *To England With Love* beschrieben David Frost und Anthony Jay die Hölle als Ort, wo „Deutsche die Polizei sind, Schweden die Komiker, Italiener das Militär, wo Franzosen Straßen bauen, Belgier Popmusik produzieren, den Spaniern die Eisenbahn gehört, Türken das Essen kochen, Iren die Kellner sind, Griechen die Regierung bilden und Holländisch Umgangssprache ist."

(Youth) Jugend

Der „Teenager" wurde 1945 vom damals 19jährigen Eugene Gilbert als Objekt für die Marktforschung erfunden. Noch als Student hatte Gilbert seine Werbeagentur gegründet und in Amerika mit Sprüchen wie „dig this", „far out" und „groovy daddyo" sein Glück gemacht. Doch nachdem er sein in London eröffnetes Büro im gleichen Jahr wieder zumachen mußte, meinte er, daß „die britischen Teenager noch nicht genug Freiheit oder Geld haben, um für den Markt interessant zu sein".

Nach dem Zweiten Weltkrieg wurden die USA wirtschaftliches Vorbild. Möchtegern-Rock'n'-Roller ahmten ihre amerikanischen Vorbilder kritiklos nach, obwohl die Behörden es ihnen nicht leicht machten, sich der Sprache ihrer Idole zu bedienen: Der 1954 entstandene Marlon-Brando-Film *The Wild One* (Der Wilde) wurde 13 Jahre lang nicht gespielt, und die nach Bill Haleys *Rock Around the Clock* tobenden Saalschlachten bestätigten die Vorbehalte der Behörden.

In den sechziger Jahren wurden die Teenager zunehmend interessanter für den Markt. Sie überraschten ihre Vorgänger und die finanziell Bessergestellten nicht nur, weil sie zu Tutti Frutti tanzten, sondern das Wort auch noch buchstabieren konnten. Noch nie waren sie besser ernährt, gekleidet oder ausgebildet gewesen. Zwischen 1938 und 1956 hatte sich die Zahl der in höheren Lehranstalten unterrichteten Kinder verdoppelt.

Im Zuge der besseren Ausbildung entwickelte sich ein anderes Bewußtsein. Man lehnte Materialismus, Atomwaffen und die Wertvorstellungen der Eltern ab. Im Alltag und in der Literatur war der Antiheld „in". Um sich auch an der Universität vom Rest abzusetzen, trug man den legendären Dufflecoat (rauher, kapuzenbewehrter Wollmantel mit Knebelverschlüssen).

Bandenkämpfe überließ man den Mods und Rockern, die sie vorzugsweise an den Wochenenden des Bank Holiday in südenglischen Seebädern austrugen. Rocker nannte man die lässigen Motorradfahrer mit Harley-Davidsons oder britischen Maschinen. Die Mods trugen kurzes Haar, Anzüge und fuhren italienische Motorroller. Es war wie Coca Cola gegen Cappuccino, doch letztlich blieben beide auf der Strecke.

Eine Zeitlang stahl die aus Liverpool kommende Bewegung des Merseybeat – die außer den Beatles und ihren Nachahmern nicht viel hervorbrachte – der Hauptstadt die Schau. Dann aber sorgten die Modeschöpfungen Mary Quants und die Rolling Stones für frischen Wind in London. In den siebziger Jahren belebten Hippies und schillernd gekleidete Rockmusiker die Szene.

Als sich gähnende Langeweile auszubreiten drohte, formierten sich im heißen Sommer von 1976 die Punks. Laute Musik und schrilles Outfit sollten bewußt schockieren. Der wahre Rebell „schmückte" seinen Leib mit Sicherheitsnadeln und Tätowierungen und trug Kleidung, die man sonst nur im Bordellmilieu sah: Gummi, Leder und Fesseln. Auch Hakenkreuze, wüste Flüche, ständiges Spuken sowie ein Pseudo-Arbeiterjargon dienten als Markenzeichen.

Anfang der achtziger Jahre war auch der Punk zum Postkartenmotiv umfunktioniert und gesellschaftsfähig geworden. Im Geist der Politik Thatchers wuchs die Generation der Egomanen heran: 18jährige Bankiers und Börsenmakler, die Porsche fuhren und sich in den luxuriös umgestalteten Docks von London einnisteten. Ihr Gott war das Geld, ihr Ziel eine Revolution, mit der angeblich das britische Klassensystem auf Nimmerwiedersehen verschwinden würde.

Mit dem Ende der Ära Thatcher setzte unter dem Eindruck von Arbeitslosigkeit und Inflation ein neues Bewußtsein ein. Während ihrer dritten Amtszeit hatte sich sogar Frau Thatcher eines gewissen Umweltbewußtseins befleißigt. Plötzlich waren Reizthemen wie Abrüstung und die Probleme der Dritten Welt in aller Munde. In Liverpool und Manchester tauchte eine Bewegung auf, die wieder einmal von weltweiter Liebe sprach und die dazu ermahnte, sein Köpfchen anzustrengen. Aus-

Zeitgeist

Das Befinden einer Nation zu beurteilen, ist ähnlich problematisch, wie jemandem aus der Hand zu lesen. Dean Acheson, ein früherer US-Außenminister, formulierte, woran es liegen kann, daß Großbritannien seit dem Ende des Zweiten Weltkriegs Schwierigkeiten mit seiner Identität hat: „Großbritannien hat seine Rolle als Weltreich verloren und noch keine neue gefunden." In den fünfziger Jahren mimte das Land die respektable Mittelklasse-Junggesellin, knapp bei Kasse, aber gewillt, ihre Unabhängigkeit zu bewahren. In den Sechzigern war das optimistische, modebewußte

gestellte Hosen waren wieder modern. Ein Kreis hatte sich geschlossen.

Die Teenager von heute genießen viel Freiheit. Mit 16 können sie der Armee beitreten oder heiraten, mit 18 dürfen sie wählen und sich vollaufen lassen. Auto-, Plattenindustrie und Fast-food-Ketten sehen in ihnen eine wichtige Klientel, zuweilen hören sogar ihre Eltern auf sie. Nur die Politiker werden die Jugendlichen erst dann für voll nehmen, wenn sie arbeiten und wählen gehen und sich die Haare schneiden lassen.

Oben: Prügeleien zwischen Mods und Rockern als Freizeitsport an der Küste.

Mädchen gefragt, in den Siebzigern die von Geldsorgen geplagte einsame Frau, die von Europa als altmodische Tante belächelt wurde. In den achtziger Jahren war dann die gnadenlose Karrierefrau, in der Person Margaret Thatchers, an der Reihe.

Was aber bleibt einer alternden Diva auf der Weltbühne an guten Rollen? 1991 konnte sie sich wenigstens als Erfüllungsgehilfin im von Amerika inszenierten Golfkrieg profilieren. Für die Zukunft bieten sich jedoch vornehmlich europäische Koproduktionen an. Hollywood-Standards wird man nicht erreichen, aber die Zeiten, sie ändern sich, und auch eine alternde Diva will ernährt sein.

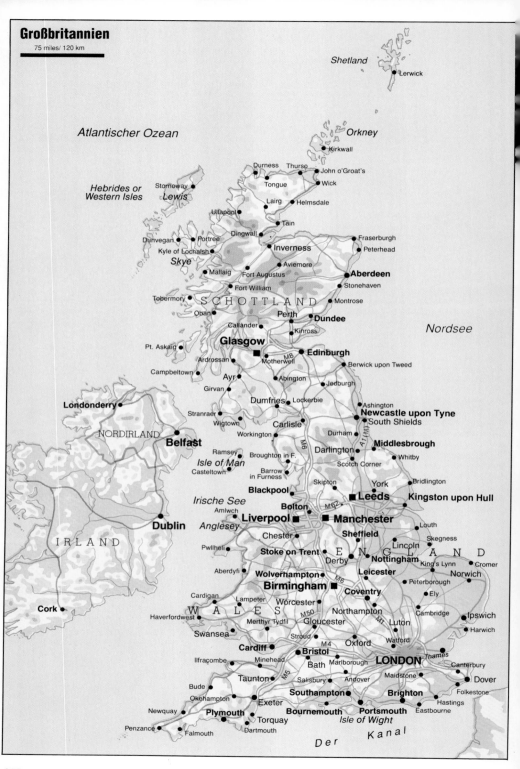

Großbritannien

75 miles/ 120 km

Atlantischer Ozean

Shetland
• Lerwick

Orkney
• Kirkwall

Hebrides or Western Isles Lewis
Stornoway

Durness   Thurso
John o'Groat's
Tongue   Wick
Lairg   Helmsdale
Ullapool
Tain
Dunvegan   Portree   Dingwall
Kyle of Lochalsh
Skye   Inverness   Fraserburgh
Peterhead
Mallaig   Aviemore
Fort Augustus   **Aberdeen**
Tobermory   Fort William   Stonehaven
S C H O T T L A N D   Montrose
Oban   Perth   **Dundee**
Callander   Kinross
Pt. Askaig   **Glasgow**   **Edinburgh**
Ardrossan   Motherwell   Berwick upon Tweed
M8
Campbeltown   Ayr   Abington   Jedburgh
Girvan
Dumfries   Lockerbie
Stranraer   Ashington
Wigtown   Carlisle   **Newcastle upon Tyne**
Workington   Durham   **South Shields**
Middlesbrough
Ramsey   Broughton in F.   Darlington   Whitby
Isle of Man   Scotch Corner
Casteltown   Barrow   Skipton   Bridlington
in Furness   York
Blackpool   **Leeds**   **Kingston upon Hull**
Amlwch   **Bolton**   M62
Liverpool   **Manchester**
Anglesey   Louth
Chester   **Sheffield**   Skegness
Pwllheli   Lincoln
Stoke on Trent   King's Lynn   Cromer
Aberdyfi   Derby   **Nottingham**
Wolverhampton   **Leicester**   Peterborough   Norwich
Birmingham   **Coventry**   Ely
Cardigan   Worcester   M6   Cambridge   **Ipswich**
Lampeter   Northampton   Harwich
Haverfordwest   W A L E S   M50   Gloucester   Luton
Merthyr Tydfil   Stroud   Oxford   Watford
Swansea   M4
Cardiff   **Bristol**   **LONDON**   Canterbury
Ilfracombe   Minehead   Bath   Marlborough   Maidstone   **Dover**
Taunton   Salisbury   Andover   Folkestone
Bude   Southampton   **Brighton**   Hastings
Okehampton   Exeter   **Bournemouth**   **Portsmouth**   Eastbourne
Newquay   **Plymouth**   Torquay   **Isle of Wight**
Penzance   Falmouth   Dartmouth   **Der   Kanal**

Londonderry
NORDIRLAND
Belfast

Dublin
Anglesey

I R L A N D
Irische See

Cork

E N G L A N D

Nordsee

Thames

118

Anfang der sechziger Jahre, noch ehe Jogging und ähnliches in Mode kam, erregte Dr. Barbara Moor Aufsehen, als sie Großbritannien von John O'Groats im Nordosten Schottlands bis Land's End in Cornwall, insgesamt 1408 Kilometer, der Länge nach durchwanderte: Selbst im Land der Exzentriker galt so etwas als ziemlich verrückt. Obwohl Frau Moor mehrere Wochen unterwegs war, war die geringe Ausdehnung des Inselstaats offenkundig geworden. Mit einem fahrbaren Untersatz würde man heute für die gleiche Strecke gut einen Tag benötigen – somit erscheint das Land noch kleiner. Im Rahmen überschaubarer Entfernungen bietet Großbritannien allerdings eine immense Vielfalt an Landschaften, Volksgruppen und Sehenswürdigkeiten.

Jeder Teil der Insel ist mit dem Auto problemlos zu erreichen. Ein Hindernis sind allenfalls die winterlichen Schneestürme in Schottland. Großbritannien ist ein dicht bevölkertes Land: Oft drängen sich die Autos auf den Straßen Stoßstange an Stoßstange, insbesondere auf den Hauptverkehrsadern M1, M4 und M6 sowie auf Londons Ringstraße M25. In der Hauptstadt selbst kommt man im allgemeinen nicht schneller voran als zu Zeiten der Pferdedroschken.

Die bevorzugten Ferienziele der Briten sind der Lake District im Nordwesten, der Peak District in den Midlands, Devon und die Cornish Riviera im West Country sowie die Küste von Pembroke in Südwales. Ein Schotte zieht sich eher an die West Coast zurück – dort ist genug Platz und man tritt sich nicht so schnell gegenseitig auf die Füße. Blackpool, das beliebteste britische Seebad, muß Jahr für Jahr mit sechs Millionen Feriengästen fertig werden.

Als Reisender interessiert man sich zu Recht in erster Linie für die klassischen Sehenswürdigkeiten: Historische Bauten, Universitätsstädte, Geburts- und Wohnorte berühmter Künstler, grandiose Schlösser, Gärten und Landhäuser. Viele touristisch erschlossene Orte haben mit wachsenden Problemen zu kämpfen, und man erwägt bereits, nur noch begrenzte Besucherzahlen zuzulassen. In Oxford, der nach London und Edinburgh meistbesuchten Stadt Großbritanniens, beobachtet man den jährlichen Besucherstrom von 3,5 Millionen Menschen mit zunehmender Sorge und erwägt, dem Beispiel eines Colleges in Cambridge folgend, eine Eintrittsgebühr zu erheben, um den Massenandrang einzudämmen.

Das vorliegende Buch versorgt Sie nicht nur mit allen wichtigen Informationen über die bedeutendsten und beliebtesten Sehenswürdigkeiten, sondern hat darüber hinaus eine Fülle weiterer Vorschläge für Orte anzubieten, die man vielleicht niemals finden würde, obwohl sie interessante Einblicke in Land und Leute gewähren. Die folgenden Kapitel wurden geographisch so aufgeteilt, daß jede Gegend leicht zu erkunden ist. Im Kurzführer am Ende des Bandes finden Sie einige empfehlenswerte Hotels jener Städte und Dörfer, die sich als Ausgangsbasis für Ausflüge ins Umland besonders gut eignen.

Vorherige Seiten: Ritter des Hosenbandordens posieren vor Windsor Castle. Viktorianische Eleganz auf einem Jahrmarkt in Wales. Hochzeit in Exeter. **Folgende Seiten**: Big Ben und Parlamentsgebäude.

London

320 m/ 0.2 miles

Inner Circle

Open Air Theatre

Inner Circle

Bedford College

Mme. Tussaud's

Academy of Music

Outer Circle

Marylebone

Richtung Paddington Station

Harley St.

Devonshire

Weymouth

New

Wimpole St.

Wallace Collection

Selfridges

MAYFAIR

Roosevelt Memorial

Brook

Grosvenor St.

North Audley St.

Park Lane

Park St.

Hyde Park

Park Lane

Achilles

Apsley House

Knightsbridge

Wellington Arch

Constitution Hill

Palace

Grosvenor

Belgrave

BELGRAVIA

nach Chelsea und zur King's Road

Belgrave Square

Belgrave Place

Ecclestone St.

Albany St.

Outer Circle

Stanhope St.

Hampstead Rd.

Walk Rd.

nach Hampstead und Camden Town

Euston Tower

Holy Trinity

Rd.

Portland St.

Cavendish Place

Trichfield St.

Cleveland St.

Fitzroy St.

Post Office Tower

BBC

Regent St.

Oxford

St.

Palladium

Regent

St.

New Bond Street

Old Bond Street

Royal Academy

Museum of Mankind

Piccadilly

Everholt St.

Euston Station

St. Pancras Station

King's Cross Station

Euston Rd.

Euston

Gower St.

University College

Tottenham Court Rd.

Charlotte St.

Rathbone St.

Mabledon Pl.

Judd St.

Place

Argyll St.

Swinton S

Gray's Inn

Square

Coram Fields

Tavistock

BLOOMSBURY

University

Southampton Row

Montague St.

British Museum

Russell

Great Russell

New Oxford

ST. GILES

SOHO

Wardour St.

Greek St.

Charing Cross Rd.

Shaftesbury

Leicester Square

Av.

Freemasons Hall

Kingsway

Royal Opera House

Covent Garden

St

Piccadilly Circus

Haymarket

National Portrait Gallery

National Gallery

Regent St.

St. Martin-in-the-Fields

Strand

Somerset House

Charing Cross Station

Victoria

Cleopatra's Needle

Quee Elizabeth Ha

Piccadilly

James Square

St.

ICA

Marlborough House

The Mall

Whitehall Admiralty

Northumberland Av.

Trafalgar Square

Banqueting House

Embankment

Royal Festival Hall

Green Park

St. James's Palace

Lancaster House

St. James's

Park

Government Offices

Victoria

County Hall

Wellington

Buckingham Palace

Queen Victoria Memorial

Birdcage

Walk

Gt. George St.

Westminster Bridge

St. Tho Hospita

Gardens

Queen's Gallery

Wellington Barracks

Westminster Abbey

Houses of Parliament

Thames

Royal Mews

Buckingham Palace Rd.

Victoria Station

Victoria St.

New Scotland Yard

Victoria St.

Peter St.

Millbank

Lambert Pl. Rd.

Lambet Palace

Westminster Cathedral

Lambeth Bridge

Lambeth Rd.

Richtung Harrods und Brompton Oratory

zum Notting Hill Gate und zur Portobello Road

Inner Circle

122

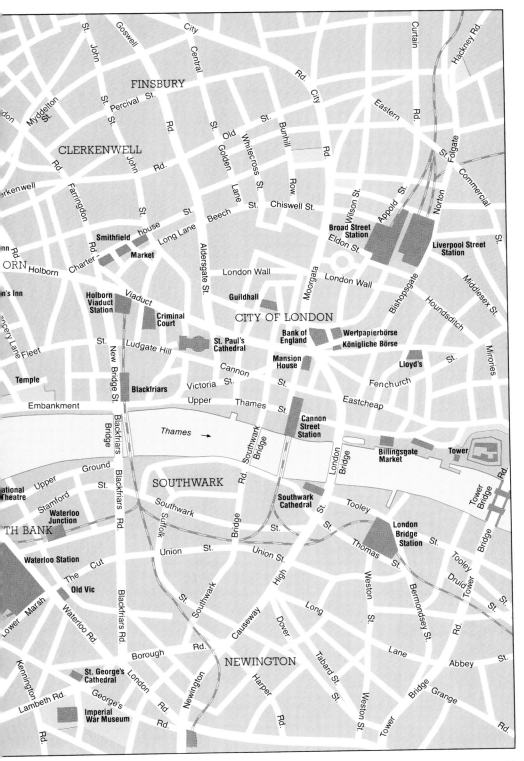

LONDON

London,
thou great emporium of our isle,
O thou too bounteous,
thou too fruitful Nile!
*—**John Dryden***

Nicht jeder Besucher war von London begeistert. Henry James nannte die Stadt angesichts der verwahrlosten Slums „eine gräßliche Zusammenballung". Dostojewski, ähnlicher Meinung wie James, beschrieb London als „ein biblisches Symbol, eine Vorahnung der Apokalypse".

Eher profan begründete Thomas de Quincey seine Abneigung: „Es gibt nichts Trostloseres auf Erden als einen regnerischen Sonntag in London."

Doch die Kehrseite der Medaille ist jenes London, das seit mindestens 500 Jahren Bewohner und Besucher gleichermaßen in seinen Bann schlägt. Niemand hat die Ausstrahlung dieser Stadt so treffend in Worte gefaßt wie Samuel Johnson, der für nahezu alles ein literarisches Heilmittel verschrieb: „Wenn jemand dieser Stadt überdrüssig wird, ist er des Lebens überdrüssig. Denn London hat alles, was das Leben lebenswert macht."

Auch nach 200 Jahren haben die Worte Dr. Johnsons nichts von ihrer Aktualität eingebüßt. Nur wenige Städte haben soviel Sehens- und Hörenswertes zu bieten wie London. Und wo sonst auf der Welt kann man so ungestört selbst der absonderlichsten Marotte frönen? London will genossen werden – also nur keine Hemmungen!

Trafalgar Square: Am besten beginnt man mit der Erkundung Londons am taubenbevölkerten **Trafalgar Square,** einem der eindrucksvollsten Plätze der Welt, im Herzen der Stadt. Er wurde 1829 von Sir Charles Barry geschaffen und erinnert an Admiral Nelson und seinen Sieg über die napoleonische Flotte. Umrahmt von weißen Fassaden ist er ein Musterbeispiel des klassizistischen Baustils. 50 Meter hoch ragt **Nelson's Column** mit den vier Bronze-

löwen in den Himmel, hier ist der Nabel Londons. Östlich davon haben die Finanzstrategen ihre Büros, im Norden läuft die Vergnügungsmaschinerie des Westends auf Hochtouren, die Regierungspaläste Whitehall und Westminster liegen im Süden.

Trafalgar Square ist ein Verkehrsknotenpunkt, über den ein Dutzend Buslinien und fünf U-Bahnlinien führen. Auf diesem Platz finden nicht nur alljährlich das New Year's Eve Bash, eine Silvesterknallerei, sondern seit über 100 Jahren auch politische Demonstrationen statt. Für den Fall, daß es Probleme gibt, verfügt die kleinste Polizeistation Englands an der Südostecke des Platzes über eine direkte Telefonverbindung mit Scotland Yard.

Es heißt, unter dem Trafalgar Square seien die französischen Kronjuwelen verborgen. 1793 brachte sie Madame Dubarry, die Mätresse König Ludwigs XV., nach London und vergrub sie angeblich auf dem Gelände der ehemaligen Royal Mews, deren Platz später Trafalgar Square einnahm. Die Dubarry

Links: Georgianisches Stadthaus. Rechts: St. Martin-in-the -Fields, ältestes Gebäude am Trafalgar Square.

kehrte nach Frankreich zurück und starb unter der Guillotine. Das Geheimnis der Kronjuwelen nahm sie jedoch mit ins Grab.

An der Nordseite des Platzes zieht sich die **National Gallery** entlang, die 1838 als Aufbewahrungsort englischer Kunst eröffnet wurde. Seither hat sie sich zu einer der umfassendsten und bedeutendsten Kunstsammlungen der Welt entwickelt, in der unter anderem Gemälde von Leonardo da Vinci, Rembrandt, El Greco und van Gogh zu sehen sind. Im Sommer 1991 ist ein von Robert Venturi entworfener neuer Flügel, „Sainsbury Wing", eröffnet worden.

Um die Ecke liegt die **National Portrait Gallery** aus dem Jahr 1856. Sie zeigt eine Art illustrierter Geschichte Großbritanniens und nennt mehr als 9000 Porträts berühmter Briten ihr eigen.

Die Kirche **St. Martin-in-the-Fields** ist das älteste Gebäude am Trafalgar Square (frühes 18. Jahrhundert). Während der deutschen Bombenangriffe im Zweiten Weltkrieg diente sie als Zufluchtsstätte. Das Gebäude wird nach wie vor als Pfarrkirche für den Buckingham Palace genutzt.

Covent Garden: Im Nordosten des Trafalgar Square erstreckt sich ein Gewirr von engen Straßen und kleinen Gassen, das Viertel **Covent Garden.** Heute ist es ein Zentrum des Londoner Vergnügungslebens, früher wimmelte es von Bordellen und Kriminellen. Über 300 Jahre lang gab es hier einen Blumen- und Gemüsemarkt, doch der Name des Viertels leitet sich von „convent garden" ab, einem Klostergarten, der bis zur Auflösung der Klöster unter Henry VIII. in dieser Gegend existierte. Im Zentrum von Covent Garden liegt ein gepflasterter Platz mit Markthallen aus Stahl und Glas. Lange Zeit waren sie alle geschlossen, weil der Markt 1974 nach Nine Elms verlegt wurde, und die ganze Gegend hatte eine Krise zu überstehen. Aber seit den achtziger Jahren pulsiert das Leben wieder, wurden zahlreiche Restaurants, Cafés und Läden neu eröffnet, zwischen denen Straßensänger bei schönem Wetter Büroangestellte und Touristen um sich scharen.

In den letzten zwei Juliwochen findet alljährlich zur Erinnerung an die erste Punch-and-Judy-Show im 18. Jahrhundert in Covent Garden das Londoner Straßensänger-Festival statt. An den Wochenenden bietet der beliebte Jubilee Market ein buntes Durcheinander von Kunsthandwerk, Antiquitäten, Leckereien und Puppenspielen. Aber so richtig los geht es erst am Abend. Wer einen Sinn für englische Traditionen hat, wird sich in alten Pubs wie dem **Lamb and Flag** aus dem 16. Jahrhundert, das früher „Bucket of Blood" hieß, wohlfühlen. Angenehm ruhig ist es in **Tutton's Cafe,** während man im **Rock Garden** ohrenbetäubender Live-Musik zuhören kann.

Covent Garden ist untrennbar verbunden mit dem englischen Theaterleben. Hier findet man das Beste der englischen Theaterszene, der Tanzkunst und des Musiklebens. Mit Covent Garden verknüpft sind Namen wie Sarah Bernhardt, Charlie Chaplin, Richard Sheridan, G.B. Shaw und Margot Fonteyn. Das weltbekannte **Theatre Royal** wurde 1663 in der Drury Lane erbaut

Covent Garden: Saxophonist erspielt sich das Abendessen.

und ist heute noch Schauplatz für Musicalaufführungen. Unweit davon steht das beeindruckende **Royal Opera House,** Stammhaus der Royal Opera und der Ballet Companies. Bekannt ist Covent Garden auch für seine Einkaufsmöglichkeiten, vor allem in der **Neal Street** mit ihren Spezialgeschäften.

Bücherfans suchen natürlich die **Charing Cross Road** an der Westgrenze von Covent Garden auf. Hier findet man **Foyle's,** die größte Buchhandlung Londons, aber auch winzige Spezialbuchläden wie **A. Zwemmer** (Graphik-Design und Fotografie), **Silver Moon** (feministische Literatur) und **Collet's,** die wichtigste linke Buchhandlung Londons.

Wenn Sie genug davon haben, empfiehlt sich ein Bummel durch die **Photographer's Gallery** in der Great Newport Street. Hier werden Wechselausstellungen historischer und zeitgenössischer Fotografien gezeigt. Es gibt auch ein nettes Café, in dem Sie Ihren Hunger und Durst löschen oder die müden Beine ausstrecken können.

Ein Stückchen weiter liegt **Leicester Square,** auf dem sich Touristen, Betrunkene und Tauben tummeln – ein Platz umsäumt von zahlreichen Kinos und überflutet von Neonlicht. Allenthalben hämmert Musik. Merkwürdig verloren steht ein Denkmal von Charlie Chaplin als Tramp an der Südwestecke des Platzes.

Exklusive Clubs: Völlig anders ist die Atmosphäre in der **Pall Mall,** der großen, ruhigen, eleganten Straße, die quer durch den St. James-Distrikt zur Westseite des Trafalgar Square verläuft. Hier ist das Zentrum der vornehmen Londoner Clubs, des Athenaeum, White's, Carlton und wie sie alle heißen mögen. Der Name der Straße stammt von einem französischen Rasenspiel namens *paille maille,* das seit dem 17. Jahrhundert in England unter anderem auch von Charles I. auf einem langen Rasenstreifen, den heute die Pall Mall einnimmt, gespielt wurde.

Im Karee zwischen dem westlichen Ende der Pall Mall und der lichten Waldlandschaft des Green Park stehen

mehrere stattliche Gebäude. Das beeindruckendste ist zweifellos der von Henry VIII. erbaute **St. James's Palace.** Er diente als offizielle königliche Residenz bis zum Jahr 1837, als Königin Viktoria in den Buckingham Palace umzog. Heute wohnen hier die Angestellten Ihrer Majestät. Aber ausländische Botschafter werden noch immer hierher bestellt. Die Gruppe königlicher Gebäude umfaßt auch **Marlborough House, Clarence House** und **Lancaster House,** in dem einst Chopin für Königin Viktoria spielte.

Die Mall, die Prachtstraße Londons, ist eine breite, baumbestandene Allee, die vom Buckingham Palace bis zum Admiralty Arch führt. Alljährlich im Juni findet hier das spektakuläre „Trooping of the Colour" statt, bei dem Elizabeth II. an der Spitze einer Kavallerieeskorte in einer Kutsche die Straße entlangfährt – Teil einer mehr als 200 Jahre alten Zeremonie am Geburtstag des britischen Monarchen. Die Truppenverbände marschieren auf am **Horse Guard Parade,** einem riesigen offenen Platz hinter Whitehall, wo unter Trommelwirbel und Marschmusik die Parade abgenommen wird. Jeden Tag um 11.30 Uhr kann man die königliche Leibwache auf ihrem Weg von und zur Wachablösung in Whitehall die Mall entlangreiten sehen.

Ein schöner Blick auf diese Straße bietet sich vom **Institute of Contemporary Arts** im Nash House, wo ständig wechselnde Ausstellungen die jeweils neuesten Trends in Malerei, Skulptur und darstellenden Künsten dokumentieren.

Mit dem **Buckingham Palace** verbindet die Londoner eine Haßliebe. Für manche ist es das häßlichste Gebäude der Stadt, aber selbst ihnen gilt es als Inbegriff des englischen Königshauses. Im frühen 18. Jahrhundert stand der Palast inmitten eines Maulbeerwäldchens und diente als Herrschaftssitz des Herzogs von Buckingham. Später wurde er von George III. erworben, der aber weiterhin im St. James's Palace wohnte. Erst unter Königin Viktoria avancierte der Palast zur offiziellen königli-

Wachen am Buckingham Palace.

chen Residenz. Tagtäglich versammeln sich Besucher vor seinen Toren, um der Wachablösung zuzusehen und vielleicht einen Blick auf die Königin zu erhaschen. Nur zwei der Gebäudekomplexe sind öffentlich zugänglich: die **Royal Mews,** die königlichen Stallungen, und die **Queen's Gallery,** in der Objekte aus dem königlichen Kunstbesitz gezeigt werden.

An der Nord- und Ostflanke wird Buckingham Palace von zwei der großen grünen Lungen Londons gesäumt: St. James's Park und Green Park. Charakteristisch vor allem für **St. James's Park** ist seine üppige Vegetation und ein friedlicher See. Er ist ein Hort der Ruhe für zahllose Büroangestellte, Beamte und Wasservögel – darunter auch Pelikane, deren Vorfahren der russische Zar dem englischen König vor über 300 Jahren schenkte. Von der Holzbrücke aus hat man einen wundervollen Blick über den See auf Buckingham Palace. Ein ganz anderes Bild bietet sich im **Green Park.** Hier findet man keine gepflegten Blumenbeete oder reichver-

zierte Springbrunnen. Hier scheint alles ungekünstelte Natur – weite Wiesen und Waldstücke, in denen bereits Charles II. seinen täglichen Verdauungsspaziergang machte.

Prachtvolles Westminster: Einen kurzen Fußmarsch von der südöstlichen Ecke des St. James's Park entfernt liegt **Westminster,** seit fast 1000 Jahren Symbol englischer Staatsgewalt. Westminster ist aber auch eine heilige Stätte. Hier ließen sich die englischen Könige begraben, hier befindet sich eines der bedeutendsten Klöster des Mittelalters, hier kann man die eindrucksvollsten Beispiele gotischer Baukunst ganz Londons bewundern. Bis ins 11. Jahrhundert war die ganze Gegend nichts als sumpfiges Ödland, in dem nur Aussätzige lebten. Aus irgendeinem Grund gefiel die Gegend König Edward dem Bekenner, und er ließ eine große Kirche und einen Palast errichten. Die Vollendung dieses gigantischen Bauvorhabens hat er nicht mehr erlebt. Er starb am Tag vor der Weihe von Westminster Abbey und wurde hinter dem Hochaltar

ouses of
arliament
it 1000
immern.

beigesetzt. Wenige Tage später krönte man den unglücklichen Harold hier zum König, eine Ehre, die, abgesehen von zwei Monarchen, allen englischen Königen nach ihm zuteil wurde.

Von der ursprünglichen Kirche Edwards ist kaum etwas geblieben, denn die Normannen bauten sie völlig um. 200 Jahre später wurde sie im Stil der französischen Gotik neugestaltet. Der wertvollste Teil der Abbey ist die **Henry VII. Chapel,** ein Meisterwerk des 16. Jahrhunderts mit fächerförmig gewölbter Decke aus weißem Stein, geschmückt mit den bunten Fahnen der Ritter des Order of Bath. Dahinter befindet sich die Royal Air Force Chapel. Auf ihren faszinierenden Glasfenstern sind die Feldzeichen aller an der Schlacht um England beteiligten Fluggeschwader dargestellt. **Poet's Corner** beherbergt die Gräber von Chaucer, Tennyson und Dryden, aber auch Denkmäler für Shakespeare, Milton, Keats und viele andere.

Hier steht auch der **English Coronation Chair,** der 1300 für Edward I. geschaffen wurde und auf dem noch heute die englischen Könige gekrönt werden. Unter dem Krönungssessel liegt der berühmte **Stone of Scone,** ein Felsblock, der einst als Krönungssitz der schottischen Könige diente, bis er von den Engländern geraubt und nach London gebracht wurde. 1950 entführten ihn schottische Nationalisten, aber rechtzeitig zur Krönung von Elizabeth II. war er wieder an Ort und Stelle.

Östlich vom Westminster Square erheben sich die **Houses of Parliament,** eine kühne Konstruktion im neugotischen Stil, die 1860 von Charles Barry und August Pugin entworfen wurde, um nach einem Brand den alten Westminster Palace von Edward dem Bekenner zu ersetzen. Das Parlamentsgebäude ist eines der Prunkstücke des viktorianischen England. Es ist 280 Meter lang, hat über 1000 Räume und die Gesamtlänge seiner Gänge beträgt drei Kilometer. Am südlichen Ende erhebt sich der **Victoria Tower,** der während Parlamentssitzungen mit dem Union Jack beflaggt ist. Die Nordseite wird über-

Links: Blick auf Whitehall vom Trafalgar Square aus. **Rechts:** In Downing Street Nr. 10 sitzt der Premierminister.

ragt vom majestätischen Uhrenturm, dem berühmten **Big Ben.** Die Minutenzeiger seiner Uhr sind so hoch wie ein Londoner Doppeldeckerbus und das Uhrwerk wird immer noch von Hand aufgezogen.

In Westminster tagen seit dem 16. Jahrhundert, als Henry VIII. den Palast räumte, die beiden Kammern des britischen Parlaments, das House of Commons (Unterhaus) und das House of Lords (Oberhaus).

Das Unterhaus setzt sich aus den gewählten Volksvertretern verschiedener politischer Parteien zusammen. Von der **Visitor's Gallery** aus kann man in Begleitung eines Abgeordneten die Diskussionen und manchmal heftigen Wortgefechte unmittelbar verfolgen.

Im Herbst jeden Jahres findet die pompöse Parlamentseröffnung im Unterhaus statt, in deren Verlauf die Königin von einem goldenen Thron am Kopfende des Saales aus eine Erklärung verliest. Während der Zeremonie sitzt der Lord Chancellor auf dem berühmten Wollsack, einem Symbol der Rolle, die

Wolle für die mittelalterliche Wirtschaft Englands gespielt hat. Höhepunkt eines Rundgangs durch das Parlamentsgebäude ist ein Besuch der **Westminster Hall,** einem 72 Meter langen Saal mit einer Balkendecke aus geschnitztem Eichenholz aus dem Jahr 1099. Dieser Saal hat einige der dramatischsten und kritischsten Augenblicke der englischen Geschichte erlebt – von der Gerichtsverhandlung gegen Sir Thomas Morus bis zur Einsetzung Cromwells als Lord Protector.

Westminster Hall ist eines der wenigen Überbleibsel des alten Westminster Palace, die das Feuer von 1834 überstanden haben.

Dazu gehört auch der **Jewel Tower** neben Westminster Abbey. Hier wurden 250 Jahre lang die Kronjuwelen aufbewahrt, ehe man sie in den Tower überführte. Gegenwärtig beherbergt der Turm eine Sammlung von Keramiken und archäologische Funde aus der Umgebung.

Whitehall heißt die breite und belebte Prachtstraße, die vom Westminster

Westminster Abbey wurde im 11. Jahrhundert auf Sumpfland erbaut.

Square nach Norden zum Trafalgar Square verläuft und heute wie ein Anachronismus wirkt, denn einst war sie der Dreh- und Angelpunkt des britischen Kolonialreichs.

Zwar haben hier noch immer das Außen-, Commenwealth-, Finanz- und Verteidigungsministerium ihren Sitz, und auch der Wohnsitz des Premierministers, **Downing Street Nr. 10**, liegt gleich um die Ecke, aber die meisten Regierungsstellen sind inzwischen in modernere Büros umgezogen.

Ein verblüffender Kontrast zur eintönigen Architektur der modernen Regierungsgebäude ist **Banqueting House,** ein Relikt des alten Whitehall Palace und ein Meisterwerk des englischen Barock, das 1622 auf Anordnung von James I. entstand. Ein Jahrzehnt später malte Peter Paul Rubens das allegorische Deckengemälde.

Wie ein Korridor aus Stahl- und Glaswolkenkratzern zieht sich **Victoria Street** von Parliament Square in südwestlicher Richtung durch das neugotische Herz von London. Versteckt zwischen Verwaltungszentralen und Bankgebäuden liegt der Backsteinbau der **Westminster Cathedral,** Englands berühmteste katholische Kirche. Sie entstand im letzten Jahrzehnt des 19. Jahrhunderts in einem bizarren neobyzantinischen Stil, der in merkwürdigem Kontrast zu den gotischen Türmen von Westminster Abbey steht. Vom **Campanile Tower** hat man eine herrliche Aussicht auf Westminster und Belgravia.

Weiter westlich liegt **Victoria Station,** einer der größten Bahnhöfe Europas. Ein ständiger Strom von Reisenden ist unterwegs zu den Flughäfen oder steuert diverse Ziele in London an.

Millbank, die Hauptverkehrsader westlich der Themse, folgt der sanften Biegung des Flusses südlich vom Parliament Square, vorbei an den **Victoria Tower Gardens** (mit der berühmten Rodinskulptur *Die Bürger von Calais*). Noch ein Stück weiter kommt man zu einem neoklassizistischen Gebäude, der **Tate Gallery,** die berühmte Londoner Sammlung moderner Kunst des 20. Jahrhunderts. Hier finden sich Werke

Polizisten bei der Arbeit.

von Picasso, Pollock, Matisse, Munch und vielen anderen, nicht zu vergessen die britische Kunst des 18. und 19. Jahrhunderts, vertreten durch Constable, Hogarth und Reynolds. Den Höhepunkt bildet jedoch die neue **Clore Gallery,** erbaut von James Stirling, mit der umfangreichen Turner-Sammlung. Am anderen Ufer ragt die mittlerweile ausgeschlachtete Battersea Power Station imposant in die Höhe.

Wer genügend Ausdauer hat, sollte etwa zwei Kilometer dem Weg der Themse entlang folgen. Genau hinter der Grosvenor-Eisenbahnbrücke beginnt das geheimnisvolle **Chelsea,** der vielleicht interessanteste und skurrilste Stadtteil Londons.

Chelsea wurde im frühen 19. Jahrhundert ein beliebtes „Wohndorf" außerhalb des sich immer mehr ausdehnenden London, zu dessen berühmten Bewohnern Oscar Wilde, John Singer Sargeant, Thomas Carlyle, Mark Twain und T. S. Eliot gehörten. Am beliebten **Cheyne Walk** mit seinen eleganten georgianischen Häuserreihen direkt an der Themse lebten nicht nur George Eliot, Turner und Carlyle, sondern auch J. Paul Getty und Mick Jagger.

King's Road ist eine weitere berühmte Durchgangsstraße Chelseas und wohl zugleich eine der merkwürdigsten der Metropole. Die ursprünglich ruhige Landstraße wurde später zur Privatstraße für die Kutschenfahrten von Charles II. von St. James's Palace nach Hampton Court ausgebaut. Seit den späten fünfziger Jahren erlebte die King's Road mit Boutiquen wie etwa Mary Quant's Bazaar einen kometenhaften Aufstieg zum Modezentrum Londons. Auf die dandyhaften Halbstarken und Rocker folgten die Hippies, während in den späten siebziger Jahren die bizarr aufgemachten und zuweilen etwas aggressiven Punks auf den Plan traten. Seitdem haben sich um den Sloane Square gutbetuchte „Sloane Rangers" niedergelassen, die in der Regel Garderobe mit dem Touch des Ländlichen bevorzugen. Aber die jungen Trendies haben sich nicht vertreiben lassen und halten eisern die Stellung.

Das Pub Man in the Moon in Chelsea.

LONDONER NACHTLEBEN

Die Londoner wenden sich „Up West", wenn sie sich ins Nachtleben stürzen wollen: Das West End ist legendärer Schauplatz der Shaftesbury-Avenue-Shows und immer gut für ein Treffen in Covent Garden, einen Kinobesuch am Leicester Square oder einen Bummel über den Trafalgar Square. Im Zentrum des West End steht – sofern nicht von Baugerüsten verdeckt – die Eros-Statue am Piccadilly Circus. Für viele Leute bietet allein schon der Rundgang durch das Viertel genügend Unterhaltung.

Am frühen Abend kann man in der Oxford oder Regent Street einen Einkaufsbummel machen, zu einer Vernissage in eine der Cork-Street-Galerien gehen (sofern man eingeladen ist) oder durch den St. James's oder Hyde Park spazieren. Eine Fülle von Pubs und Weinlokalen lädt zum Verweilen ein. In der Innenstadt schließen viele Lokale um 20 Uhr.

Im Sommer drängt sich das Volk auf den Flußbooten, die an der Embankment ankern dürfen, oder wandert über die Hungerford Bridge zum South-Bank-Komplex, um den Jongleuren und Straßentheatern zuzusehen.

„Up West" findet man auch einige hervorragende Restaurants. Albert Roux' Le Gavroche in der Upper Brook Street wetteifert mit Nico Ladenis' Chez Nico in der Great Portland Street um die Gunst betuchter Gäste. Billiger und gemütlicher ist The Ivy in Covent Garden, und die Hamburger im Hard Rock Café (Piccadilly) sind nach wie vor ein Renner. Für jeden Gaumen ist gesorgt, und um Sohos Gerrard Street gruppieren sich die Restaurants von Chinatown.

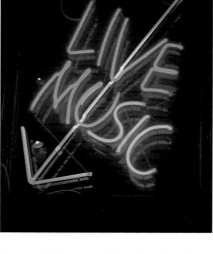

Die Musikclubs im West End sind seit Jahrzehnten „in". In The Marquee (Charing Cross Road) traten bereits die jungen Rolling Stones auf, hatte der Punk ein Zuhause und finden sich heute Heavy-Metal-Fans ein. Der 100 Club in der Oxford Street ist ebenso alteingesessen, konzentriert sich jedoch auf Jazz, und auch Ronnie Scotts Club in Soho lockt seit Generationen die berühmtesten Jazzmusiker an. Unter den Newcomern erfreut sich das Kellerlokal Bass Clef in der Coronet Street größter Beliebtheit.

Viele Einheimische, die sich „Up West" eine Show ansehen wollen, kommen mit dem Auto oder Zug aus den Vororten. Läuft gerade eine besonders erfolgreiche Show, ist es schwierig, an Karten zu kommen. Dennoch werden über 40 Prozent der Plätze erst an der Abendkasse vergeben. Am Leicester Square steht ein Kiosk, wo es Karten zum halben Preis für die am gleichen Abend stattfindenden Veranstaltungen gibt.

Um den Leicester Square finden sich auch alle wichtigen Kinos. Das Odeon ist ein Premierenkino, das Filmstars aus aller Welt zu seinen Gästen zählt. Das National Film Theatre an der South Bank zeigt Spitzenproduktionen. Auch Comedy Store, das bedeutendste Alternativ-Kabarett Londons, das schon viele Stars hervorbrachte, liegt hier. Gewagteres Amusement bietet Madame Jo Jo's in Soho.

Die Londoner Szene floriert und es ist ratsam, sich gepflegt, nicht lässig zu kleiden. In vielen Clubs treten sogenannte „one nighters" auf, die eine bestimmte Musikrichtung verfolgen. Die Popstars von morgen erlebt man im Stringfellows (Upper St. Martin's Lane) oder im Hippodrome (Cranbourne Street), das über die ausgefeilteste Technik verfügt. Das Empire am Leicester Square ist eine der größten Diskotheken Europas. Der exklusivste Nachtclub heißt Annabel's und ist Treffpunkt des Geld- und sonstigen Adels. In Sohos Wag spielt man Musik zum Abtanzen, der beste Schwulentreff ist das Heaven in der Villiers Street. Auch außerhalb des Zentrums findet man interessante Adressen, etwa The Fridge in Brixton und das in Ladbroke Grove gelegene Subterrania, *das* Trendlokal der Neunziger schlechthin.

Glücksspiele unterliegen strenger Kontrolle. Ehe man ein Casino überhaupt betreten darf, muß man sich mindestens 48 Stunden zuvor um eine Mitgliedschaft bemühen. Die Namen der 20 Casinos in London dürfen nicht veröffentlicht werden.

In Großbritannien gilt ein rigides Gaststättengesetz. Pubs müssen um 23 Uhr schließen, und auch die U-Bahnen stellen den Betrieb früh ein. Folglich verödet das West End gegen Mitternacht zusehends, und nur wer weiß, wo noch etwas los ist, kann sich bis in die Morgenstunden amüsieren. Die meisten Clubs schließen um drei Uhr morgens. Wer mit dem Taxi fahren will, muß auf die Gnade des Fahrers hoffen. Klappt das nicht, begebe man sich in die Frith Street und gönne sich in der Italia Bar ein Frühstück mit dem besten Cappuccino Londons.

Unten am Fluß liegt das **Chelsea Royal Hospital,** Sir Christopher Wrens Meisterwerk des englischen Barock, das 1682 als Heim für Kriegsversehrte und -veteranen gebaut wurde. Heute noch wohnen mehr als 500 ehemalige Armeeangehörige dort, und jedes Jahr am Oak Apple Day, dem 29. Mai, sieht man sie in ihren typischen scharlachroten Gehröcken paradieren. Ganz in der Nähe befindet sich das **National Army Museum,** in dem die englische Militärgeschichte vom 15. bis zum 20. Jahrhundert dokumentiert ist. An das Royal Hospital grenzen die **Ranelagh Gardens,** Schauplatz der alljährlichen Blumenschau von Chelsea.

In Chelsea gibt es noch zwei weitere lohnenswerte Gartenanlagen am Fluß: **Roper's Garden** am Cheyne Walk und den seltsamen kleinen **Chelsea Physic Garden,** eine botanische Forschungsstätte, von wo 1673 die ersten Baumwollsamen in die amerikanischen Südstaaten gebracht wurden. Wenn man über die Albert oder Chelsea Bridge geht, kommt man in die weiträumigen Anlagen des **Battersea Park** am Südufer der Themse, in denen 1951 das Festival of Britain stattfand. Sollte Ihre Kehle nach diesem anstrengenden Stadtmarathon ausgetrocknet sein, kehren Sie zurück nach Chelsea und ein bei **Frog & Firkin,** dem wohl einzigen Pub in ganz London mit einer eigenen Brauerei im Kellergeschoß.

Über Sloane Square und die King's Road in östlicher Richtung gelangt man in den eleganten Bezirk **Belgravia.** Die Gegend war früher ein von Seuchen heimgesuchtes Sumpfgebiet, bis sie Anfang des 19. Jahrhunderts von Thomas Cubitt trockengelegt und zum Stadtwohnsitz für Adlige umgestaltet wurde. Seine Exklusivität bewahrt sich das Viertel als Heimstatt von Diplomaten, hochrangigen Beamten, Prominenten und einem unverwüstlichen Herzog oder Baron hier und da. Allenthalben stößt man hier auf Häuserreihen und Plätze aus der Zeit George IV. (1820-30) sowie auf cremefarbene Herrenhäuser und gepflegte Gärten. Hinter den prachtvollen Fassaden verbergen sich

Bildnis von Sir Thomas More, der in Chelsea lebte.

zwischen kopfsteingepflasterten Gassen kleine ehemalige Stallungen, aus denen man in den letzten Jahren gemütliche und inzwischen heißbegehrte Domizile gezaubert hat. Wer in der teuersten Gegend Londons heimisch werden möchte, muß für eine durchschnittliche Eigentumswohnung gute drei Millionen Mark hinblättern.

Im Norden Belgravias liegt **Knightsbridge,** ein geschäftiges Viertel mit zahlreichen First-Class-Hotels und Luxusgeschäften, allen voran das berühmte Kaufhaus **Harrods.** Ähnlich wie im British Museum könnte man tagelang darin herumlaufen, ohne alles gesehen zu haben. Aber der Lebensmittelabteilung sollten Sie unbedingt einen Besuch abstatten – hier finden Sie über 500 Käse-, 140 Brotsorten und 160 Whiskymarken! Die viktorianischen Fußbodenfliesen stehen unter Denkmalschutz. Unbedingt sehenswert ist Harrods bei Nacht. Dann erinnert die beleuchtete Fassade an einen viktorianischen Geburtstagskuchen.

Wenn Sie von Harrods aus nach links in die Brompton Road einbiegen, gelangen Sie in den eleganten Stadtteil **Brompton.** Dort kann man eine katholische Kirche – **Oratory** genannt – im italienischen Renaissance-Stil mit zahllosen Mosaiken und reicher Marmorausstattung bewundern.

Jede Menge Museen: Wenn Sie in South Kensington aus der U-Bahn steigen, sind Sie schnell in der Exhibition Road mit ihren unzähligen Museen. Das berühmteste heißt **Victoria & Albert Museum.** Es beherbergt eine wundervolle Sammlung von Millionen verschiedener Ausstellungsstücke aller Länder, Epochen und Stile. Hinter seinen Backsteinmauern findet sich mit Sicherheit für jeden Geschmack etwas – seien es Möbel, Rüstungen, Textilwaren oder Gemälde. Die labyrinthartigen Gänge sind immerhin über zehn Kilometer lang.

Sie haben ein Faible für Pterodaktylen? Dann sind Sie bestens im **Natural History Museum** in der Cromwell Road aufgehoben, das eine der besten Saurier- und Echsensammlungen der Welt sein eigen nennt. Aber nicht nur das: auch faszinierende Ausstellungsstücke zur

<u>Links:</u> Albert Memorial, Kensington Gardens. <u>Rechts:</u> Kaufhaus Harrods, Knightsbridge.

Frühgeschichte des Menschen, zur Darwinschen Evolutionstheorie, zur Anthropologie und sogar das lebensgroße Modell eines Blauwals sind zu bestaunen. Das angrenzende **Science Museum** ist eine Fundgrube vor allem für Kinder, hier findet sich von Puffing Billy, der ersten Lokomotive der Welt, bis zur Apollo-10-Mondkapsel alles aus der Wunderwelt der Technik, sogar viktorianische Toiletten. Das **Geology Museum** mit der größten Erz- und Gesteinssammlung der Welt und einer Sonderausstellung über das prähistorische England wird nicht nur bei Mineraliensammlern auf Interesse stoßen.

In South Kensington steht auch eines der bedeutendsten Baudenkmäler des viktorianischen England, die **Royal Albert Hall.** Den Grundstein legte Königin Viktoria 1867 im Andenken an ihren verstorbenen Gemahl Prinz Albert. Mit über 6000 Sitzplätzen ist der Konzertsaal einer der größten Londons, wo sowohl Popkonzerte als auch Blaskapellenwettbewerbe stattfinden. Am bekanntesten sind die Promenade Concerts im Sommer, wo klassische und zeitgenössische Werke zur Aufführung gelangen.

Am Südrand der Kensington Gardens erhebt sich über die Baumwipfel der 58 Meter hohe Baldachin des **Albert Memorial,** ein Denkmal im Stil der Flamboyant-Gotik. Prinz Albert sitzt, vertieft in die Lektüre des Katalogs der Weltausstellung von 1851, die er initiiert und organisiert hatte, gemütlich unter einem Baldachin. Ein Stück weiter durch die ruhigen Parkanlagen stößt man auf **Kensington Palace,** den Wren im 17. Jahrhundert für William III. renovierte und der fast 100 Jahre als königliche Privatresidenz diente. Wo Königin Viktoria geboren wurde, leben mittlerweile Prinz Charles und Prinzessin Diana sowie Prinzessin Margaret. Sehenswert ist ferner die **Serpentine Gallery,** ein kleines Kunstmuseum neben dem gleichnamigen See.

An Kensington schließt sich im Westen **Earl's Court** an, ein wegen seiner fluktuierenden Einwohnerschaft aus dem fünften Kontinent oft das australische Ghetto Londons genanntes Viertel

Unten: Die Royal Albert Hall hat 6000 Plätze.
Rechts: Kensington Palace Gardens.

und mit vielen billigen Hotels und Imbiß-stuben ein Eldorado für ausländische Studenten und Rucksacktouristen. Aber die Londoner denken bei Earl's Court in erster Linie an das riesige **Exhibition Centre,** wo alljährlich große Ereignisse wie das Royal Tournament, die Ideal Home Exhibition und die National Boat Show stattfinden.

Holland Park: Das westlich von Kensington Palace gelegene **Holland Park House** liegt im Zentrum des gleichnamigen Parks. Der von den Grafen von Holland angelegte Park, die ihren reich ausgestatteten Herrensitz mit 22 Hektar Gartenlandschaft umgaben, zählt zu den kaum bekannten, aber interessantesten Grünanlagen Londons. Im Lauf der Zeit wurden mehr als 3000 Baum- und Pflanzenarten aus aller Welt sowie eine Vielzahl exotischer Vögel importiert.

Holland Park bietet noch zwei weitere Attraktionen. Eine ist **Leighton House,** ein Forschungszentrum für die viktorianische Epoche, das sich besonders mit Kunst und Handwerk des ausgehenden 19. Jahrhunderts beschäftigt. In deutli-chem architektonischen Kontrast dazu steht das nahegelegene **Commonwealth Institute.** Dieses futuristische Gebäude ist der Wirtschaft, Gesellschaft und Kultur der ehemaligen britischen Kolonien gewidmet. Zu diesem Themenkreis findet man hier eine umfangreiche Bibliothek, ferner ein Kino und mehrere Ausstellungsräume.

Nördlich des Holland Park liegt **Notting Hill,** ein meist ruhiges Wohnviertel, das mit seinen schönen viktorianischen Häuserreihen und Villen zu den beliebtesten Wohngegenden Londons gehört. Aber einmal im Jahr, im August, sind die Straßen voller Farben und Musik, dann feiern die Einwanderer von den West Indies den größten Karneval Europas. Dieses Fest ist im Lauf der Zeit zu einem der beliebtesten gesellschaftlichen Ereignisse Londons geworden, zu dem Tausende von Menschen in bizarren Kostümen erscheinen und zu Reggaeklängen tanzen.

Eine weitere ausgefallene Attraktion dieses Viertels ist der **Portobello Road Market.** Samstags herrscht hier Hochbe-

Portobello Road Market am Notting Hill Gate.

trieb: Am oberen Ende drängen sich Touristen auf der Suche nach Antiquitäten, während weiter unten die Schnäppchensüchtigen die Stände nach gebrauchter Kleidung und dergleichen durchwühlen. Außerdem versuchen die Anwohner in dem ganzen Tohuwabohu Gemüse und Obst zu ergattern.

An der Nordseite des Hyde Park liegt **Bayswater,** ein merkwürdig zwiespältiges Viertel, das zugleich neumodisch und piekfein, Verkehrsdrehscheibe und Einkaufszentrum ist. Das Viertel reicht bis zur **Paddington Station,** von wo aus Züge in den Westen Englands abfahren.

Nördlich dieses Bahnhofs durchzieht die Stadt ein weites Netz von Kanälen, die früher Nordlondon mit Oxford und den Midlands verbunden haben. Am Schnittpunkt des Grand Union, Regent's und Paddington Canal liegt das exklusive Wohnviertel **Little Venice.** Hier zu wohnen ist nicht gerade billig. Aber dennoch gehen die Unterkünfte weg wie warme Semmeln.

Von April bis Oktober verkehrt der sogenannte Zoo Waterbus zwischen Little Venice und Regent's Park und durchquert auf seinem Weg eine weitere noble Wohngegend, **St. John's Wood.** Bekannt geworden ist sie durch einen Song der Rolling Stones und durch das Aufnahmestudio der Beatles in der Abbey Road. Heute bevölkern Diplomaten, Schallplattenfirmen, Popstars und Porschefahrer St. John's Wood. Diese Ritter der Neuzeit unterscheiden sich beträchtlich von den zurückhaltenden Gentlemen im abseits gelegenen **Lord's Cricket Ground,** dem Mekka des Cricketsports und Sitz so prominenter Klubs wie Middlesex und Marylebone. Das **Cricket Museum** dokumentiert die Geschichte dieser typisch englischen Sportart bis zurück zu Thomas Lord, der hier 1813 das erste Spielfeld anlegte.

Östlich davon dehnt sich der **Regent's Park** aus, eine der berühmtesten Londoner Grünzonen mit einer bewegten Geschichte. Henry VII. ließ die ursprünglich hier gelegenen Felder in ein Jagdrevier umwandeln. Cromwell verkaufte das Wild und die Holzbestände, um seine Revolution zu finanzieren. Charles II.

Lord's Cricket Ground.

schließlich veräußerte das Land meistbietend an adlige Interessenten.

Anfang des 19. Jahrhunderts wurde das Gelände Teil des großen Plans von George VI., zwischen Pall Mall und Primrose Hill einen riesigen Parade- und Palastkomplex zu schaffen. Zu diesem Zweck wurde kein Geringerer als John Nash in königliche Dienste genommen. Aber übriggeblieben vom ursprünglichen Traum sind nur die berühmten Regency Terraces (Häuserreihen) am Südrand des Parks, die Nashs Genie ahnen lassen.

Im Regent's Park liegt der **London Zoo,** einer der größten und berühmtesten Tierparks der Welt, begründet 1826 von Sir Stamford Raffles. Viele der ersten Tiere im London Zoo wurden von britischen Soldaten oder Diplomaten eingefangen und mit dem nächstbesten Segelschiff nach England geschickt. Tommy, der erste Schimpanse, wurde in einer Postkutsche bis zum Eingang gefahren, während die ersten Giraffen durch die Innenstadt geführt wurden, was zu einem gewaltigen Verkehrsstau und Menschenauflauf führte. Berühmtester Zooinsasse war der Elefant Jumbo, der für sage und schreibe $10 000 an den amerikanischen Zirkusmagnaten P. T. Barnum verkauft wurde. Heute ist der London Zoo auch bekannt als Experimentiergelände für moderne Zooarchitektur. Hervorzuheben sind das Snowden-Vogelhaus, der Charles Clore Pavilion für Nachttiere und das in den dreißiger Jahren entstandene Pinguinbecken.

Hampstead: Noch weiter nördlich, vorbei an Primrose Hill (einem der besten Aussichtspunkte Londons) und Haverstock Hill, liegt ein weiteres Londoner „Wohndorf". Seit mehr als 300 Jahren zieht Hampstead Künstler und Schriftsteller an – darunter Keats, Constable, Shelley, Dickens, Byron, Gainsborough, D. H. Lawrence und H. G. Wells.

Heute ist Hampstead Tummelplatz von Musik-, Bühnen- und Filmstars, die für das Schickeriamilieu des Viertels sorgen. Trotz der ständigen Ausdehnung langweiliger Vorortarchitektur

Links: Hampstead: Dorfstraße im Grünen. Rechts: Old Bull and Bush.

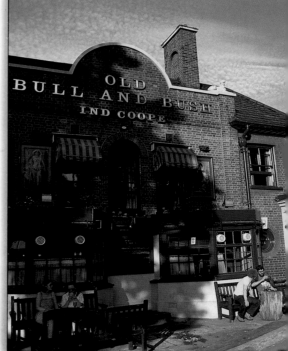

hat sich Hampstead einen gewissen dörflichen Charme bewahrt, was zweifellos durch die Nachbarschaft zu einer der größten Grünflächen Londons, der 310 Hektar großen **Hampstead Heath,** begünstigt wurde. Hampstead sollte man am besten zu Fuß durchstreifen, um die Schaufensterauslagen in der **High Street** und die gepflegten Herrensitze entlang **Church Row, Flash Walk, Downshire Hill** und **Holly Hill** bewundern zu können.

In Hampstead finden sich viele bedeutende Wohnsitze, zum Beispiel das **Keats House** am Wentworth Place, in dem der Dichter seine *Ode to a Nightingale* geschrieben haben soll – gewidmet seiner Verlobten Fanny Browne aus dem Nachbarhaus. **Fenton House** aus dem 17. Jahrhundert ist heute ein Museum für Musikinstrumente, **Admiral's House** (18. Jahrhundert) hingegen war einst Wohnsitz eines exzentrischen Seefahrers, der einen Teil des Hauses einem Schiffsdeck nachbaute. Jedesmal wenn er von einem britischen Sieg auf See erfuhr, feuerte er

aus zwei Kanonen auf dem Dach Salutschüsse ab.

In Hampstead Heath waren einst Straßenräuber und Outlaws zu Hause, etwa Sixteen String Jack und Claude Duval, der sich einen Spaß daraus machte, weibliche Passagiere zu einem Menuett im Mondlicht einzuladen, nachdem er ihre Kutsche ausgeraubt hatte. Im 18. Jahrhundert verabschiedete das Parlament einen Sondererlaß, der jeden Neubau auf dem gesamten Gelände verbot. Damit sollte verhindert werden, daß die weiten Wald- und Wiesengebiete Wohnsiedlungen oder Fabriken zum Opfer fielen. Das einzige größere Gebäude in Hampstead Heath ist das im 18. Jahrhundert erbaute **Kenwood House.** Es beherbergt heute den Lord Iveagh Bequest, eine reichhaltige Sammlung englischer und holländischer Gemälde, darunter Werke von Rembrandt, Reynolds und Vermeer.

In der Nähe von Hampstead Heath liegt **Highgate Cemetery,** der wohl bekannteste Friedhof in England, zu dem linke Studenten und Chinesen in

Die Londoner Parks bieten behagliche Sonnenstunden, doch der Sturm fordert eine Opfer.

grauen Anzügen pilgern, um Blumen auf das Grab von Karl Marx zu legen. Hier fanden auch so berühmte Persönlichkeiten wie Dickens, Wordsworth, George Eliot und Sir Ralph Richardson ihre letzte Ruhestätte.

Haverstock Hill erstreckt sich von Hampstead bis **Camden Town,** und der Weg dorthin führt aus der literarischen Vergangenheit in die rauhe Gegenwart. Bekannt wurde Camden in den sechziger Jahren als Treffpunkt für Hippies, Straßenkünstler und umherziehende Kleinhändler, die um Camden Lock ihre Verkaufsstände aufbauten. So ist **Dingwall's Market** entstanden, eine der beliebtesten Londoner Wochenendattraktionen. Hier können Sie in Antiquitäten, alten Klamotten, Punkutensilien und Militaria wühlen oder den Straßenmusikanten lauschen, die sich im Hof neben Camden Lock treffen.

Die Gegend um Camden Lock ist bekannt für ihr heißes Nachtleben. Los ging es in den Sechzigern mit dem Round House, einem riesigen ehemaligen Lokomotivschuppen, der damals kurzerhand

in einen Theater- und Rockpalast umfunktioniert wurde. Hier hatten Pink Floyd ihren ersten Auftritt. Heute kann man in Kentish Town den **Town and Country Club**, **Dingwalls** am Lock, **Camden Palace** oder den **Electric Ballroom** besuchen.

Der Regent's Park grenzt im Süden an den Stadtteil **Marylebone.** Im 18. Jahrhundert berüchtigt wegen seiner Kneipen, Box- und Hahnenkämpfe, hat er sich seither zu einer ruhigen, beliebten Gegend für Ärzte, Zahnärzte und Steuerberater gemausert. Das bekannte **London Planetarium** und **Madame Tussaud's Wax Museum** liegen dicht beieinander in der Marylebone Road und gehören zur selben Firmengruppe, die auch die *Financial Times* besitzt. Die langen Warteschlangen lassen auf gut gefüllte Kassen schließen. Das Wachsfigurenkabinett wurde 1802 von Marie Tussaud, einer kleinen, zierlichen Frau gegründet, die ihr Handwerk im nachrevolutionären Paris gelernt hatte. Ihre ersten Nachbildungen waren die Köpfe von Guillotinierten. Die heutigen Ausstellungsstücke

Links: Oxford Street – Dorado für Einkaufswütige. Rechts: Auktionäre bei Sotheby's.

EINKAUFSPARADIESE

Der Ruf des Kaufhauses Harrods rührt nicht zuletzt daher, daß man sich dort bemüht, jeden Kundenwunsch zu erfüllen. Ein Verkäufer in der Zooabteilung würde sich durchaus nicht in Verlegenheit bringen lassen, wenn man ein Flußpferdpaar kaufen möchte, und der Leiter der Schmuckabteilung hätte nichts gegen einen plötzlichen Run auf Fabergé-Eier.

London genießt bei aller Kritik bis heute den Ruf, für jeden Geschmack zu sorgen und hält darüber hinaus manche Überraschung parat. Ein Bummel durch das überlaufene West End bereitet immer wieder Vergnügen: Man stößt auf berühmte Namen, kann seiner Sammelleidenschaft frönen, die Märkte durchstöbern oder einfach die Auslagen begutachten. Schon Napoleon meinte, die Briten seien eine Krämernation.

Beginnen wir mit der Oxford Street: Zwischen dem Plattengeschäft Virgin Records Megastore (Tottenham Court Road) und dem Stammhaus von Marks & Spencer's (Nähe Marble Arch) haben sich Filialen bedeutender Modefirmen niedergelassen. Die „Platzhirsche" sind Selfridges, John Lewis und Debenhams. In kleinen Seitenstraßen wie St. Christopher's Place befinden sich schicke Modeboutiquen.

Die Regent Street kreuzt den Oxford Circus und führt in südöstlicher Richtung zum Piccadilly Circus, wo alteingesessene Firmen wie Liberty's (allein das Gebäude ist einen Besuch wert), Dickens and Jones und die Glas- und Porzellangeschäfte Waterford, Wedgwood und Villeroy & Boch ihre Niederlassungen haben, nicht zu vergessen den Hofjuwelier Garrard's. Englische Kleidung erhält man bei Jaeger, Austin Reed und Aquascutum, das inzwischen einem japanischen Konzern gehört. Wenn hier der weihnachtliche Lichterglanz erstrahlt, läßt Hamley's, weltweit eines der größten Spielwarengeschäfte, alle Kinderaugen glänzen.

Südlich der Oxford beziehungsweise westlich der Regent Street liegt Mayfair, das Viertel mit den feinsten Einkaufsadressen. Neben Aspreys, Tiffany und Cartier prangen auch Namen wie Valentino, Chanel und Lagerfeld. Neueste Modetrends findet man hier und in der South Molton Street. Daneben florieren in dieser Gegend rund 400 Kunstgalerien und Antiquitätengeschäfte sowie die Auktionshäuser Sotheby's und Phillips. Einen Picasso oder ähnlich hochveranschlagte Kunstwerke findet man in den Galerien der Cork Street.

Vorbei an den exquisiten Auslagen der kleinen Boutiquen in der Burlington Arcade geht es zum Piccadilly und nach St. James's, einer Domäne der Herrenschneider. Bei Fortnum & Mason erhält man Lebensmittel aus aller Welt.

Knightsbridge ist die Verlängerung der Piccadilly in westlicher Richtung. In der benachbarten Brompton Road steht Harrods und lockt ebenfalls mit allerlei Gaumenfreuden. Fulham Road, die Goldene Meile um den Conran Shop im Michelin-Jugendstilgebäude, zweigt von Knightsbridge ab. Auch die nach Süden führende Sloane Street mit Designerläden von Joseph bis Yamamoto geht von der Knightsbridge ab. Am Sloane Square trifft sie auf die Londoner Schickimicki-Meile King's Road. Im Nordwesten Kensingtons verläuft die Kensington High Street mit ihren zwei überdachten Märkten.

Auch die City hat manche Überraschung auf Lager. Jungdesigner wie Christopher New, John Richmond oder Boyd & Storey haben Soho wiederentdeckt, das ansonsten ein Mekka für italienische Feinkost ist. In Covent Garden sind die Läden von Paul Smith, Michiko Koshino und Nicole Farhi sehenswert. Für das leibliche Wohl sorgt Neal's Yard mit eigener Bäckerei, einem Milchladen, Lebensmittelhändler, einer Apotheke sowie einem Naturkostladen.

Charing Cross Road und Cecil Court sind Anlaufstellen für Bücherfreunde und Sammler von Druckgraphik. Weitere Adressen dieser Kategorie findet man in der Museum Street beim British Museum.

Antiquitätenkenner gehen Freitag morgens auf den New Caledonian Market in der Bermondsey Street oder auf den Portobello Road Market (Freitag- und Samstagmorgen), wo Antiquitäten und Trödel verkauft werden.

Jeden Sonntag scheint sich die gesamte Einwohnerschaft auf dem Camden Lock Market sowie auf den vier Straßenmärkten in Greenwich zu versammeln. Die Wochenendmärkte in der Brick und Petticoat Lane des East End konzentrieren sich auf Kleidung und Trödel (manchmal dubioser Herkunft). Ein wahrer Augenschmaus ist der Blumenmarkt in der Columbia Street.

decken die Prominenz vom Popstar bis zum Papst ab, wobei sowohl täuschend lebensechte als auch kaum erkennbare Beispiele dabei sind.

Das Hereford House am nahegelegenen Manchester Square beherbergt die hervorragende **Wallace Collection**. Es handelt sich um eine Schatzkammer für Kunst und Schmuck des 17. und 18. Jahrhunderts. Bestaunt werden können Porzellan aus Sèvres, Emailarbeiten aus Limoges und alte französische Möbel. Auch Bilder von Tizian, Rubens und Holbein fehlen nicht.

Einkaufsparadiese: Eine der belebtesten Einkaufsstraßen Londons ist die **Oxford Street** an der Grenze zwischen Marylebone und dem vornehmen Bezirk Mayfair. Hier regieren das Geld, die Ölbarone und Wirtschaftsbosse, die adligen Grundbesitzer und die neureichen Nabobs. Aber nur tagsüber pulsiert das Geschäftsleben in den Straßen, am Abend, wenn sich die Finanzhaie und Fotomodelle in ihre Luxusvillen zurückgezogen haben, herrscht eine unheimliche Stille. Früher war das außerhalb der Stadtgrenzen gelegene Mayfair Weide- und Ackerland. Der Name leitet sich von der mittelalterlichen May Fair (Maifeier) her, die im Frühling abgehalten wurde. Zwei Wochen lang tummelten sich zwischen Wurstbuden und Puddingständen die Feuerschlucker und Gaukler. Um 1750 erwarb die einflußreiche Familie Grosvenor die Gegend und errichtete elegante Wohnsiedlungen im georgianischen Stil, was zur Folge hatte, daß sich mehr und mehr Gutbetuchte in einem der feinsten Vororte Londons niederließen.

Heute ist Mayfair in erster Linie wegen seiner schicken Geschäfte und gutsortierten Auktionshäuser bekannt. Namen wie Cartier, Rolls Royce, Floris, Gieves & Hawkes, Yardley und Smythson's kennt jeder. Wenn Sie jemandem etwas schenken wollen, der schon alles hat, sollten Sie in die **Bond Street** gehen. Wem der Sinn nach einem ruhigen Bummel steht, sollte es mit einer der eleganten viktorianischen Arkaden Mayfairs versuchen, wo die winzigen gepflasterten Gäßchen von ausgefallenen Geschäften gesäumt werden. Eine der interessantesten ist

Bond Street ist nicht für Bauern, sondern für Bonzen.

144

Burlington Arcade unweit der **Royal Academy**, die älteste **The Royal Opera Arcade**, der jedoch **Piccadilly, Prince's** und **Royal Arcades** in nichts nachstehen.

Die in Mayfair angebotenen Antiquitäten und Kunstgegenstände genießen Weltruf. Bei **Christie's** in der King Street werden Jahr für Jahr bis zu 150 000 Objekte versteigert, darunter auch Möbel, Rüstungen, Edelsteine und Gemälde. **Sotheby's** in der New Bond Street ist berühmt wegen einer Reihe von spektakulären Versteigerungen und weil das experimentierfreudige Haus Innovationen aufgeschlossen gegenübersteht. Auf eigenen Fernsehkanälen werden beispielsweise Auktionen in andere Kontinente ausgestrahlt, wobei der Computer die Gebote gleichzeitig in sechs Währungen umrechnet.

Die von John Nash angelegte **Regent Street** bedeutet einen scharfen Trennungsstrich zwischen den völlig verschiedenen Welten von Mayfair und **Soho.** Der wegen seiner zwielichtigen Bars und Sexclubs berühmt-berüchtigte Stadtteil Soho hat wieder zurückgefunden zu dem Status einer Wohngegend mit internationaler Küche. Emigranten aus Osteuropa leben hier, man kann französisch, italienisch oder griechisch essen gehen, auch die Chinesen fehlen in diesem kosmopolitischen Ambiente nicht. Das Völkergemisch geht auf das Jahr 1685 zurück, als die ersten protestantischen Flüchtlinge aus Frankreich nach der Aufhebung des Edikts von Nantes hier Zuflucht suchten. Doch die schäbige Seite Sohos ist keineswegs verschwunden: Raymond's Revue Bar zeigt geschmacklose Strip-Shows, und der Voyeur wird in Peep-Shows auf Distanz gehalten.

Das unbestrittene Herzstück Sohos ist **Piccadilly Circus** – einer der verkehrsreichsten Plätze Europas, ein Meer aus schwarzen Taxis, roten Bussen und eingeschüchterten Touristen. Auf einem Springbrunnen in der Mitte des Platzes trotzt Eros dem Getümmel, aber seine bronzefarbenen Pfeile haben keine Chance gegen die glitzernden Neonkaskaden hoch über den Köpfen der wogenden Menschenmassen. Ganz in der Nähe

der Savil
ow arbeitet
e Creme der
chneider.

beginnt die **Carnaby Street,** das Mekka der Subkultur der sechziger Jahre. Bewußtseinsverändernde Drogen, Paisley-Drucke und der Minirock traten von hier ihren Siegeszug um die Welt an. Heute könnte man die Gegend als lebendes Museum der Junk-Kultur bezeichnen, die nach wie vor junge Leute aus aller Welt anzieht.

Ganz in der Nähe, im Herzen Sohos, liegt die **Berwick Street,** einer der besten Gemüse- und Obstmärkte Londons, und zwar was sowohl Qualität als auch die Preise anbelangt. Um die Ecke, in der Dean Street, hat Karl Marx in dem Gebäude gewohnt, wo sich jetzt Leoni's Quo Vadis, ein italienisches Restaurant, befindet. Von der nahegelegenen Frith Street aus gelangen 1926 John Baird die ersten kabellosen Bildübertragungen, die Frühformen unseres heutigen Fernsehens.

Intellektuelles Bloomsbury: In eine wieder ganz andere Atmosphäre taucht ein, wer am Piccadilly Circus die U-Bahn nimmt und drei Stationen bis zum Russell Square fährt, nach **Bloomsbury,** dem intellektuellen und akademischen Zentrum Londons.

In Bloomsbury liegt das **British Museum,** eines der größten und besten Museen der Welt. Es ist nicht nur ein einzigartiges Kunstmuseum, sondern bietet auch eine unvergleichliche Sammlung von Zeugnissen der Menschheitsgeschichte. Hier finden Sie Ausstellungsstücke aus jeder Epoche und jedem Teil der Welt, sei es Ägypten, Assyrien, Griechenland, das alte Rom, Indien, China, Arabien oder das Reich der Angelsachsen. Zu den Schätzen des Museums gehören der sogenannte Rosettastein aus Ägypten, der Schatz von Sutton Hoo, die Nimrudfriese aus Mesopotamien und die Elgin Marbles, ganz außergewöhnliche Skulpturen, die einst das Parthenon in Athen zierten. Selbst ein ganzer Tag ist viel zu wenig, um alles zu sehen. Lassen Sie das Museum am besten bei keinem Ihrer London-Besuche aus. Im gleichen Gebäudekomplex aus dem 19. Jahrhundert ist auch die **British Library** mit mehr als neun Millionen Bücher untergebracht, darunter eine Gutenberg-Bibel,

Lesesaal der British Library.

die Magna Charta, bebilderte mittelalterliche Texte sowie Originalmanuskripte von Shakespeare, Dickens, Leonardo und vielen anderen. Wenn Sie um Erlaubnis nachfragen, können Sie den Lesesaal besuchen, in dem Marx, Lenin und Trotzki ihren Studien nachgingen. Es ist geplant, die Sammlung in einen umstrittenen, mehrere Millionen Pfund teuren Neubau bei King's Cross zu verlegen.

Hinter dem Museum breitet sich der weitläufige Komplex der **University of London** aus, der mit seinen Colleges und diversen Instituten das drittwichtigste Bildungszentrum Englands darstellt. Zwar wurde sie, verglichen mit Oxford und Cambridge, relativ spät, nämlich erst 1825, gegründet, hat sich aber in kurzer Zeit international einen guten Ruf erworben. Das **Courtauld Institute,** die Fakultät für Kunstgeschichte, unterhält eine öffentlich zugängliche Ausstellung (mittlerweile in den neuen Räumen des Somerset House in der Strand) mit Werken des Impressionismus und der Maler van Gogh, Gauguin und Cézanne. Am Brunswick Square findet sich als Teil der

Thomas Coram Foundation eine weitere bedeutende Kunstsammlung, **Founding Hospital Art Treasures,** in der man Werke von Hogarth, Gainsborough und Kneller bewundern kann.

In Bloomsbury hat eine ganze Reihe prominenter Kulturschaffender gelebt, darunter John Maynard Keynes und Virginia Woolf. Aber einer hat sie alle überragt: Charles Dickens. Fast zwei Jahre lang (1837-39) wohnte er in der **Doughty Street 48** zusammen mit seiner Familie und schrieb während dieser Zeit Teile von *Oliver Twist, Nicholas Nickleby* und *Barnaby Rudge*. Das Haus ist zum Museum umfunktioniert worden, in dem man Porträts, Briefe, Möbel und andere persönliche Gegenstände des berühmten Schriftstellers besichtigen kann.

Östlich des Bloomsbury Square erstreckt sich der Stadtteil **Holborn** im Umkreis der gleichnamigen Straße und U-Bahn-Station. Zwei silberne Greife zu beiden Seiten der Holborn High Street markieren die Grenzen der eigentlichen City of London. Ganz in der Nähe ist **Staple Inn,** ein elisabethanischer Fachwerkbau, der einst als Herberge für reisende Wollkaufleute diente. Im Mittelalter konzentrierte sich das Leben in Holborn um die sogenannten Smith Fields, Schauplatz des fröhlichen St. Bartholomew's Fair. Auf diesem weitläufigen, offenen Platz fanden früher Ritterturniere statt, aber auch die Verbrennungen von 300 andersgläubigen Kritikern von Königin Mary I.

Seit 150 Jahren ist **Smithfield** der wichtigste Fleischmarkt Londons. Auf drei Hektar kann man Fleisch und Geflügel unter einer riesigen Stahl- und Glaskonstruktion kaufen. Bis zur Mitte des 19. Jahrhunderts wurde das Schlachtvieh durch die nördlichen Straßen Londons bis zum Schlachtblock getrieben, heute werden 200 000 Tonnen Fleisch jährlich mit Lastwagen antransportiert. **St. Bartholomew** ist eigentlich die Patronatskirche der Metzger, aber in ihrer über 1000jährigen Geschichte diente sie auch als Stall, Fabrik, Weinkeller, Kohleschuppen und sogar als Druckerei Benjamin Franklins.

Das nahegelegene **St. Bartholomew's Hospital** wurde 1123 gebaut und ist heu-

Royal Courts of Justice in der Strand.

te die älteste medizinische Einrichtung Londons. Eine Gedenktafel in der Pathologie erinnert an das erste, natürlich fiktive Zusammentreffen zwischen Sherlock Holmes und Dr. Watson im Jahr 1881.

Legalistisches London: Zwischen der Themse und Holborn liegen die berühmten **Inns of Court,** seit dem Mittelalter das Herz der englischen Rechtsprechung. Im 14. Jahrhundert waren zwölf „inns" geschaffen worden, Gebäude für die Unterbringung und Ausbildung von Juristen auf „neutralem" Gelände zwischen den Kaufleuten in der City und Westminster. Drei davon bestehen noch. Dr. Samuel Johnson nannte sie „die edelsten Stätten der Menschlichkeit und Freiheit im ganzen Königreich." Bis heute muß jeder angehende Londoner Jurist eine Ausbildung in den „inns" durchlaufen haben, um vor Gericht zugelassen zu werden. **Gray's Inn** nennt einen von Francis Bacon entworfenen Garten sein eigen, wo man sich zwischen Bäumen und auf englischem Rasen von der Hektik der City erholen kann. **Lincoln's Inn** rühmt sich einer mittelalterlichen Halle und einer Kapelle aus dem 17. Jahrhundert von Inigo Jones. Am faszinierendsten jedoch sind der **Inner** und **Middle Temple.** Ihre Namen stammen aus den Zeiten der Tempelritter, die hier bis zum frühen 14. Jahrhundert residierten. Die Gewölbe, Balkendecken und Holzvertäfelungen sind seit der Gotik kaum verändert worden. In der Middle Temple Hall aus dem 16. Jahrhundert führte Shakespeares Schauspieltruppe für die Höflinge Elizabeths I. einst *Was ihr wollt* auf. Die **Temple Church** aus dem 12. Jahrhundert ist eine von vier noch bestehenden Rundkirchen in England.

Fleet Street war das Reich einer anderen „Macht" – der Presse. Ihren Namen erhielt die Straße vom Fleet River, der früher in die Themse mündete. Mittlerweile hat eine Dezentralisierung auf dem Mediensektor eingesetzt, eine Tendenz, die mit dem Aufkommen des Computersatzes einherging. Die von Christopher Wren im 17. Jahrhundert erbaute Kirche **St. Bride's** ist die Patronatskirche der britischen Presseleute. Den einzigartigen dreistufigen Kirchturm machte einst ein Bäcker zum Vorbild für seine Geburts-

tagstorten, die inzwischen überall auf der Welt kopiert werden.

In der Dachstube des Hauses Nr. 17 am **Gough Square,** einen Katzensprung von der Fleet Street, entstanden das berühmte *Dictionary* und die *Complete Works of Shakespeare* von Dr. Johnson. Im heute noch existierenden, zauberhaften Pub **Old Cheshire Cheese** feierte er fröhliche Zechgelage. Unweit davon erstrecken sich die grünen **Lincoln's Inn Fields** – einst berüchtigter Schauplatz von Duellen und Hinrichtungen, heute ein Ort zum Picknicken und Sonnenbaden. An ihrer Nordseite steht das **Sir John Soane Museum** mit einer bemerkenswert skurrilen Sammlung von Antiquitäten, Gemälden und Bauplänen. Nahe der Südostecke der Fields stößt man auf den durch Dickens berühmt gewordenen **Old Curiosity Shop.**

Hinter St. Bride's geht die Fleet Street über in Ludgate Hill und passiert die Grenze der **City of London,** jener geschichtsträchtigen Quadratmeile auf den Fundamenten römischer und mittelalterlicher Städte. Jahrhundertelang war die

St. Paul's Cathedral.

City die Welt der Kaufleute und Handwerker, von Männern, die aus der englischen Monarchie eine Demokratie gemacht und anschließend ein Handelsimperium aufgebaut haben, in dem die Sonne nie unterging. Trotz des sichtbaren Vordringens der Moderne hat die City etwas von ihrem mittelalterlichen Gepräge bewahrt, und bis heute besitzt sie eine eigene Stadtverwaltung innerhalb der Londoner Gesamtverwaltung – ein Relikt aus der Zeit der mittelalterlichen Zünfte und Gilden.

Wrens Meisterwerk: Am oberen Ende der Ludgate Hill thront **St. Paul's Cathedral.** Sie prägt wie kein anderes Gebäude die Skyline der City mit ihrer 110 Meter hohen Kuppel inmitten einer Vielzahl hoher Bauten, die seit dem Krieg hier entstanden sind. Nach der Zerstörung des ursprünglich gotischen Baus durch das große Feuer von 1666 beauftragte der König Christopher Wren mit dem Bau einer neuen Kathedrale, die der Bedeutung Londons Rechnung tragen sollte. Sein erster Entwurf wurde als zu „modernistisch" abgelehnt. Sein zweiter bildete

eine geniale Verknüpfung klassischer und barocker Stilelemente – eine riesige kreuzförmige Konstruktion mit einem dem Petersdom nachempfundenen Kuppelbau aus Stein. Die Arbeiten dauerten von 1675 bis 1710 – dann war die erste, dem protestantischen Glauben geweihte Kathedrale fertig, der Höhepunkt im Schaffen Christopher Wrens. Viele wichtige Momente der englischen Geschichte haben sich hier abgespielt: 1897 die Feierlichkeiten zum diamantenen Regierungsjubiläum von Queen Victoria, 1965 die Beisetzung Winston Churchills und 1981 die Heirat von Prince Charles und Lady Diana Spencer. Wie durch ein Wunder überstand St. Paul's sogar die deutschen Bombenangriffe, die alles in der Umgebung in Schutt und Asche legten. In der Kathedrale sind zahlreiche bedeutende Persönlichkeiten beigesetzt, darunter Wellington, Nelson, Reynolds, Turner und Wren selbst. Das Innere wurde von den besten Künstlern und Handwerkern des späten 17. Jahrhunderts ausgestaltet. Auf der berühmten **Whispering Gallery** hoch oben in der

Die Londoner City, das Finanzzentrum.

Kuppel versteht man selbst das leiseste Flüstern eines Menschen auf der gegenüberliegenden Seite. Über eine Wendeltreppe gelangt man zur Außenseite der Kuppel, von der aus sich ein überwältigendes Panorama der Londoner Innenstadt bietet.

Von St. Paul's nach Norden erstreckt sich das futuristische **Barbican** und bildet einen reizvollen Kontrast zum Labyrinth der gewundenen Straßen und ehrwürdigen Gebäude rund um die Kathedrale. Dieses Sanierungs- und Erneuerungsprojekt ist entstanden aus den Trümmern eines im Weltkrieg zerstörten Stadtviertels, ein Musterbeispiel für modernes Bauen nach Kriegsende. Viele Londoner halten die 40stöckigen Bürohochhäuser und betonierten Plätze für Schandflecke im Londoner Stadtbild, nicht jedoch das außergewöhnliche **Museum of London,** eine hervorragende Sammlung von Dokumenten der Geschichte Londons von der Frühzeit bis zum 20. Jahrhundert. Hier gibt es Modelle alter Gebäude und Ladenfronten, audiovisuelle Vorführungen, eine Handbibliothek, längst veraltete Verkehrsmittel und andere historische Objekte. Barbican ist außerdem Sitz der Guildhall School of Music and Drama, der Royal Shakespeare Company und des London Symphony Orchestra.

Im Schatten der Wolkenkratzer von Barbican steht die **Guildhall,** eines der wenigen Gebäude, die das große Feuer überstanden haben. Heute ist es Amtssitz des Oberbürgermeisters und der Londoner Stadtverwaltung. Dieser weitgehend restaurierte gotische Bau wurde 1411 begonnen und aus Geldmitteln der Zünfte und Gilden der City of London finanziert. Im Innern befindet sich eine Bibliothek aus dem 15. Jahrhundert mit zahllosen Dokumenten zur Geschichte Londons.

Sehenswert ist auch die berühmte **Great Hall,** die geschmückt ist mit den Fahnen der zwölf Zünfte und den 92 Schildern der Gilden von London. Alljährlich im November ist Guildhall Schauplatz des Lord Mayor's Banquet, einem gesellschaftlichen Großereignis, an dem auch der Premierminister und der

Rechts: Bank of England und links: die Royal Exchange.

Erzbischof von Canterbury teilnehmen. Das opulente Festmahl steht in der Tradition der etwas unzivilisierten Festessen des Mittelalters.

Wenn man die Gresham Street in östlicher Richtung entlanggeht, kommt man zur **Bank of England,** einem mächtigen Gebäude im klassizistischen Stil. Nach wie vor stellt die Bank of England alle Geldnoten und Münzen her, drückt die Staatsverschuldung und schützt die Goldreserven des Landes. Ganz in der Nähe ist die alte Londoner Börse, **London Stock Exchange,** die 1773 gegründet wurde und heute in einem Wolkenkratzer an der Ecke Threadneedle und Old Broad Street untergebracht ist. Von den Besucherrängen aus können Sie in aller Ruhe die Hektik der über 4000 Börsenspekulanten beobachten. Weiter östlich zeichnet sich die dunkle Silhouette der **National Westminster Bank** ab. Das Gebäude wurde erst 1981 fertiggestellt und ist mit einer Höhe von 180 Metern der höchste Büroturm Großbritanniens. Überragt wird er nun von Canary Wharf im Docklands-Viertel.

Genau gegenüber stehen – Parthenon nachempfundenen – **Royal Exchange** und **Mansion House,** seit 1750 offizieller Amtssitz des Londoner Oberbürgermeisters. Viele der wertvollen Schätze Londons sind in diesem Prunkbau untergebracht, etwa die Insignien des Bürgermeisters sowie Silber, Gobelins und Kristall. Am Mansion House beginnt im November Lord Mayor's Show. Hier setzt sich der Oberbürgermeister in seine goldene Kutsche, um an Tausenden von Schaulustigen vorbei durch die City zur Guildhall zu fahren.

Vom Bankenviertel aus führt die King William Street nach Süden zur London Bridge und der Themse. Kurz vor dem Fluß ragt das 67 Meter hohe **Monument** über das Dächergewirr – Wrens Gedenksäule für all die Männer, die im Kampf gegen das große Feuer von 1666 ihr Leben ließen. Von der Spitze des Monuments aus hat man einen herrlichen Blick über die Innenstadt.

Tower of London: Die Lower Thames Street folgt dem Flußlauf der Themse, vorbei am alten Billingsgate Fish Market

Im Tower of London bewahrte man im Mittelalter die Kronjuwelen auf.

und dem Custom House bis in den südöstlichen Teil der City. Dieser wird geprägt vom düstergrauen Komplex des **Tower of London.** In den Jahrhunderten seit seinem Bestehen hat der Tower alle möglichen Aufgaben erfüllt – er war Festung, Palast, Gefängnis, Museum, Arsenal und auch Schatzkammer. Zweifellos ist er eines der verlockendsten touristischen Ziele, das alljährlich Millionen von Besuchern anzieht.

Der **White Tower** steht in einem Innenhof und wurde von Wilhelm dem Eroberer als Festungsanlage erbaut. Die Bauzeit währte von 1078 bis 1098, dann war das damals größte Gebäude Englands fertig und wurde bald der Inbegriff der fast unumschränkten Herrschergewalt in ganz England. Der Tower blieb bis zum 16. Jahrhundert königliche Residenz, als der Hof es vorzog, in die bequemeren Räumlichkeiten von Westminster umzuziehen.

Zu dieser Zeit machte man den Tower zum Aufbewahrungsort für die Kronjuwelen, aber auch zu einem berüchtigten Gefängnis und Hinrichtungsort. Nur bedeutenden Persönlichkeiten wurde das „Privileg" zuteil, im Tower hingerichtet zu werden – zum Beispiel Sir Thomas More, Anne Boleyn, Lady Jane Grey, Catherine Howard, Edward V. und seinem Bruder, dem Herzog von York. Die letzte Hinrichtung im Tower fand 1747 statt. Danach wurde er zur königlichen Münzanstalt, zum Archiv und zur Menagerie, bis ein Jahrhundert später die Elefanten, Löwen und Bären in den neuerrichteten Zoo im Regent's Park umgesiedelt wurden.

Im White Tower befindet sich heute eine eindrucksvolle Sammlung königlicher Waffen und Rüstungen, aber auch die kleine **St. John's Chapel** aus dem Jahr 1080, die älteste Kirche Londons. In einem Gewölbe unterhalb der Waterloo Barracks werden die **Kronjuwelen** aufbewahrt. Dazu gehört vor allem die Imperial State Crown mit 3000 Edelsteinen und das **Royal Sceptre** mit dem berühmten „Star of Africa", einem 530 Karat schweren Diamant.

Beefeaters: Das Wachpersonal des Tower, die Yeomen Wardens, ist unter dem

Ein Beefeater bewachte früher das königliche Büfett.

Namen Beefeaters berühmt geworden. Das hat nichts mit den Eßgewohnheiten zu tun, sondern stammt aus den Zeiten von Henry VIII., der 1485 eine Garde von *boufitiers,* Wächter der königlichen Tafel, gründete. In dem Tower Green genannten Teil des Innenhofes können Sie Ihren Kopf auf einen früheren Hinrichtungsblock legen und sich fotografieren lassen. Die schwarzen Vögel, die um die Türme des Tower ihre Kreise ziehen, sind Raben, deren Vorläufer sich vor über 900 Jahren hier niederließen. Es heißt, wenn sie jemals wegfliegen, wird der Tower zerfallen. Jedenfalls ist der Tower in diesen 900 Jahren kein einziges Mal erobert worden.

Vom Tower aus, die Mansell Street entlang in Richtung Norden, gelangt man in ein Gewirr enger Straßen, die den Anfang des berüchtigten **East End** signalisieren. Es ist ein Stadtteil, der touristisch kaum etwas zu bieten hat. Hier gibt es fast nur Arbeiterwohnungen und Slums. In einem wohltuenden Kontrast zur Trostlosigkeit des East End stehen die Bezirke **Whitechapel** und **Spitalfields**

am nördlichen Ende der Mansell Street. Hier befindet sich das Zentrum des früheren Judengettos, und noch heute stößt man auf alte Synagogen und Läden für koschere Spezialitäten. Wenn man die Aldgate High Street hinunterbummelt, kommt man zur alten **Spanish and Portuguese Synagogue,** die 1701 erbaut wurde und heute die älteste religiöse Stätte des Judentums in England ist. Es lohnt sich auch, einen Blick in die **Whitechapel Art Gallery** zu werfen, wo regelmäßig Ausstellungen zeitgenössischer Künstler stattfinden.

Petticoat Lane ist der berühmteste Markt im East End und heißt so, weil er früher ein Umschlagplatz für gebrauchte Kleidung war. Die Verkaufsstände entlang der Middlesex Street bieten heute mit ihren Kleidungsstücken, Antiquitäten, Lebensmitteln und allem, was sonst noch von Menschen hergestellt wird, ein farbenfrohes Bild. Aber am faszinierendsten ist die buntgemischte Schar der Händler, die sich aus Cockneys, Asiaten und Schwarzen aus der Karibik zusammensetzt. Jeden Sonntagvormittag be-

Tower Bridge, Beispiel der viktorianischen Klassik.

weisen sie, daß ein friedliches Nebeneinander verschiedener Rassen möglich ist. Ein Nebenmarkt von Petticoat Lane ist **Club Row,** wo man am Sonntagvormittag einheimische und exotische Haustiere erwerben kann.

Der täglich geöffnete Markt in der **Wentworth Street** hingegen hat sich auf Lebensmittel für den jüdischen und westindischen Geschmack spezialisiert. Ebenfalls in East End befindet sich das wenig bekannte, aber ausgezeichnete **Museum of Childhood** in der Cambridge Heath Street.

Weiter nordöstlich, in der Forest Road in Walthamstow, ist die **William Morris Gallery** zu finden, wo der berühmte Innenarchitekt und Künstler aufgewachsen ist.

Die Docks: Eines der bekanntesten Wahrzeichen Londons ist zweifellos die **Tower Bridge** mit ihren zwei neugotischen, 66 Meter hohen Türmen, die 1894 fertiggestellt wurden. Ihren dunkelsten Augenblick erlebte die Tower Bridge 1954, als wegen eines Defekts der Warnlichter ein Doppeldeckerbus zwischen den hochklappenden Zugbrücken eingeklemmt wurde. Heute ist das Innere der Brückenkonstruktion öffentlich zugänglich. Man hat ein Museum der Brücken Londons eingerichtet und von den eingeglasten Laufstegen bietet sich ein ausgezeichnetes Panorama Londons.

Der riesige Komplex flußabwärts heißt **St. Katherine's Docks.** Er wurde 1828 als Verladezone für Wolle und Wein errichtet, vor kurzem aber in ein schickes Wohn- und Geschäftsviertel umgewandelt.

Heute gibt es hier ein Welthandelszentrum, Einkaufsarkaden, einen Jachthafen, ein Hotel und moderne Wohnungen und Büroräume in renovierten ehemaligen Lagerhäusern. Außerdem gibt es ein Schiffsmuseum, in dem etwa die *Discovery,* das berühmte Polarschiff Captain Scotts, ein ausrangiertes Feuerschiff und seltene Themse-Barkassen zu bewundern sind.

Wege in den Süden: Auf der anderen Flußseite liegen **Butler's Wharf** und das **Conran Foundation Design Museum.**

St. Katherine's Dock mit alten Schiffen und Touristen.

Stromaufwärts zeichnet sich zwischen Tower Bridge und London Bridge die Silhouette der **H.M.S. Belfast** ab, eines ehemaligen Schlachtschiffs der Royal Navy, das man in ein Museum für Seefahrt umfunktioniert hat.

In Richtung London Bridge säumen renovierte Lagerhäuser das Flußufer, die zum Teil in schicke Appartements, zum Teil in Einkaufsarkaden wie etwa **Hays Galleria** umgewandelt wurden. Der **London Dungeon** in der Tooley Street 28-34 zeigt, zu welchen Grausamkeiten der Mensch fähig ist.

Am Südufer der Themse ragt der majestätische Komplex der **Southwark Cathedral** empor, der bedeutendsten gotischen Kirche Londons nach Westminster Abbey. Die ursprüngliche Kirche wurde im 13. Jahrhundert erbaut, aber im Lauf der Jahrhunderte mehrere Male umgestaltet. Heute ist sie eine seltene Kombination von Elementen der englischen und französischen Gotik. Zu den besonderen Sehenswürdigkeiten gehören der Chor aus dem Jahre 1207, eine Fensterrose aus dem 14. Jahrhundert sowie die wundervolle Harvard Chapel. Gemischte Gefühle haben die Londoner für den **South Bank Complex** an der Waterloo-Bridge, knapp einen Kilometer westlich. Das bedeutendste Kunstforum Europas ist leider ein trister Beton- und Stahlklotz, der das Auge eher beleidigt. Wie auch immer – die **Royal Festival Hall** ist berühmt für ihre Akustik und Schauplatz der Konzerte des London Symphony Orchestra und des Philharmonic Orchestra. Nicht weit davon stehen die **Queen Elizabeth Hall** und der **Purcell Room,** die beide für vielfältige Veranstaltungen genutzt werden – von Dichterlesungen bis zu Big-Band-Konzerten.

An der Waterloo Bridge liegt das **National Film Theatre,** in dem jeden November das London Film Festival stattfindet. Das riesige **National Theatre** ist bekannt für die hohe Qualität seiner Aufführungen und seiner Offenheit gegenüber neuen Dramatikern. Wichtig ist auch die **Hayward Gallery** mit ihrer großen Vorliebe für ausgefallene, bizarre Kunst des 20. Jahrhunderts.

mbeth Pace ist Wohntz des Erzbihofs von anterbury.

AN DEN UFERN DER THEMSE

Dr. Johnson wäre zwar empört darüber, doch es gibt Menschen, die Londons überdrüssig werden. Der Großraum von London erscheint endlos, beherbergt er doch auf 1570 Quadratkilometern über sieben Millionen Menschen. Doch in dem ganzen Gedränge findet man auch genügend Parks, Museen und Paläste, die – abseits der Hektik einer Metropole – zum Ausruhen und Erholen einladen. Von Greenwich bis Richmond besitzt jeder Vorort eine unverwechselbare Atmosphäre und ist über die öffentlichen Verkehrsmittel gut erreichbar.

Im östlichen London ersetzte man die Docklands durch zumeist wenig ansprechende Bauten, die nun das Themseufer verunzieren. Im Westen dagegen liegt ein wahres Paradies: Im Sommer ergehen sich die Menschen auf den begrünten Flußbänken unter Trauerweiden und an viktorianischen Bootshäusern entlang, bevölkern die Terrassen und Gärten altehrwürdiger Pubs oder fahren Boot. Flußabwärts führt die M4 an Heathrow vorbei nach Reading, von dort folgen kleinere Straßen dem Fluß in nördlicher Richtung. Zugverbindungen stehen in Paddington Station bereit, Windsor erreicht man von Waterloo aus.

Königliches Greenwich: Seit der Tudorzeit, als Bella Court Palace am Themseufer stand, war **Greenwich** königliches Refugium. Heinrich VIII., Elizabeth I. und Mary Tudor wurden hier geboren, und Sir Walter Raleigh bewies, was ein Gentleman ist, indem er seinen Mantel über eine Pfütze legte, damit Elizabeth I. keine nassen Füße bekam. James I. ließ Teile des Palasts niederreißen und beauftragte Inigo Jones mit dem Bau einer neuen Residenz für Königin Anne. So entstand **Queen's House**, ein Meisterwerk des Palladianismus und das vermutlich schönste Beispiel englischer Stuart-Architektur. Heute ist es zentraler Teil des **National Maritime Museum**. Charles II. ließ 1675 das Royal Observatory errichten, um das Wissen über Navigation und Astronomie zu vervollkommnen. Durch dieses Gebäude – jetzt

Flamstead House – verläuft der Nullmeridian, der den Globus in eine westliche und eine östliche Hälfte teilt. Heute dient es als Museum für Chronometer und astronomische Instrumente.

Greenwich war zudem 500 Jahre lang eng mit der britischen Seefahrt verknüpft. Ein Stück flußabwärts liegen die Docks der königlichen Marine – **Royal Navy Dockyard** –, die zu Zeiten Heinrichs VIII. und Elizabeths I. ihre Blütezeit erlebten. Im ausgehenden 17. Jahrhundert erbaute Christopher Wren das **Royal Hospital for Seamen**, einen eleganten Barockbau, der nun das **Royal Naval College** beherbergt.

Am Pier von Greenwich sind zwei der berühmtesten Schiffe Englands vertäut: Die *Cutty Sark*, der letzte große Klipper, der einst als „Teetransporter" von Ostasien nach Europa fuhr und daneben die kleine *Gipsy Moth IV.*, mit der Sir Francis Chichester 1966 im Alleingang die Welt umsegelte. Die beschaulichste Art, nach Greenwich zu kommen, ist eine Fahrt mit den regelmäßig von Westminster, Charing Cross oder Tower Piers

startenden Fähren. Noch weiter flußabwärts erhascht man einen Blick auf das 250 Meter lange Sperrwerk **Thames Barrier**, ein Geniestreich der Technik, der London vor Hochwasser schützen soll.

Docklands: Einen Kontrast zum altehrwürdigen Charme von Greenwich bildet die **Isle of Dogs**, die man durch einen Tunnel unterhalb der Themse leicht zu Fuß erreicht. Der gewaltige Turm der **Canary Wharf**, das größte Bauwerk Großbritanniens und auch im übrigen Europa konkurrenzlos in seiner Art, überragt das gesamte Gelände. Er gehört zu einem umfangreichen Bauprojekt, das Anfang der achtziger Jahre in Angriff genommen wurde. Unter Aufsicht der London Docklands Development Corporation (LDDC) will man die 13,5 Quadratkilometer Dockgelände des einstmals größten Hafens der Welt sanieren und umbauen.

Die Umgestaltung der vier Hauptdocks Wapping, Isle of Dogs, Royal Docks und Surrey Docks, die zwischen Tower Bridge und Woolwich liegen, machte rasche Fortschritte. Man hatte die

Docks im 19. Jahrhundert errichtet, um den wachsenden Welthandel bewältigen zu können, der immer neue Waren aus den Kolonien nach London brachte. Heute soll das Geschäft auf anderem Wege neu belebt werden und zwar, indem sich das Big Business hier ansiedelt und Geschäftleute ein- und ausgehen, wo früher Hafenarbeiter schufteten.

Die Kluft zwischen Neuem und Altem, Reichtum und Armut ist kaum zu überbrücken. Waren die Docklands früher fest in der Hand der Arbeiterschicht, so zwang das Sanierungsprogramm viele Einheimische wegzuziehen. Astronomische Grundstückspreise und die in der Folge entstandenen Geschäftshäuser geben diesem Stadtteil ein völlig neues Gesicht, obwohl die 1990 einsetzende Rezession für manchen Makler den Ruin bedeutete.

Um Investoren anzulocken, schuf man eine sogenannte Enterprise Zone, die den Planern große architektonische Freiheiten einräumte. Das Ergebnis ist ein postmodernes Legoland. Einige Bauten sind kaum der Rede wert, während andere,

Die Cutty Sark, der letzte China-Teeklipper, ankert in Greenwich.

etwa das **Telegraph Building** am South Quay, ins Auge fallen. Die Straßen- und Zugverbindungen in dieses Utopia lassen noch zu wünschen übrig, obwohl eine Fahrt mit der computergesteuerten **Docklands Light Railway** schöne Ausblicke auf Island Gardens, Tower Gateway und Stratford bietet.

Zwar ist die Isle of Dogs derzeit die größte Attraktion, doch auch andere Teile der Docklands sind einen Besuch wert. Am äußersten westlichen Punkt, unmittelbar südlich der London Bridge, liegt **Hays Galleria**, eines der ehemaligen viktorianischen Warenhäuser, die – wie am **Tobacco Dock** von Wapping – zu Einkaufszentren mit Cafés und Restaurants umgestaltet wurden.

Wendet man sich von hier ostwärts, erreicht man **Shad Thames**, ein Gelände mit schmalen, von hohen viktorianischen Speicherhäusern gesäumten Straßen. Es herrscht eine Atmosphäre wie in Dikkens' Romanen, obwohl moderne Planer alte Häuser wie die ehemalige Anchor Brewery zu noblen Appartementanlagen im Loftstil machten. Noch weiter östlich

erinnert der würzige Duft an die einstige Cinnamon Wharf. An der Butler's Wharf steht ein weißes Gebäude, das **Design Museum**, mit einer Sammlung zur Geschichte der Gebrauchsgegenstände.

Am Nordufer der Themse liegt **Limehouse**, im 19. Jahrhundert Sitz einer großen chinesischen Gemeinde. Noch heute findet man hier gute Chinarestaurants. Sehenswert ist St. Anne's Limehouse, die 1730 unter dem Barockarchitekten Hawksmoor erbaute Hauptkirche der Docklands.

Inzwischen verfügen die Docklands sogar über einen eigenen Flughafen (Royal Albert Dock), von dem aus man Geschäftsleute in kleinen Maschinen in andere europäische Hauptstädte bringt. An den Royal Docks bestehen darüber hinaus Sportmöglichkeiten (Wasserski, Windsurfen).

Wer sich für die Vergangenheit der Docklands interessiert, sollte die alten Pubs besuchen. An Dickens erinnernde Pubs wie The Angel (Bermondsey) oder Mayflower (Rotherhithe) stammen aus dem 17. Jahrhundert und wurden von

Die Dockland's Light Railway schwebt über der neuen Stadt am Fluß.

Schmugglern und Dieben frequentiert. Das Prospect of Whitby (Wapping Wall) entstand im 16. Jahrhundert und gilt als ältestes Gasthaus Londons.

Prächtige Gärten: Am entgegengesetzten Ende von London liegt der Stadtbezirk Richmond-upon-Thames, zu dem Richmond, Kew, Twickenham und Hampton gehören. Auch hier lohnt es sich, vom Westminster Pier aus die Fähre zu nehmen (hält in Kew, Richmond und Hampton Court). Nach Kew und Richmond geht es am schnellsten mit der U-Bahn (District Line), mit British Railways (Waterloo Station) erreicht man Richmond, Twickenham und Hampton. Die vielen Buch- und Antiquitätenläden, Teehäuser und gemütlichen Pubs (vor allem The Three Pigeons und White Cross) sorgen in **Richmond** für eine idyllische Atmosphäre. Am Rande des Dorfangers steht das im viktorianischen Stil erbaute **Richmond Theatre**. Es gilt als „Probenbühne" für große West-End-Produktionen. **Richmond Park** wurde von Charles I. als privates Jagdrevier eingerichtet und ist heute der einzige könig-liche Park mit ansehnlichem Rotwildbestand. Auf dem Weg zum Park bietet sich ein Spaziergang auf den Richmond Hill an, von wo aus man einen schönen Blick westwärts über die Themse hat.

Die Richmond Bridge führt nach **Twickenham**, das für seine prächtigen Herrenhäuser berühmt und ein Mekka des britischen Rugby ist (internationale Begegnungen finden jeden Winter im großen Twickenham Rugby Football Ground statt). **Marble Hill House** ist ein Werk des Palladianismus und diente lange Zeit als geheimer Zufluchtsort für verbotene Liebesaffären (George II. und George IV. hielten sich hier ihre Mätressen). Neben der ausgezeichneten Gemäldegalerie besticht die Anlage durch einen schönen Garten, im Sommer Schauplatz für Freilichtaufführungen von Shakespeare-Stücken. Am gegenüberliegenden Flußufer steht das überreich verzierte **Ham House**, ein Außenposten des Viktoria and Albert Museums. Es enthält eine umfangreiche Sammlung von Gemälden (darunter Werke von Reynolds und van Dyck), Tapisserien, Möbeln,

Hirsche im Richmond Park, einem ehemaligen königlichen Jagdrevier.

Teppichen und Textilien. Im Frühling finden auf dem Museumsgelände im Rahmen des dreiwöchigen Richmond-Festivals Ritterspiele statt. Twickenham verfügt über mehrere sehenswerte Pubs am Themseufer, etwa das White Swan, Eel Pie oder Barmy Arms.

Das Tropenhaus in Kew: Kew ist Sitz der Royal Botanic Gardens, kurz **Kew Gardens** genannt. Auf dem 120 Hektar großen Gelände wachsen exotische Pflanzen aus aller Welt. Prinzessin Augusta, die Mutter Georges III., legte den Grundstein zu einer Anlage, die erst in viktorianischer Zeit unter der Leitung des Botanikers Sir Joseph Hanks sowie des Gärtners William Aiten zur Vollendung gelangte. Spezielle Abteilungen sind Orchideen, Rosen, Rhododendren, Berg- und Wüstenpflanzen vorbehalten, doch die Perle des Ensembles bildet das **Palmenhaus**, ein gewaltiger Glaspavillon, der zahllose tropische Pflanzen beherbergt. Nach den heftigen Stürmen des Jahres 1987, die den Bestand an alten und seltenen Bäumen dezimierten, mußten Teile des Palmenhauses erneuert werden. Die jüngste

Erweiterung erfuhr der Botanische Garten mit dem ebenfalls 1987 eröffneten Princess of Wales Conservatory. (Von Kew aus führt ein Pfad an der Themse entlang nach Richmond und weiter.)

Weiter flußaufwärts trifft man auf **Hampton Court Palace**, Inbegriff der Tudorarchitektur und die englische Antwort auf Versailles. Das unter Kardinal Wolsey erbaute Schloß galt als prächtigstes Bauwerk im ganzen Land. Als Wolsey in Ungnade fiel, schenkte er Hampton Court Heinrich VIII. in der vergeblichen Hoffnung, dessen Gunst wiederzugewinnen. Dem König gefiel der Palast so gut, daß er unverzüglich mit seiner Frau Anne Boleyn dorthin zog. Er gab den Bau der Great Hall, des Uhrenhofs und der Bibliothek in Auftrag und ließ den Park vergrößern. Es heißt, Elizabeth I. habe sich in Hampton Court – unbehelligt von den Spionen in Westminster – ein Liebesnest geschaffen. Sie ließ den Park mit exotischen Bäumen und Blumen bepflanzen, die Drake und Raleigh von ihren Seereisen mitbrachten.

Wilhelm von Oranien und seine Frau Maria waren die Auftraggeber für die aufwendig gestalteten **State Apartments** sowie für den berühmten Irrgarten und das Tijou-Gitterwerk über den Eingangstoren. In mehr als 1000 Räumen zeigt man heute Gemälde, Tapisserien und Möbel aus den letzten 450 Jahren.

Ein weiterer Botanischer Garten, **Syon Park**, liegt Kew gegenüber am anderen Themseufer. Im 16. Jahrhundert ließen die Herzöge von Northumberland den Herrensitz errichten, dem Capability Brown später einen großzügigen Park hinzufügte. Syon hat dem Besucher einiges zu bieten: Das **National Gardening Centre**, das **Living Butterfly Museum**, die **Heritage Collection of British Automobiles** und natürlich **Syon House** mit seinem verschwenderischen Barockinterieur und dem sonnigen Wintergarten.

Auch die Vororte im Westen verfügen über einige Sehenswürdigkeiten. So bildet die Grünanlage **Osterley Park** den Rahmen für das gleichnamige Herrenhaus aus der Tudorzeit, das als Landsitz für Sir Thomas Gresham, einen der reichsten Männer des 16. Jahrhunderts, erbaut wurde (U-Bahn Piccadilly Lane bis

er elegante rstadt-Hernsitz Ostery House.

Osterley). In Hendon steht das **Royal Air Force Museum** (Northern Line bis Colindale). **Wimbledon** ist jeden Juni Austragungsort der Internationalen Meisterschaften im Rasentennis (District Line bis Southfield oder Wimbledon). Der nahegelegene Gemeindepark von Wimbledon lädt zu einem Spaziergang ein. Nicht zu vergessen **Chiswick** mit dem Haus, das William Hogarth, Englands berühmtester Maler, bewohnte. Heute sind darin Stiche und persönliche Erinnerungsstücke Hogarths ausgestellt. Einen Besuch ist auch Chiswick House wert, eine palladianische Villa aus dem 18. Jahrhundert (British Rail von Waterloo bis Chiswick oder District Line bis Turnham Green).

Nach Chiswick gelangt man auch zu Fuß: Der Pfad an der Themse entlang beginnt an der U-Bahn-Station Hammersmith Bridge. Wer sich zur rechten Zeit auf den Weg macht, kann am Fluß gelegene Pubs aufsuchen, etwa das Dove (Upper Mall), einen Gasthof aus dem 18. Jahrhundert, wo *Rule, Britannia* geschrieben worden sein soll.

Historische Vorstadt: 36 Kilometer nördlich der City von London liegt das altehrwürdige Städtchen **St. Albans**, einer der geschichtsträchtigsten Orte Großbritanniens. Von den Römern vor über 2000 Jahren gegründet und Verulamium genannt, leitet die Stadt ihren heutigen Namen von Alban, einem römischen Legionär aus dem 3. Jahrhundert, ab, der einem christlichen Priester Zuflucht gewährt hatte, wofür man ihn hinrichtete. St. Alban war der erste Märtyrer auf britischem Boden. Auf den römischen Ruinen erhob sich später ein Kloster. Zwischen dem 11. und 15. Jahrhundert entstand St. Albans Cathedral, ein mächtiger Bau aus rotem Backstein und Resten der Römerfestung. Die engen Gassen von St. Albans waren im 15. Jahrhundert Schauplatz der ersten Kämpfe, die sich die Anhänger der Herzöge von York und Lancaster während der Rosenkriege lieferten.

Das von der industriellen Revolution verschonte St. Albans bewahrte sich die Atmosphäre eines mittelalterlichen Städtchens im Schatten von London. Hauptattraktion ist die Kathedrale, min-destens genauso interessant sind der **Roman Archaeological Park** mit einem wohlbestückten Museum und berühmten Mosaikböden und die **French Row**, eine originalgetreue Straße mit Häusern und einem Uhrenturm aus dem 15. Jahrhundert. Auch die georgianischen Häuser der **Fishpool Street** oder von **Holywell Hill** lohnen einen Besuch. Drei Kilometer westlich von St. Albans steht das Haus Sir Francis Bacons (16. Jahrhundert). Nach dem Rundgang bietet sich ein Besuch des **Ye Old Fighting Cock** an, eines jener Pubs, das für sich in Anspruch nimmt, das älteste Englands zu sein. Ursprünglich eine Fischerhütte der Mönche von St. Albans, nutzte man es später als Arena für Hahnenkämpfe (nach St. Albans führt die British Rail ab King's Cross/St. Pancras, oder man fährt auf der North Circular bis zur A6-Ausfahrt).

Tal der Themse: Auf ihrem Weg durch die westlichen Home Counties, die Grafschaften Buckinghamshire, Berkshire und Oxfordshire, windet sich die Themse durch die lieblichsten und „englischsten" Landstriche der gesamten Insel. An den Ufern dieser geschichtsträchtigen Wasserstraße blühten und vergingen Zivilisationen. Schon 1500 v. Chr. errichteten Kelten auf den Zwillingshügeln von Sinodun („Dun" ist das keltische Wort für Festung) südlich von Dorchester-on-Thames ein wichtiges Lager. Die Römer taten es ihnen nach. Heute blicken wir auf die Überreste beider Siedlungen.

Die Themse ist ein Fluß der Fülle, der fruchtbares Ackerland schuf und im Mittelalter so reiche Lachsbestände hatte, daß dieser sogar den Armen als Grundnahrungsmittel diente. An den Ufern entstanden bedeutende Klosteranlagen, und Könige und Königinnen errichteten ihre Residenzen im Tal. Der Hauptanziehungspunkt des Themsetals taucht aber erst nach 62 Schleusen und 89 Brücken nördlich von London auf: die ehrwürdige Stadt Oxford.

Für Angler beginnt das Themsetal bei Bell Weir Lock, knapp zwei Kilometer nördlich von **Staines** (südlich der M4, neben der M25). Nördlich von Bell Weir, Richtung Themsequelle (ein schlammiges Rinnsal nahe Coates in Gloucestershire) säumen Hügel das Flußufer. Westlich der Straße liegen Egham und die Flußaue bei **Runnymede**, wo König John am 15. Juni 1215 die Magna Charta unterzeichnete. Nach der Legende lagerten die Freiherren auf dem einen Themseufer, die Streitmacht des Königs auf dem anderen. Magna Charta Island, die größere der beiden Inseln im Fluß, bildete den neutralen Boden, wo man sich traf.

Am Fuß des Hügels steht Magna Charta Memorial, ein ziemlich häßlicher Bau der American Bar Association. Ganz in der Nähe befindet sich das John. F. Kennedy Memorial: ein drei Morgen großes Landstück, das die Königin 1965 den USA schenkte. Etwas weiter landeinwärts erhebt sich das **Royal Holloway College** auf dem Egham Hill (gehört zur London University). Die Gemäldegalerie des College konzentriert sich auf britische Malerei des 19. Jahrhunderts.

Einen hübschen Abstecher bildet die von Staines am Fluß entlang nach **Datchet** führende Straße. Die ehemalige Datchet Lane findet in Shakespeares „Die Lustigen Weiber von Windsor" Erwähnung: Falstaff wurde in einem Korb

voll schmutziger Wäsche diesen Weg entlanggetragen, ehe er in der Themse landete.

Windsor Castle: Auf der Datchet gegenüberliegenden Flußseite steht **Windsor**, Englands berühmtestes Schloß. Seit der Zeit Heinrichs I. im 12. Jahrhundert ist es Hauptresidenz der englischen und britischen Herrscher. Der ursprüngliche Bau geht auf Wilhelm den Eroberer zurück und bestand vermutlich nur aus einem von Palisaden umgebenen Holzbau mit zwei Burghöfen. Die steinerne Festung entstand im 12. und 13. Jahrhundert. Zur heutigen Gestalt des Schlosses – das sich auf einem Kreidefelsen über der Themse thronend präsentiert – haben Generationen englischer Herrscher beigetragen. Im 19. Jahrhundert wendeten George IV. und Königin Viktoria fast eine Million Pfund für Erweiterungsbauten auf. Im 20. Jahrhundert wurden umfassende Restaurierungsarbeiten notwendig, die vor allem **St. George's Chapel** betrafen.

Die Kapelle steht im Lower Ward (unterer Burghof) und ist ein vorzügliches Beispiel des englischen Perpendikular-

Bei Sonning erreicht die Themse die freie Natur.

stils (vergleichbar nur der King's College Chapel in Cambridge und der Henry VII. Chapel in Westminster). Da sie dem Schutzheiligen des Hosenbandordens geweiht ist, hängen über dem Chorgestühl die Schwerter, Helme, Mäntel und Banner der verschiedenen Ordensritter. Die Gräber Heinrichs VIII., Jane Seymours und Charles I. sind im Chor zu besichtigen – Windsor ist die letzte Ruhestätte der englischen Monarchen. Weitere Königsgräber beherbergt die von Heinrich VIII. für sich selbst errichtete, doch später von Viktoria zu einem Denkmal für ihren Gatten umgestaltete **Albert Memorial Chapel**.

Die **State Apartments** im Upper Ward dienen der Unterbringung ausländischer Staatsgäste und bleiben in solchen Fällen für die Öffentlichkeit geschlossen. In den verschwenderisch ausgestatteten Räumen hängen bedeutende Gemälde aus der königlichen Sammlung, darunter Werke von Rubens, van Dyck, Canaletto und Reynolds, dazu Zeichnungen von Holbein, Michelangelo, Leonardo da Vinci und Raphael.

Beim Namen Windsor Castle denkt man vor allem an den Round Tower. Ein herrlicher Blick ins Tal ist die Belohnung für das Erklimmen seiner 220 Stufen. Keinen Einblick hat man auf die Ostseite des Upper Ward, wo sich die Privaträume der Königin befinden. Auf der Südseite außerhalb des Schlosses schließt sich der **Great Park** an, eine rund 800 Hektar große Grünanlage. Die **Savill and Valley Gardens** beherbergen die weltweit größte Rhododendronsammlung. Im Sommer erfreut ein Blütenmeer von exotischer Farbenpracht das Auge. Die jeden Morgen um 10.30 Uhr stattfindende Wachablösung in Windsor ist reizvoller als jene am Buckingham Palace.

Berühmte Schule: Windsor gegenüber liegt **Eton College** am anderen Themseufer, die wohl berühmteste englische Privatschule. 1440 vom damals 18jährigen Heinrich VI. gegründet, bestand sie ursprünglich aus einer Stiftskirche mit Lateinschule sowie einem Armenhaus. Henry wollte Kirche und Schule zu einem Ort der Marienverehrung machen, doch die Rosenkriege beendeten sein Vorhaben:

Kutschenfahrt ums Windsor Castle.

er wurde im Tower von London ermordet. Bis heute legt ein Eton-Schüler am Jahrestag der Ermordung einen Lilienkranz in seiner Todeszelle nieder.

Eton präsentiert sich als Konglomerat roter Backsteinbauten aus der Tudorzeit mit kleinen Türmen und massigen Schornsteinen. Der **School Yard** genannte äußere Hof, das **Long Chamber** und die **Lower School** entstanden im 15. Jahrhundert. Die im Perpendikularstil erbaute Kapelle wurde zur gleichen Zeit mit bezaubernden Wandmalereien (Szenen aus dem Marienleben) geschmückt. Fast alle Fenster gingen 1940 durch einen Bombenangriff zu Bruch, doch unter den modernen Ergänzungen findet man überzeugende Kunstwerke. Erwähnenswert ist auch der um 1440 entstandene Kreuzgang, hinter dem sich jene Spielfelder Etons erstrecken, wo einem berühmten Ausspruch Wellingtons zufolge Waterloo gewonnen wurde. Auch Thomas Gray (1716-71) dachte an diese Sportplätze, als er sich in seiner *Ode on a Distant Prospect of Eton College* liebevoll über die Sorglosigkeit der Schüler äußer-

te: *Ach, wie die kleinen Opfer ungeachtet ihres Schicksals tollen.*

Nördlich von Eton liegt bei Slough (eine Stadt, die man meiden sollte) **Stoke Poges**, das ebenfalls mit Gray verknüpft ist: Hier wurde der Dichter zu seiner *Elegy in a Country Churchyard* inspiriert. Das 1799 errichtete Denkmal erinnert mit einer sentimentalen Inschrift an Gray. Was die Besucher eher anlockt, ist die Schönheit des Friedhofs mit seinen alten Toren und Rosensträuchern. Die Kirche entstand im 14. Jahrhundert. Das eigentümliche „Bicycle Window" im Kreuzgang zeigt einen auf einem Schaukelpferd reitenden Engel.

Dörfer an der Themse: Zehn Kilometer flußaufwärts von Eton entfernt liegt **Maidenhead** inmitten des überaus malerischen Themsetals. Im Mittelalter als „Maydenhythe" („Landeplatz der Mädchen") bekannt, entwickelte sich der Ort im 18. Jahrhundert zu einer wichtigen Kutschenstation zwischen London und dem damals in Mode kommenden Bath. Heute hat der Ort eher die Atmosphäre einer Vorstadt, deren interessantestes

Unten links: Etons Spielfelder liegen Windsor gegenüber, in das sich Königin Viktoria gern zurückzog (rechts).

Charakteristikum ihre Brücken sind: Die gemauerten Brückenbögen der Brunel's Railway Bridge sind mit 38 Metern Spannweite die größten ihrer Art.

Von Maidenhead führt die A423 ins 13 Kilometer entfernte Henley. Beiderseits des Flusses liegen pittoreske Dörfer und Städtchen. Das sich unmittelbar hinter Maidenhead in eine Flußbiegung schmiegende **Bray** hat eine sehenswerte Kirche (1293), in der Elemente der englischen Frühgotik und des Perpendikularstils miteinander verschmelzen. Interessant ist auch das 1627 gegründete **Jesus Hospital**, wo man dem Wunsch des Gründers gemäß noch heute für jeweils 26 alte Menschen sorgt.

Am Maidenhead gegenüberliegenden Ufer der Themse liegt das hübsche Städtchen **Taplow**. Von hier führt eine Straße nach Burnham und in das Gebiet der **Burnham Beeches**, eines 150 Hektar großen Buchenwalds, den die Londoner Stadtverwaltung betreut.

Folgt man der Themse jenseits von Maidenhead weiter flußaufwärts, gelangt man in das Waldgebiet von **Clive-den Reach** (Besitz des National Trust). **Cliveden House**, der einstige Wohnsitz Lord Astors, erhebt sich auf den fast 90 Meter hohen Klippen. Vor dem Zweiten Weltkrieg war es ein regelmäßiger Treffpunkt für Politiker und Prominenz. Inzwischen führt die Blakery Hotelkette hier ein Luxushotel. Die der Öffentlichkeit zugänglichen Gärten sind mit römischen Sarkophagen, Springbrunnen, Tempeln sowie kunstvoll beschnittenen Pflanzen überreich geschmückt. Am Eingang zu Cliveden Reach werden Orientierungskarten mit den schönsten Fußwegen und Themseblicken ausgegeben.

Der nächste sehenswerte Ort heißt **Cookham** und ist vor allem als Heimat des Malers Stanley Spencer (1891-1959) bekannt. Spencers Version der Cookham Bridge hängt in der Londoner Tate Gallery. In der King's Hall, wo Spencer die Sonntagsschule besucht hatte, zeigt man heute eine ihm gewidmete Sammlung. Spencers Darstellung des „Letzten Abendmahls" schmückt die Kirche von Cookham, deren Geschichte bis ins 12. Jahrhundert zurückverfolgt werden kann

Tafelwagen vor einer Brauerei in Henley.

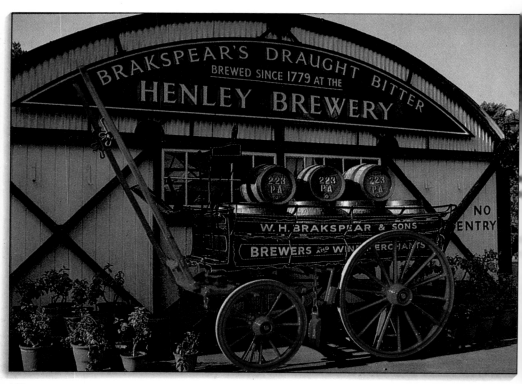

168

(Erwähnung im Domesday Book). Der im 15. Jahrhundert angefügte Kirchturm weist sowohl eine normale als auch eine Sonnenuhr auf. Das Themseufer säumen malerische Bootshäuser, eines davon ist dem „Keeper of the Royal Swans" vorbehalten: in Großbritannien gehört praktisch jeder Schwan der Königin!

Neun Kilometer weiter flußaufwärts liegt **Marlow**, der Entstehungsort von Mary Wollstonecrafts Roman *Frankenstein*. Das Jahr 1817 verbrachte die Dichterin mit ihrem Schriftstellergatten P. B. Shelley (Autor der *The Revolt of Islam* betitelten Verse) in der West Street. Marlow geht als „Merelaw" auf die Angelsachsen zurück, doch was wir heute sehen, ist zumeist verhältnismäßig neu, etwa die Hängebrücke und die **All Saints Church** (beide um 1830 entstanden). Schöne Wanderwege führen an der Themse entlang und unterhalb von Marlow Lock durch **Quarry Wood**, einen 10 000 Hektar großen Buchenwald auf der zu Berkshire gehörenden Uferseite.

Auf der gleichen Flußseite liegt knapp zwei Kilometer von Marlow stromaufwärts **Bisham** mit seiner direkt am Fluß stehenden Kirche. In der leider nicht zugänglichen, gut erhaltenen Tudorresidenz **Bisham Abbey** hielt sich die spätere Königin Elizabeth I. während der Herrschaft ihrer Halbschwester Mary drei Jahre lang auf.

Noch weiter flußaufwärts (Buckinghamshire-Seite) liegt eine andere Abtei mit ebenso interessanter Geschichte: **Medmenham Abbey** entstand vor 300 Jahren als künstliche Ruine unter Sir Francis Dashwood anstelle eines Klosters aus dem 13. Jahrhundert. In Medmenham gründete Dashwood den Hell-Fire Club, eine nach dem Motto „*Fay ce que voudras*" („Tu, was dir gefällt") ausschweifend lebende Gesellschaft, die sich vorzugsweise über die Kirche lustig machte. Zu den „Mönchen" des Clubs zählten die Satiriker Charles Churchill und Paul Whitehead.

Hauptstadt des Mannschaftsruderns: Henley kann sich, was die Ausschweifungen betrifft, zwar nicht mit Medmenham messen, doch es war 1839 Schauplatz der ersten auf einem Fluß ausgetra-

Ruderboote unter Weiden bei Cookham.

genen Ruderregatta. Seither wird hier alljährlich in der ersten Juliwoche die viertägige Henley-Regatta veranstaltet, die Teilnehmer aus der ganzen Welt anzieht. Mannschaften und Publikum sind gleichermaßen sehenswert. Der wahre Fan hüllt sich in edwardianische Eleganz – weißes Leinen und Strohhut – und läßt den Champagner fließen. Henley war und ist ein Treffpunkt der High-Society; während der Saison finden Bälle und Parties auf der Themse statt. Weniger spektakuläre Regatten finden im Sommer jedes Wochenende statt. Die Hauptstraße der Stadt präsentiert sich zu allen Jahreszeiten in georgianischer Eleganz. Neben der im Perpendikularstil erbauten Kirche steht **Chantry House**, ein Fachwerkbau aus dem 14. Jahrhundert. Das 1805 errichtete **Kenton Theatre** (New Street) gehört zu den ältesten Theatern Großbritanniens.

Unter den prächtigen Villen der Umgebung dürfte der an der Straße nach Peppard stehende **Greys Court** am erlesensten sein. Teile des gut erhaltenen Tudorhauses lassen sich bis ins 14. Jahrhundert zurückdatieren. Beachtenswert sind der zinnenbewehrte Turm, ein riesiges, einst von einem Esel angetriebenes Schöpfrad und das Gartenlabyrinth.

Die Kirche von **Shiplake** wurde 1689 umgestaltet. Was sie sehenswert macht, sind die hier untergebrachten Glasfenster aus der französischen Abteikirche Saint-Bertin (Saint-Omer), die im 15. Jahrhundert entstanden. 1850 heiratete der Dichter Tennyson in dieser Kirche. Shiplake verdankt seine Popularität der Tatsache, daß es auf der Strecke nach **Sonning** liegt. Sonning gilt als hübschester Ort der ganzen Gegend, die kleinen Inseln im Fluß verleihen ihm eine besonders idyllische Atmosphäre. Zur Zeit der Angelsachsen war es Zentrum einer großen Diözese mit Kathedrale, Bischofspalast und Dekanat, wobei davon nur noch Reste der Gartenmauer des Dekanats zu sehen sind, ein paar weitere Fragmente werden in der heutigen Kirche aufbewahrt. Von der gut erhaltenen Bausubstanz sei das 500 Jahre alte **White Hart Inn** mit seinem zauberhaften Rosengarten hervorgehoben. Sonning besitzt ferner eine der ältesten Themsebrücken. Am gegenüberliegenden Ufer (Oxfordshire-Seite) steht eine von Bäumen malerisch umrahmte Mühle.

Reading ist die einzige Industriestadt im unteren Themsetal, ein eher tristes Nest, das sich mit der Herstellung von Keksen einen Namen machte. Im Gefängnis von Reading mußte der Dichter Oscar Wilde (1854-1900) zwei Jahre lang Zwangsarbeit verrichten.

Die Themse fließt 16 Kilometer nördlich der A329 zwischen **Streatley** (Berkshire) und **Goring** (Oxfordshire) hindurch. Streatley liegt am Fuß der Berkshire Downs und ist der hübschere der beiden Orte. Hier verläuft auch der **Ridgeway**, einer der ältesten Pfade Großbritanniens, nach wie vor beliebt bei Wanderern, die nach Norden Richtung Dunstable und nach Süden durch das **Vale of the White Horse** zu den Steinkreisen von Stonehenge und Avebury wandern. Acht Kilometer nordwestlich davon trifft man auf **Blewbury**, eine alte Stadt mit strohgedeckten Häusern und gewundenen Gassen. Das Herrenhaus **Hall Barb** soll Heinrich VIII. als Jagdsitz

Die Henley-Regatta, ein typisch englisches Sommervergnügen.

gedient haben. Um die Jahrhundertwende lebte auch Kenneth Grahame, der Autor von *The Wind in the Willows* in Blewbury.

Dorchesters römisches Erbe: Wo der Thame in die Themse mündet, liegt etwa 13 Kilometer weiter flußaufwärts **Dorchester**. Die Stadt war nacheinander römische Feste (Durocina) und Bischofssitz. Während der Säkularisierung im 16. Jahrhundert bewahrte ein Bürger die Abteikirche vor der Zerstörung, indem er sie der Krone für 140 Pfund abkaufte. Die Glasfenster im Mittelschiff entstanden im 14. Jahrhundert. Das Fenster im Chor zeigt die Wurzel Jesse. Dorchesters mit historischen Fachwerkhäusern gesäumte High Street verläuft auf der alten Römerstraße nach Silchester.

Clifton Hampden und **Sutton Courtney**, zwei direkt am Fluß liegende Ortschaften, sind für ihre mächtigen, weit herabhängenden Weiden bekannt. Im Sommer gibt es hier gute Bademöglichkeiten. Sutton Courtney verfügt zudem über eine gut erhaltene normannische Kirche und mittelalterliche Häuserzeilen. Auf dem Friedhof sieht man das Grab Eric Blairs (1903-50), besser bekannt als George Orwell.

Hinter Sutton Courtney beschreibt die Themse einen engen Bogen und fließt nach Norden Richtung **Abingdon** weiter. Die bereits im 7. Jahrhundert mit einer mächtigen Benediktinerabtei aufwartende Stadt liegt quasi an der Schwelle zu Oxford. Im 14. Jahrhundert erhoben sich die vom Bürgermeister und den Studenten von Oxford unterstützten Stadtbewohner gegen die Mönche, doch erst während der Säkularisation verlor die Abtei ihre Vormachtstellung. Neben den künstlichen Ruinen aus dem 19. Jahrhundert findet man ein paar authentische Überreste: Die **Klosterpforte**, das **Checker House** (13. Jahrhundert) mit seinem eigentümlichen Schornstein und die **Long Gallery** (15. Jahrhundert). In der **Guildhall** residiert eine 1563 gegründete Lateinschule. Abingdons Hauptstraßen säumen Häuser aus dem 17. und 18. Jahrhundert, am Ende einer besonders schönen Straße (East Saint Helen's) steht die Pfarrkirche.

Dorchester existierte schon zu Zeiten der Römer.

VON OXFORD NACH STRATFORD

Das Dreieck zwischen Oxford, Warwick und dem Severn ist eines der geschichtsträchtigsten Gebiete Großbritanniens. Im Herzen dieser Landschaft liegen die Cotswolds, eine Hügelkette aus Kalkstein, die sich von der Küste bei Dorset bis ins nordöstliche Lincolnshire erstreckt. Aus den Cotswolds kommt der legendäre Oolith oder Rogenstein, eine an Fischrogen erinnernde feinkörnige Gesteinsart, die sich als Mauerstein eignet und daher den Häusern, Scheunen, Kirchen und Ställen in der Gegend von Chipping Camden bis Bath ihr charakteristisches Aussehen verleiht. Das Gestein kommt in Farbtönen von Gold bis Blaugrau vor und paßt sich der jeweiligen Witterung farblich auf höchst bemerkenswerte Weise an.

In Oxford glänzen die Steine nach sommerlichen Regenschauern, in Stratford-upon-Avon oder an der Burg und den Tudorhäusern Warwicks ducken sich Oolithmauern unter den rosenfarbenen Dächern.

Oxford (jeweils eine Autostunde von London und Birmingham entfernt) eignet sich hervorragend als Ausgangspunkt für Touren in die Cotswolds. Per Bahn erreicht man das Gebiet von Paddington Station aus.

Stadt der Türme: Wenn Englands berühmtester Strom durch Oxford fließt, darf er natürlich nicht einfach Themse heißen, deshalb nennt man ihn hier Isis. Am Zusammenfluß von Themse und Cherwell (*Charwell* ausgesprochen) erhebt sich die legendenumwobene Stadt Oxford.

Von wo man sich der Stadt auch nähert, immer ragen die Türme der Christ Church Cathedral, des Tom und Magdalen Tower auf. Oxford lieh seinen Namen Marmeladen und Gesellschaften, um seine Ecken biegen noch immer radfahrende Studenten, deren Mäntel sich im Wind bauschen. Die Stadt ist aber auch Sitz der ersten Fabriken von Morris Motors und seit dem Zweiten Weltkrieg Industrie- wie Universitätsstadt. Oxford hat zwei Gesichter, doch abgesehen von einigen Hamburger-Bratereien in der Cornmarket Street konnte das ausgehende 20. Jahrhundert ihm nicht viel anhaben.

Ein Rundgang durch Oxford entpuppt sich im wesentlichen als College-Besichtigungstour. Man beginnt am besten im **Carfax** (der Name rührt vom französischen *quatre voies*, „vier Wege"), der Fußgängerzone in der Altstadt, wo vier Hauptstraßen aufeinandertreffen: Cornmarket, High Street, Queen Street und St. Aldate's. Der Turm an der nordwestlichen Ecke des Carfax entstand im 14. Jahrhundert und ist einziges Überbleibsel der einstigen St. Martin's Church. Von seiner Spitze hat man einen schönen Blick über die Stadt. St. Aldate's (mit dem Verkehrsbüro auf der rechten Seite) führt zum größten der Colleges, **Christ Church**, genannt „The House".

Kardinal Wolsey gründete Christ Church 1525 an der Stelle eines alten Priorats. In dem unter Sir Christopher Wren 1681 errichteten **Tom Tower** hängt die sieben Tonnen schwere Glocke Great Tom, die jeden Abend um 21.05 Uhr (Oxford liegt 1° 15' westlich von

Vorherige Seiten: Castle Combe in den Cotswolds. Links: Oxfords High Street. Unten: Die Kuppel von Radcliffe Camera beherrscht das Stadtbild.

Greenwich, das heißt, wenn es in London 21.05 Uhr ist, ist es in Oxford exakt 21 Uhr) hunderteinmal schlägt (für die ersten 101 College-Mitglieder). **Tom Quad**, der zu Christ Church gehörende größte Hof in Oxford, weist in seiner Mitte einen „Mercury" genannten Teich auf, in den Anthony Blanche in Evelyn Waughs Roman *Brideshead Revisited* (1945) getaucht wird.

Der Dekan von Christ Church wird von der Königin auf Lebenszeit ernannt. Oxfords **Kathedrale** ist die Hauskirche von Christ Church. Der im 13. Jahrhundert erbaute 43 Meter hohe Turm gehört zu den ältesten Kirchtürmen Englands. In der **Picture Gallery** hängen Meisterwerke aus Renaissance und Barock, darunter Arbeiten von Leonardo, Tizian, Michelangelo, Rubens, van Dyck, Gainsborough und Reynolds. Jenseits der College-Gebäude erstreckt sich die berühmte **Meadow** bis zum Zusammenfluß von Themse und Cherwell. Das Themseufer säumen die Bootshäuser der Universität und Colleges. Hier findet jedes Jahr Ende Mai die Regatta der Collegestudenten statt, wobei regelmäßig irgend jemand – meist der Steuermann – über Bord geht.

College-Tour: Vom Broadwalk, dem „breiten Pfad", der in Ost-West-Richtung über die Meadow führt, zweigt ein Weg nach Norden zum **Merton College** ab. Zu diesem 1264 gegründeten Komplex gehören einige der ältesten Bauten Oxfords. Die Bibliothek im „Mob Quad", dem hinteren Hof, entstand um 1370. Mit den im 16. Jahrhundert eingebauten Bücherregalen ist sie die erste Renaissancebibliothek Englands – vorher hatte man die Bücher in Schränken aufbewahrt.

Merton gegenüber liegen **Corpus Christi** (in der Kapelle ein Rubens zugeschriebenes Altarbild) und **Oriel**, zwei kleinere, doch nicht weniger malerische Colleges. Die Merton Street mündet links in die **High Street**: Oxfords berühmteste Straße beschreibt einen Bogen und führt zum Ufer des Cherwell. Auf der rechten Seite erhebt sich **Magdalen Tower** (wie „maudlin" ausgesprochen), der den Turm von Christ Church um 15 Zentimeter überragt.

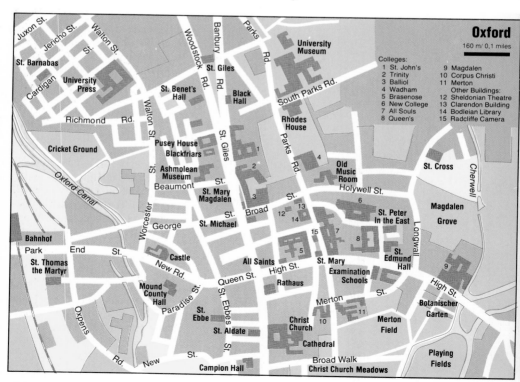

Oxford

160 m / 0,1 miles

Colleges:
1 St. John's
2 Trinity
3 Balliol
4 Wadham
5 Brasenose
6 New College
7 All Souls
8 Queen's
9 Magdalen
10 Corpus Christi
11 Merton

Other Buildings:
12 Sheldonian Theatre
13 Clarendon Building
14 Bodleian Library
15 Radcliffe Camera

Das 1458 von William of Waynflete gegründete Magdalen College besitzt eine im Perpendikularstil erbaute Kapelle sowie einen zauberhaften Kreuzgang. Hinter dem College erstrecken sich der **Grove**, Magdalens berühmter Wildpark und die **Water Walks**, ein idyllisches Labyrinth von Garten- und Uferpfaden. Magdalen gegenüber führt die High Street in den **University Botanic Garden** mit seinen zahllosen Rosensorten.

Auf der Westseite der High Street kommt man an **Examination Schools** vorbei, einem im Stil der Neorenaissance erbauten Verwaltungstrakt des ausgehenden 19. Jahrhunderts. Rechter Hand steht **St. Edmund Hall**, auch Teddy Hall genannt (Eingang: Queen's Lane), die seit 1957 ebenfalls ein College beherbergt. Die Hall aus dem 13. Jahrhundert ist das letzte der ehemals zahlreichen Studentenwohnheime aus mittelalterlicher Zeit. Der Name geht auf Edmund of Abingdon zurück (1240 gestorben, später heiliggesprochen), den ersten zum Erzbischof von Canterbury ernannten Oxforder Hochschulabsolventen.

Folgt man der High Street weiter nach Westen, trifft man links auf das **University College** (mit dem Shelley Memorial) und rechts auf **All Souls**, das einzige College ohne Studenten der Unterstufe. Ein Bummel durch die gewundene Queen's Lane führt zur Rückseite des **New College**, dessen Kapelle und Kreuzgang sehr sehenswert sind. Hinter einer weiteren Biegung der Queen's Lane sieht man sich unvermittelt mit einer venezianischen Brücke konfrontiert, die die neuen und alten Gebäude des Hertford College miteinander verbindet (erst 1903 entstanden).

Von hier hat man nach links einen schönen Blick auf den Rundbau der **Radcliffe Camera** (1749 vollendet) und geradeaus auf Wrens **Sheldonian Theatre** (1669). Den Hauptblickfang am Platz bildet jedoch die **Bodleian Library**. Diese im Jahr 1602 von Sir Thomas Bodley gegründete Bibliothek zählt mit ihrem Bestand von rund fünf Millionen Bänden zu den weltweit größten Bibliotheken. Zu ihrem Besitz gehören 50 000 der kostbarsten Manuskripte überhaupt.

Die venezianische Brücke in der Queen's Lane.

Wer allerdings erwartet, diesen Reichtum ansehen zu können, wird enttäuscht sein: Zu Gesicht bekommt man nur, was in den Austellungsräumen des Erdgeschosses gezeigt wird. Die Bodleian Library ist keine Leihbücherei. Die meisten Bücher lagern in höhlenartigen Magazinen unterhalb der Broad Street, zu denen nicht einmal Universitätsmitglieder Zutritt haben. Der Lesesaal befindet sich im Erdgeschoß der Radcliffe Camera.

Um Bücher zu kaufen, wendet man sich am besten an **Blackwell** in der Broad Street. An ihrem oberen Ende beginnt die St. Giles Street. Auf dem Weg passiert man **Trinity** und **Balliol College**. Hier erhebt sich die Kirche **St. Mary Magdalen**. Auf der Nordseite schließt sich das neugotische **Martyr's Memorial** an, das 1841 zu Ehren der drei 1555 und 1556 auf dem Scheiterhaufen hingerichteten protestantischen Bischöfe Cranmer, Ridley und Latimer errichtet wurde.

Das **Ashmolean Museum**, ein klassizistisches Gebäude gegenüber dem Martyr's Memorial, ist Großbritanniens ältestes öffentliches Museum. Es besitzt eine umfangreiche Sammlung von Kunstwerken der italienischen Renaissance, niederländischer Stilleben und moderner französischer Malerei, ferner Tapisserien, Bronze- und Silberarbeiten des 16. und 17. Jahrhunderts, griechische, römische und ägyptische Skulpturen, eine Stradivari, Keramik sowie Juwelen.

Folgt man der St. Giles Street nach Norden, kommt als nächstes das 1555 gegründete **St. John's College** in Sicht, dessen liebliche, von Capability Brown angelegte Gärten mit jenen von Wadham und Trinity darum wetteifern, die schönsten in Oxford zu sein. An der Parks Road hinter St. John's steht das unter dem Einfluß des Kunstkritikers John Ruskin (1819-1900) erbaute neugotische Gebäude des **University Museum**. Im Innern sind Exponate aus den Bereichen Zoologie, Entomologie, Mineralogie und Geologie ausgestellt.

Die Umgebung von Oxford: In der Umgebung von Oxford gibt es eine Reihe sehenswerter Ortschaften. Im Südwesten liegt **Iffley**, dessen gut erhaltene norman-

Wappen des Brasenose College.

nische Kirche (1170) sich anmutig und zeitlos über dem Fluß erhebt. Daneben steht die strohgedeckte alte Pfarrschule. 25 Kilometer weiter südwestlich trifft man auf den Marktflecken **Wantage**, Geburtsort König Alfreds (849-899), weitere fünf Kilometer westlich davon liegt Uffington, in dessen Nähe während der Eisenzeit das 110 Meter lange **White Horse** in die Hügel der Berkshire Downs graviert wurde.

Im malerischen Dorf **Eynsham**, 13 Kilometer westlich von Oxford an der A40, sind die Überreste einer einst berühmten Abtei zu sehen. 13 Kilometer weiter liegt **Minster Lovell** mit einer kreuzförmigen Kirche aus dem 15. Jahrhundert sowie den Ruinen von Minster Lovell Hall. Die Reste dieser ebenfalls im 15. Jahrhundert erbauten Residenz erheben sich in düsterer Schönheit über dem Flüßchen Windrush.

13 Kilometer nördlich von Oxford (A34) liegt **Blenheim Palace**, das nicht nur von Anhängern Churchills, sondern auch von jenen der Landschaftsgärten Lancelot (Capability) Browns besucht

Blenheim Palace, Stammsitz der Churchills.

wird. Der Nachmittagsspaziergang durch Blenheim mit anschließender Teepause in Woodstock (wo auch das Oxfordshire County Museum steht) ist ein Muß für wahre England-Fans.

Das 1722 fertiggestellte Blenheim, ein Meisterwerk des Dramatikers und Architekten John Vanbrugh (1664-1726), bedeckt eine Fläche von 1,2 Hektar und ist das größte Privathaus in Großbritannien. Königin Anne schenkte das Anwesen John Churchill, dem ersten Herzog von Marlborough, für dessen Sieg über Ludwig XIV. bei Blenheim in Bayern (1704). Da das Parlament die Mittel jedoch zurückhielt, mußte der Herzog einen Großteil des Baus selbst finanzieren. Von außen präsentiert sich der Palast in barokkem Prunk mit dorischen und korinthischen Säulen. Im Innern sieht man neben einer Anzahl von Prunkräumen auch das kleine Schlafzimmer (Erdgeschoß), wo Winston Churchill 1874 das Licht der Welt erblickte. Auch wenn das Schloß selbst geschlossen ist, kann man im 1010 Hektar großen Park spazierengehen. Der Park sollte ursprünglich nach einem Plan

von Henry Wise im französischen Stil entstehen, Lancelot Brown verlieh der Anlage jedoch einen völlig anderen Charakter. Er ließ auch den Fluß Glyme eindämmen, um einen großen See zu schaffen.

Die Cotswolds: Hinter dem Tal von Oxford beginnt die Straße langsam die Hügel an seinem Rand zu erklimmen. Man sieht zum Severn und auf die fernen Berge Wales'. Es ist das Gebiet der Cotswold-Hügel, die von tiefen bewaldeten Tälern und den Wasserläufen Coln, Churn, Windrush, Dikler, Leach und Evenlode durchzogen sind. Die einzelnen Hügel ragen wie Finger in die Luft oder sind zu Buckeln zusammengefallen. Wegen ihrer Höhe und Isoliertheit waren sie leicht zu verteidigen und folglich ideale Wohnplätze für die prähistorische Bevölkerung. Die Schafweiden und Flüsse in den Cotswolds stellten in römischer Zeit die Lebensgrundlage der Menschen dar, im Mittelalter erlebte die Gegend dank der Wollverarbeitung eine Blütezeit. Cirencester war zur Zeit der römischen Besatzung die zweitgrößte Stadt nach London (65 Kilometer westlich von Oxford), und Burford besaß schon vor der normannischen Eroberung eine Wollhändlerzunft (Südlich von Burford liegt der Nachbarort Filkins mit der **Cotswold Woolen Weavers,** einer funktionstüchtigen Wollweberei aus dem 18. Jahrhundert mit angeschlossener Dauerausstellung).

Mit der Tuchindustrie finanzierte man den Bau von Dörfern, Kirchen und Kathedralen. Als sie zusammenbrach, versanken die Cotswolds in einen Dornröschenschlaf, bis der Tourismus sie wiederentdeckte.

36 Kilometer westlich von Oxford und unmittelbar südlich hinter Burford (A420/A417) gelangt man am Oberlauf der Themse nach **Lechlade,** das sich als Ausgangspunkt für Touren in die Umgebung anbietet. Unter der St. John's Bridge fahren Hausboote hindurch, und das im 13. Jahrhundert gegründete **Trout Inn** bezieht seine Forellen aus der Themse. Gewiß ließ sich William Morris, der zukunftsorientierte Erneuerer des Kunsthandwerks, ab und zu hier blicken, denn er wohnte nur ein Stück flußabwärts in

Kelmscott Manor. Das typische Cotswold-Haus mit seinem Dach aus Spaltsteinen bereitete Morris „in seiner wohlgeordneten Schönheit die gleiche Freude wie die Schuppen eines Fisches oder die Federn eines Vogels". Morris mietete das Haus 1871 gemeinsam mit Dante Gabriel Rossetti und machte es zu einem Zentrum der Präraffaeliten. 1896 beerdigte man Morris auf dem benachbarten Friedhof.

Morris zeigte Freunden gern seine lokale „Sehenswürdigkeit", die Zehntscheune in **Great Coxwell,** die ihre Bedeutung den Mönchen der Beaulieu Abbey in Hampshire verdankt (13. Jahrhundert). Der Dachstuhl aus mächtigen Eichenholzbalken ruht auf übermannshohen Steinpfeilern. Seitenschiffe, Mittel- und Querschiff dieser Kathedrale unter den Scheunen vermitteln tatsächlich den Eindruck eines Gotteshauses. Am Kelmscott gegenüberliegenden Flußufer steht **Buscot Park.** Lord Farringdon ließ das im Adam-Stil erbaute Haus im späten 19. Jahrhundert von Edward Burne-Jones erweitern. Dieser bei Morris weilende Präraffaelit bemalte das Holzpaneel für

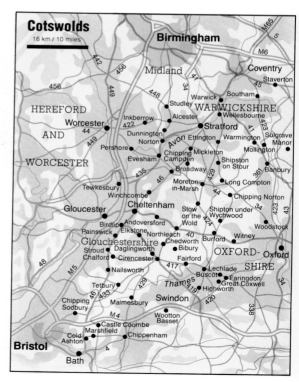

den Salon und entwarf das Ostfenster in der Kirche.

„Durchsichtige" Geheimnisse sind die herrlichen Fenster der Kirche von **Fairford** (acht Kilometer westlich von Lechlade). War der Schöpfer dieser Kunstwerke der im Auftrag Heinrichs VIII. an der King's College Chapel in Cambridge arbeitende Meister? Oder hatte man die Fenster von einem Schiff geraubt? Kamen sie vielleicht aus Holland, und hatte am Ende Dürer seine Hand im Spiel? Entstanden die Fenster für die Kirche oder die Kirche für die Fenster? Warum überstanden sie den Bürgerkrieg? Sicher ist nur, daß das „Jüngste Gericht" ein Meisterstück ist.

Acht Kilometer nördlich von Fairford liegt **Bibury** am Ufer des Coln. William Morris verbuchte die Entdeckung dieser Ortschaft für sich, doch ihre Schönheit ist seit dem 17. Jahrhundert jedem Interessierten zugänglich. Die Giebel und steilen Dächer der **Arlington Row** zeigen den Cotswold-Stil in reinster Form. In diesen steinernen Häuschen neben dem Mühlbach wohnten einst Weber, die das

Bibury gilt als einer der schönsten Orte Großbritanniens.

Tuch auf Rack Isle (heute ein Vogelschutzgebiet) trockneten. Die im 17. Jahrhundert entstandene Mühle ist noch funktionstüchtig und dient inzwischen als Ausstellungsraum für das Mobiliar der Arts and Crafts-Bewegung.

Westlich von Bibury verläuft die A429 zwischen Cirencester und Northleach genau wie die alte Römerstraße (Fosse Way genannt). Acht Kilometer nördlich von Cirencester trifft man auf die an den Terrassen über dem Fluß sowie unterhalb des Waldsaums verstreuten Häuser von **Chedworth**. Hier liegt gut geschützt die vermutlich besterhaltene Römervilla Englands (180 n. Chr.). Die Bäder sind in bemerkenswert gutem Zustand, der Mosaikboden wurde aus zwei Sorten Cotswold-Stein zusammengefügt.

Der Kirchturm von **Northleach** ragt hoch über die Dächer der Stadt empor. Durch den Wollhandel finanziert, symbolisiert er die Kraft tiefempfundener Religiosität, die sich im Perpendikularstil anschaulich manifestierte. Die **Cotswold Countryside Collection**, ein Museum für Wagen und landwirtschaftliches Ge-

rät, vermittelt einen Einblick in das Landleben.

Hauptstadt der Cotswolds: Der Fosse Way verläuft in südlicher Richtung und vereinigt sich in **Cirencester** mit zwei anderen ehemaligen Römerstraßen, Icknield Way und Ermine Street. Manche nennen die Stadt „Cissiter", bei den Römern hieß sie „Corinium". Unter den Römern wurde Cirencester an Größe und Bedeutung nur von London übertroffen. Der als „Hauptstadt der Cotswolds" bekannte Ort gedieh mit dem Wollhandel und erlebte erst im 19. Jahrhundert einen Niedergang. Bis heute blieb der mittelalterliche Charakter erhalten. Das Portal von St. John the Baptist gilt landesweit als besonders anschauliches Beispiel für den Perpendikularstil. Eine Zeitlang diente die Eingangshalle auch als Rathaus. **Cirencester Park**, der Stammsitz des Earl of Bathurst, liegt hinter einer hufeisenförmigen Eibenhecke verborgen, die so hoch ist, daß sie nur per Feuerleiter beschnitten werden kann. Im **Corinium Museum** bewahrt man das Erbe aus römischer Zeit auf, darunter die Reste der alten Stadtmauer und ein gut erhaltenes Amphitheater.

Ermine Street (A417) führt im Nordwesten aus Cirencester hinaus und passiert zwei Dorfkirchen, die man nicht versäumen sollte: Einmal die sechs Kilometer entfernte Kirche von **Daglingworth** mit ihren angelsächsischen Skulpturen (darunter eine Kreuzigungsgruppe von bezwingender Schlichtheit), zum zweiten die weitere acht Kilometer entfernte Kirche in **Elkstone**, deren Ostfenster sich höhlenartig unter niedrigen normannischen Bögen versteckt.

20 Kilometer südwestlich von Cirencester liegt **Malmesbury** (A429), Schauplatz zweier betrüblicher Ereignisse. Ein Tiger aus einer Tierschau tötete 1703 Hannah Twynnoy, auf deren Grabstein wir lesen: „Ein grausamer Tiger nahm ihr das Leben… nun liegt sie in einem Bett aus Lehm!" Während der Säkularisation erwarb ein reicher Tuchfabrikant die Benediktinerabtei zu einem Schleuderpreis und verwandelte sie in eine Weberei; nur das Mittelschiff der Kirche blieb der Gemeinde für ihre Got-

Mühlstein in der alten Wollstadt Northleach.

182

tesdienste. Noch heute geben das reich dekorierte Portal sowie der Eingangsraum der ehemaligen Abtei einen Eindruck von ihrer ursprünglichen Pracht.

Im acht Kilometer nordwestlich davon entfernten **Tetbury** erinnert der säulenumstandene offene Platz neben der Markthalle (17. Jahrhundert) an die Blütezeit des Wollhandels.

25 Kilometer südlich von Tetbury trifft man bei Chipping Sodbury auf **Dodington House**, eines der größten Herrenhäuser Englands. Der im 18. Jahrhundert tätige Architekt James Wyatt schuf das prachtvolle Treppenhaus, Capability Brown sorgte für die Parklandschaft.

An drei Tagen im Jahr pilgern die Anhänger der Three Day Event Horse Trials nach **Badminton House** (südwestlich von Malmesbury), dem Wallfahrtsort der Pferdenarren, also auch der Königin. In der übrigen Zeit besuchen Architekturfreunde das im Besitz des Duke of Beaufort befindliche Bauwerk. Es entstand während der Regierung Charles II. und wurde im 18. Jahrhundert unter William Kent zum Palast umgestaltet.

Großartiges Tal: In entgegengesetzter Richtung erreicht die A46 16 Kilometer nördlich von Tetbury Nailsworth, den Startpunkt in die schluchtartigen Täler von Stroudwater. Nur wenige Webereien sind aus der Zeit der Tuchindustrie geblieben, an den Terrassen über den steilen Straßen ducken sich noch ein paar Weberhütten.

Der Abstieg ins **Golden Valley** beginnt bei **Chalford**. Hier wie im flußaufwärts gelegenen **Sapperton** findet man als Kuriositäten etwa ein rundes Haus mit kegelförmigem Dach und gotischen Fenstern am Ufer des 1789 eröffneten Kanals (verbindet Themse und Severn). In Sapperton verschwindet der Kanal unter einem Triumphbogen in den Bergen. Wo der Fluß Frome durch die Westflanke der Cotswolds bricht, erhebt sich **Stroud** auf einem Hügel und blickt hinüber zu den Bergen von Wales. Das Tal von Stroudwater war im 16. Jahrhundert Zentrum der englischen Tuchindustrie, und die scharlachroten und blauen Stoffe der Armeeuniformen entstanden in den Webereien dieser Gegend.

Die Bauten der Cotswolds scheinen aus dem Boden zu wachsen.

Auf den Höhen links der A46 von Stroud nach Painswick liegt „Little Switzerland" mit seinen Bergbächen und bewaldeten Schluchten. In **Slad** entstand Laurie Lees *Cider With Rosie* (an der B4070, der alten Straße nach Cheltenham): Cottage und Pub aus dem Roman existieren noch, die Schule hat ihre Pforten inzwischen geschlossen.

Painswick war ein Ort der Weber, Steinmetze und Eibenstutzer. Als die Webereien geschlossen wurden, darbten die Weber und die Steinmetze legten ihr Werkzeug nieder. Auf dem Friedhof stehen 99 Eiben, denn die Legende besagt, daß bei 100 Eiben einer mehr sterben muß. Im nahegelegenen **Cooper's Hill** hält man an der Tradition fest, jedes Jahr am Bank Holiday im Frühjahr siebenpfündige Käselaibe den Hang hinunterzurollen: wer immer sie fängt, behält sie.

Monarchen und Schneider: In der Nähe liegt die Kreisstadt **Gloucester**, Bischofssitz, Binnenhafen und strategischer Stützpunkt auf der Strecke nach Wales seit römischer Zeit. Hier hielt König Alfred 896 ein Parlament ab, unterzeichnete Knut der Große einen Vertrag und ordnete Wilhelm der Eroberer die Landvermessung für das Reichsgrundbuch an. Heinrich I. starb hier nach dem Genuß von Neunaugen, Heinrich III. erlebte seine Krönung, und der bucklige Richard III. ließ seine Neffen ermorden. Charles II. riß die Stadtmauern nieder, weil Gloucester sich seinem Vater widersetzt hatte, und Königin Viktoria besuchte hier ein Pub. Erhalten blieben Teile der römischen Stadtmauer, aber nur weniges aus dem Mittelalter. Die im 19. Jahrhundert erbauten Lagerhäuser an den alten Docks wurden saniert. Heute beherbergt dieser Stadtteil Geschäfte im viktorianischen Stil, das **National Waterways Museum** sowie die **Robert Opie Collection of the Museum of Advertising and Packaging**.

Hauptsehenswürdigkeit bleibt jedoch die Kathedrale. Ihr Mittelschiff ist normannisch, die Fenster im südlichen Querschiff geben den frühen Perpendikularstil wieder, das Ostfenster aus farbigem Glas (14. Jahrhundert) ist das größte seiner Art in England, über dem Chor

Unten links: Glasfenster der Gloucester Cathedral. Unten rechts: Blick in ein Pub.

184

schließlich spannt sich ein hochkompliziertes Kreuzrippengewölbe. Das reichverzierte Grab des im benachbarten Berkeley Castle ermordeten Edward II. war früher ein Ziel für Wallfahrer. Der Kreuzgang besticht durch ein Fächergewölbe, das sich bis in die Waschräume der Mönche fortsetzt. Im **Folk Museum** der Stadt sieht man eine Rekonstruktion einer Käserei für Double Gloucester. Gemälde von Turner und Gainsborough findet man im **City Museum and Art Gallery**.

13 Kilometer nordöstlich von Gloucester erreicht man **Cheltenham**, ein Mineralbad, das zu Ausflügen in die Cotswolds einlädt. Lord Byron und George III. legten hier einen Kuraufenthalt ein. Gustav Holst wurde 1874 in Cheltenham geboren. 1718 hatte man eine Mineralquelle entdeckt, doch erst nachdem George III. und seine Frau 1788 den Kurort besucht hatten, kam er bei Sommerfrischlern in Mode. Ähnlich wie Bath verdankt Cheltenham seinen Ruf der glücklichen Hand seiner Architekten. J. B. Papworth und J. B. Forbes verwendeten Cotswold-Stein und Stuck, um ihren Bauten die Leichtigkeit und Fröhlichkeit des Klassizismus zu verleihen. Als elegante Regency-Stadt hat Cheltenham an keiner historischen Last zu tragen: es ist einfach ein Hort der schönen Bauten, Parks und Gärten.

Lansdowne Terrace, **Place** und **Crescent**, **Suffolk Square** und **Pittville Estate** bilden den Rahmen, innerhalb dessen der Kurgast die Wasser der Brunnen **Rotunda** und **Pittville Pump Room** genießt. Schmiedeeiserne Balkone und Veranden erfreuen allenthalben das Auge. **Montpelier Walk**, auch Straße der Statuen genannt, wirkt durch seine Karyatidenreihen leicht surrealistisch. Die baum- und blumengesäumte **Promenade** gilt als eine der schönsten Einkaufsstraßen. Im Juli finden Musikfestspiele statt und verleihen Cheltenham zusätzlichen Glanz.

Am Rand der Cotswolds: 16 Kilometer nördlich von Cheltenham, am Zusammenfluß von Avon und Severn, erreicht man bei **Tewkesbury** den Westrand der Cotswolds. In dieser Gegend lösen Holzhäuser den Cotswold-Stein ab. Viele die-

Pittville Pump Room im Kurbad Cheltenham.

ser Häuser sind traditionsreiche Pubs wie etwa das Bell Inn aus dem 17. Jahrhundert. Während des letzten Rosenkriegs tobte auf der Bloody Meadow eine Schlacht. Selbst die Abtei von Tewkesbury wurde nicht verschont, und auch Mönche griffen zu den Waffen. Die Abtei ist reich an Kunstschätzen, vom 47 Meter hohen Turm sieht man bis zu den Malvern Hills und den Bergen von Wales.

Wenn es irgendwo spukt, dann im Winchcombe benachbarten **Sudeley Castle** (zehn Kilometer nordwestlich von Cheltenham, A46). Dieser große, wehrhafte Bau erlebte die Glanzzeit der Tudors. Catherine Parr lebte hier nach dem Tod Heinrichs VIII. und ehelichte Thomas Seymour. Lady Jane Grey hielt sich im Schloß auf und Elizabeth I. war regelmäßig zu Gast. Die sorgfältig restaurierte Anlage beherbergt eine faszinierende Sammlung königlicher Erinnerungsstücke und Gemälde.

An der Straße nach Broadway kommt man durch die sehenswerten Orte **Stanway** (mit muschelgeschmücktem Tor zum Herrenhaus) und **Stanton**. Fast je-

des Haus hier entstand während der Blütezeit der Cotswold-Architektur, also zwischen 1550 und 1650. In einem Tal südlich von Broadway liegt **Snowshill Manor**, ein Tudorhaus, das ebenfalls Catherine Parr gehörte. Im Innern sehen wir eine kunterbunte Sammlung vom Musikinstrument bis zum Spielzeug.

Broadway ist das Vorzeigedorf der Cotswolds. An einer breiten Straße stehen Häuser und Hütten, durch einen Grünstreifen getrennt, einander gegenüber (an der Strecke von London nach Worcester). Alle Bauten folgen einem einheitlichen Stil und sind, mit wenigen Ausnahmen, aus dem gleichen honigfarbenen Stein gemauert. **Abbot's Grange** stammt aus dem 14. Jahrhundert, **Lygon Arms**, eines der besten Restaurants in den Cotswolds (auch Charles I. und Cromwell residierten dort), entstand im 16. Jahrhundert. In einem Landschaftsgarten auf dem Broadway Hill steht **Broadway Tower**, der zweithöchste Punkt in den Cotswolds.

Chipping Campdens Markthalle aus dem 16. Jahrhundert steht höchst fotogen

Neues Strohdach für ein Haus in Chipping Campden.

in der Mitte der langen Hauptstraße, die wie Oxfords High Street geschwungen ist und von attraktiven Steinhäusern des ausgehenden 16. Jahrhunderts gesäumt wird. Damals prosperierte der Ort durch den Wollhandel. Besonders sehenswert sind die Armenhäuser, die Kirche, das Rathaus sowie das Haus des 1401 verstorbenen Wollhändlers William Grevel.

Auf **Dover's Hill**, einem freien Gelände knapp zwei Kilometer von Campden entfernt, veranstaltete Robert Dover 1612 erstmals die „Cotswold Olympicks". Dover hatte nicht nur die Unterstützung des Königs, sondern bekam auch einige seiner alten Kleider, um sich damit auszustaffieren. Zu den Disziplinen zählten Stockkampf, Schwertfechten, Lanzenstechen und Volkstanz, wobei sehr wahrscheinlich auch Shakespeare zu den Zuschauern gehörte.

Wendet man sich auf der A44 ostwärts Richtung Oxford, gelangt man nach **Moreton-in-Marsh**, eine Ortschaft, die sich nach dem Niedergang der Wollweberei der Leinweberei zuwandte. Gute zwei Kilometer westlich davon liegt **Se-zincote**, ein Haus im indischen Stil, das dem Prinzregenten als Vorlage für den Brighton Pavilion diente.

Das Wort *chipping* bedeutet Markt, und nach weiteren 13 Kilometern kommt man nach **Chipping Norton**. Unter den vielen im 18. Jahrhundert erbauten Häusern ist **Bliss Tweed Mill**, das wie ein Landsitz mit Fabrikschornstein aussieht, besonders sehenswert. Die Ortschaft eignet sich als Ausgangspunkt für einen Ausflug zu den **Rollright Stones**: Es handelt sich um einen großen, aus etwa 70 aufrecht stehenden Steinen („Männer des Königs") gebildeten Kreis auf einer Hügelkuppe sowie um eine kleinere Steingruppe, genannt die fünf „Flüsternden Ritter". Dazu kommt ein einzeln stehender Menhir, der „König". Wie im Falle von Stonehenge ist auch hier unbekannt, wer die Anlage schuf (sie stammt vermutlich aus der Bronzezeit). Nach der Sage verwandelte eine Hexe den König und seine Ritter zu Stein.

Versteckte Täler: Die sechs Kilometer südlich von Moreton-in-Marsh liegende Hügelstadt **Stow-on-the-Wold** war einst

ower
laughter
egt am
Windrush.

Schauplatz großer Schafmärkte. Daniel Defoe berichtete, daß bei einer Gelegenheit rund 20 000 Schafe verkauft wurden. Wie Schafe pferchte man 1646 nach der letzten Schlacht des Bürgerkrieges auch 1000 royalistische Soldaten in der Kirche der Stadt ein. Westlich der Stadt liegen die Swells, **Upper Swell** und **Lower Swell**, zwei Dörfer am Fluß Dikler. Ihr Name rührt von „Our Lady's Well" her, beide bestechen durch reinsten Cotswold-Stil. Fast zu vollkommen sind die in den dichten Wäldern am Windrush versteckten Orte **Temple Guiting** und **Guiting Power**. Dazwischen liegt der **Cotswold Farm Park** mit selten gewordenen Haustieren wie den „Cotswold Lions" genannten Schafen, deren Wolle an Löwenmähnen erinnert, oder den Tamworth-Ginger-Schweinen. Flußabwärts prunkt ein Nobelhotel auf den Feuchtwiesen von **Naunton**.

Jenseits des Hügels liegt ein weiteres Paar entdeckenswerter Dörfer – **Upper Slaughter** und **Lower Slaughter** – mit Furten durch den winzigen Slaughterbrook, Taubenschlägen und Mühlen.

Bourton-on-the-Water liegt am Windrush und besitzt ausgesuchte Beispiele des Cotswold-Baustils. Ein Dorf wie aus dem Märchen: Miniaturbrücken, Weidenbäume, betörende Düfte aus der Parfümerie, das in einer ehemaligen Gerstenmühle untergebrachte Automobilmuseum, eine Modelleisenbahn und ein Modelldorf. In den nahegelegenen Birdland Zoo Gardens bedecken Teiche, Haine und Volieren einenhalb Hektar Land, das von Hunderten exotischer Vogelarten bewohnt wird.

Auch das weiter südöstlich liegende **Burford** war eine Wollstadt. Die Grabsteine auf dem Friedhof haben die Form von Wollballen, viele hinter später angefügten Fassaden versteckte Wollhändlerhäuser entstanden zwischen dem 14. und 16. Jahrhundert. Eines dieser Häuser heißt „Rampant Cat" (Wilde Katze).

Auf der Nordseite laufen die Cotswolds im **Vale of Evesham** aus, das zum Tal des Avon gehört. Dank des milden Klimas gedeihen hier Obst und Gemüse so gut, daß der Ort **Evesham** zu einigem Wohlstand kam. Im Osten des Tals liegen

Shakespeare Geburtshaus

malerische Ortschaften wie **Bretforton** oder die **Littletons**.

Geburtsort des Bard of Avon: Oberhalb von Evesham verläuft die nach **Stratford-upon-Avon** führende A439 (22 Kilometer). **William Shakespeare** erblickte am 23. April 1564 als Sohn eines Bauern und Wollhändlers in der Henley Street das Licht der Welt. Der Dichter wurde in der Holy Trinity Church getauft und besuchte die hiesige Schule. Mit 18 Jahren heiratete er die 16jährige Anne Hathaway, mit der er drei Kinder hatte. 1597, nach der Rückkehr aus London, wo er eine außergewöhnliche Karriere als Dramatiker gemacht hatte, kaufte Shakespeare das Haus New Place in der Chapel Street und verbrachte dort seine letzten zwölf Lebensjahre. Er starb mit 52 Jahren und wurde in der Holy Trinity begraben.

Trotz der vielen Touristen konnte Stratford mit seinen am Fluß liegenden Fachwerkhäusern die Atmosphäre aus der Zeit Shakespeares bewahren. Weniger berühmte, aber dennoch bedeutende Literaten hinterließen im oberen Stock des Geburtshauses ihre Würdigungen an Englands berühmtesten Dichter: Sir Walter Scott, Thomas Carlyle und Isaac Watts signierten das Fenster, durch das der erste Sonnenstrahl auf Klein William schien. In der Trinity Church (15. Jahrhundert) steht eine Büste, die Gerard Jansseni nach der Totenmaske Shakespeares in seinem Londoner Atelier, es befand sich nur ein paar Schritte entfernt vom Globe Theatre in Southwark, wo der Meister seine Triumphe gefeiert hatte, anfertigte.

Das Geburtshaus bildet den Ausgangspunkt für eine Stadtbegehung, an deren Beginn das moderne **Shakespeare Centre** steht, das Hauptquartier des Birthplace Trust. Während man darauf wartet, in das Geburtshaus eingelassen zu werden, sollte man die Kostüme studieren, die anläßlich der von der BBC inszenierten Verfilmung sämtlicher Shakespeare-Stücke entstanden.

Die Enkelin des Dichters heiratete Thomas Nash. Gemeinsam lebten sie in **Nash's House**, das heute das Stadtmuseum beherbergt. New Place war das Nach-

Stratfords typische Tudorhäuser.

Stratford-Upon-Avon
160 m / 0,1 miles

St. Gregory's Rd.
Shakespeare St.
Great William St.
Arden St.
Shakespeare Centre
Shakespeare's House
Warwick Rd.
Bridgeway
Meer St.
Bridge St.
Masons Court
Harvard House
Waterside
Bridge Foot
Bridge Mem. Statue
Town Hall
Scholars Lane
Chapel Lane
Shakespeare Memorial Theatre
Chestnut Walk
Guild Chapel Guildhall
Southern Lane
Old Town
Avon
Broad St.
West St.
Bull St.
Sanctus St.
College Lane
Holy Trinity
Old Tramway Walk
Rother St.

barhaus, doch von ihm sind nur noch die Fundamente erhalten, die in einem Garten zu besichtigen sind. Die Werke des Dramatikers werden von der **Royal Shakespeare Company** zwischen März und September im **Swan Theatre** aufgeführt. Die Kompanie besitzt eine Kostümsammlung, Theaterbesichtigungen können arrangiert werden.

Zwischen dem Geburtshaus und Nash's House steht **Harvard House**. Es entstand 1596 und gehörte Katherine Rogers, deren Sohn, John Harvard, die berühmte amerikanische Universität gründete.

In **Shottery** (etwa zwei Kilometer außerhalb der Stadt) steht **Anne Hathaway's Cottage**. In diesem strohgedeckten, gut restaurierten Fachwerkhaus lebte Shakespeares Frau während der 16 Jahre, die der Dichter in London verbrachte. Nach seiner Rückkehr bezogen die Shakespeares das Haus New Place in Stratford.

Es überrascht kaum, daß Stratford im Sommer völlig überlaufen ist, doch in der Umgebung gibt es auch andere sehenswerte Ziele. 13 Kilometer nordöstlich von Stratford (A46) liegt das Kurbad **Leamington Spa**, das durch seine im Regency und viktorianischen Stil erbauten Häuser besticht. Nach weiteren 13 Kilometern führt die gleiche Straße nach **Coventry**. Diese Industriestadt erlebte während des Zweiten Weltkriegs heftige Bombenangriffe, und von der Kathedrale blieb nur der Turm stehen. Die von Sir Basil Spence 1962 vollendete **New Cathedral** harmoniert vollkommen mit der Ruine des Vorgängerbaus, ihre gewaltigen bunten Glasfenster lassen den Innenraum in herrlichem Licht erstrahlen. Während der ersten beiden Augustwochen in geraden Jahren finden in den Ruinen der alten Kirche mittelalterliche **Mysterienspiele** statt.

Westlich von Stratford und 20 Kilometer nördlich von Tewksbury liegt **Great Malvern** an den Hängen der **Malvern Hills**. Von hier hat man einen phantastischen Panoramablick über zehn Grafschaften. Auch Malvern ist ein Kurbad, aus den Bergen kommt ein Mineralwasser, das auch in Flaschen abgefüllt wird.

Coventrys neue Kathedrale.

Fürstensitz: 13 Kilometer weiter nördlich erreicht man **Warwick**, die Hauptstadt der Grafschaft Warwickshire. Die Stadt entwickelte sich aus einer Burganlage, und trotz eines Brandes im Jahr 1694 stehen noch viele Gebäude aus der Tudorzeit.

Das 914 unter Aethelfled, der Tochter Alfreds des Großen, befestigte **Warwick Castle** hat eine reiche Geschichte. Vom sächsischen Urbau blieb nur ein Erdwall erhalten, doch gilt die heute stehende Anlage mit ihren Türmen aus dem 14. Jahrhundert als schönste mittelalterliche Burg Englands. Jahrhundertelang residierten hier die mächtigsten Familien. Das Innere der Burg begann Fulke Greville im frühen 17. Jahrhundert zum „fürstlichsten Sitz in den zentralen Teilen des Königreichs" auszugestalten. Zur Ausstattung gehört eine Gemäldesammlung mit Werken von Rubens, van Dyck und Holbein sowie eine Kollektion von Waffen und Rüstungen. Die Graffitis in Verlies und Folterkammer sollen royalistische Soldaten während des Bürgerkriegs angebracht haben.

In makelloser Schönheit präsentieren sich die an den Avon grenzenden, 25 Hektar bedeckenden Burggärten Capability Browns. Über den Fluß spannt sich eine Fußgängerbrücke nach River Island, von der aus man die Burg in ihrer ganzen Monumentalität vor Augen hat. Wachsfiguren aus Madame Tussauds Kabinett stellen eine historische Gartenparty nach. Die Burg ist der meistbesuchte Herrensitz in Großbritannien. Im Freien werden Nachmittagskonzerte, Tanzvergnügen und Ritterspiele veranstaltet.

Kirchenschiff und Turm der **St. Mary's Church** (zwischen Jury Street und den Butts) entstanden nach dem Feuer von 1694. Die **Beauchamp Chapel** – ebenso gut erhalten wie die Burg – beherbergt eines der vollendetsten mittelalterlichen Grabmäler überhaupt.

Das **Lord Leycester's Hospital** neben dem West Gate errichtete man ursprünglich als Zunfthaus (1383). 1571 ließ Robert Dudley, Earl of Leicester, die Gebäude zu Armenhäusern umgestalten. Heute dient der Bau als Museum und Veteranenheim.

In Warwick: Würdenträger läßt sich vor Lord Leycester's Hospital porträtieren.

CAMBRIDGE UND EAST ANGLIA

East Anglia – also die vier Grafschaften Suffolk, Norfolk, Cambridgeshire und Essex, die zwischen der Themsemündung und dem Wash in die Nordsee ragen, weist die geringsten Niederschläge ganz Großbritanniens auf. Dennoch stößt man auf zahllose Sümpfe, Flüsse und Seen (*broads* oder *meres* genannt) sowie Küstensumpfgebiete, in denen viele Vögel heimisch sind. Doch die Schönheit des sehr flachen Landstrichs – die Erhebungen sind kaum höher als 90 Meter – ist nicht repräsentativ für England.

Durchgangsverkehr kennt East Anglia nicht, denn jenseits davon liegt nur das Meer. Die Straßen- und Zugverbindungen in andere Landesteile sind schlecht. Einige Kilometer weg ins nächste Dorf zu ziehen, kommt in East Anglia fast schon einer Auswanderung gleich. Im Süden führt die A12 westlich von London nach Colchester, das sich wegen seiner Austern einen Namen gemacht hat, und weiter nach Ipswich, ehe sie an der Küste Lowestoft und Great Yarmouth erreicht. Vom Londoner Osten aus führt die M11 (Anschluß 27 auf der M25) 85 Kilometer in nördlicher Richtung nach Cambridge, von wo uns die A11 ins nordöstlich gelegene Norwich und die A10 nach King's Lynn und die Sumpfländer des Wash bringt. Die wichtigsten Züge hierher verkehren ab Bahnhof Liverpool Street in London.

Zur Zeit des *Domesday Book* (11. Jahrhundert) zählten die vier Grafschaften East Anglias zu den reichsten und am dichtest besiedelten Gegenden des Landes. Heute erreicht die Bevölkerungsdichte nicht einmal die Hälfte des Landesdurchschnitts, und die Region kümmert sich wenig um die Trends der anderen Grafschaften.

Ein riesiges Waldgebiet im Süden, von dem nur mehr ein Teil, der Epping Forest, existiert, und ein Streifen unpassierbaren Sumpflands im Norden, die Fens, trennten im Mittelalter East Anglia vom übrigen Land, das sich gerade zum Königreich mauserte. Das Erbe der vielen zufluchtsuchenden Orden prägt heute noch in Gestalt von Kirchen, Kathedralen und Abteien die Region: Allein in Norfolk gibt es 600 mittelalterliche Kirchen.

East Anglia war auch die Heimat des Landadels, dessen Herrensitze in gleichem Maße wie die Kirchen die Landschaft prägen. Das für einen Lordkämmerer erbaute **Audley End** in Saffron Walden, 24 Kilometer südlich von Cambridge, nannte James I. „zu groß für einen König". Zwar ist nur mehr ein Bruchteil des ursprünglichen Komplexes erhalten geblieben – 1721 wurde das meiste abgerissen –, die Ausmaße sind jedoch immer noch gewaltig. Die Räume gestaltete Robert Adam, die makellosen Gartenanlagen schuf Capability Brown.

Sandringham in Norfolk wurde 1861 von Edward VII. gekauft und wird noch heute als königlicher Landsitz genutzt. Von Jacobean bis Regency sind hier alle Stilarten vertreten. Das 13 Kilometer nördlich von King's Lynn gelegene Haus ist geschlossen, wenn ein Mitglied der königlichen Familie anwesend ist, doch bleibt der 2800 Hektar große Park öffentlich zugänglich.

Bei aller Provinzialität ist East Anglia noch immer eine wohlhabende Gegend. Die Bauern fahren Luxusautos, und der moderne Landadel, salopp, aber dennoch teuer gekleidet, veranstaltet Moorhuhnjagden für die Verwandtschaft aus dem Süden, die nicht über die Zeit verfügt, nach Schottland zu fahren. Während in den High-Tech-Instituten von Cambridge die akademische Intelligenz hochgepäppelt wird, verläßt den Besucher East Anglias dennoch niemals das Gefühl der Abgeschiedenheit. East Anglia liegt abseits vom übrigen Großbritannien, und seit dem 11. Jahrhundert hat sich hier wenig verändert.

Viele Dörfer und Städte blieben sowohl von der industriellen Revolution als auch von den Bomben des Zweiten Weltkriegs verschont und konnten sich wie im 32 Kilometer westlich von Ipswich gelegenen **Lavenham** (Suffolk), dessen Häuser mindestens 400 Jahre alt sind, ihren ursprünglichen Charakter bewahren, sieht man einmal von der Luftverschmutzung und den Luftwaffenstützpunkten Mildenhall und Lakenheath ab.

Vorherige Seiten: *Der Heuwagen* von John Constable. **Federwild in den Fens.**

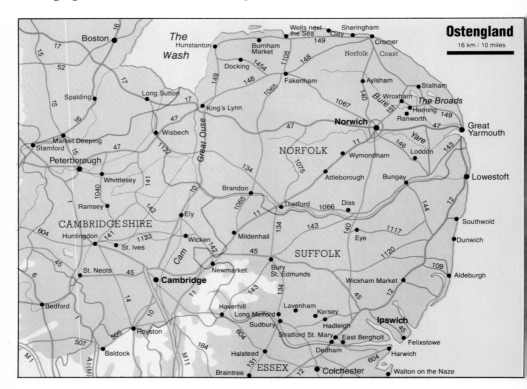

Um das aus der Tudorzeit stammende Erscheinungsbild des Dorfes nicht zu beeinträchtigen, entfernten die Einwohner die Telegrafenmasten und verlegten die Leitungen unterirdisch. Das einzige Element, das an East Anglia nagt, ist das Meer, das nach und nach die östlichen Küsten verschlingt. Von der alten Hauptstadt **Dunwich** mit ihren acht Kirchen ließ es nichts als einen Grabstein zurück.

East Anglia bedeutet auch unendliche landschaftliche Vielfalt, die von der flachen Wildnis in North Norfolk bis zum stillen Meer der welligen Grasländer South Suffolks reicht. Die Schönheit der Landschaft mit gewundenen Heckenwegen, ansteigenden Feldern und friedlichen Gewässern war es, die Gainsborough und Constable zum Malen bewog.

Universitätsstadt: Ein elisabethanischer Geschichtsschreiber charakterisierte die Marschbewohner einst als „brutal, unzivilisiert und ungebildet". Oxfordstudenten nehmen heute darauf Bezug, wenn sie die Universität in **Cambridge** verächtlich als „Fenland Polytechnic" bezeichnen, doch reiften in dieser Stadt des Marschlandes die Talente einiger der hervorragendsten Denker, Künstler und Architekten der Welt heran.

Cambridge entstand im 12. Jahrhundert aus einer Klostersiedlung der Franziskaner, Dominikaner und Karmeliter. Im Jahre 1209 ließen sich dann einige Gelehrte aus Oxford, die mit den dortigen Behörden in Konflikt geraten waren, in Cambridge nieder. Dies und die Gründung des ersten Colleges, Peterhouse, durch Hugh de Balsam, den Bischof von Ely, im Jahre 1281 legte den Grundstein für die Universität.

Bald wurden weitere Colleges unter dem Patronat des ortsansässigen Adels und der jeweiligen Monarchen errichtet. Heinrich VI. gründete 1441 das **King's College**, Kernstück der Universität an der King's Parade, und fünf Jahre später begann der fast 70 Jahre dauernde Bau der **King's College Chapel,** die als schönstes gotisches Bauwerk Europas gilt. Die Gottesdienste in der Kapelle sind öffentlich, und es bleibt ein unvergeßliches Erlebnis, in den alten Bänken mit Blick auf Rubens' *Anbetung der Könige*

Trinity College in Cambridge.

zu sitzen und den zum herrlichen Fächergewölbe aufsteigenden Stimmen des Chores zu lauschen. Zur Weihnachtszeit erklingen seine Lieder in der ganzen Welt, und sogar am Fuß des Mount Everest war er schon zu hören. Sehr sehenswert ist auch eine Folge von 25 farbigen Glasfenstern aus dem 16. Jahrhundert, auf denen die Geschichte des Neuen Testaments dargestellt ist.

Vom Turm der mit dem gleichen Glockenspiel wie Big Ben ausgestatteten **Great St. Mary's Church** gegenüber der King's Chapel kann man ganz Cambridge einschließlich des schlanken Turms der **University Library** sehen. Gleich der Bodleian Library in Oxford erhält die Universitätsbibliothek in Cambridge per Gesetz ein Exemplar jedes im Vereinigten Königreich veröffentlichten Buches. Gegenüber von St. Mary's liegt das ehrwürdige **Senate House,** das von James Gibbs zwischen 1722 und 1730 erbaute Universitätsparlament.

Was die Stadt so schön macht, ist ihre Kompaktheit: Auf Schritt und Tritt stößt man auf ein Stück Geschichte, sei es der angelsächsische Turm der winzigen, von den Collegegebäuden überragten, aber 250 Jahre älteren Kirche St. Benet's oder das Cavendish Laboratory, die Stätte der ersten Atomspaltung.

In den Gartenanlagen des **Christ's College** steht noch der angeblich von John Milton (1608-74) gepflanzte Baum; seine *Hymn of Christ's Nativity* verfaßte der Dichter hier als Übungsarbeit. Der größte Universitätshof der Welt ist der des **Trinity College,** dessen Bibliothek Sir Christopher Wren erbaute. Die Statue des Gründers Heinrich VIII. über dem Eingangstor schwingt anstelle eines Szepters ein Stuhlbein. Weiter nördlich liegt das 1511 von Lady Margaret Beaufort gegründete **St. John's College** mit seinem prächtigen dreistöckigen, mit Skulpturen von Wappentieren geschmückten Torhaus. Dahinter stößt man auf die berühmte **Bridge of Sighs** (,,**Seufzerbrücke**") – 1831 ihrer Namensschwester in Venedig nachgebildet. Gegenüber von St. John's College auf der anderen Seite der Bridge Street erhebt sich die 1130 vom Templerorden anläß-

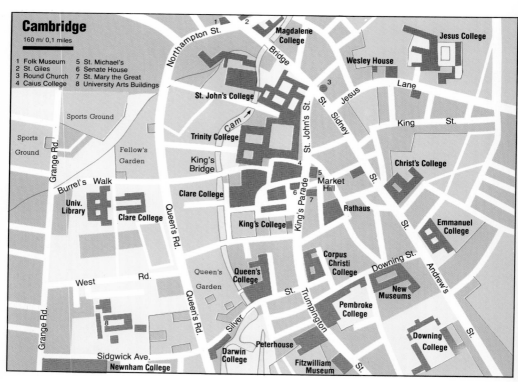

lich der Kreuzzüge errichtete, dem Heiligen Grab in Jerusalem nachgebildete **Holy Sepulchre Round Church**, eine von vier Rundkirchen Englands.

Die President's Lodge des hinter dem St. Catherine's College verborgenen **Queen's College** ist ein ungewöhnlicher, äußerst wackelig erscheinender Fachwerkbau. Erstaunlich stabil ist die ebenfalls hölzerne, 1749 ohne einen einzigen Nagel gebaute berühmte **Mathematician's Bridge**, die ein neugieriger Viktorianer 1867 zerlegte und ohne Eisenstifte nicht wieder zusammensetzen konnte.

Etwas außerhalb des Stadtzentrums an der Trumpington Road steht das älteste und traditionsreichste der Colleges, **Peterhouse**. Seine Gönner blicken aus ihren Bilderrahmen von den Wänden der dunklen und prächtigen Halle herab auf die an Tischen aus dem 17. Jahrhundert sitzenden Studenten. Das nebenan befindliche **Fitzwilliam Museum** besitzt eine spektakuläre Gemäldesammlung mit Werken von Turner, Tizian und Rembrandt sowie eine erlesene Auswahl von mittelalterlichen Handschriften ein-

schließlich der Originalfassungen von Blakes Gedichten. Ein Hafen der Ruhe sind die **Botanical Gardens** hinter dem Fitzwilliam. In der Castle Street gibt es ein reizendes **Folk Museum,** und die **Kettle's Yard Art Gallery** besitzt eine Sammlung moderner Werke.

Am besten mietet man sich von **Scudamore's Boatyard** am Ende der Mill Lane einen jener breiten Nachen und treibt gemächlich die „Backs" vom Charles Darwin's House zur Bridge of Sighs hinunter.

Die Marschen: Wie flach, matschig und durchweicht die Gegend um Yarmouth dem jungen Copperfield auch erscheinen mochte, noch flacher, matschiger und durchweichter ist das **Fenland**. Schon die Namen der Dörfer verraten es – Landbeach, Waterbeach, Gedney Marsh, Dry Drayton. Heirate niemals eine Frau aus dem Marschland, sagt das Sprichwort, denn du könntest in der Hochzeitsnacht entdecken, daß sie Schwimmhäute zwischen den Zehen hat. Jahrhundertelang versuchte niemand, die Sümpfe zu überqueren oder sich dort anzusiedeln. Heute

nten links: nbetung der önige von ubens im ing's Colege. Unten echts: Heinch VIII. lickt über as rinity Gate.

gehört dieser Boden zu den fruchtbarsten Landstrichen Englands.

Die Römer versuchten als erste, die 5200 Quadratkilometer große, sich von Lincoln bis Cambridge erstreckende Marsch trockenzulegen, doch gelang dies erst unter Charles I., als der holländische Ingenieur Vermuyden (1595-1683) Kanäle durch die Sümpfe legte und das Wasser mit 700 Windmühlen abpumpte. Doch nicht einmal er sah voraus, daß das Land anschließend bis zu drei Meter absacken würde. Nur in **Wicken Fen** (Beschilderung an der A10, 27 nördlich von Cambridge) bewahrt heute der National Trust ein kleines Gebiet der ursprünglichen Fens im einstigen Zustand, wobei mit einer Windmühle 240 Hektar Land bewässert werden.

Kurz vor Ely (25 Kilometer nördlich von Cambridge auf der A10) wird der unendlich weite Horizont durchbrochen von der das Fenland beherrschenden **Ely Cathedral** (1351) auf der nach dem Grundnahrungsmittel der Dorfbewohner benannten Isle of Eels. Aale erhält man zwar im Restaurant Old Fire Engine House in Ely nicht mehr, dafür aber Spezialitäten wie geräucherten Hechtauflauf, Spargel und Meerfenchel aus der Marsch.

Die hl. Aetheldreda wählte 673 die „Insel", eine Kuppe trockenen Landes, als Ort für eine Kathedrale aus. 400 Jahre später fand Hereward the Wake hier eine ideale Zufluchtsstätte vor der Verfolgung durch Wilhelm den Eroberer, bis die belagerten Mönche schließlich selbst den Männern Wilhelms den geheimen Pfad durch die Sümpfe zeigten und Hereward verrieten.

Ihre ungewöhnliche Lage und der einzigartige Laternenaufsatz des Vierungsturms, ein Oktagon aus Holz und Glas, das auf dem Hauptschiff ruht und ein Meisterwerk der Baukunst darstellt, machen die 1351 vollendete Kathedrale so großartig. Die Laterne reflektiert das Licht der untergehenden Sonne, während in der Nacht das Licht im Innern der Kathedrale das Glas zum Leuchten bringt.

Acht Kilometer nördlich von Ely überquert man auf der A1101 den Hundred **Die Laterne der Kathedrale von Ely.**

200

Foot Drain und gelangt zwischen Getreidefeldern auf beiden Seiten nach **Wisbech,** einem Marktflecken, der sich selbst als Hauptstadt der Fens bezeichnet. Southbrink und Northbrink, zwei eindrucksvolle georgianische Straßenzüge, zeigen den Wohlstand, den die Entwässerung der Marsch nach sich zog, und der Market Square ist voller Zeugnisse, die der Wohlstand hervorbrachte. Im ungewöhnlichen **Fenland Museum** finden sich Bilder aus der Blütezeit Wisbechs und die vollständige Einrichtung eines viktorianischen Postamtes.

Während Wisbech sein Aussehen infolge einer fehlenden wirtschaftlichen Entwicklung bewahrte, haben sich im nordöstlich an der Küste gelegenen **King's Lynn** Veränderungen ergeben. Seit dem Ende der fünfziger Jahre wurde hier viel umgebaut, auf den großartigen Plätzen des Dienstags- und Samstagsmarktes parken während des Rests der Woche Autos, und das Stadtzentrum rühmt sich einer gesichtslosen Einkaufsstraße. Um 1600 war King's Lynn der drittgrößte Hafen Englands, und das zum

Teil deutsche Aussehen mehrerer Stadtbezirke rührt von den einstigen Handelsbeziehungen mit den Hansestädten her. Viele der sehenswerten Gebäude liegen in den an den Ouse grenzenden Straßen, wobei die **King Street** das Herz der Altstadt bildet. Die flintsteinverkleidete **Guildhall** erhebt den Anspruch, das letzte erhaltene Gebäude in Großbritannien zu sein, in dem Shakespeare höchstpersönlich in einem seiner Stücke auftrat. Hier findet in der letzten Juliwoche das **King's Lynn Festival** statt. Gleich neben dem Marktplatz steht die **St. Margaret's Church** aus dem 13. Jahrhundert, deren Dach man 1977 von sage und schreibe acht Tonnen Taubendreck befreite. An ihrem Westportal eingekerbte Hochwassermarken erinnern an East Anglias Verwundbarkeit durch Überschwemmungen. Einen Besuch wert sind auch das von Henry Bell 1683 entworfene **Customhouse** und das zeitgenössische, höchst phantasievolle **Femoy Arts Centre.**

Kirchen in Hülle und Fülle: Norwich ist eine Ausnahme, da es sich trotz des wirtschaftlichen Erfolgs seinen Sinn für Geschichte bewahrt hat. Die Stadt besitzt für jede Woche des Jahres eine Kirche und für jeden Tag ein Pub, sagt man. Ein Blick auf diese überraschend hügelige Stadt, von welcher Seite auch immer, bestätigt dies. 32 mittelalterliche Kirchen stehen noch innerhalb der Stadtmauern, wenn auch einige mittlerweile weltlichen Zwecken dienen. **St. James'** ist ein Marionettentheater, aus einer Kapelle und einem Kaufhaus ging das **Elizabethan Theatre** am Maddermarket hervor und **St. Peter Hungate** am oberen Ende von Elm Hill beherbergt ein Museum für Kirchenkunst.

Norfolk ist stolz auf 119 runde sächsische Türme aus Flintstein, doch eignete sich der einheimische Stein nicht für den imposanten Bau von **Norwich Cathedral.** Das Material dafür schaffte man aus der Normandie heran, damit ihr Turm mit dem in Salisbury wetteifern konnte. Außer der Kathedrale und den **Cloisters,** dem schönen Kreuzgang, sind die **Cathedral Houses** im Dombezirk und die bis 1939 zur Überfahrt über den Wensum benutzte **Pull's Ferry** sehenswert. Der Tombland Square vor den Toren der

Norwich Castle Museum.

Kathedrale leitet seinen Namen vom angelsächsischen „toom", einem offenen Marktplatz, ab.

Die einst drittreichste Stadt Englands, in der im 18. Jahrhundert 30 000 Weber lebten, wurde von der industriellen Revolution übergangen, da sie keine leicht verfügbare Energiequelle besaß. Norwich wurde autark und profitiert heute von einem kontinuierlichen Wachstum mit verhältnismäßig geringer Arbeitslosigkeit, denn der Einzelhandel blühte hier, und Generationen begüterter Kaufleute trugen über Jahrhunderte zur **Stranger's Hall** bei, die heute ein bezauberndes Museum mit 23, in einer verwirrenden Stilvielfalt ausgestatteten Räumen ist. Die frühesten Teile des Hauses stammen aus dem Jahre 1320.

Die wohlhabenden Kaufleute von heute dokumentierten, daß sie nicht weniger freigebig sind: Das **Sainsbury Arts Centre** an der Universität, das mehrere Architekturpreise gewann, besitzt eine umfangreiche Kunstsammlung. Die Werke der von den Holländern beeinflußten impressionistischen Norwich School hängen im einfallsreich umgestalteten Bergfried im **Castle** (12. Jahrhundert).

Norwich bietet ausgezeichnete Einkaufsmöglichkeiten: Reich bestückte Antiquitätenläden säumen **Elm Hill,** und **Colman's Mustard Shop** in der Bridewell Alley verkauft Senf in allen nur erdenklichen Variationen und für jeden Zweck. Die Straße Elm Hill ist nicht so alt, wie sie aussieht; bis auf das Briton's Arms wurden alle Gebäude nach einem Feuer im 18. Jahrhundert wiederaufgebaut. Und auch die Ulme, die ihr den Namen gab, mußte mittlerweile durch eine Platane ersetzt werden.

Das Vogelparadies der Broads: Nordöstlich von Norwich zweigt die A1161 zu dem kleinen Dorf **Woodbastwick** ab. Hier umfängt den Besucher ländliche Stille. Nieselregen kräuselt die moordunklen Wasser der Marschen des Flusses Bure, und irgendwo steigt der krächzende Alarmruf eines Bläßhuhns auf, als das weiße Dreieck eines Seglers durch das braune Riedgras gleitet. Für den Vogelkundler ist der Winter auf den **Nor-**

Segeln bei Southwold in Suffolk.

folk Broads eine fesselnde Zeit, doch kommen die meisten Besucher erst mit der Sonne zu dieser Seenkette, die vermutlich aus mittelalterlichen, im Laufe der Jahrhunderte überschwemmten Torfgruben entstanden ist.

Die auf dem Landweg weitgehend unzugänglichen Broads erkundet man am besten auf einem der rund zehntausend Fahrzeuge, die es auf den 320 Kilometern schiffbarer Wasserwege gibt. **Wroxham** und **Horning**, beide am Bure, etwas abseits der A1151 gelegen, eignen sich besonders zum Mieten eines Bootes. Mit 20 Bootsverleihern mag Wroxham zwar quasi Hauptstadt der Broads sein, doch ist Horning mit den seine Hauptstraße säumenden strohgedeckten Häusern und den an Venedig erinnernden Anlegestellen reizvoller. Aus der ganzen Umgebung kommen Segler, um am hiesigen Wirtshaus zu einem beschaulichen Dämmerschoppen festzumachen.

Broadlands Conservation Centre in Ranworth.

Nur vom Wasser aus sieht man diese Landschaft aus Kirchtürmen, Windmühlen, Schilf und Segeln, die die Felder durchschneiden. Die hier *staithes* ge-nannten Anlegestellen in den Dörfern stammen aus der Zeit, als die meisten Waren auf dem Wasser transportiert wurden. Noch im frühen 20. Jahrhundert befuhren mit Zuckerrüben beladene Frachtsegler den Yare von Norwich bis zum Meer; einer dieser Kähne ist in Horning zu sehen.

In **Ranworth,** wo das **Broadlands Conservation Centre** zu Hause ist, hat man vom Turm der **St. Helen's Church** einen wundervollen Blick auf das Netz der Wasserwege. Ein Stück weiter den Bure abwärts stehen die durch den vor 200 Jahren angefügten Stumpf einer Windmühle verunzierten Ruinen der **St. Benet's Abbey**.

An manchen Stellen sind die Broads den Gezeiten unterworfen, und das leicht salzige Wasser zieht ungewöhnliche Vertreter der Tierwelt an. Bläßhühner, Reiher, Rohrdommeln und Schwalbenschwänze, die größte Schmetterlingsart des Landes, gibt es in diesen Riedgebieten. Seit kurzem haben sich einige aus einer nahen Pelzfarm entlaufene Sumpfbiber derart vermehrt, daß Naturschützer

sie als große Plage betrachten. Schlimmer aber ist das Verschwinden des pflanzlichen Lebens von den Wassern fast aller Broads im Laufe der letzten Jahrzehnte. Manche machen die Verwendung von Kunstdünger in der Landwirtschaft, damit das Ansteigen des Nitratgehalts im Wasser dafür verantwortlich, doch ist die Ursache noch ungeklärt.

Küstenstädte: Die See gibt vieles, aber nimmt auch von den Küsten East Anglias. In North Norfolk liegen heute **Cley** und **Wells-next-the-Sea** fast zwei Kilometer vom Meer entfernt, während in Suffolk **Dunwich,** einst eine Stadt mit Kirchen, Klöstern und Spitälern und Bischofssitz, ganz und gar verschwunden ist. Im Jahre 1326 riß ein einziger Sturm 400 Häuser mit sich fort, und Jahr für Jahr rückt der letzte Grabstein im Kirchhof von All Saints' näher an die abbröckelnden Klippen heran.

Um 1885 veröffentlichte die Great Eastern Railway Company ein Buch unter dem Titel *Holiday Haunts in East Anglia.* Ein neues Eisenbahnnetz erschloß damals ein Dutzend Erholungsorte an der sonnigen Küste. Heute jedoch, da viele Bahnstrecken stillgelegt sind und die Engländer verstärkt ins Ausland reisen, kommen nur noch wenige Urlauber an die ostenglische Küste. Einige der kleineren Badeorte sind nahezu vergessen und haben so ihre viktorianische Atmosphäre bewahrt, wie **Sheringham** und **Cromer** an einem von Winterstürmen gepeitschten Küstenstrich in North Norfolk. Allein 1855 und 1856 gab es hier 500 Schiffsunglücke. Heute noch besitzt fast jedes Dorf sein eigenes Rettungsboot, das mit einem Traktor auf die Klippen gezogen wird. Berühmt ist das Rettungsboot von Cromer, mit dem Henry Blogg, der 53 Jahre lang der Besatzung angehörte, 873 Menschen das Leben retten half.

Nach wie vor beliebt bei Touristen ist das etwa in der Mitte der Küste East Anglias gelegene **Great Yarmouth.** In seinem Hafen, der heute voller Versorgungsschiffe für die Ölindustrie vor der Küste ist, ging es einst geschäftig zu bei der Ankunft der Heringsschwärme und der ihnen nach Süden folgenden schotti-

Seniorentreff in Great Yarmouth.

schen „Heringsmädchen", die den Fisch säuberten und verpackten. Mit Heringen zahlten im 11. Jahrhundert Fischer ihre Steuern. Als die Heringsindustrie in den dreißiger Jahren zum Erliegen kam, verkaufte sich Yarmouth an die Touristen – mit allen negativen Folgen: Die Fish-and-Chips-Buden verkaufen nur noch Chips, und sogar der goldene Sandstrand ist zum großen Rummelplatz verkommen und wird von den Aufbauten der Rutschen und Achterbahnen richtiggehend verschandelt.

Yarmouth hat sich so verändert, daß 1969 der „David Copperfield"-Film im 32 Kilometer südlich gelegenen **Southwold** gedreht werden mußte, einem gepflegten Ferienort, dem noch die Würde und Kultiviertheit eignet, die dem heutigen Yarmouth abhandengekommen ist.

Southwold ist die Heimat der **Adnams,** einer traditionsreichen Brauerfamilie starker Biere. Pferd und Karren der Brauerei besorgen noch Auslieferungen am Ort. In der herrlichen Kirche im Perpendicular-Stil läutet eine Gestalt in voller Rüstung, Southwold Jack genannt, die Gottesdienste ein, indem sie mit dem Schwert eine Glocke anschlägt.

Trotz der Vorherrschaft des Tourismus besitzt Southwold einen der wenigen Häfen an einer Flußmündung, die noch von Fischern benutzt werden. Außerdem dürfte man hier auf die billigste Passagierfähre des Landes stoßen, die nach **Walberswick** übersetzt, einem hübschen Dörfchen, das von Malern bewohnt wird.

Musenküsse: Jenseits der breiten Mündung des Blyth führt ein lohnender, wenn auch langer Wanderweg nach **Aldeburgh,** dem Fischerstädtchen, das der Komponist Benjamin Britten (1913-76) zu seiner Heimat erkor und das aufgrund des seit 1948 jeden Juni stattfindenden zweiwöchigen Musikfestivals berühmt wurde. Aldeburgh ist auch der Geburtsort von George Crabbe (1754-1832), dessen Gedichte Britten zu diversen Vokalwerken anregten. Crabbe haßte das harte Leben in der Fischergemeinde, und es entbehrt nicht der Ironie, daß indirekt auch Crabbe dazu beitrug, daß die heute im Trend liegende Stadt sich ein kulti-

Aldeburgh, Suffolk.

viertes Flair zugelegt hat – leider 150 Jahre zu spät für den Dichter.

40 Kilometer südwestlich von Aldeburgh liegt **Ipswich**, das böse Zungen einst als eine Wagenladung bezeichneten, die vom Lastwagen gefallen sei, und nicht allzu viel zu bieten hat außer einem viktorianischen Hafenviertel voller Atmosphäre (authentisch mit Leuchtschiff und Segellastkähnen) am River Orwell, der dem Verfasser des utopischen Romans *1984* den Namen gab. Bekannter ist jedoch der Stour, an dessen Zusammenfluß mit dem Orwell die Nordseehäfen **Harwich** und **Felixstowe** liegen.

Land des Malers: Durch das Werk eines äußerst beliebten britischen Malers ging der Stour in die Geschichte ein. Sein Tal in Suffolk wird mit vollem Recht **Constable Country** genannt. John Constable malte den Fluß, die Bäume und Dörfer mit einer Liebe, die diese Landschaft auch jenen vertraut gemacht hat, die nie hier gewesen sind. Der Künstler wurde 1776 in dem stattlichen Dorf **East Bergholt** geboren, wo heute noch die Glocken des niemals vollendeten Kirchturms in einem Schuppen auf dem Friedhof lagern (an der A12 zwischen Ipswich und Colchester). Den Hügel hinab, in **Flatford,** war sein Vater Mühlenbesitzer; Constable ließ diesen Ort seiner Kindheit in dem Gemälde *Der Heuwagen* wiedererstehen, das ihm so viel bedeutete, daß er sogar seine Hochzeit verschob, um das Bild zu beenden. Ein weiteres Lieblingsmotiv waren die Wassermühlen von **Stratford St. Mary.**

Das einige Kilometer flußaufwärts am Ufer des Stour gelegene Dorf **Dedham** hat sich kaum verändert. Die klassizistische Häuserfassade gegenüber der Kirche blieb zwar unangetastet, dennoch lebt man hier keineswegs hinter dem Mond, denn einer der Kirchenstühle ist immerhin mit Plaketten geschmückt, die an die Mondlandung 1969 erinnern.

Woll-Eleganz: Noch unverdorbener als Dedham präsentieren sich die Dörfer landeinwärts. Viele der Fachwerkhäuser in **Kersey, Hadleigh** und **Lavenham** stammen aus dem frühen 16. Jahrhundert. Hier ist das Land der Wolle und des Wollhandels, und diese Dörfer waren

East Bergholt, Geburtsort John Constables.

206

nach der normannischen Eroberung 700 Jahre lang bekannt und wohlhabend. Die reichen Besitzer der Manufakturen lebten in großen Herrenhäusern und beteten in herrlichen, mit ihren Gewinnen erbauten Kirchen. Schöne Beispiele finden sich in **Long Melford,** nördlich von Sudbury. Unter den Tudorhäusern des Dorfes mit ihren Türmchen und Wassergräben ragen **Melford Hall** und **Kentwell Hall** hervor.

Während Fachwerkhäuser den Dörfern ihre Schönheit verleihen, dominiert in **Bury St. Edmunds,** der Bischofsstadt dieses Bezirks, der Stein (an der A45 zwischen Ipswich und Cambridge). Schon Thomas Carlyle lobte das freundliche Erscheinungsbild dieser „blühenden Backsteinstadt", die auch heute alles andere als rückständig ist. In den engen Straßen um den **Buttermarket** herrscht ebenso drangvolle Enge wie in der **Nutshell,** dem angeblich kleinsten Pub Englands.

Das im 12. Jahrhundert erbaute **Moyse's Hall Museum,** das in der Gegend gefundene bronzezeitliche und sächsische Gegenstände zeigt, gilt als das älteste normannische Haus in East Anglia. Keinen Beweis gibt es jedoch dafür, daß es das Haus eines jüdischen Kaufmanns oder eine Synagoge gewesen ist. Im Stadtzentrum liegt die wunderschöne **Market Cross Gallery,** ein Gebäude von Robert Adam mit wechselnden Ausstellungen.

Der Glanzpunkt Burys aber sind die alte **Abbey** und die **Cathedral.** Unterhalb der im 12. Jahrhundert erbauten Kathedrale liegen die Reste der im 7. Jahrhundert gegründeten Abtei, die zu einem bedeutenden Wallfahrtsort aufstieg, nachdem um 900 hier der letzte, von den Dänen getötete König East Anglias, Edmund, bestattet worden war. 1214 schwor eine Gruppe von Baronen vor dem Altar, gegen König John die Waffen zu erheben, falls er sich weigern sollte, sein Siegel unter die Magna Charta zu setzen. Ein Jahr später unterzeichnete er, und noch heute feiert Bury dieses Ereignis und Edmunds Beisetzung mit dem Leitspruch: Heiligengrab eines Königs, Wiege des Rechts.

Bury St. Edmunds.

Die Grafschaften **Kent** und **Sussex** im Südosten Englands liegen südlich der Themsemündung zwischen London und dem Kanal, nur 115 Kilometer von der Hauptstadt entfernt. Daher kann man von London aus in einem Tagesausflug spielend alle Orte erreichen, insbesondere die historischen Zentren Canterbury, Rye, Brighton und Chichester, die man am besten zu Fuß erkundet.

Von der Londoner Ringstraße M25 führt die M23 in Richtung Süden nach Brighton, dem wichtigsten Badeort in Sussex, während man auf der M2 und M20 die Kanalhäfen Folkestone und Dover in Kent erreicht. Zugverbindungen gibt es ab Victoria Station und Charing Cross Station.

Im Jahre 1875 stellte Captain Matthew Webb unter Beweis, daß man die 34 Kilometer zwischen der Küste Kents und Frankreichs schwimmend zurücklegen kann, wozu er 21 Stunden und 45 Minuten brauchte. Diesen kürzesten Weg nahmen auch sämtliche Invasoren wie Römer, Angeln, Sachsen und Normannen, die letzten Eroberer Großbritanniens, die mit ihrer siegreichen Schlacht bei Hastings das Jahr 1066 in die Geschichtsbücher eingravierten. Man baute Türme, Burgen und Befestigungen, um den späteren Angriffen der Spanier und Franzosen, in diesem Jahrhundert dann auch der Deutschen zu trotzen, wohingegen in Chichester und Chanterbury, den spirituellen Zentren und Pilgerorten Englands, Kathedralen entstanden.

Die beiden Grafschaften besitzen eine gemeinsame geologische Struktur, wobei alle Schichten in ost-westlicher Richtung verlaufen und spiegelbildlich in den North Downs in Kent sowie den South Downs in Sussex erscheinen. Auf relativ engem Raum finden sich spektakuläre Landschaften wie die weißen Klippen von Dover und Beachy Head oder die South Downs selbst, die der naturalistische Schriftsteller Gilbert White als „majestätische Gebirgskette" rühmte.

Auf den Downs weiden seit jeher Schafe. Weald ist ein ausgezeichnetes Obstan-

baugebiet, in dem vorwiegend Äpfel, seit einiger Zeit aber auch Trauben für die englischen Weißweine angebaut werden, da dieses Kalkgebirge die gleiche geologische Zusammensetzung wie die Champagne aufweist. Einst kamen die Bewohner des Londoner East Ends in den Ferien zur Hopfenernte hierher. Heute gibt es nur noch knapp 50 Hopfenfarmen, die Ranken sind häufig nur noch Dekorationsstücke für's Pub.

Sussex rühmt sich zu Recht seiner Küste, und Kent ist, wie schon Dickens' Mr. Jingle feststellte, für „Äpfel, Kirschen, Hopfen und Frauen" bekannt. Zusammen bieten die beiden Grafschaften alles, was das Herz begehrt: Liegestühle an einem sonnigen Strand, Höhen- oder Wattwanderungen sowie reichlich Gelegenheit, Ruinen, Kirchen und Landsitze zu besuchen und Kunst und Architektur zu genießen.

König Knuts Küste: Im Westen liegt die Stadt **Chichester.** Die Turmspitze der Kathedrale erhebt sich wie ein lockender Finger über die typisch englisch-ländliche Kapitale mit bemerkenswerten Häu-

Vorherige Seiten: Altes Reetdach in der Gegend von Kent.
Links: Kalkfelsen der South Downs bei Beachy Head.
Rechts: Dachdecker aus Sussex.

sern im georgianischen Stil. Dahinter liegen die **South Downs**, und die Buchten und Marschen des Hafens berühren fast die Stadtmauern.

Der 70 Meter hohe Kirchturm aus dem 14. Jahrhundert, übrigens der einzige Englands, der vom Meer aus zu sehen ist, mußte 1861 nach einem verheerenden Sturm neu aufgebaut werden. Im Inneren der Kathedrale überraschen die modernen Altarteppiche von John Piper (geb. 1903). Man findet feine Schnitzereien und Reliefarbeiten, von denen das bemerkenswerteste Kunstwerk aus dem 12. Jahrhundert die Erweckung des Lazarus im südlichen Seitenschiff des Chores darstellt.

Das **Market Cross** aus dem 15. Jahrhundert zählt zu den schönsten Marktkreuzen des Landes. Die Stadt bietet schöne, teilweise sehr alte Pubs mit Unterkunft, etwa das Dolphin und das Anchor in der West Street und The Ship in der North Street. Nördlich der Stadt liegt im Oakland's Park das kreisförmige **Festival Theatre**, dessen erster Direktor Sir Laurence Olivier war.

In Chichester selbst findet man nur noch wenige Überreste des römischen Walls, aber in **Fishbourne**, einen guten Kilometer weiter westlich, entdeckte man 1960 die größte römische Villa Englands mit phantastischen Mosaiken. Durch die Rückbildung des Flußdeltas entstanden im Hafen Chichesters unzählige kleine Buchten, deren schönste bei **Bosham** liegt (Hafenrundfahrten von **Itchenor** aus).

Hier verwirrte König Knut der Große (994-1035), Herrscher von England, Dänemark und Norwegen, seinen Hofstaat, da nicht einmal er den Wellen Einhalt gebieten konnte. Seine Tochter ist in der auf dem berühmten Wandteppich von Bayeux dargestellten Kirche bestattet.

Fährt man von Chichester aus die South Downs aufwärts, gelangt man zur Pferderennbahn und dem Landsitz von **Goodwood**. Auf dem Gipfel liegt die Hügelfestung von Trundle, die einen wundervollen Ausblick bietet, bevor man dann nach **Singleton** und zum **Weald and Downland Museum** hin-

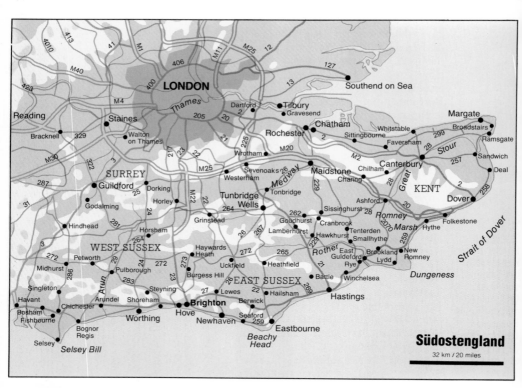

Südostengland

32 km / 20 miles

212

unterfährt. In diesem Freilichtmuseum kann der Besucher wiederaufgebaute Bauernhäuser aus verschiedenen Epochen besichtigen.

Fährt man auf der A286 neun Kilometer weiter nach Norden, erreicht man den alten Marktflecken **Midhurst**. Dort kann man rechts auf die A272 abbiegen und kommt nach weiteren neun Kilometern nach **Petworth**. Enge, verwinkelte Straßen säumen die Mauern eines Herrenhauses aus dem 17. Jahrhundert. **Petworth House**, Sitz der Percys, Earls of Northumberland, besitzt einen von Capability Brown entworfenen Wildpark und eine einzigartige Kunstsammlung mit Werken Turners, der hier 1810 und 1830 malte, sowie eine eindrucksvolle Schnitzerei Grinling Gibbons.

Unterhalb des Zusammenflusses von Rother und Arun liegt **Pulborough,** die für Arundel-Seebarbe und Amberley-Forelle berühmte Fischereihauptstadt von Sussex. **Amberleys** Burg überblickt die weißgekalkten Cottages und Strohdächer des unverfälschten Dorfes. **Parham,** östlich des Flusses, ist ein versteckt

gelegenes, sorgfältig restauriertes Tudorherrenhaus.

Eierlegender Lord: Dort, wo der Arun die South Downs verläßt, findet man das von der imposanten Burg der Herzöge von Norfolk und Oberhofmarschälle Englands beherrschte **Arundel.** Burg und Kirchen – eine davon die einzige Simultankirche des Landes für Anglikaner und Katholiken – wirken mehr französisch als englisch. Leider machte der Wiederaufbau im 19. Jahrhundert aus der Burg eine – wenn auch mit großem Pomp sich darbietende – Nachbildung, die vor allem vom Swanbourne Lake aus prächtig anzusehen ist. Einige der einst den Bergfried bewohnenden Eulen trugen die Namen berühmter Leute, und so meldete der Diener: „Euer Gnaden, Lord Thurlow hat ein Ei gelegt." Lord Thurlow, die Eule, starb 1859.

Die dahinterliegenden Downs, von früheren Völkern der Ebene vorgezogen, sind übersät mit Hügelfestungen, Flintsteinminen, Grabhügeln und Pfaden, die schon 2000 Jahre vor den Römern benutzt wurden. Amberley besitzt bei der

Arundel Castle, West Sussex.

Houghton Bridge ein **Kalksteinbruch-museum,** die Hügel von **Chanctonbury** mit einem Buchenwäldchen und **Cissbury**, 15 Kilometer weiter östlich, lohnen einen Aufstieg. Diese Sehenswürdigkeiten liegen am **South Downs Way**, einem 130 Kilometer langen Wanderweg von **Eastbourne** nach **Petersfield** in Hampshire.

Brighton: Die Geschichte **Brightons** ist die einer armen Fischerstadt, die der Rat eines Arztes zum bekanntesten Seebad des Landes machte. Dr. Richard Russell aus Lewes verschrieb seinen Patienten Meerbäder und eröffnete unter der Schirmherrschaft des damaligen Prinzen von Wales und späteren Königs George IV. eine Badeanstalt. Und die Londoner Gesellschaft kam. Das Landhaus am Old Steine, in dem der Prinz 1785 wohnte, wurde 20 Jahre später von John Nash zum **Royal Pavilion** umgebaut, einem phantastischen Palast, ganz im indischen Mogulstil gehalten. Hier finden Ausstellungen und Konzerte statt.

Gleich nebenan laden die **Lanes** zur Jagd auf Antiquitäten ein. Hier findet man alte Pubs, Weinlokale und günstige Restaurants wie das Food For Friends in der Prince Albert Street, die besonders bei Studenten sehr beliebt sind. Plätze, Häuserzeilen und sichelförmige Straßenzüge mit Stuckfassaden erstrecken sich bis ins moderne Hove und nach Osten bis Kemp Town.

Die weißen Klippen hinter **Brighton Marina** fallen zu jener Schlucht hin ab, die landeinwärts nach **Rottingdean** mit Dorfanger und Teich führt. Gegen Ende des 19. Jahrhunderts lebten in dieser Künstlerkolonie unter anderen Sir Edward Burne-Jones und Rudyard Kipling.

Lewes, die Hauptstadt von Ost-Sussex, liegt nordöstlich von Brighton. Die geschichtsträchtige Stadt war seit den Zeiten der Sachsen Schauplatz vieler Schlachten. Vom Torvorwerk und der normannischen Festung zur Regency Court Hall und der Victorian Town Hall fällt die High Street steil zum Fluß ab. Im **Bull House** lebte von 1768 bis 1774 Thomas Paine, Autor des Buches „Die Rechte des Menschen". In derselben Straße wurden während der Religionskriege

Brighton Pavilion, East Sussex.

214

zehn Männer und Frauen auf dem Scheiterhaufen verbrannt. Die A27 nach Eastbourne führt nahe am **Glyndebourne**, John Christies berühmtem Opernhaus, vorbei. An dieser Strecke liegt auch das **English Farm Cider Centre**, wo man hundert verschiedene Apfelweinsorten sowie eine große Auswahl an landwirtschaftlichen Produkten probieren kann.

Das Gebiet südlich der Autobahn könnte man als ländliches Bloomsbury bezeichnen. Leonard und Virginia Woolf lebten ab 1919 im Monk's House zu **Rodmell**. 1941 ließ Virginia Woolf in den Fluten des nahegelegenen Ouse ihr Leben, ihr Mann starb 1969. Ihre Schwester Vanessa Bell lebte mit Duncan Grant ein paar Kilometer weiter in einem von Mauern und einem verwilderten Garten umgebenen Bauernhaus in **Charleston**. Das Ehepaar war für die Innendekorationen der Kirche im nahegelegenen **Berwick** verantwortlich.

Folgt man von Berwick aus dem Lauf des Cuckmere in Richtung Süden, gelangt man nach **Alfriston**, wo neben der Kirche das strohgedeckte Old Clergy House und einige alte Schmugglerkneipen zu sehen sind. Vorbei an den „Seven Sisters" genannten Kreidefelsen kommt man zum **Beachy Head**, der höchsten Klippe der Südküste, und schließlich nach Eastbourne.

Land des Eroberers: Pevensey, die gleichnamige Ebene östlich von Eastbourne, besitzt das bedeutendste römische Bauwerk in Sussex. Die Befestigung war jedoch nicht stark genug, um im Jahre 1066 den Einfall von Wilhelm dem Eroberer zu verhindern, der allerdings erst 16 Kilometer weiter landeinwärts auf Harold von England traf. Wilhelm kennzeichnete die Stelle, an der Harold, das Auge von einem Pfeil durchbohrt, fiel, indem er als Dank den Hochaltar der Abteikirche von **Battle** baute. Ein imposantes Eingangstor aus dem 14. Jahrhundert führt zu den Ruinen der Abtei. Auch das **Buckleys Museum of Shops** lohnt einen Besuch.

Der Ort, an dem sich Wilhelm für die Schlacht rüstete und nach dem die Begegnung benannt wurde, liegt neun Kilometer südöstlich von Battle. Die Ruine

Am Strand vom Eastbourne.

der normannischen Festung von **Hastings** liegt auf einem von Höhlen durchsetzten Berg, der die Abenteuer der Schmuggler wieder lebendig werden läßt. Ein Belagerungszelt im Inneren erzählt noch von der Geschichte der Schlacht. Jahrhundertelang war Hastings nur ein kleines Fischerdorf. Erst als im 18. Jahrhundert das Baden in Mode kam, erwachte es zu neuem Leben. Am Stade stehen noch die bizarren Netzspeicher der Fischer in Form hoher, geteerter Holzschuppen.

Östlich davon liegt **Winchelsea**, eine Stadt, die Edward I. 1283 für den Weinhandel mit Bordeaux gründete. Gleich dem benachbarten **Rye** hatte die Stadt sowohl unter den Fluten als auch unter den Franzosen zu leiden und verlor ihren Hafen am Meer. Edward III. umgab Rye mit Mauern und Toren, von denen **Landgate Tower** und **Ypres Tower** neben vielen alten Fachwerkbauten die Zeit überdauerten. Die Kirche besitzt die älteste Turmuhr Englands. Das **Mermaid Inn** in der gleichnamigen Straße, ein um 1500 errichtetes Gebäude, wirkt derart authentisch, daß man sich in elisabethanische Zeiten zurückversetzt fühlt. Henry James bewohnte das **Lamb House**. Heute ist Rye eine Keramikstadt mit einer sehr aktiven Künstlerkolonie, deren Werke im Stormont Studio in der East Street und in den Easton Rooms in der High Street zu besichtigen sind.

Von Rye verläuft das Land flach durch die weite Ebene von **Romney Marsh**, ein sonderbares, gespenstisch anmutendes Gebiet, in dem eine ganz spezielle Schafgattung, Sumpfpflanzen und Watvögel wie beispielsweise der Kentsche Regenpfeifer leben. Entlang der Küste verläuft eine kleine Eisenbahnlinie von **Hythe** bis in die Nähe des Kraftwerks bei **Dungeness**. Vom Flughafen in **Lydd** erreicht man mit kleinen Passagierflugzeugen in nur zwölf Minuten Le Toquet in Frankreich.

Der Weald: Fährt man von Rye aus auf der B2082 wieder ein Stück zurück in Richtung der weißen, schindelgedeckten Stadt **Tenterden** mit ihrer kleinen historischen Eisenbahn, kommt man zum **High Weald**. Gleich vor der Stadt

Das malerische Städtchen Rye.

Smallhythe, einstmals an einem Tiden-
fluß gelegen, steht ein Herrenhaus aus
dem 15. Jahrhundert, in dem die englische Schauspielerin Ellen Terry (1847-
1928) lebte.

Das westlich davon gelegene Gebiet
kam eigentlich erst durch die flämischen
Weber zu Reichtum, insbesondere die
Gegend um die Stadt **Cranbrook**, deren
Bild von einer weißen Windmühle und
der St. Dunstan Kirche, auch „Kathedrale
von Weald" genannt, beherrscht wird.
Hier schrieb Daniel Defoe 1719 den
Robinson Crusoe.

Während des Siebenjährigen Krieges
bewachte der 23jährige Edward Gibb-
son, späterer Verfasser der „*Geschichte
des Verfalls und Untergangs des Römischen Reichs*", französische Gefangene
im drei Kilometer entfernten **Sissinghurst Castle**. 1930 kaufte Vita
Sackville-West (1892-1962), Dichterin
und leidenschaftliche Gärtnerin, mit ihrem Ehemann Harold Nicolson das aus
dem 16. Jahrhundert stammende, damals völlig verfallene Schloß. Das Ehepaar legte auf dem Grundstück einen

wunderschönen Garten an, der zu den
meistbesuchten Gärten Englands zählt.

14 Kilometer westlich liegt das friedliche **Goudhurst**, wo sich 1747 die Bürger
in der Kirche verschanzten, während sich
die Schmuggler aus dem nahegelegenen
Hawkhurst und die Bürgerwehr im
Kirchhof eine regelrechte Schlacht lieferten. Die Stadt mit ihren Fachwerkhäusern bietet nach Süden einen phantastischen Ausblick auf Hopfen- und Obstan-
baugebiete sowie lohnenswerte Aus-
flugsziele in der näheren Umgebung.
Bodiam Castle südlich von Hawkhurst
ist eine klassische, von einem riesigen
Wassergraben umgebene Befestigung,
wohingegen **Scotney Castle** acht Kilometer südwestlich wie ein liebliches Gemälde in der Tradition des 18. Jahrhunderts wirkt.

Nördlich der Burg liegt an der Hauptstraße A21 **Lamberhurst**, das zu Zeiten
von Königin Elizabeth I. Zentrum der
Eisenindustrie des Weald war. Hier wurden die Gitter der Londoner St. Paul's
Kathedrale gegossen und, wie Gerüchte
behaupten, auch die Kanonen für die

**Feierabend
mit Hut und
Hund.**

Schiffe der spanischen Armada. Eines der modernsten Weinbaugüter Englands ist Ridge Farm, deren Weinkeller man von Mai bis Oktober besichtigen kann.

Trinkkuren: Nördlich von Lamberhurst liegt an der A21 auf halber Strecke zwischen London und Hastings **Royal Tunbridge Wells**, ein bevorzugter Ort erzreaktionärer Militärs a. D., die dort ihre entrüsteten Leserbriefe an die Times verfassen. Die Geschichte des Ortes beginnt mit dem Jahre 1606, als Lord North hier eine Quelle entdeckte. Seit dieser Zeit kommt man hierher, um das eisenhaltige Wasser aus den Brunnen an den **Pantiles** zu trinken. Der Name dieser in Terrassen angelegten Promenade mit Geschäften in einem Kolonnadengang kommt von der teilweise noch erhaltenen Pflasterung mit Pfannenziegeln aus dem Jahre 1638. Als Henrietta Maria, die Gemahlin von Charles I., diesen Ort besuchte, kampierte sie noch in einem Zelt. Das ehemalige Wohnhaus des Romanautors William Thackeray in der London Road ist inzwischen ein Restaurant, das einen sehr guten Ruf genießt.

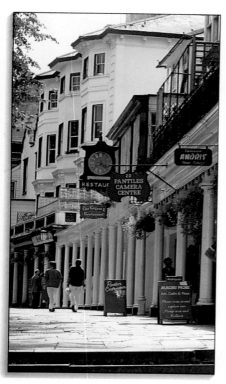

Die nahegelegenen Sandsteinfelsen **Toad Rock** und **High Rocks** sind ein Anziehungspunkt für Romantiker und Kletterer. Kents schönstes mittelalterliches Herrenhaus ist **Penshurst Place**, ein Gebäude aus dem Jahre 1340, das Wohnsitz des Viscount De L'Isle und später zwei Jahrhunderte lang Sitz der Sidneys war, deren berühmtester Sproß der elisabethanische Soldat und Dichter Sir Philip Sidney war.

Ein paar Kilometer westlich davon liegt **Hever Castle**, das Vaterhaus Anne Boleyns. Nach ihrer Hinrichtung nahm Henry VIII. Hever ein und ermordete auch ihren Bruder. Der amerikanische Millionär William Waldorf Astor (1848-1919) legte einen See und einen Park an, dessen Blumenbeete an die Zeit der Tudors erinnern.

Fährt man auf der B2026 16 Kilometer nach Norden, erreicht man **Westerham**. Auf dem Dorfanger stehen die Statuen Churchills und General James Wolfes, der 1759 die Franzosen aus Quebec vertrieb und im **Quebec House** am Fuße des Hügels seine Kindheit verbrachte. Erinnerungsstücke an ihn findet man auch im **Squerryes Court**, einem Herrenhaus aus dem 17. Jahrhundert, das unmittelbar außerhalb des Dorfes liegt. Gleich südlich davon liegt **Chartwell**, wo Churchill von 1924 bis 1965 lebte. Viele Besucher kommen hierher, um sein weitgehend unverändertes Wohnhaus und insbesondere sein Atelier, in dem noch viele seiner Gemälde hängen, zu besichtigen.

Acht Kilometer weiter auf der A21 in Richtung Osten erreicht man **Sevenoaks**, an dessen Stadtrand **Knole**, eines der größten Privathäuser Englands, liegt. Das Gebäude war zunächst Wohnsitz des Erzbischofs von Canterbury, wurde später von Henry VIII. beschlagnahmt und schließlich von Elizabeth I. an Thomas Sackville übergeben, der es ausbaute. Es finden sich 365 Zimmer, 52 Treppen und sieben Innenhöfe. Man kann hervorragende Portraits der Sackvilles von Gainsborough und van Dyck sowie seltene Möbel besichtigen. Besonders faszinierend ist das gotische Vogelhaus im 400 Hektar großen Wildpark. Drei Kilometer weiter südlich liegt auf der anderen Seite der A21

Die Pantiles in Turnbridge Wells.

das aus dem 14. Jahrhundert stammende **Long Barn**, das Geburtshaus von William Caxton (1422-91), dem ersten Buchdrucker Englands. Hier lebten auch Sir Harold Nicolson und Vita Sackville-West, bevor sie nach Sissinghurst zogen.

Fährt man von Sevenoaks zehn Kilometer auf der A25 in Richtung Osten, kommt man zum **Ightham Mote** bei Ivy Hatch, einem besonders gut erhaltenen, von einem Wassergraben umgebenen mittelalterlichen Landsitz. Kents größter Stolz liegt jedoch im Osten der Grafschaft, zehn Kilometer nördlich von **Maidstone**: **Leeds Castle**, das Märchenschloß der englischen Könige des Mittelalters, das auf Inseln inmitten eines Sees steht. Im dazugehörigen, 200 Hektar großen Park, einem beliebten Ausflugsziel, finden im Sommer Konzerte statt.

Dickens überall: Maidstone liegt am Medway, der 16 Kilometer weiter im Norden zwischen **Rochester** und **Chatham** in die Themse mündet. In 11 Ordnance Terrace, Chatham, verbrachte Charles Dickens einen Teil seiner Jugend, als sein Vater bei der Marine war. Bei Rochester erhebt sich über dem Fluß eine normannische Festung, auf der alljährlich ein Dickens-Festival veranstaltet wird. Weitere Spuren des Schriftstellers findet man im Hotel Bull & Royal Victoria, das in den *Pickwick Papers* als „gute Adresse mit schönen Betten" gelobt wird, sowie im **Eastgate House**, wo das Chalet von Gad's Hill, in dem er von 1857 bis zu seinem Tod im Jahre 1871 lebte, wiederaufgebaut wurde.

Chatham, lange Zeit Englands modernste Schiffswerft, hat seine Vorreiterrolle weitgehend eingebüßt. Die alten Anlagen sind jedoch noch immer sehr eindrucksvoll. Von Chatham führt die A2 in Richtung Osten zwischen den North Downs und den sandigen Küsten nach **Sittingbourne** und **Faversham**, einer attraktiven Stadt, die gegenüber der Insel Sheppey liegt. In vergangenen Jahrhunderten gab es hier Pilgerwege, auf denen auch Chaucer's Häufchen vom Tabbard Inn in Southwark zu Fuß bis nach **Canterbury** zog.

er Festsaal on Knole.

Christliches Canterbury: Canterbury ist die Wiege des englischen Christentums, und das Conqueror's Castle, die Kathedrale und Thomas Beckett's Shrine waren jahrhundertelang das Mekka der Pilger. In St. Margaret's Street verspricht der **Canterbury Pilgrim's Way** ein „mittelalterliches Abenteuer", genauso wie es damals ein paar Protagonisten Chaucers erlebten.

Trotz der deutschen Bombenangriffe von 1942 blieb der mittelalterliche Charakter der Stadt weitgehend erhalten. In den engen Straßen gibt es viele gute Pubs. Die Kathedrale selbst zeugt von verschiedenen Stilepochen. Ihr ältester Teil ist die Krypta aus der Zeit um 1100, doch finden sich Spuren aus noch früherer Zeit. Die erste Kirche am Ort gründete im Jahre 597 der heilige Augustinus, der von Gregor dem Großen den Auftrag bekommen hatte, die Engländer zu bekehren. Sie rückte nochmals ins Licht der Aufmerksamkeit, als man Erzbischof Thomas Becket hier nach seiner Ermordung im Jahre 1170 heiligsprach. Das prächtige Hauptschiff wurde um 1400 neu erbaut, der **Bell Harry Tower** ein Jahrhundert später hinzugefügt. Die bezaubernden Glasmalereien können sich durchaus mit den besten Arbeiten Frankreichs messen.

Zu den weiteren Sehenswürdigkeiten Canterburys gehören die Reste der römischen Mauer, die einstmals die ganze Stadt umgaben. Als sich die Römer 43 n.Chr. in Canterbury niederließen, wurde die Stadt zu einem Handelszentrum zwischen London und Europa. Ihre ungeschützte Lage ließ die Stadt Opfer zahlreicher Plünderungen werden. 851 fiel sie in die Hände der Wikinger, 1011 in die der Dänen. Erst die Normannen befestigten die Stadt mit einer Mauer, von der heute nur noch wenig erhalten ist.

Eine Besichtigung lohnen die freigelegten Fundamente der **St. Augustine's Abbey** in der Nähe des Geländes des **St. Augustine's College,** das heute anglikanische Geistliche ausbildet. Weiter östlich an der Longport Street liegt die schon vor Augustinus genutzte **St. Martin's Church.** Im 4. Jahrhundert standen hier die Villen reicher Römer, von denen noch einige Reste zu sehen sind.

Canterbury ist Ziel zahlloser Pilger.

Die verkehrsreiche Straße nach London führt heute durch das einzige erhaltene Stadttor, das am Stour gelegene **Westgate** mit seiner Zugbrücke. Lange Jahre diente es als Gefängnis, wurde dann aber im Jahre 1906 in ein Museum umgewandelt. In der Stour Street befindet sich das bedeutende **Heritage Museum** .

Tagesausflüge: Zwischen Canterbury und **Whitestable** – von wo schon die Römer ihre Austern bezogen – fuhr 1839 Englands erste Dampfeisenbahn, die Personen beförderte. Hier, an der Nordküste Kents, wo Somerset Maugham (1874-1965) bei seinem Onkel lebte, als er die King's School in Canterbury besuchte, bekommt man in holzverschalten Pubs die saftige „Bivalve", eine zweischalige Muschel, serviert.

Etwas weiter östlich liegt **Margate**, das durch den Bau der Eisenbahnlinie zu einem der beliebtesten Badeorte für die Bewohner des Londoner East Ends wurde. Hier erfand ein Quäker übrigens auch den Badekarren. Ein paar Kilometer weiter liegt **North Foreland**, der östlichste Punkt Englands. Unmittelbar südlich davon gelangt man nach **Broadstairs**, einem Ferienort gehobeneren Niveaus mit einer Sandbucht und malerischen Klippen. Hier befindet sich das **Bleak House**, auch Fort House genannt, in dem Dickens oft seine Sommerferien verbrachte.

Südlich von Broadstairs liegt der relativ kleine Fährenhafen **Ramsgate**, wo im Jahre 499 die Angelsachsen unter Hengist und Horsa landeten. Ramsgate übernahm die Rolle der elf Kilometer weiter südlich gelegenen Stadt **Sandwich**, die wie verschiedene andere Städte auch durch das Zurückweichen des Meeres ihren Hafen verlor und nun inmitten eines 200 Hektar großen Vogelschutzgebietes liegt. Sandwich gehörte zu den „Cinque Ports", einer Reihe besonders befestigter Hafenstädte, die sich bis nach Hastings zog. Das **Walmer Castle** in **Deal** ist bis heute offizielle Residenz Lord Wardens, des Gouverneurs der Cinque Ports. Hier landete auch Julius Cäsar im Jahre 55, ein Ereignis, an das eine Gedenktafel am Strand erinnert. Der letzte Angriff auf die Stadt erfolgte allerdings nicht vom Meer aus: 1989 explodierte eine Bombe der IRA, die man in eine Militärbaracke eingeschmuggelt hatte.

Die Städte Sandwich, Deal und Dover gehören zum **„White Cliffs Country"**. In Dover, dem wichtigsten Passagierhafen Englands, fällt das Kalksteinmassiv der South Downs dramatisch steil zum Meer ab. Von den Klippen, auf denen die Römer einen Leuchtturm und die Normannen eine Burg bauten, hat man einen Blick bis Calais.

Vom nahegelegenen Kanalhafen **Folkstone** aus kann man Europa jedoch schon wesentlich deutlicher sehen. In der Stadt, in der jeden Sonntag ein schöner Markt stattfindet, bekommt man eine „Folkstone Beef" genannte Haifischdelikatesse. Folkstone wurde besonders durch den Bau des nahegelegenen Tunnels bekannt, der seit Ende 1990 England mit Frankreich verbindet und durch den auch eine Schnellzugverbindung nach London führen wird. Wenn dann einmal der Verkehr rollt, werden die Schlösser, Türme und Wehre an der Küste noch geschichtsträchtiger und nostalgischer wirken.

Whitestable ist bekannt für seine Austern.

DAS LAND THOMAS HARDYS

Kein anderes literarisches Werk ist so stark von einer Gegend geprägt wie die Romane Thomas Hardys (1840-1928), Dorsets berühmtestem Sohn, und kein anderer Dichter enthüllte in gleichem Maße wie er den Charakter einer Gegend und ihrer Menschen. Das alte Königreich Wessex existierte wirklich, ja sogar in noch viel größeren Dimensionen, als in Hardys Romanen beschrieben. Es war der Sitz der Westsachsen, die von 802 bis 1013 die Vorherrschaft in England hatten, und umfaßte die heutigen Grafschaften Hampshire, Wiltshire, Dorset und Somerset, zeitweise auch Devon und Cornwall, die dann später von den Walisern erobert wurden.

Von London aus erreicht man in einer guten Stunde auf der M3 die alte Hauptstadt Winchester und das nördlich davon gelegene Southampton, den einstmals so berühmten Transatlantikhafen. Die A31 verläuft weiter durch New Forest bis Bournemouth, einer reizvollen Stadt am Meer, und Dorchester, dem Mittelpunkt des „Hardy-Countries". Fährt man auf der M3 weiter nach Norden, kann man bei der Anschlußstelle 8 auf die A303 in Richtung Salisbury Plain und Devon abzweigen. Waterloo erreicht man mit dem Zug nach London.

In Winchester verläßt man die Einflußsphäre Londons und gleitet gleichsam in die Schwerelosigkeit hinein, bis die Anziehungskraft des West Country zu dominieren beginnt. Das ist Wessex, wildes Land der Wälder und Jagdgebiete, der Küsten mit mächtigen Klippen und Landzungen, der Hügel, auf denen Menschen lebten, kämpften und starben, Jahrtausende bevor die Normannen kamen.

In Wessex kennt man keine Hast. Der Lebensrhythmus dieser weitgehend landwirtschaftlich genutzten Region wird vom Kreislauf des bäuerlichen Lebens bestimmt, die Industrie spielt kaum eine Rolle. Wessex ist wie geschaffen zum Wandern: Die Straßen, die fast ausschließlich Nebenstraßen sind, ziehen den Umweg dem direkten Weg vor. Wenn es Wessex auch an großer Architektur mangelt, Ruinen besitzt es zuhauf, etwa Corfe Castle, über das der Maler Paul Nash schrieb, daß „keine Laune der Natur und kein menschliches Eindringen diese ungeheure Persönlichkeit berühren könne". Wessex' Küste gehört größtenteils zur Grafschaft Dorset – eine reizvolle Küste, die wie das Land dahinter eine große Wirkung zu erzielen weiß: beruhigend bei Lyme Regis oder Weymouth, erschreckend am Chesil Beach oder bei Portland, überwältigend bei den Klippen von Lulworth und auf Purbeck.

Zweite Hauptstadt: Winchester war nicht nur die Hauptstadt von Wessex, sondern auch von England, bis sich in der Zeit Charles II. das Machtzentrum endgültig an die Themse verlagerte. Wilhelm der Eroberer ließ sich an beiden Orten krönen, wobei man allerdings nicht genau weiß, ob er auch seinen Tee in den Sälen des alten normannischen Palastes zu sich nahm. Unter der mittelalterlichen und modernen Stadt liegt das römische Venta Belgarum. In normannischer Zeit ersetzte eine normannische **Kathedrale** die angelsächsische. Sie ist älter als die

Vorherige Seiten: Die Kathedrale von Salisbury und sonnige Wiese. **Links**: Reethäuser in Milton Abbas. **Unten**: Die Kathedrale von Winchester.

von Canterbury und die längste mittelalterliche Kirche Europas; ihre normannischen Querschiffe und der Turm stehen noch, während Bischof William of Wykeham Hauptschiff und Chor gegen Ende des 14. Jahrhunderts im Perpendicular-Stil erneuern ließ. Die Orgel wurde 1851 im Glaspalast des Londoner Hyde Parks eingeweiht. Von atemberaubender Schönheit sind die Gebäude des alten Bischofspalastes mit seinen Kreuzgängen und Colleges sowie die City Mill. Die Great Hall in der Nähe von Westgate ist der einzige Überrest der Burg Henrys III. Dieser Saal, der nach allgemeiner Auffassung einer der schönsten Englands ist und in dem 1658 Sir Walter Raleigh zum Tode verurteilt wurde, ist noch heute Gerichtssitz der Grafschaft.

Auf der A272 in Richtung Westen gelangt man nach **Stockbridge** am Test, einer Oase auf der 24 Kilometer langen, eintönigen Strecke nach Salisbury. Das White Heart, eine alte Postkutschenstation in der High Street, lohnt einen Besuch. **Salisbury**, das „Melchester" der Romane Hardys, befand sich früher an einer anderen Stelle. Ursprünglich lag es in dem etwa eineinhalb Kilometer entfernten Old Sarum, bis es im 13. Jahrhundert zu einem Streit zwischen dem Burghauptmann und dem Bischof Roger Poore kam. Dieser verließ schließlich, gefolgt von der Stadtbevölkerung, den Ort und gründete New Sarum, das heutige Salisbury. In den Jahren 1220 bis 1258 entstand die neue Kathedrale mit „so vielen Fenstern, wie das Jahr Tage hat, so vielen Säulen wie Stunden und Türen wie Monate". Der etwas später vollendete Turm ist der höchste Englands und inspirierte John Constable zu seinem berühmtesten Bild. **The Close,** eine von schönen, meist georgianischen Häusern begrenzte Grünfläche, hilft die Betriebsamkeit der modernen Stadt ausgleichen.

Das Rätsel von Stonehenge: Ungefähr 16 Kilometer nördlich von Salisbury erreicht man auf der A345 Amesbury. Von dort führt die A303 nach **Stonehenge,** jener mysteriösen Ansammlung aufrechtstehender Steine, die auf den ersten Blick enttäuschend wirken mag. Für den Philosophen und Dichter Emerson sah

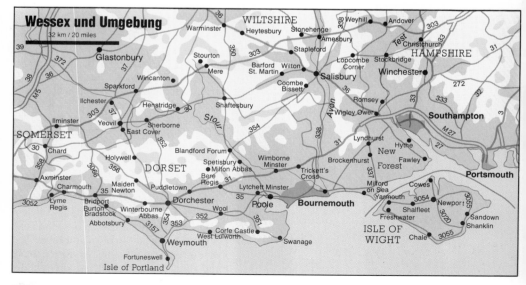

sie „wie eine Gruppe brauner Zwerge inmitten der Weite" aus. Aus der Nähe enthüllt sich trotz der Touristenmassen ihre Schönheit. Das Grundmuster besteht aus einem äußeren Ring und einem inneren Hufeisen von Sandsteinblöcken, die aus den Marlborough Downs herbeigeschafft wurden. Auch die Überreste eines zweiten Ringes und eines zweiten Hufeisens aus Blaubasaltsteinen (aus Pembrokeshire) sind noch vorhanden. Der größte der stehenden Trilithen ist sechs Meter hoch und steckt mehr als zweieinhalb Meter in der Erde. Nach wie vor unbekannt ist der Zweck der Anlage. Viele glauben, daß es sich um ein Sonnenheiligtum gehandelt hat. Am Tag der Sommersonnenwende geht die Sonne über dem Heel Stone genau auf der Achse des Eingangswegs auf. An diesem Tag zelebrierten Druiden bis Mitte der achtziger Jahre ihre Riten, ein Ereignis, das verboten wurde, weil immer zahllose Hippies anwesend waren, die hier campierten und großen Schaden anrichteten. In weiße Kapuzengewänder gehüllt, mit einem Mistelzweig in der Hand und Fahnen schwingend sangen die Druiden in den Stunden vor Tagesanbruch. Die zahlreichen Grabhügel um den Platz weisen auf eine Bedeutung als Totenkultstätte hin. Einige Experten vermuten, daß die Anlage zur Berechnung astronomischer Ereignisse benutzt wurde.

Westlich von Salisbury liegt das große Herrenhaus **Wilton,** Sitz der Earls of Pembroke. Der prächtige Eingangsbogen bereitet den Besucher auf die Lieblichkeit und Kraft der von Inigo Jones gestalteten Räume vor, deren Sammlungen von Werken Rembrandts und van Dycks bis zu einer Haarlocke Elizabeths I. und der Aktentasche Napoleons reichen. Die Palladian Bridge am Nadder aus dem Jahre 1737 im Park verbindet Funktionalität mit großer Eleganz.

Spirituelle Reise: Hinter Wilton begrenzt die A30 die Wildnis des alten Jagdforstes von **Cranbourne Chase** und führt hinauf zu einer der wenigen Hügelstädte Englands, **Shaftesbury,** von Thomas Hardy in seinem Roman *Herzen im Aufruhr* in „Shaston" umbenannt. Die Zeit scheint um Jahrhunderte zurückge-

dreht beim Spaziergang entlang der Stadtmauern hoch über dem Jagdgebiet des Blackmore Vale oder bergauf den **Gold Hill,** den Pilgerweg zum Grab von St. Edward the Martyr.

In Stourton, 13 Kilometer nördlich von Shaftesbury near Mere, steht das 1720–24 für den Bankier Henry Hoare errichtete Landhaus **Stourhead** mit einem herrlichen, um einen See herum angelegten Park. Der klassische Prunkbau, dessen Türme sich im dunklen Wasser des Sees spiegeln, verbreitet eine Atmosphäre von süßer Melancholie.

Weiter im Süden, 25 Kilometer westlich von Shaftesbury, liegt **Sherborne,** einst Hauptstadt von Wessex und Begräbnisstätte zweier Könige, die ihre mittelalterliche Atmosphäre bewahrt hat. Man erwartet geradezu, beim Betreten der Stadt Augenzeuge historischer Ereignisse zu werden. In **Compton House** findet man Englands einzige Schmetterlingsfarm und eine Seidenraupenzucht. Vom acht Kilometer entfernten Yeovil aus führt ein Abstecher in die Grafschaft Somerset zum **Montacute,** einem wunderschönen, üppig ausgestatteten elisabethanischen Herrenhaus mit prunkvollem Miniaturschlößchen.

In der Kirche von **East Coker** ruhen die sterblichen Überreste von T. S. Eliot (1888-1965), dessen Vorfahren von hier nach Amerika auswanderten. „In my beginning is my end", schrieb er in dem Gedicht, das den Namen des Dorfes trägt. Außerdem steht hier ein Denkmal für den Piraten und Forscher William Dampier (1652-1715), der Defoe zu *Robinson Crusoe* inspirierte.

Eine warme, salzige Brise weht in **Lyme Regis,** unmittelbar östlich der Grenze zu Devon. Die alte Fischerstadt war einst ein ebenso modischer Badeort wie Bath und schon rund hundert Jahre beliebt, ehe von Bournemouth überhaupt die Rede war. Erkerfenster im Regency-Stil und Glasveranden an viktorianischen Villen säumen die **Parade** hinunter zum Hafen und seiner gekrümmten Mole, dem **Cobb,** wo 1685 der nach der englischen Krone trachtende Duke of Monmouth landete. Die vom Meer umbrandeten Mauern spielten eine bedeutende

Lyme Regis wurde schon früh zum beliebten Badeort.

Rolle in *Die Geliebte des französischen Leutnants* mit Meryl Streep. „Granny's Teeth", die zur Mole hinaufführenden Steinstufen, beschreibt Jane Austen in ihrem Roman *Persuasion*; Louisa Musgrove stürzte hier. Es heißt, daß der Dichter Tennyson, als ihm der Landeplatz des Herzogs gezeigt wurde, sagte: „Erzählen Sie mir nichts von Monmouth, zeigen Sie mir die genaue Stelle, wo Louisa Musgrove stolperte!" Jane Austens Haus **Bay Cottage** liegt nahe dem unteren Ende der Parade. Auch Monmouth, der uneheliche Sohn von Charles II., hielt sich in dieser Stadt auf und ließ auf dem Marktplatz seine blauen Insignien wehen.

Dicht am Meer entlang, hoch über den Steilabbrüchen, führt eine Straße nach Osten, die sich hinabsenkt nach Charmouth und zu dem Platz, an dem Jane Austen am liebsten den Wechsel der Gezeiten beobachtete. In dieser Gegend bergen die Klippen die Versteinerungen früherer „Bewohner", nämlich der Elefanten und Nashörner. 1811 wurde hier ein Ichthyosaurus freigelegt. Obwohl das Meer drei Kilometer von **Bridport,** dem

„Port Bredy" Hardys, entfernt ist, kann der Ort seinen maritimen Charakter nicht leugnen. Tau und Seil, Netz und Takelwerk bildeten die Grundlage für Bridports Wohlstand. Lange, schmale Gärten hinter den hübschen roten Backsteinhäusern waren einst Seilerbahnen, hier baute man Flachs zum Seilmachen an. „Mit einem Bridport-Dolch erstochen" werden, bedeutete „gehängt" werden. **West Bay** ist Bridports Hafen, ein enger, ins Kiesufer gegrabener Kanal, der einlaufenden Schiffen höchste Präzisionsarbeit abverlangt. Legen Sie ihren Besuch auf einen Samstag und erkunden Sie den Wochenmarkt.

Kiesel und Kirchen: Burton Bradstock, noch etwas weiter östlich, zeigt ein anheimelndes Bild mit seinen Strohdächern, vielen Blumen und dem bei Burton Cliff ins Meer mündenden Bach, der das Rad der letzten, 1930 stillgelegten Flachsmühle drehte.

Hier beginnt die gefürchtete Chesil Bank, die die schmale Verbindung zur **Isle of Portland,** streng genommen eigentlich nur eine Halbinsel, bildet. Die

St. Catherine's Chapel.

Kiesel der steil abfallenden Bank werden immer größer, je näher man Portland kommt, und die einheimischen Fischer können nachts, wenn sie an irgendeinem Punkt des 25 Kilometer langen Rückens anlanden, aufgrund der Größe der Kiesel genau sagen, wo sie sich befinden. Die Bank kennt keine Gnade: Hier ein Schiff hineinzusteuern, bedeutet fast sicheres Verderben. Eine Orientierungshilfe bietet die bei Abbotsbury auf einem grünen Hügel über der Bank gelegene, 500 Jahre alte **St. Catherine's Chapel**, die auf der Landseite auf Klosterruinen, einen Schwanenteich und subtropische Gärten hinabblickt. Während des Bürgerkriegs diente die Benediktinerabtei als Pulverlager, und die Explosion, die aus den meisten Gebäuden Ruinen machte, belieferte die ganze Nachbarschaft mit Baumaterial. Die aus dem 15. Jahrhundert stammende Scheune der Abtei ist stattlicher und prächtiger als viele Pfarrkirchen! Weiter entlang der Straße liegen in der Lagune von Fleet das im 14. Jahrhundert angelegte Schwanengehege und auf der Leeseite der Bank die Gärten.

George III. leistete **Weymouth** einen großen Dienst, als er es 1789 zur Rekonvaleszenz nach einer schweren Krankheit aufsuchte. Die dankbaren Bürger errichteten dafür die auffallend bunte Statue am Ende der fast einen Kilometer langen Promenade. Eine Kammerzofe der Königin Charlotte berichtet in ihrem Tagebuch, daß der König von seinem Badewagen aus zur Musik seiner eigenen Hymne schwimmen ging. George ist noch einmal zu sehen, auf einem Pferd und als Kreidezeichnung, diesmal auf einem benachbarten Hügelabhang. Weymouth konnte sich den Charakter eines Seebads des 18. Jahrhunderts weitgehend erhalten. Noch immer reihen sich stuckverzierte Häuserzeilen an der Promenade, ist der Strand golden und das Meer blau. Ein Meeres-, ein Taucherund ein Schiffswrackmuseum laden zum Besuch ein. Vom Landesteg aus verkehren Fähren zu den Kanalinseln.

Thomas Hardys Dorset: Südlich von Weymouth gelangt man über eine schmale Landzunge zur „Insel" **Portland**. Thomas Hardy stellte fest, daß die

Kasperltheater von Weymouth.

Bewohner dieses „Gibraltar von Wessex" eigene Sitten und Gebräuche hatten. Schon allein die Bauweise macht Portland zu einem besonderen Ort: Ob Gebäude oder Mauer, alles ist hier aus Stein, „Portland Stone", dem Material der meisten berühmten Bauten Londons. Der Leuchtturm an der Südspitze der Insel schaut auf das unruhige Wasser der berüchtigten Portland-Strömung, die von Sportseglern sogar bei gutem Wetter gemieden wird.

Nach so viel Stein tut das Grün der hohen Hügel landeinwärts von Weymouth gut. Das 13 Kilometer weiter nördlich gelegene **Dorchester** erreicht man am besten von **Maiden Castle** aus, das auf dem *Mai Dun* (großer Hügel) gelegen ist. Auf einer Länge von 820 Metern und einer Breite von 360 Metern erstrecken sich die an manchen Stellen 18 Meter hohen, mit primitiven Werkzeugen errichteten Wälle und die Gräben dieser prähistorischen Hügelbefestigung, des vermutlich größten Bauwerks seiner Art in der Welt, wo bereits vor 4000 Jahren Menschen lebten.

Ein geruhsames Leben abseits der schnellen Fernstraßen und eine sich ihrer Vergangenheit wohlbewußte Stadt findet der Besucher in **Dorchester**, der Hauptstadt der Grafschaft Dorset. Hardy, Jeffries und die Tolpuddle-Märtyrer drängen sich förmlich auf. Die Statue Hardys beherrscht sein „Casterbridge" von der oberen High Street aus. Dort, wo Judge Jeffries, Vorsitzender des Blutgerichts von 1658, wohnte, kann man heute Tee trinken, und der Gerichtssaal in der **Shire Hall**, in dem 1834 Arbeiter aus Dorset zur Deportation verurteilt wurden, weil sie höhere Löhne verlangt hatten, ist nahezu unverändert. Der Einfluß Hardys, der in Dorchester bei einem Architekten in der South Street 39 in die Lehre ging und 1928 in seinem selbstentworfenen Haus **Max Gate** an der Wareham Road starb, ist deutlich zu spüren. Erinnerungsstücke an ihn finden sich neben erstaunlichen Funden aus Maiden Castle im **Dorset County Museum**, einem Bau von 1880 mit gußeisernen Säulen und Bögen, der in freundlichen, klaren Farben gehalten ist. Noch eine Ver-

Hardys Arbeitszimmer im Dorset County Museum.

bindung zur Literatur besitzt Dorchester in dem mit einer Statue geehrten Mundartdichter William Barnes (1800-68).

Nördlich von Dorchester, in **Higher Bockhampton**, steht Thomas Hardys Geburtshaus, wo er auch *Far from the Madding Crowd* und *Under the Greenwood Tree* schrieb.

Über eine Abzweigung von der A345 erreicht man nach 20 Kilometern in Richtung Nordosten das Dorf **Milton Abbas,** das dem Viscount Milton ein Dorn im Auge war, da es ihm die Aussicht von seinem umgebauten Herrenhaus **Milton Abbey** versperrte. 1752 ließ er es kurzerhand ein paar hundert Meter entfernt in traditioneller ländlicher Bauweise neu errichten. Immerhin besaßen die zwangsumgesiedelten Dorfbewohner damit die ersten, überraschend modernen Doppelhäuser. Die 48 Kilometer lange Küste von Weymouth bis Swanage erreicht man mit dem Auto nur bei Lulworth, Kimmeridge und Worth Matravers. Sie ist ein Paradies für Geologen und voller Überraschungen, wie etwa die winzige, kreisrunde Bucht zwischen steilen Klippen bei **Lulworth Cove** und das benachbarte **Stair Hole**, die durchlässigen schwarzen Schiefertonschichten bei **Kimmeridge**, lange Zeit eine Ölquelle, und die große Klippe von **Worbarrow**.

Wo die Kreidehügel der **Isle of Purbeck** abbrechen, erhebt sich die wildromantische Ruine einer Burg. Im **Corfe Castle** wurde 978 König Edward von seiner Stiefmutter getötet, unter König John verhungerten französische Gefangene in den Kerkern, und 1646 fiel die Burg durch Verrat in die Hände der Roundheads, die sie zur Hälfte zerstörten. Kein Wunder, daß sie bei Touristen so beliebt ist.

Thomas Hardy beschrieb **Swanage**, sein „Knollsea", als „behagliches, zwischen zwei Landzungen wie zwischen einem Finger und einem Daumen liegendes Dorf am Meer". Besonderer Anziehungspunkt ist ein 40 Tonnen schwerer, steinerner Globus mit einem Durchmesser von drei Metern auf den Klippen von Durlston. Tafeln links und rechts informieren über den Bau des Universums. **Old Swanage** oben auf dem Hügel

Die Klippen von Durdle Door bei Lulworth.

verbirgt zwischen den Steinhäusern einen Mühlteich.

Buchten, Watt und Inseln – das ist Poole Harbour. **Poole** selbst wirkt am schönsten unten am Kai, wo man einen Blick auf die Schiffe, Werften und Lagerhäuser hat. Gewundene Straßen treffen unter dem Säulengang des **Custom House** zusammen, des Zollamts mit seinem Wappenschild, einer von Dorsets Schmugglern niemals akzeptierten Obrigkeit.

Sehenswertes Hampshire: Nördlich von Pool finden sich die eleganten Hotels und Terrassen von **Bournemouth**, einem ruhigen Badeort, der gegen Ende des letzten Jahrhunderts entstand. Nordwestlich liegt **Wimborne** mit seiner Kirchturmuhr aus dem 13. Jahrhundert. Statt Zeigern drehen sich die Planeten in Begleitung geflügelter Engel. Im Osten liegt an der Avonmündung die alte Hafenstadt **Christchurch** mit ihrer wunderschönen normannischen **Priory**, die an den Turm von Pisa erinnert.

Die Flüsse und Häfen der Gegend sind besonders bei Seglern sehr beliebt. Der nächstgelegene sichere Anlegehafen ist **Lymington**. Zehn Kilometer den Beaulieu (sprich „Bjuli") flußaufwärts erreicht man das Mitte des 18. Jahrhunderts durch seinen Schiffsbau berühmt gewordene **Buckler's Hard**, wo viele von Nelsons Kriegsschiffen vom Stapel liefen. Mit dem Ende der Napoleonischen Kriege kam die Entwicklung zum Stillstand, doch zeugt das **Maritime Museum** noch heute vom Glanz dieser Tage. Die Kirche Beaulieus ist einzigartig. Hier befindet sich auch Englands erstes Automuseum, und man sollte auf keinen Fall versäumen, die Weine der Region zu probieren.

Das wilde, dichte Waldland des **New Forest** (260 Quadratkilometer) als „neu" zu bezeichnen, wäre ein Zugeständnis an den alten Aberglauben, daß Wilhelm der Eroberer bei seiner Entstehung die Hand im Spiel gehabt habe. Natürlich existierte dieser Wald schon lange vorher. Wilhelm ergriff lediglich Maßnahmen, um den Wildbestand zu sichern. Die wenigen Dörfer und Kirchen in diesem Gebiet sind kein Beweis dafür, daß er welche

Corfe Castle hat eine düstere Vergangenheit.

zerstören ließ. In jedem Geschichtsbuch findet sich die Erzählung von William II., wegen seines roten Haares „Rufus" genannt, der auf der Jagd durch einen Pfeil getötet wurde. Ein eisernes Denkmal, der **Rufus Stone**, kennzeichnet die Stelle im Wald, wo sich der Mord oder Unfall – was niemals geklärt wurde – im Sommer des Jahres 1100 ereignete. 13 Kilometer nördlich von Lymington liegt **Lyndhurst**, der Hauptort des Waldes, in dem Alice Lydell, Lewis Caroll's richtige Alice, bestattet ist.

England en miniature: Von Lymington erreicht man mit der Fähre in 30 Minuten die **Isle of Wight.** Die 380 Quadratkilometer große Insel besitzt die Gestalt eines Spielzeugdrachens, und die Hauptstadt **Newport** liegt genau dort, wo man die Schnur befestigen müßte. Ganz in der Nähe erhebt sich **Carisbrooke Castle,** von Elizabeth I. als Befestigungswerk gegen die Armada gebaut und vor allem als Gefängnis Charles I. bekannt, der, vom Gouverneur im Stich gelassen, von hier zu Prozeß und Hinrichtung gebracht wurde. An den tragischen Tod seiner

15jährigen Tochter, Prinzessin Elizabeth, in der Gefangenschaft erinnert ein Denkmal in der Kirche von Newport. **Cowes** an der Mündung des Medina River lebt nur einmal im Jahr, nämlich im August zur Cowes Week, dem Ascot der Segler. Durch und durch viktorianisch und weitestgehend belassen wie zu ihren Lebzeiten ist Königin Victorias Lieblingsresidenz **Osborne House** mit dem von Rudyard Kiplings Vater entworfenen **Durbar Room.** Am östlichen Ende der Insel zersplittern die Kreidefelsen spektakulär in spitze Zinnen, die **Needles.** Hinter ihnen verborgen liegt **Alum Bay,** wo Sand in allen Regenbogenfarben vorkommt und als Andenken in Flaschen weggetragen wird. Dem Dichter Tennyson galt die Luft auf den Kreidehügeln über Freshwater, wo er 30 Jahre lang lebte, so viel wie Champagner. Sein Kollege Keats holte sich Inspiration aus den Wäldern bei **Shanklin,** und viele Urlauber zieht es zum Pier von Sandown. Schöne Buchten, strohgedeckte Dörfer, Rosen und Geißblatt: England en miniature.

Der beste Weg von Cowes zurück führt durch den langen Meeresarm Southampton Water nach **Southampton.** Die in den Schlachten von Crécy und Agincourt siegreichen Heere schifften sich hier ein, die winzige **Mayflower** segelte nach Amerika und viele Ozeandampfer folgten seither. Die Stadt wurde während des Zweiten Weltkriegs schwer beschädigt, aber wiederaufgebaut, und ihre Geschichte ist in den normannischen Mauern, Toren und Häusern noch immer lebendig.

Mit der Fähre gelangt man von der Isle of Wight nach „Pompey", dem wichtigsten Marinehafen von **Portsmouth.** Trotz schwerer Kriegszerstörungen hat die Tradition der Marine hier überlebt. Beliebte Attraktionen der Stadt sind neben dem Königlichen Marinemuseum die *Victory*, Admiral Nelson's Flaggschiff, auf dem er 1805 in der Schlacht von Trafalgar den Tod fand, sowie das Gerippe der 1982 gehobenen *Mary Rose*, des Lieblingskriegsschiffes Henrys VIII. Hier wurde 1812 in der Commercial Road Charles Dickens geboren, von Thomas Hardy sind jedoch keine Spuren mehr zu finden.

Links: Needles Leuchtturm vor der Isle of Wight. **Rechts:** Der Fleet in Hampshire.

DER WESTEN ENGLANDS

Ein geheimnisvoller Nimbus umgibt das West Country und steigert seinen Ruf als Großbritanniens beliebteste Ferienregion. Die Halbinsel liegt südlich von Wales und des Bristol Channel, ragt in den Atlantik hinaus und besteht aus den ländlichen, abseits gelegenen Grafschaften Somerset, Devon und Cornwall mit versteckten Fischerdörfchen und dem wärmsten Winterwetter der Insel.

Auch ist es eine sagenumwobene Region: das Land von König Artus, Camelot und dem Heiligen Gral, von Jack, dem Giant Killer, und dem Mythos von einem Druiden, der erschöpften Reisenden Wasser aus einer goldenen Schale zu trinken gab. Die Geschichte nimmt hier romantische, schwer faßbare Züge an, wobei im Laufe der Zeit die Tatsachen in den Hintergrund traten und die Erzählungen sich um Piraterie, Schmuggel und Schiffbrüche ranken. Die Menschen des West Country prägen der Stolz auf ihre keltischen Ursprünge und ein unerschütterliches Selbstvertrauen, getragen von dem Bewußtsein, etwas Besonderes zu sein. Es herrscht eine Art Inselmentalität vor, und tatsächlich ist zumindest Cornwall durch den die Grenze zu Devon bildenden Fluß Tamar beinahe eine Insel. Altes Brauchtum wie etwa der Furry Dance Anfang Mai in Helston, wo die Einwohner durch die mit Blumen geschmückte Stadt tanzen, ist nach wie vor lebendig.

Aufgrund seiner geographischen Lage und weil die Menschen es so wollten, war das West Country schon immer vom Hauptstrom der britischen Kultur abgekoppelt. Die die Halbinsel besiedelnden Kelten aus der Bretagne und Irland arbeiteten hart und kamen mit dem, was das Land hergab, gerade so über die Runden. Sie gruben nach Zinn und Kupfer, weideten ihre Schafe und Rinder auf windgepeitschtem Heideland und trotzten beim Fischfang tückischen Meeresströmungen. Wie ihre sagenumwobene Landschaft sind die Bewohner Cornwalls, Devons und Somersets eine Mischung aus rauher Kraft und stiller Heiterkeit.

Land's End, der westlichste Punkt Großbritanniens, liegt 465 Kilometer von London entfernt. Hauptverkehrsader in das Gebiet ist die M5, die von Birmingham kommend bei Bristol auf die M4 aus London trifft und bis Exeter führt. Wenn alles klappt, braucht man für die 282 Kilometer von London nach Somerset etwa drei Stunden. Die Straßen sind hervorragend ausgeschildert, und wer gut zu Fuß ist, kann 800 Kilometer Wanderwege genießen, die von Minehead in Nord-Devon bis Poole in Dorset um das Gebiet herumführen. Züge hierher verlassen London ab Paddington Station.

Ausgangspunkte: Als lohnender Ausgangspunkt für Streifzüge durch das West Country böte sich der alte Atlantikhafen **Bristol** an, wobei mittlerweile viel Geschichtsträchtiges im Vordergrund steht. Im Jahre 1497 segelte John Cabot von hier nach Neufundland. Die nach dem Zweiten Weltkrieg wiederaufgebaute Stadt verfügt nach wie vor über einen sehenswerten Hafen, wo man in der King Street das aus dem 17. Jahrhundert stammende Pub Llandoger Trow bewun-

Links: Eine verlassene Zinnmine in North Pewith. **Unten:** Wills Tower, Bristol University.

dern kann, das Robert Louis Stevenson angeblich als Vorlage für jene Kneipe benutzte, in die Long John Silver aus der *Schatzinsel* so gerne ging. Gegenüber liegt das **Theatre Royal** (1766) der Old Vic-Company, während sich die **Arnolfini Gallery** in den Kunstkreisen dieser lebhaften Universitätsstadt einen Namen gemacht hat. Und nicht zuletzt feiert man hier den berühmtesten Ingenieur Großbritanniens: Isambard Kingdom Brunel (1806-59) entwarf die Pläne für das erste Hochseeschiff mit Schraubenantrieb, die *SS Great Britain*, die in ihr ursprüngliches Dock zurückgebracht wurde. Brunel zeichnet ebenso verantwortlich für die großartige, auch im 20. Jahrhundert majestätisch wirkende **Clifton Suspension Bridge**, die die Avon-Schlucht überspannt.

Ein weiterer Ausgangspunkt ins West Country liegt 16 Kilometer südöstlich, im geruhsameren **Bath**, dem berühmtesten Heilbad Großbritanniens. Seine Schönheit verdankt es dem Bath-Kalkstein, ein den neogriechischen Baustil ideal ergänzendes Material, und dem

Genie zweier Männer, John Wood Junior und Senior, die seinen Straßen, Plätzen und halbmondförmigen Straßenzügen ihre unverwechselbare Harmonie verliehen. Leider ist die Stadt von den Problemen einer modernen Stadtentwicklung nicht verschont geblieben.

Der Sage nach begann alles mit Prinz Bladud, dem königlichen Schweinehirten und Vater Lears, den das Moorbad von der Skrofulose heilte. Erwiesen ist, daß die Römer die heißen Mineralquellen genossen. König Offa gründete die Abtei etwa 200 Jahre bevor Edgar im Jahre 973 hier gekrönt wurde. Erst im 18. Jahrhundert kamen die Bäder wieder in Mode. Der Dandy Beau Nash avancierte zum Zeremonienmeister des Badebetriebs, sorgte für Glücksspiele und Sänften und veranstaltete rauschende Ballnächte.

In Bath ist man sich seiner kulturellen Traditionen sehr bewußt. Das Theatre Royal wurde vor kurzem renoviert, und im Mai findet ein anspruchsvolles Kunstfestival statt. Zu den vielen Sehenswürdigkeiten, die man in Bath nicht versäumen sollte, gehört die **Pulteney Bridge**

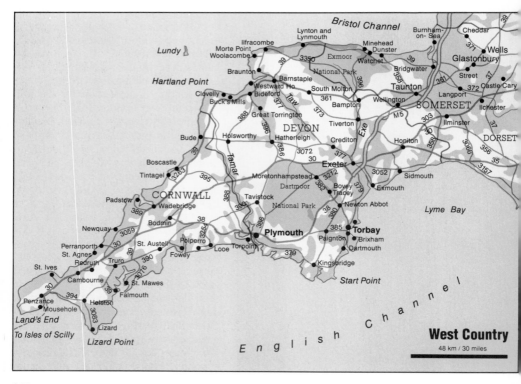

über den Avon, die sich von den **Parade Gardens** aus im besten Licht zeigt. Auf diesem Werk Robert Adams stehen wie auf der alten London Bridge Häuser. Ein Muß ist der von John Wood Junior entworfene **Royal Crescent,** der **Circus** im Zentrum, die **Assembly Rooms,** der **Queen Square** und das **Cross Bath.** Das dampfende Herz all dessen sind jedoch die auf gleicher Höhe mit der modernen Stadt gelegenen **Roman Baths** und der **Pump Room,** in dem die heißen Quellen sprudeln und das Heilwasser gegen Rheumatismus zu sich genommen werden kann.

Das **American Museum in Britain** in **Claverton Manor** hoch über dem Avon-Tal, sechs Kilometer südlich von Bath, zeigt die häusliche Seite des amerikanischen Lebens zwischen dem 17. und 19. Jahrhundert.

Die Mendip Hills östlich der Küste und südlich von Bristol markieren das unvermittelte Ende der flachen, kultivierten Landschaft des Avon-Tals und den Beginn der verlassenen, urtümlichen Weiten des West Country. Über den Kamm der Hügel läuft der **West Mendip Way,** ein beliebter Wanderpfad, der sich von Wells, 32 Kilometer südwestlich von Bath, zum Bristol Channel schlängelt und nach allen Seiten hin einen herrlichen Blick auf die Landschaft eröffnet.

Die Natur bietet hier atemberaubende Sehenswürdigkeiten, etwa die von einem heute unterirdisch verlaufenden Fluß gegrabene, 20 Kilometer nordwestlich von Wells gelegene **Cheddar Gorge,** die mit ihren steilen, 135 Meter über das Dorf Cheddar aufragenden Kalksteinklippen die Mendips auf einer Länge von fast zwei Kilometern durchschneidet. Im Dorf finden sich die Eingänge zu mächtigen Höhlen. Die schönste und unverdorbenste Schlucht der Mendips, **Ebbor Gorge,** vor 270 Millionen Jahren durch gewaltigen Druck aus dem Erdinnern gebildet, liegt südlich von Cheddar an der A371 auf dem Weg nach Wells. Hier wachsen Ulmen, Eichen und Eschen, Moose, Pilze und Farne und sogar das Große Hexenkraut in einer üppigen und prächtigen Mischung. Überreste der Steinzeit gibt es in den um 3000 v. Chr.

Wells erfreut sich an seiner herrlichen Kathedrale.

bewohnten Höhlen zu sehen: Gefäße, Äxte und Rentierskelette.

„Holy Grail Trail": Der Stolz und die Freude von **Wells,** an der Südspitze der Mendip Hills gelegen, ist die mächtige gotische **Kathedrale,** die etwa um das Jahr 1185 begonnen und vier Jahrhunderte später fertiggestellt wurde. Im Gegensatz zu anderen englischen Kathedralen verbreitern die beiden an der Nord- und Südseite des Schiffes errichteten Haupttürme die Westfassade zu einer gewaltigen Galerie für ursprünglich 400 Einzelstatuen. Über ein Viertel der Skulpturen sind zwar vor allem durch bilderstürmende Puritaner im 17. Jahrhundert zerstört worden, doch nach wie vor blickt eine stattliche Phalanx von Bischöfen und Königen, Heiligen und Propheten, Engeln und Aposteln auf die große Grünfläche zu ihren Füßen herab. Gipsabdrücke dieser Statuen von der Westfassade beherbergt das im Dombezirk gelegene **Wells Museum.**

Nicht weniger beeindruckend ist das Innere der Kirche, insbesondere die „invertierten Bögen" am Kreuzungspunkt von Haupt- und Querschiff, die 1338 eingefügt wurden, da aufgrund eines neuen Vierungsturms die Kirche einzustürzen drohte. Über dem nördlichen Querschiff kann man eine wunderschöne astronomische Uhr (um 1392) bewundern. Alle 15 Minuten ziehen vier Ritter auf Pferden außerhalb der Uhr in die Schlacht, wobei jeweils einer davon aus dem Sattel gehoben wird, ehe die Gruppe wieder im Innern verschwindet.

Vicar's Close außerhalb des Kathedralenbezirks mit seinen Gebäuden aus dem 14. Jahrhundert ist die einzige, vollständig erhaltene mittelalterliche Straße Großbritanniens, ursprünglich gebaut für die dem Domkapitel unterstellten Vikare. Der gemeinschaftliche Speisesaal über dem Chain Gate ist noch weitgehend original eingerichtet. Sehenswert ist auch die **St. Cuthbert's Church** aus dem 15. Jahrhundert mit ihrem imposanten Turm und insbesondere der **Bishop's Palace** südlich der Kathedrale, der Sitz des Bischofs von Bath und Wells und eines der ältesten bewohnten Häuser Englands, das von einer hohen Mauer aus dem 13.

In Glastonbury Abbey sollen König Arthur und seine Gattin Genoveva begraben sein.

240

Jahrhundert umgeben ist. Die Schwäne im breiten Wassergraben sind seit der viktorianischen Zeit abgerichtet, eine Glocke zu läuten, um ihr Futter zu bekommen.

Die Ruinen von Glastonbury: Noch das wenige, das von dem großen Komplex der Abtei in **Glastonbury,** der einst reichsten und schönsten Englands, übriggeblieben ist – ein paar zerfallene Pfeiler und Mauern –, stellt ein eindrucksvolles Denkmal der Macht der römisch-katholischen Kirche vor der Säkularisation unter Heinrich VIII. dar. Wie so vieles in der Geschichte des West Country sind auch die Anfänge der Abtei von Glastonbury in Mythen und Legenden gehüllt. Einer Geschichte zufolge gründete der hl. Patrick die Abtei, und der hl. Georg soll in der Nähe den berühmten Drachen getötet haben. Am populärsten ist jedoch die Legende von Joseph von Arimathia, der Christus in seinem Grab bestatten ließ: Joseph segelte im Jahre 60 nach Britannien, um die Heiden zu bekehren. Auf dem Wearyall Hill – wo der Stab, auf den er sich lehnte, wunderbarerweise Wurzeln schlug und blühte – gründete er die Abtei. Joseph brachte auch den Kelch vom Letzten Abendmahl mit, und auf der Suche nach diesem Heiligen Gral kam König Artus nach Glastonbury, der zusammen mit Genoveva unter dem Boden der Abtei bestattet sein soll.

Ein kurzer Spaziergang zu dem steilen, kegelförmigen Hügel namens **Glastonbury Tor,** der aus der flachen Ebene von Somerset aufsteigt, lohnt schon allein wegen des phantastischen Ausblicks. Hier stehen die Überreste der St. Michael's Church aus dem 15. Jahrhundert, und am Fuß des Felsens liegt **Chalice Wall,** wo Joseph gemäß der Legende den Heiligen Gral vergrub.

Die Grenze zwischen Somerset und Devon verläuft innerhalb des **Exmoor National Park,** einer 690 Quadratkilometer großen Wildnis, Schauplatz von Richard Doddridge Blackmores berühmter Räuber- und Liebesgeschichte *Lorna Doone* aus dem 17. Jahrhundert. Rotwild, Schafe und das Devon Red Cattle, vor allem aber die Exmoor-Ponys, direkte Abkömmlinge des prähistorischen

unster ge-
ört seit 600
ahren einer
amilie.

Pferds, bevölkern das Moor. Windgepeitschte, mit Farn und Heidekraut bedeckte Hügelrücken wechseln mit von schäumenden Bächen ausgewaschenen bewaldeten Schluchten. Der Somerset and Devon Coast Path ist der bezauberndste der vielen Wanderwege des Exmoors, ein Auf und Ab von mehr als 48 Kilometern, dicht entlang an Klippen und Buchten mit herrlichen Ausblicken auf den Bristol Channel und den fernen Atlantik (nördlich von der A39).

Kleine Abschnitte sandiger Strände wie **Morte Pointe** nördlich von Barnstemple – wo man, wie der Name schon andeutet, lieber nicht schwimmen sollte – und **Porlock Bay,** zehn Kilometer westlich von Minehead, eignen sich gut zum Beobachten von Vögeln. Seit angelsächsischen Zeiten ist das abseits der A39 östlich von Minehead liegende Dorf **Dunster** ein befestigter Ort. Von der Burg aus dem 13. Jahrhundert wurde das meiste nach der Hinrichtung von Charles I. 1649 zerstört. Die heute zu sehenden anmutigen Türme und Türmchen sind das Werk Anthony Salvins, eines Architekten aus dem 19. Jahrhundert. Das Dorf selbst gehörte 600 Jahre lang (bis 1950) der Familie Lutrell und gilt deshalb noch als vollkommenes Abbild der Feudalzeit. Warmer, rosafarbener Sandstein macht die Pfarrkirche zu einer der schönsten im West Country.

König-Artur-Land: Wo Devon allmählich in Cornwall übergeht, säumen zahlreiche Fischerdörfer und versteckte Schönheiten die bis nach Tintagel führende A39. Das nach dem Roman von Charles Kingsley (1819-75) benannte **Westward Ho!** nördlich von Bideford, ein beliebter Badeort mit einem fünf Kilometer langen Sandstrand, gehört ebenso zu diesen verborgenen Schönheiten wie **Buck's Mill,** ein an einen waldigen Talgrund geschmiegtes unverfälschtes Dorf mit strohgedeckten Cottages. Das vermutlich bekannteste dieser Dörfchen ist **Clovelly** in der Bideford Bay. Autos sind verboten, dafür tragen Esel das Gepäck der Urlauber. Die steile, kopfsteingepflasterte Straße fällt in Stufen 120 Meter zum Meer hinab. Vom Hafen nach Westen führt ein romantischer, drei Kilo-

Die Post in Tintagel, ein Gebäude aus dem 14. Jahrhundert.

meter langer Spazierweg zu prächtigen Klippen.

Weiter südlich nach Cornwall hinein, in **Bude,** zieht die Brandung seit langem die Wellenreiter an. Ruhiger schwimmen kann man am **Summerleaze Beach,** einer geschützten Sandbucht nördlich des River Neet.

Die Sage von König Artus wird wieder lebendig in **Tintagel,** einer wild-romantischen Burg an der Nordküste Cornwalls etwa 30 Kilometer südlich von Bude. Nach der Überlieferung wurde Artus in Tintagel geboren oder an Land gespült und erbaute hier für Genoveva und die Ritter der Tafelrunde eine feste Burg, unter der in einer Höhle der Zauberer Merlin lebte.

Doch fehlen dafür eindeutige archäologische Beweise. Alles, was in Tintagel noch vorhanden ist, sind die Ruinen eines keltischen Klosters aus dem 6. und einer Bastion aus dem 12. Jahrhundert, von der große Teile vom Meer fortgeschwemmt wurden. Im Dorf selbst ist das alte schiefergedeckte Postamt einen Besuch wert – ein ehemaliges Herrenhaus aus

Unten links: Die Straßen von Clovelly sind für Autos zu schmal. **Unten rechts:** Blick auf Tintagel.

dem 14. Jahrhundert, das heute dem National Trust gehört.

Knapp 32 Kilometer weiter südlich an der von der A39 nach Westen abzweigenden A389 liegt das nach dem keltischen Missionar Petroc benannte **Padstow,** seit über tausend Jahren ein bedeutender und der einzig sichere Hafen im nördlichen Cornwall. Petroc kam im 6. Jahrhundert als einer der ersten der zahlreichen irischen und walisischen Mönche, die die heidnische Bevölkerung Cornwalls bekehren wollten. 981 plünderten die Wikinger Padstow, das sich später zu einem Fischfangzentrum und Erzhafen entwickelte. Heute ist der Fremdenverkehr die Haupteinnahmequelle, vor allem während des Sommers, wenn Padstow von Familien und jungen Paaren überlaufen wird, die Cornwalls reichlicher Sonnenschein anlockt. Um den malerischen Hafen zusammengedrängt liegen das historische **Abbey House,** die **St. Petroc Church,** das **Harbour Master's Office** und das **Raleigh Cottage,** wo Sir Walter Raleigh als Royal Warden of Cornwall Hafengebühren kassierte. Karnevals-

stimmung herrscht am 1. Mai während des exzentrischen Hobby-Horse-Festes.

Fährt man die Küste entlang weiter nach Süden, erreicht man **Newquay,** Cornwalls Paradies für Wellenreiter. Der im 18. und 19. Jahrhundert berühmte Sardinenhafen exportierte Dörrfisch nach Spanien und Italien. Wenig ist aus vergangenen Fischertagen übriggeblieben, doch kann man noch die **Huar's Hut** besichtigen, eine Hütte auf einer benachbarten Klippe, von der aus ein Späher, der sogenannte *huar,* mit Adleraugen den Bristol Channel nach Sardinenschwärmen absuchte und den Fischern mit seinem Horn das Signal zum Ausfahren gab. Newquay besitzt im übrigen Cornwalls einzigen, im **Trenance Park** gelegenen Zoo.

Lohnende Ausflüge führen in südlicher Richtung nach dem einst als Schmugglerdorf berüchtigten **Crantock** mit einer normannischen Kirche und einem wunderschönen Strand und nach **Cubert,** dessen Kirche einen kurios als Bischofshut geformten Turm und im Innern schöne normannische sowie aus dem 14. Jahrhundert stammende Schnitzereien und einen Taufstein aufweist.

Jener Streifen Landes zwischen Redruth und Camborne, 30 Kilometer südwestlich ein Stück landeinwärts gelegen, war über 200 Jahre lang das Zentrum des kornischen Zinnbergbaus. Heute ist fast nichts mehr in Betrieb, doch vermittelt das **Camborne Museum,** ein Bergbaumuseum, eine Vorstellung davon, was Zinn einst für die Wirtschaft der Region bedeutete. Darüber hinaus kann man hier Ausstellungsstücke besichtigen, die auf Richard Trevithick hinweisen, den „Vater der Lokomotive", der 1797 die erste Hochdruckdampfmaschine baute. 1801 rüstete er eine vierrädrige Kutsche mit dem neuen Motor aus und fuhr mit zehn Freunden den Beacon Hill in Camborne hinauf. Es war das erste Mal, daß sich der Mensch den Dampf als Transportmittel zunutze machte.

Truro, 16 Kilometer östlich gelegener Bischofssitz und inoffizielle Hauptstadt Cornwalls, war im 18. Jahrhundert sowohl ein Zentrum der Zinnverhüttung als auch ein mit Bath konkurrierender Treff-

Der Strand von St. Agnes an der Nordküste Cornwalls.

punkt der Gesellschaft. Die um 1795 angelegte **Lenion Street** mit schöner georgianischer Architektur wird vom halbmondförmigen Straßenzug des **Walsingham Place** aus dem frühen 19. Jahrhundert ergänzt. Eine der ältesten und berühmtesten Töpfereien Cornwalls, **Lakes,** findet man in der Chapel Street. Edward VII., damals noch Prince of Wales, legte 1880 den Grundstein der Kathedrale an der Stelle der **Church of St. Mary** aus dem 16. Jahrhundert.

Über die A390 gelangt man wieder an die Küste. Hier bietet **St. Agnes Beacon,** außerhalb des Dorfes St. Agnes, aus 190 Metern Höhe einen Blick auf 32 Kirchtürme und 40 Kilometer Küste. Die alten Industriegebäude und Narben, die der Bergbau hinterließ, verleihen der heute dem National Trust gehörenden Gegend eine melancholische Schönheit. Einer der letzten Anlaufhäfen an der Nordküste ist **St. Ives,** der Inbegriff des klassischen kornischen Fischerdorfs, in dem vorwiegend Künstler leben, die es schon seit fast 100 Jahren hierher zieht. Die Bildhauerin Barbara Hepworth lebte zwischen 1949 und 1975 im Dorf, und ihr Haus mit den subtropischen Gärten ist jetzt Museum.

Britanniens Zehe: Penwith heißt jener öde, vom Wind gepeitschte Landrücken, der das Ende Cornwalls markiert mit kahlen Hügeln und weiten, offenen Flächen, umgeben von tiefblauem Meer und dicken atlantischen Nebelschwaden. Seine gesamte Küste entlang führt der Cornwall Coastal Path, vorbei an überfluteten Riffen und von den Wellen zerfressenen Klippen, geschützten Buchten und eigentümlich geformten Felsen mit fremdartigen keltischen Namen wie The Carracks, Pendeen Watch und Gwennap Head. Von beklemmender Schönheit ist **Land's End,** der westlichste Punkt des britischen Festlands. In **Sennen Cove** gibt es ein winziges Pub und eine Royal Naval Lifeguard Station, die in ständiger Alarmbereitschaft ist. In einer Tiefe von über 250 Fathom (gut 140 Meter) unter dem Meeresboden erstrecken sich die Stollen der vier noch arbeitenden Zinnminen in **Geevor.** Ein kleines Bergbaumuseum ermöglicht die Besichtigung der Betriebsanlage.

Unten links: Am Strand von St. Ives. Unten rechts: Ein Gastwirt mit seinem gefiederten Freund.

Die nebelumwogten **Isles of Scilly** („silli" ausgesprochen), an denen viele Schiffe scheiterten, liegen genau westlich von Land's End. Schon vor Christi Geburt landeten hier phönizische Händler auf der Suche nach kornischem Zinn, Kupfer und anderen wertvollen Metallen. Im Mittelalter wurden die Inseln zum Schlupfwinkel für Piraten, Schmuggler und Plünderer von Schiffswracks, und einmal suchte auch der spätere Charles II. hier Zuflucht. Fünf der Inseln sind heute bewohnt, und alle bis auf **Tresco** gehören zum Herzogtum Cornwall, das dem Prinzen von Wales untersteht. Regelmäßige Fähr- und Hubschrauberdienste verbinden sie mit Penzance. Sehenswert sind die **Abbey Gardens** und das **Valhalla Maritime Museum** auf Tresco sowie das **Scilly Museum** und die sommerlichen Gig-Rennen auf St. Mary's.

Zwei malerische Dörfer liegen nebeneinander an der Südküste von Penwith. Das nach dem „Mauseloch", einer alten Schmugglerhöhle, benannte **Mousehole** ist so klein wie der Name vermuten läßt, eine winzige Gruppe von Häuschen aus Granit und Fachwerk-Pubs. Das **Ship,** ein freundliches Pub, wo es gute Krabben-Sandwiches gibt, lockt ebenso wie ein Spaziergang zu den majestätischen **Merlin** und **Battery Rocks.** In **Newlyn,** einem der wenigen in Cornwall noch existierenden echten Fischerdörfer, werden täglich Hummer, Makrelen, Weißfisch und Krabben gefangen und zum Teil gleich an Ort und Stelle eingedost.

Attraktives Penzance: Penzance, dank seiner die **Mount's Bay** beherrschenden Lage lange die bedeutendste Stadt des westlichen Cornwalls, erfüllte im Laufe der Jahrhunderte eine Reihe wichtiger Funktionen: Es verschiffte Zinn für das römische Weltreich und das mittelalterliche Europa, war Grenzstation für Auswanderer auf ihrem Weg in die Neue Welt, versandte Blumen und Fisch nach London und Mittelengland und ist heute Urlaubs- und Touristenzentrum.

In der Stadt findet man den zu einem mit Leben erfüllten Kunstgewerbezentrum umgestalteten **Barbican,** einen Fischmarkt aus dem 18. Jahrhundert, die von Stadthäusern des 18. und 19. Jahr-

Fähre zum St. Michael's Mount.

hunderts gesäumte **Western Promenade** und das faszinierende Herzstück von Penzance, ein uraltes, kopfsteingepflastertes Viertel an der Nahtstelle von Chapel Street und Market Jew, wo man noch viel von der vergangenen Seefahrerzeit spürt. Zu den historischen Gebäuden gehört das **Union Hotel** aus dem 18. Jahrhundert, von dem aus zuerst die Nachricht von Nelsons Sieg und Tod bei Trafalgar verkündet wurde, das **Victorian Market House** und das **Penlee House Museum** mit Zinnbergbau-Exponaten. Die **Movab Gardens** mit einer Vielfalt exotischer Pflanzen werden von den **Trengwainton Gardens** des National Trusts drei Kilometer landeinwärts, wo die ersten Magnolien in England blühten, sogar noch übertroffen.

Die riesige mittelalterliche Burg und Abtei **St. Michael's Mount** beherrscht einen Granitfelsen in der Mount's Bay, den man bei Ebbe über einen Sanddamm erreichen kann, während man sonst auf die kurze Fährverbindung vom Festland angewiesen ist. Der Sage nach wurde die Abtei im 5. Jahrhundert gegründet, nachdem ein Fischer den hl. Michael auf dem Felsen hatte stehen sehen. Historiker datieren die Klostergründung auf das 8. Jahrhundert, also in jene Zeit, als keltische Mönche auf dem Mont-St.-Michel in der Bretagne einen gleichartigen Bau errichteten.

Falmouth, als berühmter Hafen und Fischereizentrum eine der interessantesten Städte in Cornwall, war ein winziger Weiler, ehe es 1699 die westlichste Postpaketstation Englands wurde. Linienschiffe aus Amerika, Westindien und dem Mittelmeerraum liefen nun Falmouth an, um ihre Post in schnellen Postkutschen nach London bringen zu lassen. **Pendennis Castle** schützte Falmouth drei Jahrhunderte lang gegen spanische und französische Überfälle und gegen Cromwells Truppen während einer 23wöchigen Belagerung im Bürgerkrieg. Im **King's Pipe,** einem Ziegelschornstein, wurde einst geschmuggelter Tabak verbrannt. Gut zu Mittag essen kann man im **Pandora Inn** in der Nähe, einer weißgekalkten, strohgedeckten Schenke aus dem 17. Jahrhundert. Ent-

Falmouth.

lang der Boscamen und der Lemon Street stehen schöne georgianische Häuser und die Cornwall County Library aus dem 18. Jahrhundert.

Das 40 Kilometer nördlich an der von der A390 abzweigenden A3082 gelegene **Fowey** ist in feinen weißen Staub gehüllt, Zeugnis seines Rangs als Cornwalls größter Hafen für die Verschiffung von Porzellanerde. Mit dem Rückgang von Cornwalls anderen wichtigen Mineralien wurde Kaolin zum bedeutendsten Wirtschaftsprodukt und Exportartikel, der die weltweite Nachfrage nach Rohmaterial für Porzellan zu mehr als 80 Prozent deckte. Große Lastkähne und Schlepper beherrschen den Hafen, doch bietet er auch zahlreichen Jachten und Fischerbooten Platz. Das intakte alte Stadtzentrum mit der Town Hall aus dem 18. und dem Toll Bar House aus dem 14. Jahrhundert läßt noch das typisch kornische Dorf erkennen.

Berühmter Sohn: Plymouth ist ein Relikt aus dem Zeitalter der Entdeckungen, die Stadt Drakes, Raleighs und der Pilgerväter, eine Stadt des Aufbruchs zu vielen Abenteuern auf See – ein lebendes Geschichtsbuch, zugleich aber auch eine blühende Hafen-, Industrie- und Marktstadt. Die frische Seeluft füllt dem Spaziergänger die Lungen, und von der berühmten grünen Anhöhe, dem **Hoe**, 37 Meter über dem Meer, schweift der Blick über den weiten Sund.

Drake war lange Plymouth' liebster Sohn. 1577 startete er von hier zu seiner Weltumsegelung und wurde später zum Bürgermeister gewählt. Seine größte Heldentat aber gelang ihm 1588 mit dem Sieg über die spanische Armada.

Die von Southampton kommenden Pilgerväter mußten in Plymouth ihre durch schlechtes Wetter beschädigte *Mayflower* reparieren lassen und fanden Unterschlupf in den Weinkellern der heute noch existierenden Firma James Hawker. Von der West Pier segelten sie 1620 in die Neue Welt.

Noch wie zu Drakes Zeit beherrscht der Hoe Plymouth. Vom rot-weiß-gestreiften Leuchtturm **Smeaton's Tower** überblickt man den ganzen Sund; die **Royal Citadel** in der Nähe wurde im 17.

Der berühmteste Sohn Plymouth', Sir Francis Drake.

Jahrhundert unter Charles II. errichtet, um künftig jede republikanische Regung zu unterbinden. Unten am Hafen liegt ein **Barbican** genanntes elisabethanisches Viertel – eine Mischung aus kopfsteingepflasterten Straßen, mittelalterlichen Häusern und geschäftigen Piers –, wo mit der **Armada Experience** die Zeiten der alten Haudegen wieder aufleben. Im **Island House** aus dem 16. Jahrhundert verbrachten die Pilgerväter ihre letzte Nacht in England, und in der New Street nebenan steht das authentische **Elizabethan House**. Jeden Morgen ist hier Fischmarkt, und den Rest des Tages kann man in den vielen Lokalen, Geschäften und Ateliers zubringen.

Wildes West Country: Der von Plymouth landeinwärts gelegene **Dartmoor National Park** ist mit 915 Quadratkilometern Wald- und Moorgegend das größte der unberührten Gebiete des West Country. Unter Heidekraut und Farn verbirgt sich ein Felsenkern, eines der fünf Granitmassive, die das geologische Herz des West Country bilden. Schätzungsweise acht Millionen Menschen wandern jähr-

lich auf Hunderten von Kilometern öffentlicher Wege und Pfade durch das Moor. Die vom Besucherstrom fast überrollten 30 000 Menschen, die in und um den Naturschutzpark leben, besitzen noch das Recht, das offene Grasland auf dem Moor zu beweiden und sich Torf, Steine und Ried zum Decken ihrer Häuser zu holen. Größter Landbesitzer ist Prinz Charles, dem als Herzog von Cornwall mehr als 28 000 Hektar des Naturschutzgebiets unterstehen. Ansonsten hat sich Dartmoor seit 1000 Jahren kaum verändert: eine rauhe, nebelige Moorlandschaft, nur dann und wann von einem Dorf oder Gehöft unterbrochen. Sie beherbergt Galloway- und Highland-Rinder, schwarzgesichtige Schafe und die berühmten, vom Steinzeitpferd abstammenden Dartmoor-Ponys.

Östlich von Plymouth liegt **Dartmouth,** ein weiterer berühmter Hafen des West Country. Dort, wo sich im 12. Jahrhundert Kreuzfahrer zum zweiten und dritten Kreuzzug sammelten, bereiteten sich 900 Jahre später die Alliierten auf die Landung in der Normandie vor. Viel von

Ponys im Dartmoor National Park.

ihrem Seefahrererbe bewahrte sich die Stadt in Form des **Britannia College,** in dem Royal Navy-Offiziere wie Prinz Charles und der Herzog von Edinburgh ausgebildet wurden. Auch Chaucers Pilger „Shipman" *(Canterbury Tales)* kam aus Dartmouth. Der Hafen von Dartmouth ist gesäumt von Handelshäusern und Fachwerk-Tavernen aus dem 16. Jahrhundert. Am Freitagmorgen bietet der **Pannier Market,** sonst ein Gewirr von Kunstgewerbeständen, frisches Obst und Gemüse an.

Nur einen Steinwurf weit die Küste hinauf liegt das aus Torquay, Paignton und Brixham zusammengewachsene **Torbay,** das sich wegen seines milden Klimas und seiner langgestreckten, palmenbestandenen Strände gern selbst als Englische Riviera bezeichnet. Das mit der Fähre erreichbare **Brixham** ist der einzige der drei Orte, der etwas von der Atmosphäre eines Fischerdorfs bewahren konnte. Von hier nahm 1688 mit der Landung von Wilhelm von Oranien die Glorreiche Revolution ihren Ausgang. James II. wurde abgesetzt und die bis heute gültige Grundlage der britischen Regierung, die konstitutionelle Monarchie, eingeführt. Und das alles, ohne einen Tropfen Blut zu vergießen! Westlich von Torbay und nahe genug, daß man zu Fuß hingelangen kann, liegt **Cockington,** ein hübsches Dorf mit riedgedeckten Häusern. In fünf Kilometer Entfernung stößt man auf **Marldon** mit einer wunderschönen alten Kirche und noch einleinhalb Kilometer weiter auf den ursprünglich 1320 erbauten Herrensitz der Familie Gilbert, **Compton Castle.** Sir Humphrey Gilbert (1539-83) war der Gründer Neufundlands, der ersten britischen Kolonie in Nordamerika, und Halbbruder Sir Walter Raleighs.

Bischofsstadt: Exeter ist vieles zugleich: Universitätsstadt, Bischofsstadt der Grafschaft Devon und nach Plymouth bedeutendste Stadt im West Country. Ihre Silhouette wird beherrscht von der großartigen **Kathedrale,** dem schönsten Bauwerk ganz Devons, vom 11. bis 14. Jahrhundert in normannisch-gotischem Stil errichtet. Englands größte erhaltene Skulpturengruppe aus dem 14. Jahrhundert ziert die Westfassade, und das reich geschmückte Innere besitzt ein eindrucksvolles, wie die Fächer einer Palme gemeißeltes Gewölbe. Zu den Kostbarkeiten der Kathedrale zählen der Bischofsthron aus dem 14. Jahrhundert und das zwischen 950 und 1000 n. Chr. zusammengestellte *Exeter Book of Old English Verse.*

Nur wenig vermag in Exeter im Vergleich zur Kathedrale zu bestehen. Interessant ist das neue **Maritime Museum** mit mehr als 100 historischen, in zwei Lagerhäusern und entlang beider Ufer des Exe ausgestellten Schiffen – von der arabischen Dhau und dem polynesischen Einbaum bis zum chinesischen Sampan und dem peruanischen Schilffloß. In der Nähe steht das schöne, 1681 in dem für Exeter typischen Mauerwerk erbaute Custom House. Sehenswert sind auch die aus dem 11. bis 16. Jahrhundert stammenden Räume der **St. Nicholas Priory,** das **Rougemont Museum** und die Burgruinen. Exeter ist Marktzentrum eines fruchtbaren Landstrichs mit viel Milchwirtschaft und ein idealer Ort, um den berühmten „Cream Tea" zu probieren.

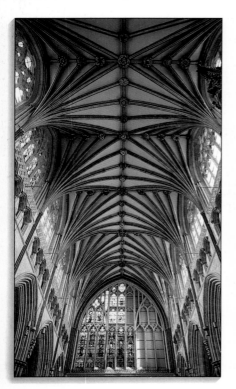

Links: Das Gewölbe der Kathedrale von Exeter. **Rechts:** Eng zusammenstehende schiefergedeckte Häuser.

Irische See

Carmel Head
Amlwch

Isle of
Anglesey

Holyhead
Llangefni
Beaumari's
Llandudno
Colwyn Bay
Prestatyn
Liverpool

Menai Bridge
Bangor
Conwy
Abergele
Rhyl
Holywell
St. Asaph
Chester

Caernarfon
Bethseda
Llanrwst
Denbigh
Mold

Llanberis
Betws-y-coed
Ruthin
CLWYD

Pen-y-groes
GWYNEDD
Ruabon
Withchurch

Nefyn
Lleyn Peninsula
Criccieth
Beddgelert
Blaenau Ffestiniog
Corwen
Llangollen

Pwllheli
Porthmadog
Trawsfynydd
Bala
Oswestry

Bardsey Island
Harlech
Snowdonia National Park

Barmouth
Dolgellau
Dinas Mawddwy
Shrewsbury

Cardigan Bay
Tywyn
Machynlleth
Aberdyfi
W A L E S
Caersws
Newtown
Lydham

Talybont
Llanidloes
Aberystwyth
Ponterwyd
Llangurig
Knighton
Ludlow

Devil's Bridge
POWYS
Rhayader
New Radnor
Presteigne

Aberaeron
Tregaron
Elan Valley
Llandrindod Wells
Kington

Cardigan
Lampeter
Llanwrtyd Wells
Haye-on-Wye
Hereford

Newcastle Emlyn
Llandyssul
Llandovery
Brecon

Fishguard
DYFED
Brecon Beacons National Park
Crickhowell

St. David's Head
Treffgarne
Carmarthen
Llandeilo
Craig-y-nos
Merthyr Tydfil
Brynmawr
Abergavenny

Narberth
St. Clears
Abercraf
GWENT
Raglan

Milford Haven
Laugharne
WEST GLAMORGAN
Pontardawe
Aberdare
Ebbw Vale
Usk

Saundersfoot
Pontardulais
Neath
Moutain Ash
Abertillery
Tintern Parva

Pembroke
Tenby
Llanelli
Swansea
MID GLAMORGAN
Pontypridd
Cwmbran
Chepstow

St. Govan's Head
Llangennith
Killay
Aberavon
Llantrisant
Caerphilly
Newport

Rhossili
The Mumbles
SOUTH GLAMORGAN
Blacktown
Cardiff

Porthcawl
Penarth

Wales
48 km / 30 miles

Bristol Channel
Barry

254

DAS WYE-TAL UND SÜDWALES

Das Fürstentum Wales, ein gebirgiges Land im Schoß Großbritanniens, der in die Irische See ragt, erstreckt sich über eine Länge von rund 216 Kilometern und erreicht an der schmalsten Stelle gerade eine Breite von 56 Kilometern. Die Grenze, deren Endpunkte die Mündung des Dee in der Liverpool Bay im Norden und das Wye Valley an der Mündung des Severn im Süden bilden, verläuft ziemlich genau entlang des Schutzwalls, den der angelsächsische König Offa (757-796), der bis zu diesem Zeitpunkt mächtigste Herrscher Britanniens, gegen die Kelten errichtet hatte.

Der Wanderweg auf dem 269 Kilometer langen irdenen Grenzwall bietet eine ausgezeichnete Möglichkeit, einen Teil von Wales zu Fuß zu erkunden, wobei das etwa auf halber Strecke gelegene Knighton ein guter Ausgangspunkt wäre. Etwa 300 Jahre nach Offa trieben die Normannen die Waliser weiter in die Berge und errichteten entlang der Grenze Marken und mächtige Lordschaften.

In Wales bilden grüne Hügel, hübsche Täler, halb verfallene Burgen, Poesie, Musik und Welshcakes eine sanfte Harmonie. Hier findet man weiche Sandstrände, eindrucksvolle Buchten, Schafherden und Reitponys. Die Region ist weniger dicht besiedelt als England, aber durch seine geographisch günstige Lage ein beliebtes Urlaubsziel. **Birmingham**, zweitgrößte Stadt Großbritanniens und Industriezentrum der westlichen Midlands, liegt relativ nahe an Wales.

Von London aus führt die M4 an der Abzweigung nach Bristol vorbei über die Severn-Brücke nach Wales und verläuft dann weiter an der industriereichen Südküste über Newport, Cardiff und Swansea zu den Klippen und Stränden von Pembroke. Von der M5 gibt es zwischen Bristol und Birmingham bei Anschlußstelle 8 eine Abzweigung auf die M50 nach Westen zur wunderschönen Stadt Ross-on-Wye, wo man auf die A40 nach Gloucester trifft. Nimmt man diesen Weg, passiert man die Grenze bei Monmouth und fährt dann durch die Black Mountains und Brecon Beacons wieder in Richtung Pembroke. Ins Herz von Wales gelangt man auch über die M54, die gleich nördlich von Birmingham bei Anschlußstelle 10A von der M6 abzweigt. Die A5 verläuft über Shrewsbury und die Grenzstadt Welshpool in Richtung Süden nach Aberystwyth, das in der Mitte der Cardigan Bay liegt und die University of Wales beherbergt.

Wye Valley: Von der Severn Bridge aus kommt man als erstes nach **Chepstow**, einer befestigten Stadt an der Mündung des Wye, deren auf einem Felsen gebauter normannischer Burgfried sich gegen die Kalksteinklippen abhebt.

Mit seiner Lobrede auf die zehn Kilometer nördlich von Chepstow an der A466 gelegenen **Tintern Abbey** hat Wordsworth bestimmt nicht übertrieben – es ist in der Tat ein wunderschönes Plätzchen. Die Abtei wurde 1131 von Zisterziensermönchen erbaut und ist die schönste und besterhaltene von allen noch vorhandenen britischen Klosterruinen. Anchor Inn war vermutlich das frühere Schleusentor der Abtei, die durch

Vorherige Seiten: Schafe in den Brecon Beacons. **Rechts:** Tintern Abbey ist noch recht gut erhalten.

ein Tor aus dem 13. Jahrhundert mit der Helling verbunden war.

Etwa 16 Kilometer weiter nördlich an der A466 liegt am Zusammenfluß von Wye und Monnow die Marktstadt **Monmouth**, eine ehemals römische Siedlung, die später Sitz bretonischer Grafen wurde. Hier kam im Jahre 1387 Henry V. zur Welt, der dann einige Jahre seiner Herrschaft damit zubrachte, den Aufstand der Waliser unter Owain Glyndwr niederzuschlagen. Wunderschöne Deckengemälde schmücken die Burg aus dem 11. Jahrhundert.

Elf Kilometer südwestlich von Monmouth entlang der A40 stößt man auf die Ruine des **Raglan Castle** mit seinem sechseckigen, von einem Wassergraben umgebenen Burgfried. Die Burg war ein wichtiger Stützpunkt während der Rosenkriege und wurde später zum Wohnsitz der Grafen von Worcester.

Ein paar Kilometer östlich von Monmouth liegt im **Forest of Dean** das Städtchen **Coleford**. In dem zum Hotel umfunktionierten Speech House aus dem 17. Jahrhundert wachen spezielle Aufse-her über das 105 Quadratkilometer große, ehemals königliche Jagdgebiet, in dem es einige gute Aussichtspunkte gibt. Am Nordostende des hauptsächlich aus Eichen und Buchen bestehenden Waldes befindet sich in der Nähe von **Camp Mill** und **Cinderford**, wo noch letzte Spuren der Kohle- und Eisenindustrie zu sehen sind, das **Museum of Forest Life**.

Unmittelbar nördlich liegt **Symond's Yat**, eine gigantische, 122 Meter über einer Biegung des Wye-Tals ausstreichende Gesteinsformation. Der Fluß schlängelt sich weitere 13 Kilometer östlich der A40 bis **Ross-on-Wye**, einem idyllischen Marktstädtchen, das im Sommer unzählige Besucher in seinen Bann zieht. Der Marktplatz mit seiner schönen Arkadenhalle, die eigentlich das Zentrum bildet, wurde von einem Mann namens John Kyrle (1637-1724) entworfen, den der Dichter Alexander Pope (1688-1744) als „The Man of Ross" verewigte.

Alle walisischen Grenzstädte zeichnen sich durch ihre schwarz-weißen Fachwerkbauten aus der Tudorzeit aus. Nörd-

**Links unten:
Ross-on-Wye.
Rechts unten:
Raglan Castle
und
Maskottchen.**

256

lich von Ross liegt **Ledbury,** das erst kürzlich seine fischgrätverzierte Markthalle erneuerte, 16 Kilometer weiter **Herford,** dessen **Kathedrale** noch auf König Offa zurückgeht. Der größte Schatz der Stadt ist zweifellos die **Mappa Mundi**, eine der ersten Landkarten der Welt aus der Zeit um 1300. In Hereford, einem Zentrum der Ciderindustrie, kann man in der Whitecross Road das **Cider Museum** besuchen.

Man sollte auf keinen Fall versäumen, von Hereford aus einen Abstecher nach **Kilpeck** zu machen, das 13 Kilometer weiter südwestlich an der Abergavenny Road (A465) liegt. Dies ist die am schönsten ausgeschmückte normannische Kirche Großbritanniens aus dem Jahre 1140. Folgt man von Hereford aus dem Lauf des Wye nach Westen, kommt man zu den im Herzen von Wales gelegenen Cambrian Mountains.

Biegt man von der A438 ab, erreicht man das 38 Kilometer westlich von Hereford gelegene **Hay-on-Wye**, das allen bibliophilen Zeitgenossen ein Begriff ist. Hier befindet sich nämlich das größte Antiquariat der Welt, dessen Gründervater Richard Booth soweit ging, die Stadt zu einem unabhängigen Land und sich selber zum Monarchen zu erklären. Der größte Teil der Stadtfläche liegt bereits in Wales. Hier ließ William de Braose, ein Marcher Lord, als Ersatz für das abgebrannte Schloß von König John ein neues errichten. Es wurde jedoch im 15. Jahrhundert von Owain Glyndwr bis auf ein Tor, den Burgfried und einige Mauerteile völlig zerstört.

Der Berg ruft: Die nächste größere Stadt am Wye ist **Builth Wells** 32 Kilometer weiter westlich. Die malerische Umgebung eignet sich hervorragend zum Ponyreiten, Wandern und Fischen. Im Juli findet hier alljährlich die Royal Welsh Show statt, die bedeutendste Landwirtschaftsausstellung in Wales.

Zehn Kilometer weiter im Norden liegt das Heilbad **Llandrindod Wells**, das in seinen viktorianischen Blütezeiten etwa 80 000 Besucher pro Jahr anlockte. In den breiten Straßen findet man Häuser im georgianischen Stil und zahlreiche Hotels.

Hay-on-Wye ist Weltmetropole der Antiquariate.

Etwas weiter nordwestlich befindet sich nahe des Ursprungs des Wye das Touristenstädtchen **Rhayader**, wo viel walisisches Kunsthandwerk feilgeboten wird. Dahinter liegt das **Elan Valley**, das auch „Lake District von Wales" genannt wird. Wir befinden uns hier inmitten der Cambrian Mountains, und der wilde, verschlungene Verlauf des Tals hat viele Dichter wie beispielsweise Shelley inspiriert. Gegen Ende des letzten Jahrhunderts hat sich das Landschaftsbild gewaltig verändert, als die Corporation of Birmingham beschloß, das Tal als Wasserreservoir zu nutzen. Die bezaubernde Schönheit der Gegend wird durch ihre Seen zusätzlich untermalt.

Am südlichen Ende von Hay-on-Wye erhebt sich der 677 Meter hohe **Hay Bluff**, ein Vorbote der **Black Mountains**, die zehn Kilometer weiter bei **Waun Fach** bis auf 810 Meter ansteigen. Im Süden trennt das **Usk Valley**, durch das die A40 zwischen Abergavenny und Brecon verläuft, die Black Mountains von den angrenzenden Brecon Beacons. Etwa neun Kilometer westlich von Abergavenny liegt am Fuße der Berge **Crickhowell**, das einige elegante Häuser im georgianischen Stil sowie das Prthmawr, ein Pförtnerhaus aus dem 15. Jahrhundert, zu bieten hat. Gute drei Kilometer weiter südwestlich liegt **Agen Allwedd Cave**, mit 22 Kilometern Gesamtlänge eine der längsten Höhlen Großbritanniens. Bei **Dan-yr-Ogof**, einige Kilometer südwestlich von Brecon, erstreckt sich ein Labyrinth von Kalksteinhöhlen, und ganz in der Nähe befindet sich **Ogof Fynnon Ddu** mit seinen Stalaktiten, Stalagmiten, grotesken Felsformationen und unterirdischen Seen.

Das 1370 Quadratkilometer große rote Sandsteingebirge der **Brecon Beacons**, das sich 32 Kilometer nach Süden bis Merthyr Tydfil erstreckt, ist Nationalpark. Bei **Pen-y-fan** („höchste Erhebung") steigen die Beacons bis zu einer Höhe von 885 Metern an und dienen als Standort für Leuchtfeuer, die ihnen den Namen gegeben haben.

Brecon selbst liegt nicht in den Bergen. Es ist eine alte Marktstadt mit engen Gassen am Zusammenfluß von Usk und Honddu. Seit 1923 besitzt die Stadt eine Kathedrale. Viele Gebäude tragen den Stempel der Restauration im 19. Jahrhundert. In Brecon befindet sich das **Brecon Beacons National Park Information Centre** und sechs Kilometer weiter südlich das **Mountain Centre in Libanus** an der A40, wo man sich umfassend über alle Sportmöglichkeiten, einschließlich Klettern, Ponytrecking und Segeln, informieren kann.

König Kohle: Zwischen den Bergen und dem Industriegebiet an der Südküste verlaufen die Täler Ebbw Vale, Merthyr, Rhondda und Neath, ehemals wichtige Kohlebaugebiete. **Cardiff**, heute mit 280 000 Einwohnern Hauptstadt und Verwaltungszentrum von Wales, war einst der größte Kohleumschlaghafen der Welt. Anfang der neunziger Jahre gab es jedoch nur noch einige wenige Kohlegruben, und andere Industriezweige traten an ihre Stelle. In **Cardiff Castle** ist die gesamte Geschichte der Stadt zusammengefaßt. In den Burgmauern findet man noch Elemente aus der Römerzeit, während im Inneren ein normannischer Burgfried aus dem 11. Jahrhundert domi-

Cardiff Castle

CROESO I CYMRU

Roger Williams

„Willkommen in Wales: *Croeso i Cymru*" lautet die Aufschrift des Schildes, das den Besucher im Fürstentum Wales begrüßt, in dem seit 1973 Zweisprachigkeit herrscht. Damit ist erkennbar, daß man sich in einem anderen Teil Großbritanniens befindet, dessen eigenständige Kultur den Zentralisierungsbestrebungen erfolgreich getrotzt hat.

Wales ist die einzige Region Großbritanniens, in der die eigene Sprache noch von gut 20 Prozent der 2,8 Millionen Einwohner gesprochen wird, wobei der Anteil nach Nordwesten hin zunimmt. Der Dichter Dylan Thomas stammte zwar aus einer walisischen Familie, beherrschte aber, im Gegensatz zu dem Schauspieler Richard Burton, die Sprache nicht. Tom Jones hat immerhin einige walisische Lieder im Repertoire, spricht jedoch nicht fließend walisisch.

Es grenzt an ein Wunder, daß sich die Sprache trotz des Act of Union, durch den 1536 Englisch zur Amtssprache wurde, halten konnte. Seit diesem Zeitpunkt galt das Kymrische in London als sprachliches wie kulturelles Hindernis im Verwaltungsapparat und Bildungswesen und wurde alles andere als gefördert. Dennoch gab es kurze Blütezeiten, angeregt durch Dichter, Politiker und Methodistenprediger sowie durch das Wiederaufleben des Literatur- und Musikfestivals (Eisteddfod). Seit dem Zweiten Weltkrieg ging die Zahl der Sprachkundigen jedoch um 50 Prozent zurück. Eine der Hauptursachen lag darin, daß viele arbeitssuchende Waliser ihre Häuser verließen, die dann von Engländern als günstige Zweitwohnungen aufgekauft wurden. Auch kamen viele Zuwanderer, die auf der Suche nach alternativen Lebensformen auf dem Land waren. Vor allem in einigen Gebieten des Nordens sah man die Neuankömmlinge jedoch nicht besonders gern, was in zahlreichen Brandanschlägen der sechziger Jahre deutlich zum Ausdruck kam.

Der zunehmende Groll gegen die englische „Kolonialisierung" ging in erster Linie von der Cymdeithas yr Iaith Gymraeg, der Welsh Language Society, aus, deren militante Mitglieder bereit waren, für ihre Überzeugung ins Gefängnis zu gehen, um auf sich aufmerksam zu machen. Dabei handelte es sich keineswegs nur um ein paar Unruhestifter. 1966 kam Gwynfor Evans als erster Vertreter der Plaid Cymru (Walisische Nationalisten) ins Unterhaus, und 1973 verabschiedete man in Westminster den Welsh Language Act, wodurch der walisischen Sprache derselbe Status wie der englischen eingeräumt wurde.

Zweifelsohne trägt diese neue friedliche Koexistenz zusammen mit Funk- und Fernsehsendungen in Walisisch dazu bei, die Sprache vor weiterem Vergessen zu bewahren. Ihr Gebrauch nimmt sogar wieder zu, wie die wachsende Anzahl von zweisprachigen Grundschülern zeigt.

Die Waliser bezeichnen sich selber als *Cymru*, was soviel wie „Freund" bedeutet. „Welsh" hingegen, eine Bezeichnung, die beispielsweise auch für die Wallonen verwendet wird, ist ein Wort germanischen Ursprungs und bedeutet im eigentlichen Sinne „Fremder". Ebenso wie das im 18. Jahrhundert ausgestorbene Kornisch entwickelte sich das Walisische aus dem brythonischen Keltisch. Mit dem Gälischen Schottlands hat es jedoch so wenig zu tun, daß keine Verständigung möglich ist. Natürlich gibt es auch regionale Varianten. Der Dialektunterschied zwischen Nord- und Südwales ist ebenso groß wie der zwischen Yorkshire und London.

Das walisische Alphabet hat sechs Buchstaben weniger als das englische, es fehlen J, K, Q, V, X und Z. Besonders auffällig ist die Phonetik des Walisischen. Y, der Artikel, wird wie *„ah"* ausgesprochen und W wie *„uh"*, wobei beide Laute als Vokale gelten. *Bore da* heißt guten Morgen, *Dydd da* guten Tag, *Sut mae?* wie geht's?, *diolch* danke und *lachd da!* zum Wohl!.

Einige Ortsnamen sind im Walisischen ähnlich wie im Englischen, so etwa Caernarvon und Caernafon, wohingegen man bei anderen keinerlei Gemeinsamkeiten feststellen kann: Swansea wird zu Abertawe, Newport zu Casnewydd und Abergavenny zu Y Fenni. Die Entzifferung der Straßenschilder kann man als erste Lektion in Walisisch betrachten, einer der ältesten Sprachen Europas.

niert, dessen Baumeister Robert Fitzhamon war. In der Blütezeit der Stadt zwischen 1867 und 1872 ließ der auch für den Bau der Docks verantwortliche Marquis of Bute einen Glockenturm und zusätzliche Festsäle anbauen, in denen heute mittelalterliche Bankette abgehalten werden. Dem Marquis ist auch der Bau des acht Kilometer nördlich von Cardiff gelegenen **Castell Coch** (Rote Burg) zu verdanken, einem Jagd- und Lustschloß, das sich märchenhaft über dem Fluß Taff erhebt.

Das **National Museum of Wales,** dessen **Art Gallery** eine ausgezeichnete Sammlung impressionistischer Gemälde sowie Werke englischer und walisischer Maler enthält, gibt einen anschaulichen Überblick über die Geschichte des Fürstentums. Wer lieber den Spuren der einheimischen Geschichte folgen will, darf auf keinen Fall versäumen, das sechs Kilometer westlich der Stadt gelegene **St. Fagan's National Folk Museum** zu besuchen. Auf dem 40 Hektar großen Gelände des aus der Tudorzeit stammenden **St. Fagan's Castle** hat man Gebäude und Einrichtungen aus dem walisischen Dorfleben früherer Jahrhunderte authentisch rekonstruiert, wobei einheimische Handwerker ihre Künste vorführen.

Acht Kilometer nördlich von Cardiff liegt die für ihren gleichnamigen weißen Käse berühmte Stadt **Caerphilly,** in der auf einem Gelände von zwölf Hektar die Überreste einer der größten Burgen Großbritanniens zu sehen sind. Schöner als auf der M4 ist die Fahrt auf der Hauptstraße A48, die dem Verlauf der alten Römerstraße nach Chepstow folgt. Nach etwa 16 Kilometern erreicht man die damals befestigte Römerstadt **Venta Silurum** in der Nähe von **Caerwent,** deren Überreste teilweise im **Archäologischen Museum** in Newport untergebracht sind. Fährt man weiter das Usk Valley aufwärts, stößt man bei **Caerleon** auf die Ruinen der ehemaligen Befestigung Isca Silurum sowie auf das besterhaltene römische Amphitheater Großbritanniens.

Halbinsel Gower: Die zweitgrößte Stadt von Wales ist das 64 Kilometer westlich von Cardiff an der Tawemündung gelegene **Swansea** (walisisch „Abertawe").

Bute Street, Cardiff im Jahre 1925.

Hier haben die Bomben des Zweiten Weltkriegs und die nachfolgende Industrialisierung tiefe Wunden hinterlassen. Dylan Thomas (1914-53), der berühmteste Dichter aus Wales, bezeichnete seinen Geburtsort als „häßlichschöne Stadt mit schlampig gebauten Spekulantenvillen und behaglich-selbstbewußten Vorstädten entlang einer ausgedehnten, prachtvoll geschwungenen Küste". Er erblickte in der Cwmdonkin Drive Nr. 5 das Licht der Welt. Vom **Royal Institute of South Wales** hat er einmal gesagt, es sei „ein Museum", das aufgrund seiner bemerkenswerten neugriechischen Architektur „eigentlich selbst ins Museum gehört". Die Hauptattraktion dieser Stadt mit gut 50 Parkanlagen ist der regelmäßig stattfindende **Markt**, der größte in Wales, wo es traditionelle walisische Lebensmittel zu kaufen gibt. Besondere Spezialitäten der Region sind beispielsweise Herzmuscheln oder Tangbrot, eine Delikatesse aus Seetang die man mit gebratem Speck ißt.

Am südlichen Ende der Swansea Bay liegen **The Mumbles** mit zahlreichen Möglichkeiten für Bootsfahrten und Wasserski. Hier verkehrte 1807 die erste pferdegezogene „Straßenbahn" nach Swansea, ein Ereignis, auf das die Stadt noch heute ausgesprochen stolz ist.

Mit den Mumbles beginnt die Halbinsel Gower, eine 256 Quadratkilometer große Landzunge, die weit in die Carmarthen Bay hineinragt. Hier finden wir eine der schönsten Landschaften von Wales vor, die einen deutlichen Kontrast zur Industriestadt Swansea bildet. Die Strände der Südküste, die teilweise Naturschutzgebiet sind, eignen sich hervorragend zum Surfen. Acht Kilometer westlich von den Mumbles an der A4118 liegt **Parkmill**, wo nachweislich bereits zwei Kirchen von den hohen Sanddünen überwandert wurden, ein Schicksal, das möglicherweise auch den Ruinen des **Pennard Castle** droht. Am westlichen Ende der Halbinsel liegt über dem fünf Kilometer langen **Rhosilli Beach** zum Atlantik hin **Llangennith**, ein Ort, wo sich ebenfalls Spuren der Vergangenheit finden. Im 6. Jahrhundert baute hier St. Cenydd ein Kloster, das sechs Jahrhun-

Mumbles Head, Ausgangspunkt für die Halbinsel Gower.

derte später von normannischen Mönchen übernommen wurde. Der von einer Festungsanlage gekrönte **Llanmadoc Hill** ist einer der besten Aussichtspunkte in diesem Teil der Halbinsel.

Folgt man, wieder auf dem Festland, der Straße am Fluß Tywi entlang in Richtung **Carmarthen**, erreicht man nach 15 Kilometern **Laugharne** am Fluß Taf, eine Stadt, die jedem vertraut sein wird, der Dylan Thomas' Werk *Under Milk Wood* kennt, obwohl der eigentliche Schauplatz des Werkes wahrscheinlich New Quay an der Küste der Cardigan Bay war. Vor allem hier hat der exzentrische Thomas – jugendlicher Draufgänger, Trinker, Dichter und böser Engel – seine Spuren hinterlassen. Das Bootshaus an der „reiherreichen Küste", in dem er seit 1949 lebte und arbeitete, ist heute ein Museum. Auf der nahegelegenen Burg wohnte sein Freund Richard Hughes (1900-76), der Verfasser von *A High Wind in Jamaica*.

„Kleinengland": Carmarthen ist die Hauptstadt der Grafschaft Dyfed, die die alte, für ihre zerklüfteten Küsten bekannte Region **Pembrokeshire** im äußersten Südwesten vereinnahmt hat. Sie wird scherzhaft „Kleinengland hinter Wales" genannt, weil hier so viele Engländer leben. Der 288 Kilometer lange **Pembrokeshire Coast National Park**, der an keiner Stelle breiter als acht Kilometer ist, zieht sich von Armoth in der Carmarthen Bay über St. David's Head bis nach Cardigan in der gleichnamigen Bucht. Er ist zweifellos einer der schönsten Wanderwege Großbritanniens, auf dem sich zahllose Möglichkeiten bieten, die Tierwelt in dieser Gegend zu beobachten, darunter Lunde, Fulmare, Tölpel und Kormorane.

Die erste bedeutende Stadt an der Westküste ist **Tenby**, auf Walisisch **Dinbychypysgod**, was soviel wie „kleine Befestigung der Gefischten" bedeutet. Hier kann man noch die alte Stadtmauer sowie Überreste einer Burg zwischen den engen Straßen sehen. Die **Tudor Merchant's Hall** und die **St. Mary's Church**, die größte Pfarrkirche in Wales, zeugen noch vom Reichtum des 15. Jahrhunderts. Von hier aus gibt es Bootsver-

Arbeitszimmer von Dylan Thomas in Laugharne.

262

bindungen zur vier Kilometer entfernten **Caldy Island,** wo noch heute Zisterziensermönche Parfüm aus Blumenduftstoffen herstellen.

Einer der beliebtesten Abschnitte des Parks verläuft 20 Kilometer westlich von Tenby rund um **St. Govan's Head.** Ein Stück weiter landeinwärts liegt **Bosherston,** das berühmt für seine Seerosenteiche ist. Aus einem der Teiche stammt angeblich Excalibur, das legendäre Schwert König Arthurs. Ein paar Kilometer weiter im Norden befindet sich die Stadt **Pembroke** am Eingang des natürlichen Hafens von **Milford Haven,** einem wichtigen Ölverladehafen. Besonders in der Gegend um **Dale** bieten sich viele Gelegenheiten für Bootsfahrten.

Das Bild der Stadt wird von ihrer Burg, in der Henry VII., der Begründer der Tudor-Dynastie, zur Welt kam, beherrscht. Der runde Burgfried von Pembroke Castle war wesentlich schwerer einzunehmen als die früheren viereckigen Burgtürme.

Unter der Great Hall führte The Wogan, eine Höhle, zum Hafen.

Heim für David: Milford Haven muß man über eine gebührenpflichtige Brükke überqueren. Ansonsten gibt es eine Umgehungsstraße über **Haverfordwest.** Fährt man von hier die Küste entlang in Richtung Westen, kommt man zur sandigen **St. Bride's Bay,** in der St. Anna's Head, die Vogelschutzinseln Skomer und Skokholm, Ramsey Island und St. David's Head, der westlichste Punkt von Wales, liegen.

Nicht immer waren Besucher an dieser Küste willkommen, schon gar nicht Plünderer früherer Zeiten. Deshalb baute man die dem gleichnamigen Schutzpatron von Wales geweihte **St. David's Cathedral** und den **Bishop's Palace** im Sicherheitsabstand von etwa einem Kilometer landeinwärts in **Glyn Rhosyn** („Tal der Rosen"). Es gab Zeiten, in denen zwei Pilgerfahrten nach St. David's einer nach Rom gleichkamen.

Die Angst vor feindlichen Angriffen war keineswegs unbegründet: Bei **Fishguard,** 25 Kilometer weiter nördlich, kam es 1797 zur letzten Invasion französischer Truppen auf britischem Boden.

Die malerische Strandpromenade von Tenby.

Es ist nur der Beherztheit der einheimischen Frauen zu verdanken, daß die Angreifer zur Aufgabe gezwungen wurden. Wer den 1971 hier gedrehten Film *Under Milk Wood* mit Richard Burton in der Hauptrolle nach einer Vorlage von Dylan Thomas gesehen hat, wird sich in **Lower Fishguard** mit seinem bezaubernden Hafen sofort vertraut fühlen.

Auf der A487 erreicht man nach weiteren 28 Kilometern die belebte Marktstadt **Cardigan**, nach der die große Bucht an der Westküste von Wales benannt wurde. Stromaufwärts befinden sich die besten Fischfanggebiete von Wales. In **Cenarth** und **Cilgerran** werden teilweise noch spezielle Boote aus mit Häuten überzogenem Weidengeflecht hergestellt.

Die Bauweise dieser *coracles*, auf kymrisch *cwrwgl* genannt, hat sich seit der Eisenzeit kaum verändert. Sie haben den großen Vorteil, daß sie von den Fischern auf dem Rücken getragen werden können, so leicht sind sie. Heute werden sie nur noch auf den Flüssen Teifi und Tywi benutzt. Das Teifi-*coracle* ist mitschiffs eingebuchtet, während das Tywi-*coracle* fast oval und daher besser für ruhiges Wasser geeignet ist. Es macht Spaß, den Fischern in den stabilen Teifi-*coracles* unterhalb der Cenarth-Fälle zuzusehen.

Auf der A487 von Cardigan zum 34 Kilometer entfernten Badeort **New Quay** passiert man einige kleine und schmale Meeresbuchten wie beispielsweise bei **Tresaith** und **Llanrannog**. Gleich anschließend erreicht man den auf der felsigen Landspitze gelegenen Hafen von **Aberaeron** und fährt dann noch weitere 25 Kilometer an kleinen Fischerdörfern vorbei nach **Aberystwyth.**

Die Promenade von Aberystwyth mit ihren georgianischen Fassaden ist ein phantastischer Ort, um die Sonnenuntergänge über Irland zu beobachten. Die Stadt ist zugleich Ferienort, Marktflekken und Universitätsstadt und erstreckt sich auf unterschiedlichen Höhenniveaus. Vom Campus der **University of Wales** schaut man auf die grauen Häuser am Strand, von der **National Library of Wales** hat man einen herrlichen Blick über die Cardigan Bay. Von der Burg erklingen an schönen Samstagabenden die anrührenden Hymnen der Sangesfreudigen. Nach einer Studententradition soll es Glück bringen, der letzten Stange an der Strandpromenade neben der Alexandra Hall einen Tritt zu verpassen.

Einer dieser „großartigen kleinen Züge aus Wales" fährt vom Bahnhof in der Alexandra Road entlang dem **Vale of Rheidol Narrow Gauge Railway** 20 Kilometer landeinwärts zur **Devil's Bridge.** Hier kommt man in eine der eindrucksvollsten Gegenden von Wales, die ihre keltische Vergangenheit erahnen läßt. Am Zusammenfluß von Mynach und Rheidol kann man einige bis zu 90 Meter tiefe Wasserfälle sehen. An dieser Stelle befinden sich drei übereinandergebaute Brücken. Die unterste, die sogenannte „Teufelsbrücke", wurde vor allem von den Mönchen der elf Kilometer weiter südlich gelegenen **Strata Florida Abbey** benützt. Die Zisterzienserabtei war im 13. Jahrhundert der kulturelle Mittelpunkt von Wales. Im Osten der Brücke führt die B4574 wieder zurück zu den Seen und ins Hochland des Elan Valley.

Links: Turm der University of Wales in Aberystwyth. **Rechts:** Fischer mit traditionellem *coracle* aus Fell.

DER MERSEY
UND NORDWALES

Manchester, die Hauptstadt Nordenglands, war vormals eine viktorianische Bastion. Sie erwarb ihre Vorreiterstellung während der industriellen Revolution durch den Transport von Maschinen und Baumwollerzeugnissen über den 48 Kilometer langen Manchester Ship Canal zum Exporthafen Liverpool.

In unmittelbarer Nähe der Industriestadt findet man auch sehr ländliche Gegenden, und die Küsten von Lancashire und North Wales sind nur einen Katzensprung entfernt. Das 303 Kilometer südlich gelegene London erreicht man über die M6 und die M1, mit dem Intercity fährt man in drei Stunden zur Euston Station.

Manchester ist eine recht lebendige Stadt mit zahlreichen Nachtclubs, wie etwa dem Hacienda, das sich in den achtziger Jahren einen Namen machte. Abends sucht man hier häufig chinesische Restaurants auf. Das berühmte Viertel **Chinatown** betritt man durch einen riesigen, kunstvoll gestalteten Torbogen. Die Stadt ist äußerst stolz auf den bei Castleford gelegenen „Ersten Urban Heritage Park" Englands, eine Art Nostalgiepark, in dem sich das preisgekrönte **Museum für Naturwissenschaften und Technik** befindet. Von dort aus kann man die Coronation Street entlangspazieren oder in den **Granada TV-Studios** das Haus von Sherlock Holmes in der Baker Street besichtigen.

Am Westrand der Stadt liegt das Arbeiterviertel Salford mit dem **Lowry Heritage Centre**, das über eine bedeutende Gemäldesammlung verfügt.

Das extremste Beispiel der Nostalgiebesessenheit findet sich ohne Zweifel in der zwischen Manchester und Liverpool gelegenen Stadt **Wigan**. Die Bemühungen, möglichst genau der Beschreibung zu entsprechen, die George Orwell 1937 in *The Road to Wigan Pier* von den fürchterlichen Arbeitsbedingungen im Norden gab, gingen soweit, daß man sogar einen alten Laden, ein Klassenzimmer, ein Pub, ein Häuschen und ein Kohlebergwerk aus der Zeit der Jahrhundertwende originalgetreu rekonstruierte.

Um den Großraum Manchester verläuft eine Ringstraße. Die M6 führt zum Lake District und nach Schottland, bei Anschlußstelle 21A zweigt die M62 in Richtung **Liverpool** ab. Die Schiffsbauindustrie, ehemals Grundlage für den Wohlstand der Stadt, hat den Hafen am Merseyside ziemlich desolat zurückgelassen. Die siebziger und achtziger Jahre brachten eine große Arbeitslosigkeit mit sich, doch zwischenzeitlich hat wieder ein gewisser Aufschwung stattgefunden, und zwar insbesondere im Bereich des **King Albert Dock**. In der Lagerhausgegend entstand ein Komplex von kleineren Läden. Hier befindet sich auch das **Merseyside Maritime Museum**, eine mit der **Tate North** in London vergleichbare Galerie, und man kann an einer Führung teilnehmen, anhand derer die **Beatles Story** in ihren wichtigsten Stationen nachgezeichnet wird. Es fehlen weder der Cavern-Club noch die Penny Lane, und das Ganze ist selbstverständlich „Eight Days a Week", also die gesamte Woche über geöffnet.

Vorherige Seiten: Bahnhof von Porthmadog, Wales. **Links**: Im Liverpooler Albert Dock haben die Touristen das Kommando übernommen. **Unten**: Manchester.

Architektonisch ist die Stadt sehr großzügig angelegt. Wir finden hier das **Royal Liver Building**, ein 90 Meter hohes Gebäude in der Nähe der Docks sowie zwei neue Kirchen: Die kreisrunde, 1967 geweihte **Roman Catholic Cathedral**, ein Entwurf von Sir Edwin Lutyens und Sir Frederick W. Gibberd, und die **Anglican Cathedral**, die voluminöseste Großbritanniens, ein 1978 vollendetes Werk von Giles Gilbert Scott. Weitere Sehenswürdigkeiten sind das **Liverpool Museum** und die **Walker Art Gallery** in der William Brown Street. Mit der Fähre gelangt man nach Wirrall, einer Halbinsel zwischen den Mündungen der Flüsse Mersey und Dee. Ein guter Grund für diesen Ausflug wäre eine Besichtigung der Präraffelitensammlung in der **Lady Lever Art Gallery,** die in **Port Sunlight**, der von Lord Leverhulme (1851-1928) für sein Seifenimperium gegründeten Modellarbeitersiedlung, liegt. Auf Wirrall bieten sich schöne Aussichtspunkte über den Dee nach Nordwales.

Nördlich von Liverpool liegen Lancashires Badeorte **Southport**, **Lytham** **St. Annes** und **Blackpool**, das beliebteste Seebad überhaupt. Die alljährliche Besucherzahl von fast sechs Millionen Urlaubern steigt durch Veranstaltungen von Gewerkschafts- und Parteikongressen noch weiter an. Den Mittelpunkt der elf Kilometer langen Promenade bildet ein 160 Meter hohes Gebäude im Stil des Eiffelturms, dessen fantastische Beleuchtung im Herbst ein Schauspiel ist. Versäumen Sie auf keinen Fall, die Garnelen der **Morecambe Bay** zu kosten, die auf Pferdekarren in Netzen über die Sandstrände transportiert werden.

Grenzstädte: Südlich von Liverpool liegt am Ende der M56 das 64 Kilometer von Manchester entfernte **Chester**, die nördlichste und eindrucksvollste der Tudorstädte im hügeligen Grenzland der Welsh Marches. Entlang der Straßenzüge Eastgate, Watergate und Bridge Street kann man die einzigartige Architektur der malerischen **Rows** bewundern: Fachwerkhäuser, die größtenteils noch aus dem 16. Jahrhundert, eines gar aus dem Jahr 1486, stammen, und in denen sowohl auf Straßenhöhe als auch in den

Die Grenzstadt Chester hat ein besonderes Flair.

oberen Stockwerken zahlreiche Läden in Arkaden und Laubengängen untergebracht sind.

Chester war ursprünglich das römische Lager Deva. Aus dieser Zeit stammt noch das teilweise erhaltene **Amphitheater** außerhalb der Stadtmauern nahe der St. John's Street. Im **Grosvenor Museum** sind zahlreiche Überreste und ein Modell der ursprünglichen Römerfestung zu besichtigen.

Den besten Eindruck von Chester und seiner näheren Umgebung vermittelt ein Spaziergang entlang der drei Kilometer langen, völlig erhaltenen mittelalterlichen **Stadtmauer,** deren nördliche und östliche Abschnitte auf römischen Fundamenten ruhen. Die **Cathedral** unweit der St. Werburgh Street war bis zur Säkularisation eine Benediktinerabteikirche. Sie ist flacher als andere englische Kathedralen und hat ein kurzes Längs- und ein massives Querschiff mit einem viktorianischen Bleiglasfenster.

Vier Kilometer nördlich von Chester liegt der **Chester Zoo**, der größte außerhalb Londons. Im Süden der Stadt führt die A483 nach **Wrexham**, wo Elihu Yale, Begründer der amerikanischen Yale University, begraben ist.

Im Westen befindet sich **Llangollen**, wo jedes Jahr im Juli das **International Eisteddfod** stattfindet, ein Ereignis, dem das Städtchen seinen Ruf als Zentrum der walisischen Kultur und Musik verdankt. Die berühmtesten Einwohner der Stadt waren zweifellos die exzentrischen Klatschweiber Lady Eleanor Butler und die Ehrenwerte Sarah Ponsoby, genannt die „Llangollen Ladies", die ab 1780 im **Plas Newydd** wohnten und sämtliche Passanten unterhielten, die auf der A5 über die Holyhead-Fähre auf dem Weg nach Dublin waren. Zu ihren renommiertesten Besuchern gehörten der Herzog von Wellington, Lord Byron und Sir Walter Scott. Die beiden Damen akzeptierten nur Schnitzereien als Geschenke, und so wiesen sie auch das Gedicht zurück, daß ihnen William Wordsworth offeriert hatte.

Südlich von Wrexham liegt die Marcher-Befestigung Chirk Castle aus dem 13. Jahrhundert. Von der bezaubernden

Bahnhof Llangollen.

Stadt **Oswestry** führt die A483 zum 28 Kilometer entfernten **Welshpool**, Hauptstadt der Grafschaft Powys. Fachwerkbauten sind typisch für diese Gegend, doch findet man auch vereinzelt Backsteinhäuser im georgianischen Stil. Die alten, windschiefen Hotels und Pubs vermitteln einen seltenen Eindruck uralter Wohnkultur. Gegenüber der Pfarrkirche St. Mary befindet sich ein Druidenaltar, der Maen Llog. Gut einen Kilometer weiter südlich steht das um 1300 erbaute **Powis Castle**, eines der bedeutendsten in Wales, in dem heute die Schätze des I. Lord Clive („Clive von Indien") ausgestellt sind. Der im 17. Jahrhundert in Terrassen angelegte Garten ist einer der beeindruckendsten im ganzen Land.

Die Straße verläuft dann weitere 22 Kilometer am Shropshire-Union Canal entlang bis Newtown, das trotz des irreführenden Namens schon seit 1280 existiert. Die Stadt ist Sitz der Newtown Development Corporation, die es sich zur Aufgabe gemacht hat, gegen die Landflucht anzukämpfen. Früher war Newtown Zentrum der Textilindustrie, und noch heute ist es ein bedeutender Ort, in dem sogar Laura Ashley ihre Mode produzieren läßt. Ein kleines Museum in der Stadtbibliothek erinnert an den bekanntesten Bürger der Stadt, Robert Owen (1771-1858), der ein wichtiger Vorkämpfer des Sozialismus und der Genossenschaftsbewegung war.

Südöstlich von Oswestry führt die A5 in das 28 Kilometer entfernte **Shrewsbury**, Hauptstadt der Grafschaft Shropshire. Das Stadtbild ist geprägt von den eindrucksvollen Brücken über den Severn, einzelne Häuser stammen noch aus dem 15. Jahrhundert. Das rosafarbene, aus Sandstein gebaute **Schloß** in der Nähe des Bahnhofs wurde im 18. Jahrhundert Privatwohnsitz des Ingenieurs Thomas Telford.

Diesem bedeutenden Mann verdankt die 20 Kilometer östlich von Shrewsbury am Ende der M54 gelegene Stadt **Telford** ihren Namen. Anfang 1660 begann in Coalbrookdale das ehrgeizige Projekt, Koks zur Eisenverhüttung zu verwenden. 1773 baute Telford die erste Eisenbrücke der Welt über den Severn. Im

Kirchhof von Brecon.

ganzjährig geöffneten **Ironbridge Gorge Museum** sind Darbys original erhaltene Hochöfen, Lagerhäuser und industrielle Gebrauchsgegenstände ausgestellt.

Shrewsbury ist die Hauptstadt der Grafschaft Shropshire, der Heimat des Dichters A. E. Housman (1859-1936), der in seinem Gedicht *A Shropshire Lad* (1896) die verträumten Berghänge dieses fruchtbaren Landstriches verewigt hat. Über die Hügellandschaft von Wenlock Edge zwischen Shrewsbury und dem 46 Kilometer südlich gelegenen **Ludlow** und die Widersprüchlichkeit der Welsh Marches schreibt er:

> *„Das Morgenbanner*
> *im Land des Eroberers*
> *wird aufgezogen am englischen Tor.*
> *Auf der Straße nach Wales verblutet*
> *der von der Nacht besiegte Abend."*

Die Marches, eindrucksvoll geschildert in den Werken von Raymond Williams (1921-88), waren seit jeher ein Schauplatz von Gefechten und unterscheiden sich völlig vom übrigen Wales. Hier finden wir die ausgeprägteste Synthese zwischen der einheimischen keltischen Kultur und jener der römischen und normannischen Eroberer. Entlang der Grenze laufen die Hügel und mit ihnen der hiesige Dialekt sanft nach England aus.

Eine der schönsten Grenzstädte ist zweifelsohne Ludlow, wo Housmans Asche ruht. Bemerkenswert gut erhalten ist der mittelalterliche Stadtkern aus dem 13. Jahrhundert mit seinen Schenken und Tudorgebäuden. Auf **Ludlow Castle**, dem ehemaligen Sitz der Verwalter der Marches, fand 1634 die Uraufführung von Miltons Maskenspiel *Comus* statt. Noch heute kann man sich ein Bild von der damaligen Zeit machen. 25 Kilometer weiter westlich liegt **Knighton**, von wo aus man Offa's Dyke, den berühmten Erdwall, am besten erforschen kann.

Die walisische Nordküste: Von Chester führt die A548 an der Mündung des Dee vorbei zu den Badeorten der walisischen Nordküste mit ihren schönen Sandstränden. Besonders erwähnenswert sind **Prestatyn**, 45 Kilometer von Chester entfernt, **Rhyl** mit seiner fünf Kilometer langen Strandpromenade und das 24 Kilometer weiter gelegene **Llandudno**, der wohl größte und eleganteste Ferienort dieser Region. Unmittelbar dahinter bietet der Gipfel des 265 Meter hohen Great Orme einen phantastischen Ausblick auf die Nordküste von Wales. Alle Orte sind von Nordengland und dem Nationalpark von Snowdonia aus gut erreichbar.

Gegenüber von Llandudno liegt jenseits der von Thomas Telford errichteten Fußgängerhängebrücke die alte Stadt **Conwy**, deren frühere Bewohner Überfälle von See aus kaum zu fürchten hatten, da die dicken Stadtmauern nahezu uneinnehmbar waren. Die unter Edward I. erbaute **Burg** zählt zusammen mit den anderen Burgen Beaumaris, Caernarfon und Harlech zu den größten Werken von James St. George. Während der Eroberungskriege von 1277-84 war sie ein wichtiger Stützpunkt König Edwards.

Mutterinsel: Von der 32 Kilometer weiter westlich gelegenen Universitätsstadt **Bangor** aus überquert man auf einer weiteren Telfordbrücke die Menai Straits zur 715 Quadratkilometer großen Insel

onwy Castle ildete einen eil der Vereidigungsli- le Edwards I. egen Wales.

Anglesey. Die ursprünglich keltische Insel wurde von den Römern Mona genannt, und hier war es auch, wo sie die Druiden zusammentrieben und umbrachten. Die Waliser nennen die Insel *Mon, man Cymru* („Mutter von Wales"), weil sie einstmals die Kornkammer für das ganze Land war.

Die von Telford 1826 gebaute Hängebrücke war die erste ihrer Art und die schwierigste technische Meisterleistung im Rahmen des Holyhead Verkehrsnetzes, das er als Verbindung zwischen Dublin und London plante. Von der kleinen, vor der Westküste gelegenen Insel Holyhead aus verkehren nach wie vor Fähren nach Irland. An schönen Tagen bietet der 240 Meter hohe Holyhead Mountain einen Ausblick auf Irland, auf die Isle of Man und den **Snowdon**, den höchsten Berg in Wales.

Wenn man die Fähre nach Dublin in Holyhead erreichen will, kann eine Fahrt über die engen und gewundenen Straßen der Insel sehr nervenaufreibend sein, aber man bekommt so ein gutes Bild vom ländlichen Lebensstil und von den typischen Häusern. Ein kleiner Vorgeschmack auf die Extravaganz der Inselbewohner ist beispielsweise ein Ortsschild an der A5 mit der Aufschrift **„Llanfairpwllgwyngyllgogerychwyrndrobwllllantysiliogogogoch",** die bereits eine ziemlich detaillierte Beschreibung des Ortes beinhaltet: „Kirche St. Mary bei den weißen Espen über dem Strudel und Kirche St. Tysilio an der roten Höhle".

Am östlichen Ende der Insel stößt man auf **Beaumaris**, während **Caernarfon**, das besonders bei Seglern sehr beliebt ist und dessen Stadtmauern und Türme noch bestens erhalten sind, am südlichen Ende der Menai Strait auf dem Festland liegt. Edwards Trutzburg, von der nur noch die Außenmauern existieren, diente 1969 als malerische Kulisse bei der Krönung von Thronfolger Charles zum Fürsten von Wales, einem Titel, der seit 1282 den männlichen Thronfolgern des Königreichs verliehen wird. Caernarfon war schon lange vor dem Bau dieser Burg eine bedeutende Siedlung. Nach ihrer Ankunft im Jahre 78 errichteten die Rö-

Auf Caernarfon Castle werden die Fürsten von Wales gekrönt.

274

mer hier die Festung Segontium, von der man bei Ausgrabungen noch einige Überreste fand.

Berglandschaft: Unmittelbar hinter den Badeorten beginnt Eryri, das Land der Adler. Es handelt sich um **Snowdonia**, den gebirgigsten Teil von Wales. Der 18 Kilometer südlich von Bangor gelegene Snowdon hat eine Höhe von 1070 Metern, und weitere 14 Gipfel erreichen in diesem Gebiet die 1000-Meter-Grenze. Natürlich können die durch jahrhundertelange Gletschertätigkeit entstandenen Berge von Nordwales mit den Alpen oder den Pyrenäen nicht konkurrieren. Dennoch gelten sie unter den Bergsteigern und Besuchern als mit die schönsten Berge der Welt.

Sanft-grüne Gebirgsausläufer steigen zu schroffen Felswänden auf, an den hochgelegenen Hügeln kleben steinerne Schafhürden. Die Fahrt durch Snowdonia ist so überwältigend, daß es schwerfällt, sich auch noch auf die Straße zu konzentrieren. Von Pässen wie dem **Llanberis**, 20 Kilometer von Caernarfon auf der A4086 landeinwärts, und dem

Aberglaslyn, 22 Kilometer südlich von Caernarfon auf der A4085, bietet sich ein atemberaubendes Panorama von ganz Snowdonia, über das herrliche Bergseen verstreut sind.

Einen guten Kilometer nördlich des Aberglaslyn-Passes liegt dicht gedrängt das winzige Dorf **Beddgelert** inmitten einer wundervollen Landschaft. Der Name bedeutet „Grab des Gelert". Der Legende zufolge war Gelert ein treuer Hund, den Prinz Llewelyn irrtümlich tötete, nachdem er seinen Sohn vor einem Wolf gerettet hatte.

Einige Fanatiker behaupten, daß man wie der Dichter William Wordsworth unbedingt den Snowdon hinaufklettern muß, um dort die Morgendämmerung zu erleben. Der leichteste Aufstieg beginnt in **Llanberis** auf der Nordseite des Berges und ist fünfeinhalb Kilometer lang. Weniger beschwerlich ist es jedoch mit der **Snowdon Mountain Railway**.

Schieferabbau war früher der wichtigste Industriezweig im Nordwesten von Wales. Bei Regen glänzen die riesigen Schieferhalden über den Dächern der

Straße nach Dolgellau, Herz des kymrischsprechenden Wales.

Ortschaften **Bethesda**, sieben Kilometer südlich von Bangor, und **Blaenau Ffestiniog**, südöstlich des Snowdon an der A470. Der weitgehend unterirdisch gelegene Schieferbruch **Llechwedd** kann besichtigt werden, was jedoch bei den meisten Besuchern ein Gefühl der Beklemmung hervorruft.

16 Kilometer nördlich von Blaenau Ffestiniog liegt an der A470 die Ortschaft **Betws-y-Coed** am Schnittpunkt der drei Täler Lledr, Llugwy und Conwy. Im dreieinhalb Kilometer entfernten Wybrnant-Tal befindet sich **Ty Mawr Wybrnant**, das Geburtshaus von Bischof William Morgan (1545-1604), der als erster die Bibel ins Walisische übersetzte. Im Sommer organisiert der National Trust hier Wanderungen.

Drei Kilometer westlich von Betws-y-Coed liegen die **Swallow Falls** und unweit davon die **Conwy Falls**, wo man für die Lachse eine Fischleiter gebaut hat. Die Wasserfälle gehören zu den schönsten des Landes.

Fürsten und Halbinseln: Wales wird oft als alte Dame dargestellt, die einen Ball ins Meer wirft. Anglesey ist der Kopf, Pembrokeshire das Bein, die **Halbinsel Lleyn** der Arm. Caernarfon liegt auf ihrer Schulter, und von **Aberdaron** an der Spitze der Halbinsel kommt man nach Bardsey Island, dem Ball der alten Dame, obgleich die Überfahrt schwierig ist. Bereits im 7. Jahrhundert siedelten sich hier Mönche an. Selbst wenn es nicht stimmen sollte, daß hier 20 000 Heilige begraben sind, spürt man doch etwas von der Atmosphäre eines heiligen Orts.

Besonders eindrucksvoll sind die sich ständig verändernden Lichtverhältnisse über den zwischen dem Snowdon und dem Meer gelegenen kleinen Hafenstädte **Porthdinllain** und **Nefyn**. Von Nefyn auf der B4417 in Richtung Norden, sieht man zur Linken den 560 Meter hohen **Yr Eifl**, auf dessen östlichem Gipfel **Tre'r Ceiri**, eine der ersten eisenzeitlichen Befestigungen Großbritanniens, liegt. Hier stehen über 200 Steinrundbauten dicht gedrängt innerhalb eines doppelten Verteidigungswalls. Vor hier aus bietet sich ein herrlicher Blick über die gesamte Halbinsel.

Snowdonia Railway.

Die im Südosten der Halbinsel gelegene Stadt **Porthmadog** verdankt ihre Existenz eigentlich dem Fabrikbesitzer und Parlamentarier William Maddocks (1773-1828), der einen 1,5 Kilometer langen Bahndamm, genannt „Cobb", über die Flußmündung baute, so daß 2800 Hektar Land gewonnen wurden. In Tremadog, einem Vorort der Stadt, mietete der Schriftsteller Shelley ein Haus, in dem 1888 T. E. Lawrence das Licht der Welt erblickte. Eine Fahrt mit der **Ffestiniog Narrow Gauge Railway** ist ein absolutes Muß. Die Fahrt beginnt in Porthmadog und führt hügelaufwärts ins Vale of Ffestiniog. Wesentlich origineller als die damalige Idee Maddocks war der Plan des Architekten Sir Clough William Ellis, der 1926 mit dem Bau eines italienischen Dorfes zwischen Porthmadog und der Mündung des Dwyryd begann und seinem Werk den Namen **Portmeirion** gab. Das Dorf erlangte später durch die Fernsehserie *The Prisoner* große Berühmtheit. Wenn man an einem Sommerabend vor den pastellfarbenen Häusern sitzt, wirkt es ziemlich befremdend, rundherum nur Kymrisch zu hören.

In unmittelbarer Nähe der Flußmündung liegt **Harlech**, der ideale Ort, um in einem Atemzug die Halbinsel Lleyn, Cardigan Bay und im Süden die Berge von Cadair Idris überblicken zu können. Die eindrucksvoll gelegene Burg wurde während der Rosenkriege acht Jahre lang (1460-68) von Dafydd ab Ifan aus dem Hause Lancaster verteidigt, ein Ereignis, das in dem aufrüttelnden Marschlied *Men of Harlech* festgehalten ist. 18 Kilometer südlich der Burg ist der malerische Ferienort **Barmouth** zu finden, dessen Häuser die steilen Felsen schier hinaufzuklettern scheinen. Von hier führt die Straße das Mawddach Valley landeinwärts nach **Dolgellau**, einer Stadt, die man entweder liebt oder haßt. Sie ist ein geeigneter Ausgangspunkt, um die Cadair Idris Range im Süden des Snowdonia National Park zu erkunden. Das blitzblanke Dolgellau mit seinen Steinhäusern ist in jeder Hinsicht Inbegriff der schlichten selbstbewußten Stadt in Wales mit viel Zusammengehörigkeitsgefühl.

Harlech
Castle.

PEAK DISTRICT UND UMGEBUNG

In einer Gegend, die mit Überbleibseln historischer Kriege geradezu übersät ist, findet man keine Anzeichen für die Kämpfe, die in den dreißiger Jahren das Land erschütterten, es sei denn, man nimmt das Schild „Öffentlicher Zugang zu diesem Privatgrund vom Eigentümer gestattet" als einen solchen Hinweis. Diese Erlaubnis war damals nicht selbstverständlich und wurde von den erholungsuchenden Arbeitern der Industriestädte von Manchester und Sheffield in blutigen Auseinandersetzungen mit dem bewaffneten Forstpersonal erkämpft.

Heute drohen dem Moorwanderer nicht Knüppel und Gewehr, sondern das wechselhafte Wetter. Im **Peak District National Park** bleiben die Rechte des Wanderers unangetastet, und die Beliebtheit von langen Fußmärschen straft die Behauptung Lügen, die Briten seien eine Nation videosüchtiger Sesselsportler. Der längste Wanderweg ist der **Pennine Way,** der sich über 400 Kilometer entlang der Pennines Chain, dem Rückgrat Englands, erstreckt. Die Route beginnt im Peak District, durchquert Yorkshire und Northumbria und endet nördlich der schottischen Grenze. Nur wenige sind ehrgeizig genug, diese zwei Wochen in Anspruch nehmende Wanderung, durch entlegenes Gelände in einem Stück anzugehen. Aber seit der Einweihung 1965 erfreut sich dieser „Everest für Jedermann" immer größerer Beliebtheit. Stellenweise ist die Moorlandschaft leider schon so zertrampelt, daß sich Naturschützer manchmal wünschen, es hätten damals die Forstleute gesiegt.

Von Derbyshire bis nach Yorkshire hinein erstreckt sich der **Peak District**, Englands Felsengarten, der eine Länge von 48 Kilometern und eine maximale Breite von 32 Kilometern hat. Er bietet einem halben Dutzend Städte ausreichende Erholungsmöglichkeiten und Abenteuer. Die M6 im Westen führt nach Manchester, die M1 im Osten in Richtung Norden nach Leeds.

Besteck und Geschirr: Manchester, die größte Stadt des Nordens, liegt nordwest-lich, **Sheffield**, die größte Stadt in Yorkshires nordöstlich des Peak Districts. Sheffield, Zentrum der Stahlindustrie und Besteckherstellung am Fuße der Pennines, profitierte schon in den Anfängen seiner Entwicklung von der Wasserkraft und den Kiesvorkommen der Berge. Bereits in den *Canterbury Tales* von Chaucer trug ein Müller ein Messer aus Sheffield in seinem Strumpf. Andererseits beschrieb der Autor Horace Walpole Sheffield 1760 als „eine der schmutzigsten Städte in einer der zauberhaftesten Gegenden Englands".

Bemühungen, den Schadstoffausstoß der Hochöfen in den Griff zu bekommen, haben dazu geführt, daß die Staubschicht auf dem örtlichen Golfplatz nur noch ein Prozent der Menge von vor 30 Jahren beträgt und Sheffield sich rühmen kann, eine der saubersten Industriestädte der Welt zu sein. In den siebziger und achtziger Jahren mußten jedoch zahlreiche Fabriken schließen. Sheffields Stahl ist zwar der beste, koreanisches Besteck aber billiger. Sheffield verfügt über ein modernes Einkaufszentrum und saubere

Vorherige Seiten: Die Gärten von Chatsworth House, entworfen von Capability Brown. **Links**: Langdendale bei Glossup.

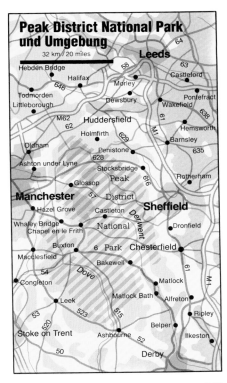

Vororte, die sich an steilen Hängen hinziehen, und das **Crucible Theatre** konnte sich landesweit einen Namen machen.

In der **Central Library and Art Gallery** finden wir eine wertvolle Sammlung englischer und französischer Maler des 18. bis 20. Jahrhunderts. In der **Cutler´s Hall,** einem Gebäude aus dem 17. Jahrhundert gegenüber der **Kathedrale,** kann man Tafelsilber besichtigen.

Im Süden des Parks liegt die Keramikstadt **Stoke-on-Trent.** Hier finden wir alle bedeutenden Namen aus der Welt des Porzellans und Geschirrs wie beispielsweise Royal Doulton, Royal Grafton, Coalport, Minton oder Spode. Es besteht die Möglichkeit, die Fabriken zu besichtigen. Ein guter Ausgangspunkt für eine solche Tour wäre das in Bahnhofsnähe gelegene **Potteries Centre.**

Fünf Kilometer nördlich der Stadt befindet sich das **Chatterley Whitfield Mining Museum,** ein zum Museum umfunktioniertes, originalgetreues Kohlebergwerk, eine ganz besondere Attraktion für Kinder.

Auch Derby und Nottingham im Südosten sind Kohlebergbaustädte. **Nottingham** ist jene legendäre Stadt, in der D. H. Lawrence (1885-1930) aufwuchs, und der geächtete Robin Hood, an den eine Statue in der Nähe der alten Stadtmauer erinnert, ständig den Sheriff narrte. Ein neues Gebäude beherbergt die **Museum and Art Gallery.** Der **Sherwood Forest** ist nur einen Katzensprung entfernt.

Aus Süden kommend, bietet es sich an, die M1 bei Anschlußstelle 24 zu verlassen und die alte Stadt **Derby** am Derwent zu besuchen. Zugverbindungen vom 187 Kilometer entfernten London gibt es ab St. Pancras. In Derby, das im 19. Jahrhundert ein bedeutendes Zentrum der Eisenbahnindustrie war, steht Englands erste „richtige" Fabrik, eine fünfstöckige Seidenmanufaktur aus dem Jahre 1718. Seit 1908 werden hier Rolls-Royce, „die besten Automobile der Welt", hergestellt.

Weiter östlich liegen die Städte **Leicester** und **Lincoln** mit ihren bedeutenden Kathedralen in einer Ebene, die an der Küste von Lincolnshire bei **Cleethorpes,**

Glasmalerei in der Kathedrale von Sheffield.

Mablethorpe und **Skegness** die Nordsee berührt.

Von Derby nach Sheffield: Die teilweise bis zu 660 Meter hohen Berge des Peak District National Parks sind Anziehungspunkt für Drachenflieger und Bergsteiger. Auch Höhlenforscher kommen hier auf ihre Kosten. Sir Arthur Conan Doyle (1859-1930), Schöpfer des Sherlock Holmes, bezeichnete die Gegend einst folgendermaßen: „Würde man mit einem riesigen Hammer auf dieses hohle Land draufschlagen, ertönte es wie eine Trommel oder fiele gar in sich zusammen."

Einesteils charakterisieren sanft gewellte torfbedeckte, von engen Schluchten durchzogene Bergebenen den Peak District. In anderen Teilen bestimmen wilde, mit Heidekraut bedeckte Moore das Bild, die von bewaldeten Tälern abgegrenzt werden. Lose aufgeschichtete Steinmauern zeichnen ein Feldermuster aus Karos. Der Nationalpark lädt sowohl zur Erholung als auch zu sportlicher Betätigung ein. Wie meinte doch ein Führer so treffend: „Nichts totschlagen außer der Zeit, nichts mitnehmen außer Fotografien, nichts zurücklassen außer Fußstapfen."

Die A52 von Derby zum Nationalpark führt durch das 20 Kilometer westlich gelegene **Ashbourne**. In der schönen Hauptstraße der Stadt, der Church Street, befindet sich eine Schule aus dem 16. Jahrhundert und ein Armenspital aus dem 17. Jahrhundert. Das Verkehrschaos ist eine Errungenschaft des 20. Jahrhunderts. Sieht man von den Autos ab, wird deutlich, daß sich Ashbourne seit den Zeiten, als Charles I. nach der verlorenen Schlacht bei Naseby (1645) einen Gottesdienst in St. Oswald's Church besuchte, kaum verändert hat. Von George Eliot (1819-80), Autorin des *Adam Bede*, wurde die im 13. und 14. Jahrhundert erbaute Kirche des nahegelegenen Ortes Ellastone als die „schönste Pfarrkirche des Königreichs" bezeichnet.

Ein besonderes Schauspiel bietet Ashbourne am Faschingsdienstag. Dann findet ein gigantisches Fußballspiel statt, bei dem 300 Mann starke Mannschaften versuchen, dadurch Tore zu erzielen, daß sie

Wimatts Pass bei Castletown.

jeweils die fast fünf Kilometer auseinanderliegenden Mauern von Sturston Mill und Clifton Mill treffen. Bei diesem Spiel, das bis in den Aschermittwoch hinein dauern kann, kommt kaum jemand ungeschoren davon.

Von Ashbourne aus gelangt man auf der A515 in nördlicher Richtung zum Nationalpark. Eine Biegung nach links führt über eine ruhige Landstraße durchs **Dovedale,** ein Tal im Kalksteingebiet, das gerne als „Kleine Schweiz" bezeichnet wird. Dr. Johnson wagte sogar einen Vergleich mit Schottland und schrieb: „Wer Dovedale gesehen hat, braucht das Hochland nicht mehr aufzusuchen."

Die Täler entlang des Dove sind von unzähligen Schafen bevölkert. Ein beliebtes Sommerspektakel stellen Schäferhundwettbewerbe dar, bei denen schwarz-weiße Collies störrische Schafe in Pferche treiben müssen. Die besten Wettkämpfe werden landesweit im Fernsehen ausgestrahlt.

Buxton, das aufgrund seiner Thermalquellen im Mittelalter eine Art englisches Lourdes war, liegt ein paar Kilometer weiter an der A515. Die Abenteuerlustigeren können auch den Weg über kleine Landstraßen nehmen. Die neun Heilquellen des Orts, der ein schönes Thermalbad in den Pavillon Gardens zu bieten hat, sind für ihre Geschmacks- und Geruchsneutralität bekannt. Zwischen 1570 und 1583 suchte die schottische Königin Mary Steward Linderung für ihre in feuchten Gefängnissen zugezogenen rheumatischen Beschwerden.

In der nahegelegenen Kalksteinschlucht von **Wye** kann man wunderschöne Wanderungen machen, wohingegen der Ort selbst nicht besonders viel zu bieten hat. Trotz der Anstrengungen des fünften Herzogs von Devonshire, einen erstklassigen Badeort zu schaffen, erreichte Wye niemals das Niveau von Bath.

Mit dem benachbarten **Chatsworth House** gelang dagegen dem vierten Herzog ein Meisterstück. „Der Palast auf dem Gipfel" ist ein großzügig angelegtes Herrenhaus im Palladio-Stil, das in einem großen Wildpark liegt und unschätzbare Kunstwerke, unter anderem sogar

Chatsworth House.

Gemälde von Rembrandt und Reynolds, birgt. Zur Belebung des Geschäfts finden Angelwettbewerbe, Festivals und Reitturniere statt. Auch eine Blaskapelle spielt auf.

Auf der A625 gelangt man zum Marktflecken **Chapel-en-le-Frith.** Von der eigentlichen Bedeutung des Wortes „Frith", nämlich „Wald", ist nur noch wenig zu sehen. Etwas nördlich der Route liegt **Edale** am Fuße des **Kinder Scout,** wo der Pennine Way beginnt. Mangels Markierung und Schilder sollte man sich nur mit einer genaue Karte auf den Weg machen, da man sich leicht verirren kann.

In **Castleton,** der nächsten Stadt an der A625, ist die **Speedwell Mine** von Interesse, unter der sich eine etwa 140 Meter hohe Höhle befindet. Ein Geheimgang verbindet **Devil's Cavern** mit **Peveril Castle,** weit oberhalb des Dorfes, wo Sir Walter Scotts *Peveril of the Peak* spielt. Die rauchgeschwärzten Decken weisen darauf hin, daß die Dorfbewohner früher in den Höhlen Zuflucht vor plündernden Soldaten suchten.

Ebenfalls an der A 625 liegt **Hathersage** („Morton" in Charlotte Brontës *Jane Eyre*), wo in einem fünf Meter langen Grab Little John, ein Mitstreiter Robin Hoods, begraben sein soll.

Eine Abzweigung auf der B6001 führt nach **Eyam,** dessen Bewohner sich 1665, als sie entdeckt hatten, daß die Pest durch ein Paket aus London eingeschleppt worden war, rigoros von der Außenwelt abschotteten, um die Verbreitung der Krankheit zu verhindern. Innerhalb eines Jahres starben drei Viertel der 350 Einwohner. Eyam ist eines der Dörfer in der Gegend, die im August Brunnen- oder Quellzeremonien abhalten, anläßlich derer die Quellen mit reichem Blumenschmuck versehen werden. Dies kann auf Reinheitsgebete während der Pestzeit oder aber auch auf heidnische Zeiten zurückzuführen sein.

Die A6 zurück in Richtung Derby führt durch **Bakewell,** ein aus Stein gebautes Städtchen am Wye. Vier Kilometer entfernt liegt **Haddon Hall,** eines der am besten erhaltenen Häuser Großbritanniens aus dem 12. Jahrhundert.

Hathersage, das „Morton" in *Jane Eyre*.

YORK UND
DER NORDOSTEN

Früher dröhnte der Boden Nordeng-
lands, auf dem heute Sonntagsspazier-
gänger wandern, unter dem Stampfen der
Armeen. Zwar lag das Machtzentrum
Englands auch in alten Zeiten schon in
London, aber dennoch standen fast alle
Herrscher indirekt unter dem starken Ein-
fluß des Nordens. Die Geschichte der
Region, die die meisten Burgen und
Befestigungen im Land hat, ist ebenso
turbulent wie ihre Landschaft vielfältig.

Bereits der römische Kaiser Hadrian
ließ im Jahre 122 n. Chr. einen 117 Kilometer langen Limes quer durchs Land
bauen, der die kriegerischen Schotten
abhalten sollte. Vom Mittelalter bis zum
Elisabethanischen Zeitalter galt das
Grenzland als „umstrittenes Land", das
ständig umkämpft war. Von 1455 bis
1485 bekämpften sich die Häuser Lancaster und York in den Rosenkriegen, im
17. Jahrhundert hinterließ der Bürgerkrieg tiefe Wunden.

Es fanden jedoch auch andere Revolu-
tionen statt: Hier nahm im Jahre 634 die
Christianisierung von Lindisfarne an der
Küste von Northumbria ihren Ausgang.
Beda schrieb in Jarrow-on-Tyneside als
erster eine Geschichte Englands. Der
Nordosten mit den Yorkshire Dales und
den Moorgebieten von Northumbria ist
ein wildes, weites Land. Am Südende
liegt an der Grenze zum Industriegebiet
um Greater Manchester die 305 Kilometer von London entfernte Stadt Leeds.
York ist 315 Kilometer von London entfernt, Newcastle 440.

75 Kilometer weiter stößt man an die
schottische Grenze. Die A1 führt nach
Leeds und Newcastle und anschließend
die Küste entlang nach Norden bis
Edinburgh. Von King's Cross in London verkehren Intercityzüge nach
Leeds, York und Newcastle.

Trotz des industriellen Aufschwungs
pflegt man im Norden die alten Traditionen. So führt die berühmte Chorvereini-
gung des 24 Kilometer südlich von Leeds
gelegenen **Huddersfield** seit 1836 alljährlich Händels *Messias* auf. In den
Reihen der Black Dyke Mills Band, der

bekanntesten Blaskapelle Englands, finden sich viele Weber und Metaller.

Viktorianischer Sinn für Sparsamkeit
manifestiert sich in zahlreichen *Building
Societies*, die sich Geld von Kleinsparern
borgen, um es an Hauskäufer zu verleihen. Ihre Bautätigkeit haben diese Gesellschaften bis auf die Errichtung von
zunehmend größer werdenden Verwaltungszentralen weitgehend eingestellt.
„Die größte Bausparkasse der Welt",
Halifax, bezieht ihren Namen von der
gleichnamigen, 16 Kilometer nordwestlich von Huddersfield gelegenen Stadt.
Sie brüstet sich mit Einlagen von fast 60
Milliarden DM.

Außer der Bausparkasse besteht der
Beitrag von **Halifax** für die Welt in den
„Katzenaugen" für Motorfahrzeuge,
die 1934 Percy Shaw erfand. Wie Halifax bezog **Bradford** seinen Reichtum
jedoch aus der Textilindustrie. Jeder
Ziegelstein des im italienischen Stil ge-
haltenen Rathauses und der im gotischen Stil erbauten Wollbörse strahlt
die Verläßlichkeit und Tatkraft der
Wollbarone des 19. Jahrhunderts aus.

**Vorherige
Seiten**: Däm-
merung im
Aire Valley,
Yorkshire.
Links: Jen-
seits von
Yorkshire lie-
gen Northum-
berland und
die von den
Römern mit
dem Hadri-
answall gezo-
gene schot-
tische Grenze.
Rechts: Elisa-
bethanische
Kluft.

Ein gewisser Titus Salt setzte seine Vorstellungen in die Realität um und ließ eine Modellstadt, genannt **Saltaire,** errichten. Viktorianischer Geist beseelt Weberei, Krankenhaus, Schule, Bibliothek, Kirche und Armenhaus. Aus naheliegenden Gründen gab es keine Pubs. Heute wird allerdings auch in Saltaire Bier ausgeschenkt. Die Wirtschaftskraft beruht immer noch auf der Textilindustrie und lockt viele, meist asiatische Einwanderer an.

Eine Touristenattraktion Bradfords ist der dem gleichnamigen Schriftsteller gewidmete **J. B. Priestley Rundgang**. Er hatte seiner Geburtsstadt als „Bruddesford" in dem Roman *The Good Companions* ein Denkmal gesetzt. Weitere berühmte Söhne der Stadt sind der Komponist Frederick Delius (1863-1934), der Schriftsteller Alan Bennett und der Künstler David Hockney.

Eine weitere Sehenswürdigkeit Bradfords ist das **National Museum of Photography, Film and Television** mit seiner fünfstöckigen, 30 Meter breiten Leinwand. Hier ist auch das Kodak-Museum mit einer immensen Sammlung von Kameras und Fotografien untergebracht. An die ehemaligen Webereien erinnern nur noch Souvenirgeschäfte. Das benachbarte **Leeds** hat sich weltweit einen Namen als Zentrum für Konfektionskleidung gemacht.

Goldgrube der Brontë–Familie: Angesichts der interessanten Lebensgeschichte der Brontës, Yorkshires tragischer Literaten-Familie, läuft der Tourismus in **Haworth** auf Hochtouren. Das 22 Kilometer nordwestlich von Bradford gelegene, unscheinbare Bergdorf mit seinen grauen Steinhäusern wird jährlich von annähernd 700 000 Besuchern heimgesucht. Menschen aller Nationen stehen im Regen Schlange, um durch die zum Museum umgestaltete Pfarrei geführt zu werden, in der Charlotte, Emily, Anne und Branwell aufwuchsen. Unzählige Erinnerungsstücke und persönliche Gegenstände sind ausgestellt, wovon manches wohl nicht authentisch ist.

Die Kirche von Pastor Brontë existiert nicht mehr, sie wurde 1879 von seinem Nachfolger neu erbaut. Der Friedhof gibt jedoch anschaulich die Lebensbedingungen Mitte des 19. Jahrhunderts wieder, als die durchschnittliche Lebenserwartung 28 Jahre betrug und Typhus und Cholera in Haworth wüteten. Wer heute an Ye Shoppe of Haworth oder der Boutique Buckle 'n' Hide vorbeikommt, kann sich die unhygienischen Verhältnisse früher kaum mehr vorstellen.

Das Moor blieb jedoch in seiner Großartigkeit erhalten, auch wenn zu befürchten ist, daß die Geister von Heathcliff und Cathy wegen der Besucher, die **Ponden Kirk** finden wollen, kaum ihre Ruhe genießen können. Dieser Felsen soll als Vorbild für „Penistone Crag" aus dem Roman *Wuthering Heights* gedient haben.

In Haworth steht das Verwaltungszentrum der **Keighley and Worth Valley Railway Preservation Society**, einer Vereinigung zur Erhaltung der alten Dampfeisenbahn, die auf der acht Kilometer langen Strecke zwischen **Keighley** und **Oxenhope** verkehrt. Weitere private Linien in Yorkshire sind die **Middleton**

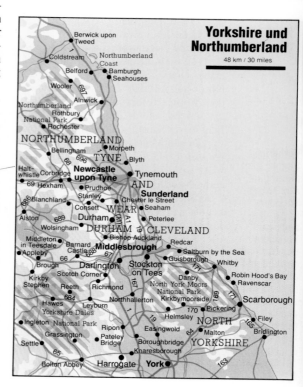

Yorkshire und Northumberland
48 km / 30 miles

Line in Leeds, die **Dales Railway** bei Skipton und die **North York Moors Railway** von Pickering nach Grosmont.

Schließlich sei auf das Viktorianische Kurbad von **Ilkley** verwiesen, dessen mildes Klima auch in der Yorkshire-Hymne hervorgehoben wird: *On Ilkla Moor baht 'at.* (Ins Ilkla Moor sollte man nicht ohne Hut gehen).

Wer jetzt Hunger bekommen hat, kann auf der A65 zwischen Ilkley und Leeds **Harry Ramsden's** weltgrößten Fish and Chips Shop aufsuchen. Glaslüster, Plüschdekor, 400 Parkplätze für Pkws und ein Busparkplatz laden zum Verweilen ein.

Yorkshire Dales: Blühende Hecken, Legesteinmauern, geschäftige Marktflecken, einsame Farmhäuser, Höhlendome und verlassene Bleiminen heißen den Besucher in den **Yorkshire Dales** willkommen. Auf Schritt und Tritt stößt man auf Spuren prähistorischer Menschen. Zur Entdeckungsfahrt in die nur wenig bekannten Dales wie beispielsweise **Rosedale**, **Farndale** und **Bilsdale** sollte man am besten ohne festen Plan

aufbrechen. Die Menschen – wenngleich konservativ und schweigsam – sind gastfreundlich. Einigen sind jedoch diejenigen Nachbarn ein Dorn im Auge, die sich mit touristischen Unternehmungen ein Zubrot verdienen.

Um den Einwohnern näherzukommen, kann man eine Schafsauktion aufsuchen, auch wenn man kein Wort versteht. Oder man wohnt einem dörflichen Kricketspiel bei – das Spiel wird in Yorkshire mit Leidenschaft betrieben – und entdeckt, daß es überhaupt nicht langweilig ist.

Von Ilkley bietet sich ein Ausflug ins **Wharfedale** an, in dem sich Felsen, Gehölze, Wasser und ab und zu eine Burg ins malerische Ganze fügen. Acht Kilometer nordwestlich von Ilkley kann man auf Steinen den Wharfe überqueren, um zur **Bolton Abbey,** einer Klosterruine aus dem 12. Jahrhundert, zu gelangen.

Nördlich des Masham Moors verläuft das **Wensleydale,** ein breites, bewaldetes Tal, das so lange einen lieblichen Eindruck macht, bis das düstere **Bolton Castle** hoch oben am Hang auftaucht.

Barden Moor- und in den Yorkshire Dales.

Angeblich soll der Mörtel mit Ochsenblut vermischt worden sein, um die Mauern zu stärken. Wandert man von den Stallungen in den Hof, der einst die Great Hall bildete, hat man den Eindruck, in das Jahr 1568 zurückversetzt zu sein, als Maria Stuart hier gefangengehalten wurde. Der Eindruck wird verstärkt durch den schlechten baulichen Zustand der Burg. Dennoch nimmt ein Flügel der Burg ein besonders für Hochzeiten sehr beliebtes Restaurant ein, das eine gute Kost verspricht, weil „einst eine Königin hier speiste".

Von Ilkley aus in Richtung Norden führt die A6108 zur imposanten Ruine des **Middleham Castle,** das kurzfristig Richard III. gehört hatte. Die heute noch erhaltenen Bestandteile stammen aus dem 12. bis 14. Jahrhundert.

Fährt man auf der A684 weitere 25 Kilometer in Richtung Westen, kommt man nach **Hawes,** das mitten im Yorkshire Dales National Park liegt. Abgesehen von ihrem Park und dem Folkloremuseum ist die Stadt berühmt für die Herstellung von Wensleydalekäse, den man am besten frisch vom Bauern kauft. Nicht weit von hier steht ein Zeugnis britischer Eisenbahnbaukunst, der **Ribblehead Viadukt** über den **Batty Moss,** dessen Fundamente zur Stabilisierung auf Tausenden von Schafsfellen stehen.

Der 575 Meter hohe **Buttertubs Pass** verbindet Wensleydale mit dem nordöstlich gelegenen **Swaledale.** Das steile, felsige Tal wird von einer Normannenburg beherrscht, an deren Fuß die Marktgemeinde **Richmond** außer einem großen, kopfsteingepflasterten Platz auch **Friar's Wynd,** ein sehr schön restauriertes georgianisches Theater, aufzuweisen hat.

Schönheit und Schwefel: Verläßt man Leeds auf der A61 in nördlicher Richtung, trifft man nach 14 Kilometern auf das prächtige **Harewood House,** bei dessen Gestaltung Robert Adam (Innenarchitekt), Thomas Chippendale (Mobiliar), Capability Brown (Landschaftsgarten) sowie Edwin Lascelles, der große Architekt aus Yorkshire, mitwirkten. Das gelungene und gut erhaltene Ergebnis der Zusammenarbeit **Swaledale ohne Ende.**

dieser vier Größen des 18. Jahrhunderts bewohnen heute der Earl und die Countess of Harewood.

Die nächste Stadt an der A61, das 13 Kilometer entfernte **Harrogate**, ist ein im Landesinneren gelegenes Kurbad, das ein ausgeprägter Schwefelgeruch und ein gewisser Snobismus zum größten Hydrotherapiezentrum der Welt gemacht haben. Die Seebadatmosphäre ist so plastisch, daß selbst Möwen darauf hereinfallen. Üppige Grünflächen und Blumenbeete sowie ein Kongreßzentrum aus Ziegelstein, das an eine Festung erinnert, zieren den Ort.

Sechs Kilometer weiter nördlich liegt **Ripley,** ein Ort im elsässischen Stil, dessen Rathaus als Hôtel de Ville firmiert. Die Einschüsse an der Pfarrkirche stammen zweifellos von Cromwell. **Ripley Castle,** das seit 600 Jahren der Familie Ingleby gehört und eine gute Rüstungs- und Waffensammlung enthält, ist nicht zuletzt deshalb dem Publikum zugänglich, weil die heutigen Inglebys unter den zu hohen Versicherungs- und Heizkosten zu leiden haben.

Ein paar Kilometer weiter auf der A61 kommt man nach **Ripon.** Die sächsische Gründung wird von einer düsteren Kathedrale beherrscht, deren Bau St. Wilfried im 7. Jahrhundert veranlaßte. Fünf Kilometer südwestlich liegen die Überbleibsel der einst reichsten Zisterzienserabtei Großbritanniens, **Fountains Abbey.** Küchen und Schlafsäle sind dank alter Handwerkskunst erhalten geblieben und geben eine ungewöhnlich klare Vorstellung vom mittelalterlichen Klosterleben.

Nordöstlich liegt das Marktstädtchen **Thirsk,** das „Darrowby" aus James Herriots Tierarzterzählungen, die die Vorlage für erfolgreiche Fernsehserien abgaben.

Das Erbe Yorks: Auf keinen Fall versäumen sollten Sie einen Besuch in **York.** Da viele Autofahrer derselben Meinung zu sein scheinen – Verkehrsstaus sind an der Tagesordnung – und York im 19. Jahrhundert Zentrum des Eisenbahnbaus war, ist es nur recht und billig, wenn man mit dem Zug anreist. Das **National Railway Museum** zeigt

Alte Einkaufs-
straßen
in York.

zudem vom luxuriösem Waggon Königin Victorias bis zum letzten Schrei der Eisenbahntechnik alles, was das Herz begehrt, und auch noch ganz umsonst.

Nachdem bereits im Jahr 71 die Römer ein Lager errichtet hatten, gründeten acht Jahrhunderte später Wikinger hier eine Siedlung, die sie Jorvik nannten. Bei Routineausgrabungen im Jahr 1976 stieß man auf die Siedlung und entdeckte einen archäologischen Schatz mit 15 000 Artefakten, die heute im Mittelpunkt des eindrucksvollen **Jorvik Viking Centre** stehen. Lange bevor um 9 Uhr die Kassen geöffnet werden, formieren sich bereits Schlangen am Eingang. Der Besucher begibt sich zunächst hinab zum neuen Einkaufsbereich im Untergeschoß, bevor er elektrisch gesteuerte Wägelchen besteigt, die ihn durch einen „Zeittunnel" ins 10. Jahrhundert fahren. Hier trifft er auf ein originalgetreu nachgebautes Wikingerdorf. Anschließend geht es weiter zur Ausgrabungsstätte.

Wieder an der Oberfläche kann man durch das Gassenlabyrinth der **Shambles,** des ehemaligen Metzgerviertels, wandern. Heute sind die Schaufenster nicht mehr mit Tierkörpern, sondern mit Antiquitäten und Souvenirs vollgestopft. Die Gassen sind oft so eng, daß sich die obersten Stockwerke der Häuser zu berühren scheinen. Wer einen Rundgang um die Stadt machen möchte, kann dies ohne weiteres auf den Stadtmauern tun, die sogar für Pferde breit genug wären. Mittelalterliche Fachwerkhäuser, wie die **Merchant Adventurers' Hall,** und Antiquariate finden sich an jeder Ecke. Am Stadtrand liegt eine der bedeutendsten Pferderennbahnen des Nordens.

Dies alles verblaßt jedoch vor dem **Minster,** Großbritanniens mächtigster Kathedrale, die über der Stadt zu schweben scheint. Man sagt, daß ihre über 250jährige Bauzeit „für die äußerst praktisch veranlagten Bürger eine Art Gebet war". So hat man auch errechnet, daß die Instandhaltung des Baus etwa sechs DM pro Minute kostet. Die mittelalterlichen Glasfenster stehen denen von Chartres in nichts nach. Als 1984 ein Blitz im südlichen Querschiff ein-

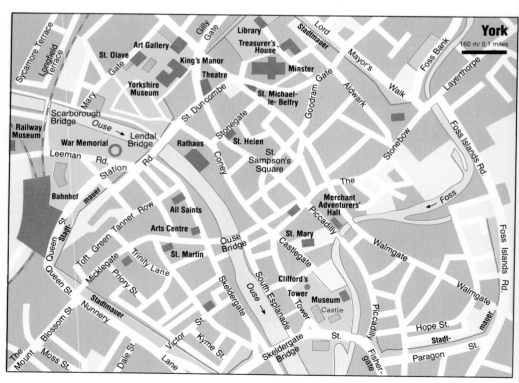

294

schlug, am Tag, nachdem ein umstrittener Bischof geweiht worden war, sahen die Gläubigen in der nachfolgenden Feuersbrunst ein Gottesurteil. Tatkräftigere Bürger machten sich in einem ehrgeizigen Puzzlespiel daran, die 8000 Teile des Rose Window aus dem 12. Jahrhundert, das vom Feuer in 40 000 Stückchen zersplittert worden war, wieder zusammenzusetzen.

Im **Yorkshire Museum** ist eine ständige Ausstellung über römisches Leben in Britannien zu sehen. König George VI. faßte einmal zusammen, was über York zu sagen ist: „Die Geschichte Yorks ist die Geschichte Englands."

Einer der grandiosesten Herrensitze Englands, das von Sir John Vanbrugh (1664-1726) erbaute und mit Kunstschätzen angefüllte **Castle Howard,** liegt 24 Kilometer nordöstlich von York an der A64. Die Fernsehversion von *Brideshead Revisited* von Evelyn Waugh wurde hier abgedreht.

Fährt man auf der B1363 in Richtung Norden, kommt man über kleine Straßen zur **Rievaulx Abbey** bei **Helmsley,** einer großen Zisterzienserabtei aus dem 12. Jahrhundert, deren Umgebung Zehntausende von Grabhügeln aus der Bronze- und Eisenzeit aufweist.

„Yorkshire-Riviera": Auch an der Ostküste sind zahllose Zeugnisse der Vergangenheit, insbesondere Ruinen von Trutzburgen zum Schutz gegen europäische Invasoren, erhalten geblieben. Im Bestreben, die Gegend und das Urlaubsangebot aufzuwerten, erfanden Werbeleute die unsinnige Bezeichnung „Yorkshire-Riviera". Und um den Anspruch zu untermauern, wurde in Scarborough unter großem Aufwand eine Palme gepflanzt, die jedoch, ohne daß man ihr eine Träne nachweinte, bald darauf dem Salz und der Kälte erlag.

Der Fischereihafen von **Hull** (eigentlich Kingston upon Hull), 60 Kilometer südöstlich von York, ist der wichtigste Küstenort. Hier wurden in den siebziger Jahren heiße Kämpfe um die Fischereirechte ausgetragen, wobei die Fischindustrie nur ein Aspekt des maritimen Charakters von Hull ist. An historischen Gebäuden ist das **Trinity House** (1753)

York Minster, die größte Kathedrale Großbritanniens.

zu erwähnen, in dem die 600 Jahre alte Seefahrergilde ihren Sitz hat. Es überstand glücklicherweise die Bombenangriffe der Deutschen im Zweiten Weltkrieg unbeschädigt. Ein Sohn Hulls ist William Wilberforce (1759-1833), der sich für die Abschaffung der Sklaverei einsetzte.

Eine Hängebrücke, mit einer Spannweite von 1410 Metern die längste der Welt, überspannt die Humbermündung und verbindet **Humberside** mit Hull.

Nördlich von Hull ziehen sich an der Küste billige, freundliche Badeorte hin, die allerdings schwer mit der spanischen Konkurrenz zu kämpfen haben. Als erstes liegt **Hornsea** auf dem Weg, ein kleiner Ort mit interessantem Museum, einem Süßwassersee zum Fischen und Segeln und einem beliebten Vergnügungspark, dem **Hornsea Pottery.**

Bridlington, 24 Kilometer weiter nördlich, ist da schon lebendiger und bietet außer modernen Diskotheken auch Gebäude aus dem 14. Jahrhundert. Vom nahegelegenen **Flamborough Head** ist ein atemberaubender Blick 130 Meter hinab auf die Nordsee möglich. Nördlich von **Filey** beginnen die häßlichen Caravanparks, die viele der schöneren Buchten verunstalten.

Schließlich gelangt man nach **Scarborough,** dessen Niedergang als berühmtes Seebad am Schicksal des **Grand Hotels** abzulesen ist. Das frühere Hotel der europäischen Spitzenklasse (1867 eröffnet) wurde zunächst jahrelang von Vertreterkonferenzen und Parteitagen in die Mangel genommen, bevor es in die Hände des Ferienlagerorganisators Butlin geriet, dessen rotbefracktes Personal zwanghaft Fröhlichkeit verbreitet. Die Burg aus dem 12. Jahrhundert ist dennoch sehenswert, und auf dem Friedhof der **St. Mary's Church** liegt Anne Brontë begraben, die – wie so viele – hierher kam, um die erfrischende Seeluft zu genießen.

Weiter nördlich führt ein acht Kilometer langer Abstecher nach **Ravenscar,** einem Ort relativer Einsamkeit, da aus den großen Entwicklungsplänen außer einem imposanten Hotel auf der Klippe nie etwas wurde. Schöne Spaziergänge

Robin Hood's Bay, ein Refugium der Schmuggler.

sind hier möglich, auch zur **Robin Hood's Bay,** die dem freundlichen Gesetzesbrecher wie auch Schmugglern als Schlupfwinkel gedient haben soll. Gen Westen, über dem **Fylingdales Moor,** ragen die Kuppeln einer Frühwarnstation in den Himmel und erinnern daran, daß die Welt trotz Abrüstung nach wie vor voller (Atom)-Waffen ist.

Der malerische Fischerort von **Whitby** hat wenig von der Gewöhnlichkeit seiner südlichen Nachbarn. Im 7. Jahrhundert soll ein Mönch in der (heutigen Ruine) **Whitby Abbey** auf dem **East Cliff** den *Song* geschrieben haben, das „Urwerk" englischer Literatur. Der berühmte Entdecker Captain Cook (1728-79) lebte in einem Haus in der Grape Street, das heute Station eines „Heritage Trail" ist, der seinen Spuren in der Gegend folgt. Vorübergehend weilte Graf Dracula in Whitby. Bekanntlich soll er als riesiger schwarzer Hund von Bord eines havarierten Kreuzschiffes gegangen sein (jedenfalls im Roman von Bram Stoker).

Für Menschen mit einem weniger ausgefallenen Geschmack als dem des

Pickering Steam Fair bei York.

Grafen empfehlen sich Krabben und Brathering, wie überhaupt diese Küste für Meeresfrüchte bekannt ist, insbesondere Bridlington für Garnelen und Scarborough für seine Schollen.

Im Sommer herrscht in Whitby ein solches Verkehrschaos, daß die umliegenden Orte gebührenpflichtige Parkplätze eingerichtet haben, um sich gegen die Autolawine zu schützen. Wer also Schlupfwinkel wie **Runswick Bay,** eine Ansammlung von hübschen Fischerhäuschen, besuchen will, muß eine ausreichende Menge von 10 und 50 Pencemünzen parat halten. Dasselbe gilt für **Staithes,** wo der junge Cook kurzzeitig und sehr zu seinem Leidwesen eine Lehre als Krämer absolvieren mußte.

Jenseits der Grenze, in Northumbria, liegt **Redcar,** der Ausflugsort für die Bewohner der verfallenden Industriezentren von **Middlesbrough, Stockton-on-Tees** und **Darlington.** Als man hier im 19. Jahrhundert Kohle und Eisenerz entdeckte und die Eisenbahn ungeahnten Reichtum brachte, war die Gegend ein Eldorado. George Stevensons „Locomo-

tion No. 1" (1825) ist im **Railway Museum** von Darlington zu sehen.

25 Kilometer weiter im Westen, gleich unterhalb des alten Marktstädtchens **Barnard Castle**, liegt **Bowes**, dessen Schule Charles Dickens als Modell für die grausame Dotheboys Hall in *Nicholas Nickleby* gedient hat. Das schloßähnliche **Bowes Museum** beherbergt eine ausgezeichnete Gemäldesammlung und präsentiert selbst Werke von El Greco und Goya.

Die A688 in Richtung Nordosten führt zum **Raby Castle**, einem imposanten Schloß mit neun Türmen, das in der Nähe von **Staindrop** inmitten eines Wildparks liegt. Von hier aus kann man über eine Abzweigung von der B6277 über **Middleton in Teesdale** bis zum Wasserfall **High Force** fahren, wo der Tees 23 Meter in die Tiefe stürzt.

30 Kilometer nördlich von Darlington liegt **Durham**, eine Universitätsstadt, die sich eine gelehrige, fast mittelalterliche Atmosphäre erhalten hat. Bis 1836 besaßen die Fürstbischöfe von Durham uneingeschränkte Souveränität innerhalb ihrer Diözese. Sie verfügten über ein eigenes Parlament und eigene Münzprägung. Eine sehr schöne romanische Kathedrale und eine Burg, die nie von den Schotten eingenommen wurde, zeichnen Durham zusätzlich aus.

Ein paar Kilometer weiter im Norden wandelt sich die idyllische Landschaft abrupt zum Industriegebiet. **Sunderland** ist eine unattraktive, vom Schiffsbau geprägte Stadt mit einigen Sandstränden. Ein großer Anziehungspunkt für viele amerikanische Touristen ist das acht Kilometer weiter westlich gelegene **Washington** mit seiner Old Hall, aus der die Vorfahren des ersten Präsidenten der USA stammen.

Eindeutig beherrscht wird die Gegend aber durch **Newcastle upon Tyne,** eine weitläufige Stadt der Werften, die nicht nur wegen ihrer schwungvollen Einwohner, den „Geordies", deren Dialekt nahezu unverständlich ist, bekannt wurde, sondern auch wegen des Starkbiers, Newcastle Brown. Wie ein echter Londoner „Cockney" in Hörweite des Glockenschlags von Bow Bells geboren

Bamburgh Castle an der imposanten Küste Northumberlands.

sein muß, so muß ein echter „Geordie" in Hörweite der Werkssirene von Armstrong zur Welt gekommen sein.

Keine Stadt profitierte mehr von der industriellen Revolution als Newcastle – die Straßen waren die ersten Europas, die mit elektrischem Licht beleuchtet wurden –, und nur wenige Städte Europas haben in den letzten Jahren mehr unter dem Niedergang der Schwerindustrie gelitten. Neben heruntergekommenen alten Wohnhäusern gibt es aber auch moderne Bürohochhäuser, und man legt größten Wert darauf, daran zu erinnern, daß Newcastle nach Stratford und London der dritte Stammsitz der Royal Shakespeare Company war.

Die Burg von Newcastle wurde 1172 von Henry II. begonnen, der, wie schon die Römer 1000 Jahre vorher, die strategische Bedeutung des Ortes erkannt hatte. Hier verlief der **Hadrianswall**, und im nahen **South Shields** ist die römische Festung **Arbeia** ausgegraben worden.

Für Touristen prägte man den Slogan „Land der Catherine Cookson". Allerdings existieren viele der von ihr so plastisch beschriebenen Slums von Newcastle inzwischen nicht mehr.

Der Hadrianswall (fünf Meter hoch und zweieinhalb Meter dick) ist an mehreren Stellen von der A69 leicht zugänglich und erstreckt sich über 177 Kilometer. **Chesters**, mit einem militärischen Badehaus und Hauptquartier, **Housesteads**, eine guterhaltene Festung, sowie **Vindolanda**, eine große Ausgrabungsstätte, sind einen Besuch wert.

54 Kilometer nördlich von Newcastle liegt **Alnwick**, dessen ausgedehnte mittelalterliche Festungsanlage der Percy-Familie ermöglichte, über 600 Jahre in diesem nordöstlichen Gebiet die Macht auszuüben.

Ebenso beeindruckend ist **Bamburgh Castle**, das 25 Kilometer weiter nördlich majestätisch auf den Klippen thront. An einem klaren Tag sind von hier aus die sieben Kilometer entfernten **Farne Islands** zu erkennen. Auf **Lindisfarne**, der heiligen Insel, ließen sich im 7. Jahrhundert Mönche aus Iona nieder und verwandelten sie in einen Ort der Gelehrsamkeit, der in ganz Europa Berühmtheit erlangte. Bei Ebbe kann Lindisfarne über einen fünf Kilometer langen Damm erreicht werden. Ein 1550 erbautes, märchenhaftes Schloß und eine Vogelkolonie empfangen den Wanderer.

Berwick-upon-Tweed, der alte Seehafen direkt an der Grenze zwischen Schottland und England, ist längst nicht mehr Spielball der beiden Nationen, der es einst war. Allein zwischen 1147 und 1482 wechselte es dreizehnmal die Seiten. Vom dreieinhalb Kilometer langen Wehrgang aus blickt man auf die verwinkelten Pflasterstraßen und die Lachsfischereien an der Küste vor der Stadt.

Jeder Stein in Berwick hat seine Geschichte. Durch die ständigen kriegerischen Auseinandersetzungen mußten die verstreuten Steine immer wieder eingesammelt und aufs neue verbaut werden, so daß es kaum noch alte Gebäude gibt, obgleich die Steine dieselben geblieben sind. Als ob sie die blutige Geschichte Berwicks unterstreichen wolle, ist die Landschaft der Umgebung ungewöhnlich düster, was Sie aber keinesfalls von einem Besuch dieses nördlichsten Orts in England abhalten sollte.

Lindisfarne Castle ist nur bei Ebbe erreichbar.

LAKE DISTRICT

**orherige
eiten:
ootsausflug
uf dem Lake
Vindermere.
Die land-
chaftliche
chönheit des
ake District
unten) lockt
lljährlich
ahllose Ur-
auber an.**

Die nordwestenglische Seenplatte, der Lake District, erstreckt sich nur über eine Fläche von 48 Kilometer Länge von Nord nach Süd und 32 Kilometer Breite von Ost nach West. Die geringe Ausdehnung tut jedoch der faszinierenden Schönheit keinen Abbruch. William Wordsworth, der 1770 in Cockermouth geboren wurde und die meiste Zeit seines Lebens im Lake District verbrachte, schrieb: „Ich kenne keine andere Gegend, in der auf so engem Raum Licht und Schatten in derart großer Vielfalt im Wechselspiel zu den feinen und schönen Landschaften stehen." Seien es sanfte Hügelketten oder rauschende Wälder, das endlose Panorama der großen Seen, die Überraschung eines gurgelnden Baches und eines stillen Bergsees, die blanke Silhouette eines Hochmoors oder die ehrfurchtgebietende Erhabenheit entlegener Berge und Bergpässe: alles trägt zur berückenden Schönheit bei.

Der Lake District ist 400 Kilometer von London und 120 Kilometer von Manchester entfernt und wird häufiger von Tagesausflüglern und Urlaubern besucht als irgendeine andere Region Großbritanniens von außergewöhnlicher landschaftlicher Schönheit. Glücklicherweise ist es erstaunlich gut gelungen, mit den wachsenden Besuchermassen fertigzuwerden, die seit Fertigstellung der Autobahn in den frühen siebziger Jahren in die Gegend strömen.

Nach wie vor kommt der größte Teil der Reisenden über jene beiden Routen, die sich schon um 1760/70 großer Beliebtheit erfreuten. Eine Möglichkeit (A592) führt von Penrith am Westufer des Ullswater-Sees (Wordsworths Gedicht The Daffodils spielt hier) entlang über den Kirkstone Pass nach Ambleside. Oder man nimmt die Straße von Keswick über Thirlmere, Grasmere, Rydal Water und Lake Windermere nach Windermere (A591). Abseits dieser vielbefahrenen Wege stößt man auf Gebiete von großer Schönheit, in denen sich immer noch dieses Gefühl des Alleinseins mit der Natur nachvollziehen läßt, das die ersten Besucher und romantischen Dichter (William Wordsworth und Samuel Taylor Coleridge) so hoch schätzten.

Die Berge im Inneren des Lake District blieben auch im 19. Jahrhundert ohne Berührung mit der industriellen Entwicklung, insbesondere was den Bergbau oder die Ausbeutung von Steinbrüchen anbelangt. Aber auch an der Küste Cumberlands sind die einst florierenden Werften, Stahlwerke, Kohlebergwerke und kleineren Industrien praktisch vollständig verschwunden. Schafzucht steht wieder hoch im Kurs, und die Menschen des Berglands sind zu traditionellen Lebensformen zurückgekehrt. Viele Farmen im Lake District National Park gehören dem National Trust und sind lediglich verpachtet. Gezüchtet werden in erster Linie Herdwick- und Swaledaleschafe, deren Wolle zu Pullovern, Mützen und Schals verarbeitet wird.

Am Anfang der „touristischen" Entdeckung des Lake District – nachdem 1778 der „Guide to the Lakes" von Thomas West erschienen war – stand das visuelle Erlebnis der Landschaft im Vor-

dergrund. Bereits im frühen 19. Jahrhundert jedoch begannen erste Besucher damit, Wanderungen über die Hochmoore zu unternehmen. Und ab etwa 1860 versuchten sich die ersten an Klettertouren in den schwierigeren Felswänden. Auch heute treffen sich Bergsteiger in **Great Langdale**, **Borrowdale** und **Wasdale**, um die Höhen der **Langdales**, **Scafell Crags**, **Great Gable**, **Steeple** und **Pillar** zu erklimmen. Dem Wanderer stehen Hunderte von Kilometern an Wegen zur Verfügung. In den Hochmooren sollte dem bekanntermaßen schnell umschlagenden Wetter der nötige Respekt durch entsprechende Ausrüstung gezollt werden. Entlang der Seen oder Bäche gibt es jedoch einfache Wanderungen, die jeder unternehmen und genießen kann. Zu Fuß erlebt man den unablässigen Wandel der Szenerie am intensivsten.

Abgesehen von landschaftlicher Schönheit bietet der Lake District auch andere Sehenswürdigkeiten, wie etwa Museen, die sich mit der Geschichte der Region beschäftigen, oder alte Mühlen und Dampfeisenbahnen.

Nähert man sich dem Lake District von Süden über die A6, führt eine Ausfahrt bei Anschlußstelle 35 (**Carnforth**) nach **Steamtown**. Wie der Name andeutet, sind hier Lokomotiven und Eisenbahnzubehör zu sehen. Weiter nördlich liegt an der A6 **Levens Hall,** ein seit dem 17. Jahrhundert praktisch unveränderter Landsitz aus dem 16. Jahrhundert, dessen Garten beschnittene Bäume und Büsche („Pflanzenskulpturen") aufweist. Nicht weit von Kendal liegt **Sizergh Castle,** ebenfalls ein Landsitz, dessen Ursprung als mittelalterliche Befestigung aber noch klar zu erkennen ist.

Kendal erreicht man über die Anschlußstelle 36 auf der A6. Norman Nicholson, ein mit der Gegend verbundener Dichter, meint, sie sei das beste Beispiel für eine Stadt im Lake District, die ihren Charakter beibehalten hat und nicht zu einem reinen Ferienort verkommen ist. In der Tat ist Kendal eine lebendige Stadt und mit den vielen schönen Gebäuden aus dem 17. und 18. Jahrhundert, einigen Einkehren aus der Postkutschenzeit und einem Hornladen, der noch Gegenstände aus diesem alten Material her-

stellt und verkauft, umso faszinierender. Bei der Kirche handelt es sich um ein schönes, ungewöhnlich breites Gebäude im Perpendicular-Stil. **Abbot Hall,** ein Herrenhaus aus der Mitte des 17. Jahrhunderts, beherbergt eine bemerkenswerte Sammlung von Einrichtungsgegenständen, Porzellan und Bildern hiesiger Künstler, insbesondere von George Romney. Ein ganzer Raum ist Ruskin gewidmet, dessen Aquarelle manche für unübertroffen halten. Auch das **Museum of Lakeland Life and Industry** ist in Abbot Hall untergebracht, wobei ein Raum dem Autor von *Swallows and Amazons*, Arthur Ransom (1884-1967) vorbehalten ist. Schließlich hat Kendal noch das **Brewery Arts Center** zu bieten, wo auch Konzerte und Theaterstücke gegeben werden.

Heimstatt der Wordsworths: Die A591 führt von Kendal nach **Windermere**. Unterhalb von Windermere liegt **Bowness**, wo die Boote zur **Belle Isle** abfahren und dessen hübsches Ortszentrum meist hoffnungslos überlaufen ist. Ebenfalls in Bowness fährt die Autofähre

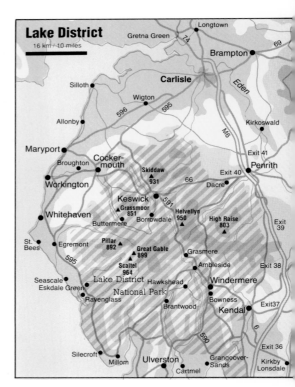

nach Sawrey ab, zum **Beatrix Potter's House**, einem schönen Beispiel alter Landhausarchitektur im Lake District. In der Main Street des nahegelegenen **Hawkshead** sind in der früheren Kanzlei ihres Mannes, der heutigen **Beatrix Potter Gallery**, viele Originalzeichnungen aus den berühmten Kinderbüchern ausgestellt. Wordsworth besuchte hier das alte Gymnasium und wohnte bei einer älteren Dame zur Untermiete. Später zog er ins benachbarte **Colthouse** um, das sich in der Nähe des Quäker-Versammlungshauses aus dem 17. Jahrhundert befindet.

Das alte Gymnasium in Hawkshead dient heute als Museum. Das Erdgeschoß vermittelt kaum mehr etwas von der ausgezeichneten Erziehung, die Wordsworth und seine Brüder um 1780 hier genossen. Der erste Stock beherbergt jedoch eine exquisite Bibliothek mit Bänden aus der Zeit Elizabeths I., als Erzbischof Sandys die Schule gegründet hatte. In der Kirche kann man Wandgemälde mit Bibeltexten bewundern. Unterhalb des Ostfensters schweift der Blick über

den kleinen weißgetünchten Ort mit seinen engen Gassen und den vereinzelten Häusern, in denen man die Frauen fast noch am Spinnrad arbeiten sieht.

Südlich von Hawkshead liegt **Esthwaite Lake**, wo Wordsworth vor dem Unterricht seine Morgenspaziergänge machte. Ganz in der Nähe steht das mittelalterliche **Courthouse**, ein Überbleibsel aus der Zeit, als Zisterziensermönche den südlichen Teil der Gegend beherrschten.

Ob man nun auf dem Weg zum oberen Ende des Lake Windermere dieser westlichen Straße folgt oder den östlichen Weg von Windermere nach Ambleside nimmt, letztlich erreicht man doch auf der Straße nach Keswick Rydal Water. **Rydal Hall** war schon in frühen Zeiten eine Touristenattraktion. Unter anderem malten Joseph Wright und Constable die hiesigen Wasserfälle. Auf der anderen Straßenseite liegt **Rydal Mount**, das Haus, in dem die Familie Wordsworth von 1813 bis zum Tod Williams 1850 lebte. Im Inneren befinden sich viele Gemälde und Erinnerungsstücke der Fa-

Der 16 Kilometer lange Lake Windermere steht im Zentrum des Interesses.

milie. Das Gelände wird derzeit umgestaltet, um den ursprünglichen Zustand wiederherzustellen. **Rydal Chapel** enthält Gedenksteine für die Familie von Dr. Arnold, der seine Sommerresidenz in der Nähe erbaute.

Drei Kilometer nördlich liegt **Grasmere Lake**. Am südlichen Ende von Grasmere, in **Town End**, ließen sich Wordsworth und seine Schwester Dorothy 1799 nieder. Das einfache weißgetünchte Landhäuschen vermittelt etwas vom Lebensstil, während das nahegelegene **Grasmere and Wordsworth Museum** mit Manuskripten und Porträts von Familie und Freunden verdeutlicht, welch großartige Dichtung hier entstanden ist und welche Bedeutung Wordsworth und Coleridge für das kulturelle Leben ihrer Zeit hatten.

Grasmere Church ist ein massiver Bau mit einem bemerkenswerten alten Holzdach. Die Familiengräber der Wordsworths und das Grab von Coleridges Sohn Hartley befinden sich hinter der Kirche. Die Wege, Bäche und Hügel der Umgebung sowie das Leben im **Dove Cottage** hat Dorothy Wordsworth in ihrem *Journal* (1800-1802) beschrieben. Hinter dem alten **Swan Inn,** wo die Dorfstraße auf die Hauptstraße nach Keswick stößt, liegt das düstere Tal von **Greenhead Ghyll,** Schauplatz von Wordsworths Gedicht *Michael*.

Poeten und ihr Werkzeug: Die 28 Kilometer lange A591 nach Keswick führt an **Thirlmere** vorbei, einem fast schweizerisch anmutenden See, der in den achtziger Jahren des 19. Jahrhunderts zur Wasserversorgung von Manchester und anderer großer Städte im Nordwesten angelegt wurde. Die damals gepflanzten Nadelhölzer ergeben ein hübsches, aber für den Lake District untypisches Landschaftsbild. Zur Rechten liegt der **Helvellyn**, mit 950 Metern dritthöchster Berg Englands.

Kurz vor Keswick biegt eine Straße zum **Castlerigg Stone Circle** ab, einem antiken Monument aus ringförmig aufgestellten Felsbrocken, denen frühe Reisende eine Bedeutung im Ritual der Druiden unterlegten. Zeitgenössische Autoren sind der Auffassung, daß es sich bei

Castlerigg Stone Circle bei Keswick.

den Steinen um einen riesigen Kalender handelte, der durch seine Schatten die Zeiten der Aussaat und Ernte anzeigte. Auf jeden Fall bietet die Anlage einen eindrucksvollen Anblick. Ähnliche Kultstätten findet man in **Great Salkeld** bei Penrith und in **Swinside** bei Broughton-in-Furness.

Seit 1760 ist **Keswick,** ein viktorianisches Städtchen mit älterem Stadtkern, bei seinen Besuchern beliebt. Zu jener Zeit hielt sich der Dichter Thomas Gray hier auf, um den See von **Derwentwater** zu erforschen. Voller Furcht und zitternd soll er sich zum Eingang des von hohen Bergen umgebenen **Borrowdale** begeben haben, einem Tal, das frühen Besuchern den erschreckend erhabenen Gemälden Salvator Rosas entsprungen schien und noch heute so manchen Touristen erschaudern läßt. Seit den Zeiten Grays ist auch der Ausflug zum **Powder Stone** ein Stück talaufwärts sehr beliebt. Unverändert steht der Monolith an derselben Stelle des Berghangs, wenn auch die alte Dame, die damals dort Erfrischungen verkaufte, verschwunden ist.

Der Wasserfall von **Lodore** gehört ebenfalls zu den „klassischen" Ausflugszielen der Gegend.

Borrowdale war bei den frühen Touristen auch wegen der Schwarzbleimine bekannt, die die Herstellung von Bleistiften in Keswick ermöglichte. Ein kleines **Pencil Museum** existiert immer noch im Ort. Keswick ist aber heute bekannter für die Benutzer, sprich Dichter, von Bleistiften, als für deren Herstellung. Das **Fitz Park Museum** zeigt Erinnerungsstücke von Coleridge, Robert Southey und Hugh Walpole, der in der Nähe wohnte und dessen Rogue-Herries-Romane hier spielen.

Coleridge hatte sich im Jahre 1800 in **Greta Hall** am Ortsrand von Keswick niedergelassen und seinen Schwager Southey überredet, mit ihm dort einzuziehen. Zwar verließ er selbst bald darauf Keswick, seine Familie und die Southeys blieben aber für viele Jahre dort wohnen. In der **Crossthwaite Church** stehen Gedenksteine an Southey und Mitglieder seiner Familie. Den überwältigenden Blick vom Pfarrhaus beschrieb Gray als

Unten links: Wordsworths Dove Cottage. **Unten rechts:** Dalemain Castle.

„tausend Pfund wert, wenn man all die Weichheit der lebendigen Farben einfangen könnte". Nördlich des Friedhofs sieht man **Bassenthwaite Lake**, an dessen Ostufer der Skiddaw aufragt.

Am Fuße des Berges liegt **Mirehouse,** wo im 18. Jahrhundert die Familie Spedding lebte. James Spedding war ein Freund von Alfred Tennyson, der die Aussicht auf den See in seinem Gedicht *Morte D'Arthur* verewigte.

Abwehr gegen Schottland: Fährt man auf der A66 von Keswick nach Osten ins 24 Kilometer entfernte **Penrith,** kommt man durch **Dacre,** wo eine normannische Kirche und **Dacre Castle** (14. Jahrhundert) zu besichtigen sind. In der Nähe liegt das Herrenhaus **Dalemain,** das zuletzt 1750 umgestaltet wurde und sehr sehenswerte Räumlichkeiten, etwa einen chinesischen Salon mit Originaltapeten (um 1750), sowie einen hübschen Garten aufweist.

Westlich von Keswick führt die A66 ins 24 Kilometer entfernte **Cockermouth,** wo Dorothy und William Wordsworth ihre ersten Jahre im **Wordsworth House** in der Main Street verbrachten. Einrichtung und Bilder stammen nicht aus der Zeit, als der Vater des Dichters, ein Rechtsanwalt, hier lebte. Dennoch ist die Auswahl dem Haus angemessen und trägt zur angenehmen Atmosphäre bei. Auch der Garten, von dem aus man einen schönen Blick auf den Fluß Derwent (verewigt in *The Prelude*) hat, lohnt einen Besuch.

Cockermouth ist ein altmodisches Städtchen mit Steinhäusern, die die langgezogene Hauptstraße säumen, und gleicht den Siedlungen jenseits der schottischen Grenze. Die Straße Richtung Süden führt durch das Lorton Vale zu den Seen **Crummock Water** und **Buttermere,** während die südöstlich verlaufende Straße über den Whinlatter-Paß und durch den Thornthwaite Forest zurück nach Keswick geht. Beide Straßen bieten eindrucksvolle Aussichten auf die wilde Hochmoorlandschaft.

Bevor man den Norden des Seengebietes verläßt, können noch zwei weitere Sehenswürdigkeiten besucht werden. Südöstlich von Penrith liegt **Brougham**

Wiesen am Lake Bassenthwaite.

Castle, eine Normannenburg, die auf römischen Fundamenten errichtet wurde und zum Besitz der Familie Clifford gehörte. Lady Ann Clifford ließ im 17. Jahrhundert einige Besitztümer in der Gegend auf bemerkenswerte Weise restaurieren. Die Ruinen sind beeindruckend, und es lohnt sich, die oberste Galerie des Hauptturms zu erklimmen.

Ebenso verdient **Carlisle** einen Besuch. Die ungewöhnliche Silhouette der örtlichen **Burg** rührt daher, daß man das Dach verstärken mußte, als Kanonen installiert wurden. An den Wänden der Gefängniszellen haben sich im 16. und 17. Jahrhundert die Insassen verewigt. Das **Castle Museum and Art Gallery** zeigt eine bedeutende Sammlung römischer Artefakte (Hadrianswall) sowie Gemälde von Edward Burne-Jones und anderen Präraffaeliten. Nicht entgehen lassen sollte man sich die **Kathedrale** von Carlisle, deren seltsam verkürztes normannisches Kirchenschiff und die geschnitzte Kanzel hervorzuheben sind.

Römische Haarnadelkurven: Dem Südwestteil des Lake District und seiner eindrucksvollsten Sehenswürdigkeit – **Hardknott Roman Fort** hoch über dem **Eskdale** – nähert man sich am besten über den Wrynose- und Hardknott-Paß 16 Kilometer westlich von Ambleside. Wer weder einen äußerst wendigen Wagen noch Nerven aus Stahl besitzt, sollte allerdings für die Fahrt einen Kleinbus der Mountain Goat-Linie in Anspruch nehmen. Zwar haben bereits die Römer die Paßstraßen verbessert, aber ihre engen Haarnadelkurven und extremen Steigungen waren wohl eher für Fußgänger gedacht. Im Sommer wird der Verkehr auf dieser Straße in der Tat gefährlich. Für die Gefahren der Straße entschädigt jedoch die phantastische Aussicht vom bereits erwähnten Fort auf das Meer und die Gipfel des Tals. Wegen der Minen und Steinbrüche im **Eskdale** legte die **Ravenglass and Eskdale Railway** eine Schmalspurbahn an, deren wunderschön erhaltene Miniatur-Dampflokomotiven zum Sommervergnügen der Touristen beitragen. Die 28 Kilometer lange Strecke geht durch landschaftlich reizvolles Gebiet. Von **Eskdale Green** aus führt

Unten links: Ravensglass- und Eskdale-Eisenbahn. Unten rechts: zwei glückliche Touristen.

eine Straße über Birker Fell ins verhältnismäßig unbekannte **Duddon Valley** – dem Lieblingstal von Wordsworth.

Nahe bei Ravenglass liegt **Muncaster Water Mill,** eine wasserbetriebene Kornmühle, die für Besucher in Betrieb gehalten wird. Nicht weit entfernt steht **Muncaster Castle,** seit 1325 im Besitz der Familie Pennington, die auf römischen Fundamenten einen Wachturm errichten ließ. Er gestattet eine grandiose Aussicht auf die Hochmoore und das Eskdale. Als Heinrich VI. hier Zuflucht suchte, überließ er seine Trinkschale, genannt „Luck of Muncaster", seinem Gastgeber Sir John Pennington. Im Laufe des 18. und 19. Jahrhunderts wurde aus dem ursprünglichen Wachturm allmählich ein ansehnlicher Herrensitz, dessen Hauptattraktion der Garten mit zahlreichen Blumen und Pflanzen ist.

Klosterbesitzungen: An der Südspitze Lakelands liegt **Furness Abbey,** eine Zisterzienserabtei, die im Mittelalter hier ein großes landwirtschaftliches Gut betrieb. Bis zu ihrer Auflösung im Jahr 1537 galt die Abtei als zweitreichste Englands.

Die Ruinen der Gebäude aus dem 12. und 15. Jahrhundert liegen in einer reizvollen Umgebung. Besser überstand **Cartmel Priory** die Zeiten der Suprematsakte (1534), als Heinrich VIII. mit dem Vatikan brach und die Klöster auflöste. Das 1188 vom Baron von Cartmel erbaute Kloster entging durch die Geistesgegenwart der Bevölkerung der Plünderung, die behauptete, es handle sich um ihre Pfarrkirche. Außergewöhnlich ist der Turm dadurch, daß der obere Teil diagonal auf den unteren Stock gesetzt ist. Im Innern kann man mittelalterliche Schnitzereien und Glasfenster bewundern.

In nördlicher Richtung erreicht man Windermere, und im Westen liegt **Coniston Water.** Dazwischen erstreckt sich der **Grizedale Forest Park,** in dem die Forestry Commission Naturlehrpfade und ein Theater mit 23 Plätzen anlegte und moderne Skulpturen aufstellte. Coniston Water erlangte Berühmtheit durch die Versuche von Donald Campbell, den Geschwindigkeitsrekord für Wasserfahrzeuge zu brechen; 1967 kam er bei einem Versuch auf tragische Weise ums Leben. In früheren Zeiten war Coniston berühmt durch die Tatsache, daß John Ruskin (1819-1900), der große Kunstgeschichtler und Sozialreformer, hier lebte. In **Brantwood** enthält sein unverändertes Wohnhaus auch Gemälde von ihm. Auf dem See läßt es das viktorianische Dampfschiff *Gondola* langsamer als Campbell angehen. Nachdem es fast 40 Jahre unbenutzt am Ufer lag, erstrahlt es heute wieder in der alten Eleganz des 19. Jahrhunderts.

Weitere Reminiszenzen an das Zeitalter der Dampfmaschine (einschließlich des angeblich ältesten dampfgetriebenen Schiffes der Welt, der *Dolly* von 1850) sind im **Windermere Steamboat Museum** in Bowness-on-Windermere und auf einer Fahrt mit der **Haverthwaite and Lakeside Steam Railway** entlang des Seeufers zu sehen.

Abschließend bleibt der See **Tarns** (drei Kilometer oberhalb von Coniston Water) zu erwähnen. Viele halten ihn für den hübschesten im Lake District. Die ursprünglichen drei Seen wurden durch die Errichtung eines Dammes zu einem einzigen verbunden.

Links: Transportmittel auf dem See.
Rechts: Cartmel Priory in Ulverston.

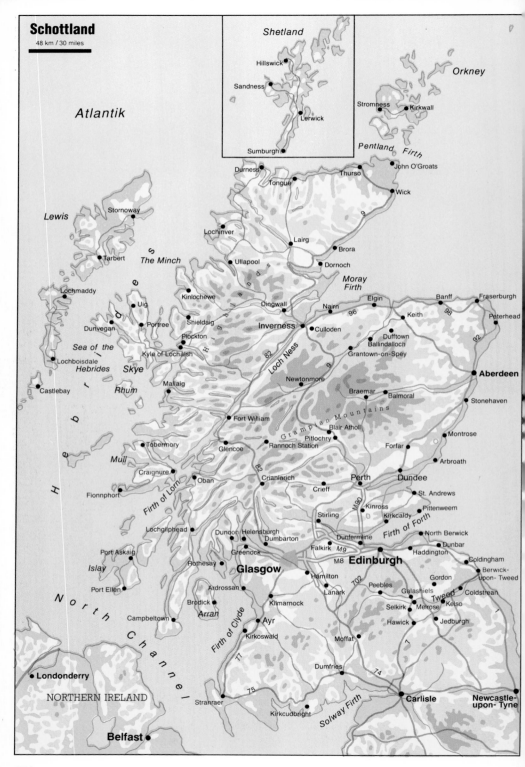

Schottland

48 km / 30 miles

Shetland

Hillswick
Sandness
Lerwick
Sumburgh

Orkney

Stromness
Kirkwall

Atlantik

Pentland Firth

Durness
Tongue
Thurso
John O'Groats
Wick

Lewis

Stornoway

Lochinver
Lairg
Brora
Dornoch

Tarbert

The Minch

Ullapool

Moray Firth

Lochmaddy

Uig
Kinlochewe
Dingwall
Nairn
Elgin
Banff
Fraserburgh
Peterhead

Portree
Shieldaig
Inverness
Culloden
Keith
Dunvegan
Plockton
Dufftown
Ballindalloch
Grantown-on-Spey
Kyle of Lochalsh
Loch Ness

Lochboisdale
Sea of the
Hebrides
Skye
Mallaig

Aberdeen

Castlebay

Rhum

Newtonmore
Braemar
Balmoral
Stonehaven

Fort William

Grampian Mountains

Tobermory
Glencoe
Blair Atholl
Pitlochry
Forfar
Montrose
Rannoch Station

Mull
Craignure
Oban
Crianlarich
Perth
Dundee
Arbroath

Fionnphort
Firth of Lorn
Crieff
St. Andrews
Kinross
Pittenweem

Lochgilphead
Stirling
Kirkcaldy
Dunoon
Helensburgh
Dumbarton
Dunfermline
Firth of Forth
North Berwick
Port Askaig
Greenock
Falkirk
Dunbar

Islay
Rothesay
Glasgow
Edinburgh
Haddington
Coldingham
Hamilton
Berwick-upon-Tweed
Port Ellen
Ardrossan
Lanark
Peebles
Gordon
Brodick
Kilmarnock
Galashiels
Coldstream
Arran
Selkirk
Melrose
Kelso
Campbeltown
Firth of Clyde
Ayr
Hawick
Jedburgh
Kirkoswald
Moffat

North Channel

Dumfries

Londonderry

NORTHERN IRELAND

Stranraer
Carlisle
Newcastle-upon-Tyne

Kirkcudbright
Solway Firth

Belfast

DAS SCHOTTISCHE TIEFLAND

Schottland hat etwas völlig Eigenständiges. Identitätsgefühl, Werte, Geschichte und Traditionen der Schotten unterscheiden sich deutlich von jenen der anderen Volksgruppen Großbritanniens. Obwohl es 1707 seine Unabhängigkeit an England verlor, behielt Schottland sein eigenes Rechts- und Erziehungssystem, das man vielerorts als dem englischen überlegen betrachtet. Bis heute werden spezielle schottische Banknoten gedruckt – für viele Besucher der erste Hinweis darauf, daß man einen anderen Teil der britischen Insel betreten hat.

Schottland nimmt den gesamten Norden Englands ein und beginnt unmittelbar hinter jener Grenze, die der römische Kaiser Hadrian 122-126 n. Chr. erbauen ließ, um sich vor den bemalten Keltenkriegern der Pikten und Skoten zu schützen. Mit einer Fläche von 78 749 Quadratkilometern bedeckt Schottland ein Drittel der Gesamtfläche Großbritanniens, verfügt dabei aber nicht einmal über ein Zehntel der Einwohner. Ein Drittel der Bevölkerung lebt in den drei größten Städten Glasgow, Edinburgh und Aberdeen und deren Einzugsbereich.

Aberdeen erlebte mit der Entdeckung des Nordsee-Öls in den siebziger Jahren einen gewaltigen Boom. Edinburgh und Glasgow, zwei gleichermaßen faszinierende, aber vollkommen verschiedene Städte, liegen nur 70 Kilometer voneinander entfernt am Rand des schottischen Tieflands. Beide sind hinter dem Höhenzug der Cheviot Hills verborgen und nur einen Katzensprung von den wildromantischen Highlands entfernt. Von beiden Städten sind es etwa 610 Kilometer bis London. Man erreicht Schottland von London aus mit dem Zug in knapp fünf Stunden (Euston Station und King's Cross Station) oder mit dem Flugzeug von Heathrow aus (eine Pendelverbindung vor allem für Geschäftsleute).

Edinburgh: Die Stadt auf der Südseite des Firth of Forth avancierte erst während der Regierung Davids I. (1124-53) zur Hauptstadt. Zuvor hatte sich die Haupt-stadt weiter im Norden, am Rand der Highlands, befunden, und zwar in Scone, das in der Nähe von Perth liegt. Dort hatte man den schottischen Königen, während sie auf dem „Schicksalsstein" (heute in der Westminster Abbey) saßen, die Krone aufs Haupt gesetzt. Von Scone verlegte man die Hauptstadt dann nach Dunfermline auf der anderen Seite des Forth in Fife. Die Reste eines Dorfs aus der Eisenzeit auf dem Arthur's Seat, einem Felsen unmittelbar hinter dem Königspalast von Holyroodhouse, belegen die frühe Besiedelung auf dem Gebiet des heutigen Edinburgh. Auch auf dem Fels, den inzwischen Edinburgh Castle krönt, stand bereits im 5. Jahrhundert eine Festung der Pikten.

Edinburghs Lage zwischen Bergen und Meer ist von einzigartiger Schönheit. Wie man sich der Stadt auch nähert – sei es von der tunnelartigen Halle der Waverly Station, auf der Straße vom Flughafen oder von der englischen Grenze durch üppiges Ackerland und an den sturmgepeitschten Golfplätzen East Lothians vorbei –, man landet immer in der **Prin-**

Vorherige Seiten: Schottische Disteln. **Rechts:** Wache vor dem Edinburgh Castle.

ces Street, dem Herzstück Edinburghs und einer der faszinierendsten Hauptstraßen Europas.

Weiter südlich, jenseits der Gärten, die heute an Stelle der Sümpfe von Nor' Loch das Auge erfreuen, erheben sich die Basaltfelsen, auf denen man das mittelalterliche Edinburgh erbaute. Hier ragt **Edinburgh Castle** in den meist aufgewühlten Wolkenhimmel. Die Spitzen, Türmchen und Zinnen der Old Town bilden die Stadtsilhouette zwischen der Burg und dem versteckt liegenden Palast von Holyroodhouse unterhalb der grünen Hänge des Arthur's Seat.

Im Innern der Burg befindet sich das älteste Bauwerk Edinburghs, **Queen Margret's Chapel,** die David, der Sohn König Malcolm Canmores, für seine fromme Mutter erbauen ließ. Hier bewahrt man Krone, Zepter und Schwert Schottlands auf, die ältesten Krönungsinsignien auf europäischem Boden. Die noch heute für Festbankette genutzte **Great Hall** weist eine der schönsten Stichbalkendecken Großbritanniens auf. Auch der kleine Raum, wo Maria Stuart 1566 ihren Sohn gebar, kann besichtigt werden.

Auf der **Royal Mile,** die am großzügig angelegten Burgvorplatz beginnt, spielte sich bis zum Ende des 18. Jahrhunderts das gesellschaftliche Leben ab (hier findet im August, während des Edinburgh-Festivals, die große Militärparade – das Tattoo – statt). Die abfallende Straße wird von herrschaftlichen Häusern aus dem 16. und 17. Jahrhundert gesäumt. Sie endet am Königspalast von Holyroodhouse. **Parliament House,** die Kirche **High Kirk of St. Giles** sowie das Haus des protestantischen Reformers **John Knox** liegen ebenfalls an der Royal Mile. Weitere Sehenswürdigkeiten der Royal Mile sind **Canongate Talbooth** (16. Jh.) und **Canongate Kirk** (17. Jh.). Auf dem Friedhof von Canongate Kirk liegen viele berühmte Persönlichkeiten Edinburghs begraben, so Adam Smith (1723-90), der Begründer der Nationalökonomie und Autor von *The Wealth of Nations,* und Nancy Maclehose (1749-1857), Robert Burns' „leidenschaftliche Freundin".

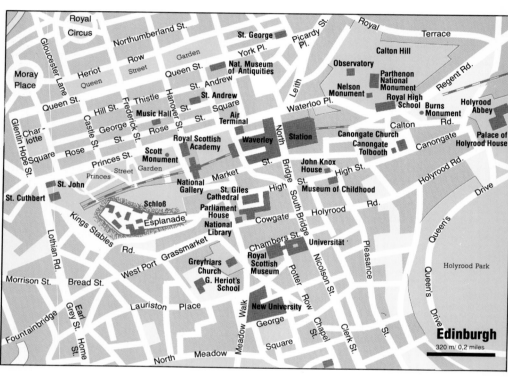

Am unteren Ende der Royal Mile stößt man auf den **Palast von Holyroodhouse**, die offizielle Residenz der englischen Königin in Schottland. Von James IV. 1498 begonnen, erfuhr der Palast im folgenden Jahrhundert unter James V. und später unter Charles II. mehrere Erweiterungen. Maria Stuart lebte hier sechs Jahre lang. In einem der heute noch zu besichtigenden Räume wurde ihr italienischer Sekretär, David Rizzio, Opfer einer Verschwörung von Lord Darnley, ihrem Ehemann. Darnley starb seinerseits kurz darauf bei einer mysteriösen Explosion in einem nahegelegenen Haus.

Bonnie Prince Charlie veranstaltete einen Ball in Holyrood, als seine Truppen 1745 während des Jakobitenaufstands die Stadt besetzt hielten. Danach erlebte der Palast eine Zeit des Verfalls. Erst als George IV. bei seinem Schottlandbesuch 1822 einen Empfang gab, kam das Gebäude zu neuen Ehren. Die Repräsentationsräume schmücken französische und flämische Tapisserien sowie Mobiliar aus dem 18. Jahrhundert. Den Thronsaal nutzt die Königin noch heute für Investituren.

Von der Royal Mile gehen rechts und links enge, abfallende, gewundene Gassen (*wynds*) ab. Durch die Lücken zwischen den hochaufragenden Häusern erhascht man Blicke auf die Pentland Hills im Süden, die Nordsee im Osten und den silbernen Firth of Forth sowie die grünen Hügel von Fife im Norden.

New Town ist ein gutes Beispiel für die Stadtplanung des 18. Jahrhunderts: Die Straßen, Plätze und Crescents nördlich der Princes Street, auf der gegenüberliegenden Seite des Tals unterhalb der Burg, bilden ein harmonisches Ensemble. Das Buch *Pelican History of Arts* bezeichnet die Neustadt gar als „das weltweit umfassendste Beispiel einer Stadt des romantischen Klassizismus". Im Unterschied zum mittelalterlichen „Chaos" der Altstadt wirken die eleganten georgianischen Häuserfassaden gerade durch ihre klaren Strukturen. Keine andere Stadt Europas hat derart reizvolle architektonische Gegensätze zu bieten. Im **Georgian House** am Charlotte Square Nr. 7 führt

Edinburgh Castle blickt auf den Firth of Forth.

der National Trust of Scotland vor, wie die ersten Bewohner dieser Häuser gelebt haben mögen.

Edinburgh ist administratives und gastronomisches Zentrum Schottlands. An der Royal Mile und am Grassmarket (150 Meter südlich unterhalb der Burg) trifft man auf viele gutbesuchte Pubs. Hervorzuheben ist das **White Hart Inn,** das Robert Burns und William Wordsworth gern frequentierten. **Deacon Brodie's Tavern** an der Ecke Royal Mile und The Mound erinnert an den Möbeltischler und Stadtrat Brodie, der nachts zum Einbrecher und Dieb wurde. Er diente Robert Louis Stevenson als Vorlage für *Dr. Jekyll and Mr. Hyde.*

Die **Rose Street**, eine Gasse zwischen Princes und George Street, war mit 22 Pubs einst absolutes Kneipenzentrum. Seit einiger Zeit verdrängen jedoch immer mehr Boutiquen die traditionellen Gasthäuser. Das mit seiner holzgeschnitzten Eichenbar besonders hübsche und beste Pub dürfte das **Abbotsford** am Ostende der Rose Street sein. Edinburghs jugendliche Schickeria bevorzugt dagegen **The Tilted Wig** in der Cumberland Street (New Town), das den ganzen Tag geöffnet hat.

Glaubt man den Restaurantführern, so verfügt Edinburgh über mehr Gaststätten pro Einwohner (insgesamt 480 000) als jede andere Stadt Großbritanniens, darunter eine Vielzahl ausländischer Spezialitätenlokale. Die einheimische Küche genießt man am besten bei **Martin's** (Ecke Rose Street und North Lane; besticht durch die einfallsreiche Verwendung einheimischer Zutaten), bei **Mackintosh's** (Stafford Street; im Mackintosh-Stil), im **Jackson's** (Jackson's Close; bietet sich nach einem Einkaufsbummel in der Royal Mile an) oder im **Magnum** (Ecke Albany und Dublin Street). Auch ein Besuch des **The Witchery** in der Nähe der Burg lohnt sich.

Edinburgh ist eine Stadt voller Zauber und Reize. Man ist versucht, sämtliche Museen und Galerien zu erkunden (darunter die **National Gallery of Scotland,** The Mound), die Antiquitätenläden zu durchstöbern oder die Sporteinrichtungen zu nutzen (allein im Stadtgebiet gibt

Die Straßen von Edinburgh.

es 28 Golfplätze). Und schließlich findet hier jeden Sommer eines der berühmtesten Kunst- und Theaterfestivals der Welt statt.

Südgrenze: Südlich der Hügel von Pentland, Moorfoot und Lammermuir, die Edinburgh auf der Südseite umschließen, liegen die **Borders**, die Grenze nach England. Diesen Landstrich nördlich der Cheviot Hills sowie der Flüsse Esk und Tweed betraten die Römer, Angeln und Engländer immer dann, wenn sie zu ihren letztlich erfolglosen Eroberungszügen nach Schottland ansetzten. Heute breitet sich hier von grünen Hügeln und glasklaren Bächen durchsetztes, liebliches Weideland aus. Haupterwerbszweige sind die Landwirtschaft sowie die Herstellung von Strick- und Tweederzeugnissen. Angeln und Rugby sind die beliebtesten Freizeitbeschäftigungen der Border-Bewohner.

Sir Walter Scott (1771-1832) ließ sich in einem hübschen Häuschen nahe **Abbotsford** mit Blick über den Tweed nieder (außerhalb Galashiels, 44 Kilometer südlich von Edinburgh auf der A7). Seine Familie war schon immer im Grenzland ansässig gewesen, und sicher waren es der Wagemut seiner Vorfahren im Kampf gegen England sowie die Balladen und Bardengesänge, die die Phantasie des jungen Scott anregten. Abbotsford, das immer noch von seinen Nachfahren bewohnt wird, ist voller Erinnerungsstücke an den Dichter. Darüber hinaus findet sich eine Sammlung historischer Relikte, Rüstungen und Waffen, darunter Rob Roys Gewehr, Montroses Schwert und ein *quaich* (Trinkkelch) aus dem Besitz Bonnie Prince Charlies.

Drei Kilometer von Abbotsford entfernt (A68) liegt am Fuße der Eildon Hills das reizende Städtchen **Melrose**. In den Hügeln sollen der Dichter und Seher Thomas the Rhymer (um 1220-97) sowie die Elfenkönigin umgehen. Auf der östlichsten der drei abgerundeten Kuppen steht eine ehemalige römische Feste. Vom höchsten Hügel hat man einen schönen Blick auf die Cheviot Hills sowie den westlich Richtung Galloway verlaufenden Höhenzug. Die Ruinen der im 12. Jahrhundert aus rotem Sandstein er-

Fliegenfischen in den Borders.

bauten **Melrose Abbey** sind trotz der Plünderung durch die Engländer 1544 noch immer ein architektonisches Meisterwerk.

Auch Ausflüge in die Umgebung von Melrose, in die Eildon Hills, zum Angeln oder zur Erkundung der Borders sind lohnenswert. Einer erst unlängst entstandenen Fama zufolge kreierte der örtliche Rugby-Club das 7-Mann-Rugby, das inzwischen weltweite Verbreitung fand. Sehenswerte mittelalterliche Abteien findet man im sechs Kilometer entfernten **Dryburgh** (mit dem Grab Scotts), in **Kelso** (16 Kilometer in östlicher Richtung auf der A699) sowie in **Jedburgh**, das 13 Kilometer südlich von Dryburgh liegt (A68).

Beeindruckend sind auch Herrenhäuser wie **Floors Castle,** der Sitz des Herzogs von Roxburgh, unmittelbar bei Kelso gelegen, oder **Bowhill** bei Selkirk, eines der Häuser des Herzogs von Buccleuch. Einem Entwurf Robert Adams entstammt **Mellerstain**, das an der A6089 zwischen Kelso und Gordon steht. Jedes der drei Häuser besitzt exquisite Möbel- und Gemäldesammlungen, in Mellerstain kann man zudem eine der schönsten Adam-Decken Englands bewundern. Bei Coldstream überquerten schottische und englische Truppen einst den Tweed. Nach diesem Ort benannte man Cromwells Garderegiment, die Coldstream Guards.

Viele kleine Hotels, die gediegene Bequemlichkeit und einfaches, aber ausgezeichnetes Essen bieten, heißen den Besucher in den Borders willkommen. Anspruchsvolleren Gästen sei das **Cringletie House Hotel** empfohlen (einige Kilometer nördlich von **Peebles,** A703). Es wird seit über 20 Jahren von den McGuires geführt, bietet luxuriöse Zimmer und erstklassige Mahlzeiten.

Firth of Forth: An der östlich von Edinburgh gelegenen Küste **Lothians** bieten fruchtbares Ackerland jenseits der Lammermuir Hills und einige der besten Golfplätze Großbritanniens (vor allem Muirfield, North Berwick, Longkniddry, Luffness, die drei Plätze von Gullane, Kilspindie und Dunbar) ein anderes Bild. In **Gullane**, auf der Kü-

Neben Jedburgh Abbey wird Rugby gespielt.

stenstraße A198, 24 Kilometer östlich von Edinburgh, lockt **La Potinière**, eines der besten Restaurants in Schottland (Reservierungen: 0620-84 32 14).

Am neunten Grün von Muirfield, nahe **Greywalls**, liegt das reizende Edwin Lutyens House, ein elegantes, sehr komfortables Hotel mit sehr zu empfehlender Küche.

Gleich südwestlich davon lädt die **Aberlady Bay** zur Vogelbeobachtung und zu Spaziergängen an den dünengesäumten Sandstränden ein. In der Bay stößt man auf einige Burgruinen, etwa **Tantallon**, das sich auf einem felsigen Steilküstenabschnitt zwischen North Berwick und Dunbar erhebt (A 198). Zwischen Gullane und North Berwick trotzt **Dirleton Castle** in einem malerischen Dorf gleichen Namens dem Zahn der Zeit.

Zehn Kilometer landeinwärts trifft man bei **Haddington** auf **Lennoxlove**, den Sitz des Herzogs von Hamilton. Haddington besticht durch sorgfältig restaurierte Häuser aus dem 17. und 18. Jahrhundert, eine beschilderte Führungslinie hilft bei der Besichtigung. Kurz hinter East Linton (auf der A1 elf Kilometer in östlicher Richtung) liegt **Preston Mill**, die älteste wassergetriebene Mühle Schottlands (16. Jahrhundert; durch den National Trust of Scotland der Öffentlichkeit zugänglich).

Etwa 32 Kilometer weiter in südöstlicher Richtung (A1) liegt auf einer eindrucksvollen Landspitze oberhalb von Eyemouth mit 90 Meter hohen Klippen das Vogelreservat von **St. Abb's Head**. Hier nisten Dreizehenmöwen, Lummen, Krähenscharben, Eissturmvögel, Silbermöwen und Tordalken.

Vor der Küste von St. Abb's bietet ein Wasserschutzgebiet die besten Tauchmöglichkeiten der schottischen Küste (Erlaubnis ist beim örtlichen Ranger einzuholen).

Auf der anderen Seite der Flußmündung („Firth") des Forth liegt **Fife**, in Anlehnung an die Tage mühsam verteidigter Unabhängigkeit auch heute noch manchmal das „Königreich Fife" genannt. „It taks a lang spoon tae sup with a Fifer" (etwa: der Fifer ist mit allen

Pittenweem am östlichsten Vorgebirge des Fife.

Wassern gewaschen) – diese Anerkennung gilt sonst nur dem Teufel. Ansonsten bestimmen Kohlebergbau und Industrie das Bild von Fife. Die Landschaft besitzt einen eigenwilligen Charme und hält manche Überraschung bereit. Flußaufwärts (Richtung Sterling) liegt die alte königliche Stadtgemeinde von **Culross,** das seit jeher ein bedeutender Handelsplatz für Kohle, Salz und die Eisenplatten zum Backen von Scones (Teegebäck) war. Die guterhaltenen malerischen Häuschen aus dem 16. und 17. Jahrhundert gehören zu den schönsten im Land.

Östlich von Culross liegt die alte schottische Hauptstadt **Dunfermline** mit einer prächtigen Abtei aus dem 12. Jahrhundert. Hier begrub man 1329 König Robert Bruce, den Befreier Schottlands. Auch das Geburtshaus (heute Museum) Andrew Carnegies (1835-1918) steht hier. Der Sohn einer armen Weberfamilie brachte es in Amerika zum größten Stahlbaron und wurde wegen seiner Menschenliebe verehrt. An der Südküste des Neuk of Fife, dem Vorgebirge am Ostrand, liegen die malerischen Fischerorte **Earlsferry**, **St. Monance**, **Pittenweem**, **Anstruther** und **Crail**.

Landeinwärts stößt man auf **Falkland Palace**, das Jagdschloß der Stuarts, auf das elegante **House of Tarvit** mit seiner Möbel-, Tapisserien- und Gemäldesammlung sowie auf das im 14. Jahrhundert erbaute **Kellie Castle**. Die bedeutendste Stadt des Fife dürfte jedoch **St. Andrew's** sein. Sie gilt als Entstehungsort des Golfspiels, und der legendäre Old Course wird seit 800 Jahren genutzt. Die Stadt kann sich ferner einer der ältesten Universitäten Großbritanniens rühmen (1412 gegründet) und besitzt viel wertvolle historische Bausubstanz. Früher war St. Andrews die geistliche Hauptstadt Schottlands, und John Knox hielt hier seine erste Predigt. Die Ruine der Festung erhebt sich auf einem Fels über dem Meer.

Glasgow: Westen und Osten des schottischen Tieflands, der **Lowlands,** unterscheiden sich nicht nur geographisch, sondern auch in der Typologie der Menschen voneinander. Betrachten sich die

St. Andrew's: Geburtsort des Golfspiels.

Bewohner des östlichen Teils als kultiviert und verfeinert – wie es die geordnete Pracht des georgianischen Edinburgh zum Ausdruck bringt –, so halten sich die Bewohner des Westens für warmherzig, weniger anmaßend und dafür realistischer. Für den Glasgower ist die Bevölkerung Edinburghs „east-windy, west-endy".

Glasgow liegt am River Clyde, 22 Kilometer oberhalb seiner Mündung. Es bezog seinen Reichtum aus Schiffbau und Schwerindustrie und war um 1900 mit mehr als einer Million Einwohnern die zweitgrößte Stadt Großbritanniens. Doch das Rückgrat der Stadt – Industrie und Arbeiterklasse – zerbrach mit der Wirtschaftsflaute in den siebziger Jahren. In der Folge war ein kaum aufzuhaltender Anstieg der Arbeitslosenzahlen zu verzeichnen, und die Zahl der Einwohner sank auf weniger als 700 000. Dann setzte eine außergewöhnliche Renaissance ein, so daß die EG Glasgow 1990 zur europäischen Kulturhauptstadt ernannte. Einst als Hort der Trinker und der sozialen Unruhen verschrien, bleibt die Stadt

heute in keinem Kunstreiseführer über Europa unerwähnt.

Die im 12. Jahrhundert erbaute **Glasgow Cathedral** in der Old Town entging als einzige der mittelalterlichen Kathedralen Schottlands den Zerstörungen der Reformationszeit. Auf der gegenüberliegenden Seite der Castle Street steht das älteste Haus der Stadt, das dreistöckige **Provand's Lordship** (1471, heute ein Museum). Im einen Kilometer entfernten Garnethill steht ein noch älteres Haus. Das **Tenement House Museum**, 145 Buccleuch Street, erinnert daran, wie die arbeitende Bevölkerung um die Jahrhundertwende hauste (noch heute wohnen 20 Prozent der Einwohner in solchen Mietskasernen).

Zwei Straßen weiter stößt man in der Renfrew Street auf die **Glasgow School of Art**. Ein Gebäudeteil entstand unter Charles Rennie Mackintosh (1868-1928), dem Begründer des Glasgower Jugendstils. Über das **Glasgow Film Theatre** (dreißiger Jahre) und die bedeutende Galerie für zeitgenössische Kunst **McLellan Galleries** gelangt man zum

Sonnenuntergang hinter Glasgower Werften.

EINE NACHT MIT ROBERT BURNS

Die wenigsten Engländer kennen das Geburtsdatum William Shakespeares (23. April), doch in Schottland weiß jedes Kind, daß Robert Burns, der schottische Nationaldichter, am 25. Januar zur Welt kam.

Das Babbity Bowster in Glasgows Blackfriars Street, ein zu einem Pub und Hotel umgewandeltes Haus, das einst Robert Adam gestaltet hatte, ist für seine Robert-Burns-Nächte bekannt. Normalerweise serviert man in dem im ersten Stockwerk gelegenen Restaurant einheimische Spezialitäten wie *cullen skink* (geräucherter Schellfisch mit Kartoffelsuppe), *stovies* (mit Zwiebeln gekochte Kartoffeln), Loch-Etive-Muscheln oder überbackenen Ziegenkäse auf Vollkorntoast.

In der Burns-Nacht geht es natürlich besonders traditionell zu. Kurz nach 19.30 Uhr eröffnet ein kiltbekleideter Dudelsackpfeifer den ersten Gang: *haggis*, *bashed neaps* und *tatties*. Das anschließende Hauptgericht besteht beispielsweise aus Rehbraten in Portwein oder aus in Whisky mariniertem Rind. Zum Abschluß serviert man gerne Schokoladenpudding. Jede Mahlzeit wird mit einem ordentlichen Quantum *usquebaugh* (Lebenselixier) hinuntergespült – zu diesem besonderen Anlaß muß es ein *single malt whisky* sein (nur eine Brennerei stellt diesen ungemischten Genuß her). Inzwischen hat sicher ein Gast mit der Rezitation

Burns'scher Texte begonnen, etwa mit *Address to the Haggis*. Irgendwann nach Mitternacht fassen sich endlich alle mit gekreuzten Armen bei der Hand, um *Auld Lang Syne* anzustimmen.

Diese Volksweise gehört zu einer Sammlung von über 200 Liedern, die Burns für das Scots Musical Museum zusammentrug, erweiterte oder umschrieb. Die heute gesungene Melodie ist möglicherweise erst später entstanden. Als Burns das Lied entdeckte und seinem Verleger schickte, bemerkte er: „Ich hab's einen alten Mann singen hören und notiert, es ist noch niemals vorher gedruckt oder niedergeschrieben worden."

Der Dichter, „ein begnadeter Ackersmann", erblickte 1759 in Alloway (Ayrshire, südlich von Glasgow) als Bauernsohn das Licht der Welt und genoß später eine gute Erziehung. Es braucht kaum betont zu werden, daß es einen Burns-Gedächtnis-Pfad gibt, der mit zwei Dutzend Museen, einem Mausoleum, Gast- und Wohnhäusern jedem Interessierten Einblick in Leben und Werk des Dichters gewährt. Als er 26 war, erschienen seine *Poems, chiefly in the Scottish Dialect*, die ihn schlagartig berühmt machten. Er starb mit 37 Jahren.

Robert Burns beherrschte die englische Sprache natürlich perfekt, und obwohl viele seiner Zuhörer die schottischen Redewendungen ebensowenig verstanden wie wir heute, lagen ihm alle zu Füßen. Er hatte gezeigt, daß Dialekt etwas war, auf das man stolz sein konnte, und das war typisch für den Beginn der Romantik.

Auch Sir Walter Scott sollte bald schon die Erinnerung an das schottische Königtum mit neuem Glanz erfüllen. Scott und Burns haben sich wohl nicht persönlich gekannt. Scott wuchs in Edinburgh auf und kam 1792 zu höheren Anwaltswürden, während der 33jährige Burns längst ein einflußreicher Literat war.

Die Romantik war eine Bewegung, die sich über ganz Europa ausbreitete. Burns etwa unterstützte die Französische Revolution mit Gedichten über Freiheit und Gerechtigkeit. Er brachte damit nicht nur eine Saite in den Herzen der Menschen zum Klingen, sondern gab auch den Revolutionären vieler Länder Kraft.

In *Awa, Whigs* heißt es diesbezüglich:

Die grimmig Rache ruhte lang,
Doch wir werden sie erwachen seh'n;
Gott steh' uns bei am Tage bang,
Wenn Könige wie gejagte Hasen vergeh'n.

Was dem Dichter jedoch den meisten Ruhm einbrachte, war seine Freude an fröhlichen Zechgelagen und seine Abneigung gegen das häusliche Leben. Die folgenden Zeilen entstammen seiner letzten großen Versdichtung *Tam O'Shanter*:

Indeß wir in dem Kruge hier uns letzen,
Unbändig selig uns die Kehlen netzen;
Da denken wir nicht an die langen Wege,
Die Moore, Gräben und die steilen Stege,
Die uns noch heut nach Hause bringen sollen,
Wo unsre Weiber warten, die so grollen,
Wo ein Gewitter sich zusammenzieht,
Ein Feuer glimmt, das balde Funken sprüht.

Es ist kaum verwunderlich, daß Frauen lange keinen Zutritt zu den Burns-Nächten hatten.

Willow Tearoom (Sauchiehall Street), das durch sein unverändertes Mackintosh-Ambiente besticht. Stilvoll speisen kann man in Glasgow im bekannten Fisch-Restaurant Rogano's (Art Deco, Exchange Place), im October (hochmodern, Dryman Road) oder im Babbity Bowster (in einem Robert Adam-Haus, Blackfriars Street). Letzteres ist ein Hotel mit Pub, dessen Restaurant im ersten Stock mit schottischer Küche aufwartet. Gute einheimische Küche serviert man außerdem im Ubiquitous Chip (Ashton Lane), das in einem ehemaligen Stall der Herrschaftshäuser in der Byers Road eingerichtet wurde.

Westlich der Sauchiehall Street öffnet sich das im Kelvingrove Park eingerichtete Universitätsgelände mit der **Art Gallery and Museum**. Nur die Tate Gallery hat noch höhere Besucherzahlen vorzuweisen. Zur Sammlung gehören Gemälde lokaler Meister des Fin de siècle sowie schottischer Koloristen der Nachkriegszeit.

1983 erregte die Nachricht die Kunstwelt, die Sammlung des Schiffseigners Sir William Burrell (1861-1958) habe mit **The Burrell Gallery** endlich eine Heimat gefunden. Es handelt sich dabei um eine eklektische Sammlung mit einigen hervorragenden Stücken. Die Galerie, erbaut im Pollock Country Park im Südwesten der Stadt, ist sehr sehenswert. Das benachbarte **Pollock House** aus dem 18. Jahrhundert beherbergt eine Kollektion spanischer Gemälde mit Werken Goyas, El Grecos und Murillos.

Robert Burns' Land: Böse Zungen behaupten, Glasgow sei eine tolle Stadt, um sie hinter sich zu lassen. Schnell geht das auf jeden Fall. Eine Autobahn führt mitten durch die Stadt und weiter über den Clyde Richtung Renfrewshire. Vom Flughafen in Abbotsinch gelangt man ins Ayrshire. Es ist das Land des großen schottischen Dichters Robert Burns sowie der Badeorte **Largs**, **Troon**, **Prestwick** und **Girvan**. Von Weymss Bay setzen Fähren zu den Inseln **Bute** und **Millport** über, von Ardrossan zur Insel **Arran**, dem beliebtesten Ausflugsziel der Glasgower. Mit ihren 430 Quadratkilometern ist sie die größte Insel vor der

iehmark
Newton
tuart.

Clyde-Mündung. Am Fuß des 900 Meter hohen Goatfell steht **Brodick Castle** (14. Jahrhundert), das Robert Bruce einst bewohnte und das heute vom National Trust of Scotland unterhalten wird. Die Burg beherbergt die Sammlung der Familie Hamilton: Gemälde, Porzellan, Druckgraphik und Silber.

Die Golfplätze an der Arran gegenüberliegenden Küste genießen einen hervorragenden Ruf. Drei von ihnen sind Schauplatz der British-Open-Golfmeisterschaften: Prestwick, wo man sie 1860 erstmals austrug, Royal Troon und Turnberry. Südlich von Ardrossan, 56 Kilometer von Glasgow entfernt, liegt **Ayr**. Im am Stadtrand gelegenen **Alloway** steht **Burns Cottage**, das Geburtshaus des Dichters. 20 Kilometer weiter in südlicher Richtung (A77) stößt man bei **Kirkoswald** auf **Souter Johnnie's House**, das Heim des „alten, vertrauenswürdigen, echten Kumpels" aus Robert Burns' großer Ballade *Tam O' Shanter* (heute ein Museum).

Unweit Kirkoswald schmückt das prächtige **Culzean Castle** die Küste –

eines der schönsten Bauwerke des schottischen Architekten Robert Adam (18. Jahrhundert). Das schottische Volk übergab General Eisenhower eine Suite im obersten Stockwerk als Anerkennung für seine Leistungen. Auch das Burgmuseum zeigt neben Waffen, Gemälden und Möbeln eine Ausstellung zum Gedächtnis an den amerikanischen Präsidenten.

Südlich des Ayrshire trifft man auf die pittoresken Städtchen Dumfries und Galloway. Sie säumen den **Solway Firth** und die landeinwärts anzutreffende Moorlandschaft. Sehenswert ist auch die hammerförmige Halbinsel des **Mull of Galloway**. Hinter **Stranraer**, der Hauptfährverbindung zwischen Schottland und Irland, liegt das für seine Austern bekannte **Loch Ryan**. Kurz vor Southerness, einem der „unbekannten" Golfplätze, verengt sich der Firth. Ganz in der Nähe liegt **Kirkbean**, der Geburtsort John Paul Jones', des Begründers der US-Navy. Nach acht Kilometern in nördlicher Richtung stößt man auf eine eindrucksvolle Ruine aus rotem Sandstein: **Sweetheart Abbey**, das unter Devorgilla, der Urenkelin Davids I., erbaut wurde. Sie war die Gattin John Balliols, des Begründers von Balliol College in Oxford (1263), und Mutter jenes John Balliol, der als „Toom Tabard" (= leerer Mantel), ein von Edward I. auf den schottischen Thron gesetzter Marionettenkönig, in die Geschichte einging.

Dumfries, die Stadt am Nith (in dem man die Lachsfischer bis zu den Hüften im Wasser stehen sieht), ist die größte Stadt im schottischen Südwesten. Robert Burns starb hier 1796, und das Haus, in dem er lebte, ist heute ein Museum. In der High Street steht seine Statue und sogar der Stuhl, auf dem er im **Globe Inn** zu sitzen pflegte, ist daselbst zu besichtigen. Im ersten Stock des Globe Inn soll er mit einem Diamanten zwei Verse ins Fenster geritzt haben.

An den Ufern des Solway Firth, zwölf Kilometer südlich von Dumfries (B725), stehen die Ruinen des Wasserschlosses **Caerlaverock Castle**. Einst eine der großen Grenzbefestigungen, ließ der Earl of Nithsdale im 17. Jahrhundert inmitten der Ruinen ein Herrenhaus im klassischen Stil errichten.

Links: Urlaubsvergnügen in Largs am Clyde. **Rechts:** Culzean Castle, Heimstatt für General Eisenhower.

Das Schottische Hochland

Das schottische Hochland gehört zu den letzten noch kaum berührten Naturlandschaften Europas. Berge, schmale Täler (*glens*), Hochmoore und immer wieder Seen (*lochs*) prägen das Bild. Der Südrand der Highlands verläuft diagonal durchs ganze Land, beginnend am Mull of Kintyre, der langen Halbinsel, die am Westrand des Firth of Clyde unterhalb Argylls in südlicher Richtung verläuft, bis zu einem Punkt südwestlich Aberdeens, in der Nähe von Stonehaven. Mehr als die Hälfte der Gesamtfläche Schottlands liegt nördlich dieser Linie. Die Landschaft ist zumeist bergig, nur wenige fruchtbare Täler ermöglichen Ackerbau und Viehzucht. Auch die Bevölkerungsdichte ist im Nordwesten gering – in Sutherland leben pro Quadratkilometer zwei bis drei Menschen (im Landesdurchschnitt sind es 369).

Vor der Westküste liegen hunderte Inseln, auf denen die meisten der 80 000 noch gälisch sprechenden Schotten leben. Zur südlichsten Inselgruppe zählen Gigha, Islay, Jura und Colonsay. Weiter nördlich trifft man auf die großen Inseln Mull und Skye sowie auf die Inneren Hebriden mit Iona, Staff, Tiree, Coll, Muck, Eigg, Rum und Canna. Lewis, Harris, North Uist, Benbecula, South Uist, Eriskay und Barra bilden die Äußeren Hebriden. Vor der Nordküste Schottlands sind die Orkney- und Shetland-Inseln zu finden. Islay, Benbecula, Lewis, Orkney, Shetland und Fair Isle sind über Flugverbindungen erreichbar, zu den übrigen bewohnten Inseln setzen Fähren über.

Man kann sein ganzes Leben damit verbringen, die Highlands mit all ihren Bergen, Mooren, *lochs* und *glens* zu erforschen, und genau das hat sich die schottische Stadtbevölkerung am Wochenende vorgenommen.

Die A82 von Glasgow nach Nordwesten führt unmittelbar ins Hochland. Hinter Dumbarton verläuft sie nach Norden und dann am Westufer des **Loch Lomond** entlang, dem mit 37 Kilometern Länge und acht Kilometern Breite größ-ten See Großbritanniens. Jenseits des Sees liegt das Hügelland mit dem **Ben Lomond,** dem ersten der 277 *munros* (über 900 Meter hohe Berge).

Malerische Zugfahrt: Die A82 führt weiter nach **Fort William**. Dieselbe Strecke kann auch mit der West Highland-Line bewältigt werden. Der Zug fährt von Glasgow aus am Clyde-Ufer entlang.

Eine Station ist **Helensburgh**, der kleine Urlaubsort, in dem 1888 der Fernseh-Pionier John Logie Baird zur Welt kam. Charles Rennie Mackintosh, der berühmte Glasgower Jugendstil-Architekt, baute hier mit **Hill House** eines seiner schönsten Wohnhäuser. Weiter geht es an Loch Long und Loch Lomond vorbei durch das schmale Tal von Glen Falloch, das zwischen bronzenen, grünen und purpurnen Hügeln liegt, nach **Crianlarich**, wo der Zug nach Oban abzweigt.

Crianlarich (Süden) und Fort William (Norden) sind die besten Ausgangspunkte, um zu einem der bekanntesten „Winkel" Schottlands zu gelangen:

Vorherige Seiten: Absolute Einsamkeit in einem der letzten unberührten Landstriche Europas, in Glencoe. **Links:** Rentierherde. **Rechts:** Dudelsackpfeifer.

Glencoe, ein elf Kilometer langes, wild zerklüftetes Tal zwischen Loch Leven und Rannoch Moor. Die oft nebelverhangenen Gipfel um Glencoe erfreuen sich bei erfahrenen Kletterern größter Beliebtheit – doch Vorsicht, es kommt immer wieder zu tödlichen Unfällen, besonders bei schlechtem Wetter. Ungefährlicher sind die wunderschönen Wanderwege unterhalb der Gipfel, etwa der Weg ins Hidden Valley und die Old Military Road.

Allenthalben stößt man auf Dinge, die an das Massaker von Glencoe (1692) erinnern, daher auch der andere Name des Tals: Glen of Weeping (Tränental). Auf Befehl König Williams III. fielen Truppen der englischen Krone unter dem Kommando Robert Campbells über den MacDonald-Clan her, dessen Gastfreundschaft man zwölf Tage lang genossen hatte. Männer, Frauen und Kinder wurden abgeschlachtet, weil das Clan-Oberhaupt den verlangten Treueschwur auf die englische Krone hinausgezögert hatte. Nahe der alten Invercoe-Straße steht ein Gedenkstein für die MacDo-

nalds, und am Clachaig Inn ist der Signal Rock zu sehen, von dem aus der Befehl zum Angriff an die Campbells übermittelt worden sein soll.

Die West Highland-Line ermöglicht dem Besucher das hautnahe Erlebnis des düster-faszinierenden **Rannoch Moors**. Keine Straße führt durch das 155 Quadratkilometer große Torfmoor mit seinen Seen und gewundenen Bächen (mit dem Auto kommt man nur bis Rannoch Station). Rannoch Moor liegt östlich von Glencoe – eine öde, von Bergen umgebene Landschaft. Rannoch und Corrour, beide 410 Meter über dem Meeresspiegel, dürften Großbritanniens einsamste Bahnstationen sein. Im Moor tummeln sich Wasservögel, Regenpfeifer, Lerchen, Adler und Rotwild. Die *lochans* genannten Weiher werden von braunen Bachforellen bevölkert. Drei oder vier einsame Höfe bieten ihren Bewohnern ein karges Auskommen.

Am Nordrand des Moors wendet sich die Bahn nach Westen. Sie passiert die vom River Spean gebildete Monessie-Schlucht und erreicht schließlich **Fort**

Glencoe gemahnt an das Massaker von 1692.

332

William, das am nördlichen Ende Loch Linnhes beziehungsweise am Fuß des **Ben Nevis,** Großbritanniens höchstem Berg (1343 Meter), liegt. Von dort hat man einen großartigen Ausblick auf Loch Linnhe und die Bergkämme von Ardgour und Moydart.

Wer die Hochlandfahrt mit der Bahn fortsetzen will, muß nun umsteigen. Der Anschlußzug fährt nach Mallaig, einem Fischereihafen gegenüber der Isle of Skye. Von Fort William aus ist es nur ein flotter Spaziergang zum Ben Nevis. Wichtig sind warme Kleidung und feste Schuhe, da das Wetter in den Highlands auch im Hochsommer sehr schnell umschlagen kann.

Die Stadt selbst könnte dazu beitragen, von einer Besteigung des Bergs abzusehen. Die ursprüngliche Festungsanlage ist praktisch verschwunden, was sich dem Auge stattdessen bietet, sind erbärmliche Konzessionen an den Massentourismus in einer Gegend, wo dies wahrhaftig nicht nötig wäre.

Im 17. Jahrhundert als Bollwerk gegen „wilde Clans" und anderes „Gesindel" erbaut, war Fort William im 19. Jahrhundert Durchgangsstation für jene Menschen, die man zur Auswanderung zwang. Heute muß man mit Unmengen von Touristen fertig werden. Lassen Sie sich deshalb aber keinesfalls von der lohnenswerten Wanderung zum Ben Nevis abhalten! Außerdem ist Fort William eine Art Orientierungspunkt im westlichen Hochland, der dem abenteuerlustigen Reisenden als „Basislager" dienen kann, denn möglicherweise wird die Busfahrt zum 48 Kilometer entfernten **Loch Ness** mit der Sichtung des legendären Ungeheuers belohnt.

Der Zug nach **Mallaig** folgt der A830 durch das Land Bonnie Prince Charlies, das am Viadukt von Glenfinnan beginnt. Von hier hat man eine grandiose Aussicht auf **Loch Shiel.** Am Ufer des Sees steht ein Denkmal, das die Stelle kennzeichnet, wo der junge Thronanwärter 1745 das Banner der Stuarts hißte und die schottischen Clans um sich versammelte, um den Jakobiten-Aufstand zu beginnen. Nach der Niederlage bei Culloden (1746), als man ein Kopfgeld von 30 000

Blick auf Loch Lomond von Ben Lomond aus.

Pfund auf seine Ergreifung ausgesetzt hatte, kam er hierher zurück, um sich zu verstecken.

Hinter Lochailort erhascht man einen Blick auf das klare Wasser und die Felsinselchen des **Loch nan Uamh**. Hier war Bonnie Prince Charlie 1745 mit neun Mann gelandet, und von hier aus verließ er Schottland 14 Monate später, ohne seine Heimat je wiederzusehen. Die Kieselstrände von Loch nan Uamh verschmelzen mit den silbergrauen Sandstränden von Morar und Arisaig, die sich wie Schnee von der stahlblauen See abheben. Landeinwärts blicken die Berge auf **Loch Morar** herab, den tiefsten See Großbritanniens (305 Meter).

Überfahrt: Mallaig ist zwar nur ein Fischereihafen ohne besondere Sehenswürdigkeiten, aber einer der Fährhäfen zur **Isle of Skye** (der Hauptfährhafen ist im nördlicher gelegenen Kyle of Lochalsh). Mit den fjordartigen Meeresarmen im Westen, die zu den Cuillin Mountains im Süden reichen, und der zerklüfteten Nordspitze der Halbinsel Trotternish ist Skye der Inbegriff des wilden keltischen Schottlands. Seit der Auswanderungswelle Anfang des 19. Jahrhunderts, als große Teile der Bevölkerung das Land verließen, bleiben immer weniger Menschen auf der Insel. Die wenigsten leben von der Landwirtschaft. Das Geschäft mit dem Tourismus ist einträglicher. In den Hauptorten auf Skye hat die Anpassung an den Tourismus etwas Bedrükkendes. Eine Fahrradtour oder ein Spaziergang führen jedoch schnell in die unberührte Natur.

Die **Cuillin Mountains** bilden eine zehn Kilometer lange Bergkette, 15 Gipfel sind über 900 Meter hoch. Wer keine Lust zum Bergsteigen hat, dem sei eine Wanderung durch das Tal von Sligachan empfohlen, das mitten durch die Berge führt. Nach 13 Kilometern erreicht man den Strand von Camasunary am Loch Scavaig.

An der Südspitze von Skye liegt **Armadale Castle**, heute Sitz des Clan MacDonald Centre. Im Nordwesten der Insel bildet **Dunvegan Castle** als angeblich älteste noch bewohnte Burg Schottlands die Hauptsehenswürdigkeit. Anhand der

Die Insel Skye hat etwas Keltisches.

Gemälde und Erinnerungsstücke der Macleods erhält man in Dunvegan einen tiefen Einblick in Leben und Gebräuche der schottischen Clans.

Auf der Westseite der Halbinsel Trotternish schmiegt sich das malerische Dorf **Uig** um eine Bucht, von der aus Fähren die Äußeren Hebriden ansteuern. Die Nordspitze der Insel Skye ist vom Tourismus praktisch noch unberührt.

Von **Kyleakin**, dem östlichsten Ort auf Skye, geht die Fähre zurück zum Festland. Dort, in **Kyle of Lochalsh**, ist auch Endstation für die aus Inverness kommende West Highland Line. Ein ausgezeichneter Platz zum Übernachten ist das direkt am Fährhafen liegende **Lochalsh Hotel**, wo fangfrischer, köstlich zubereiteter Fisch serviert wird.

Der Zug nach Inverness, der Hauptstadt der Highlands, folgt dem Ufer des **Loch Carron** und passiert den hübschen Ort **Plockton**. Der Blick auf die Berge von Applecross und Wester Ross ist atemberaubend. Weiter geht es durch Glen Carron in eine wildromantische Landschaft, die hauptsächlich von Rotwild, Adlern, Wildkatzen und Bussarden bewohnt wird; in den Tälern weiden vereinzelt Schafe und Rinder.

Je weiter der Zug nach Osten fährt, umso sanfter wird die Landschaft. Bei **Garve** beginnt das fruchtbare Ackerland des sich zur Ostküste öffnenden Moray Firth. Schließlich sieht man Inverness an der Küste auftauchen, und dahinter erheben sich die Monadliath Mountains über Loch Ness.

Wer mit dem Auto unterwegs ist, wendet sich hinter Kyle of Lochalsh nach Norden und fährt dann auf der A890 durch **Glen Carron** oder auf der A896 über **Shieldaig**. Beide Straßen kreuzen die A832, die nach Westen durch Glen Docherty nach **Loch Maree** führt, einem der schönsten Seen Schottlands. Diese Straße passiert auch die herrlichen Gärten von **Inverewe** (Loch Ewe): Auf demselben Breitengrad wie Labrador und Leningrad, gedeihen hier, dank des Golfstroms und Generationen begnadeter Gärtner, subtropische Pflanzen.

Von Inverewe verläuft die Straße zunächst in nördlicher Richtung, ehe sie

Ullapool ist Ausgangspunkt für die Erforschung der Inseln im Nordwesten.

sich wieder nach Osten wendet. Unterwegs hat man ausreichend Gelegenheit, die Schönheit der schottischen Westküste zu bewundern.

Die Straße mündet schließlich in die A835, die auf den am Loch Broom liegenden Fischerort **Ullapool** im Norden zustrebt. Je weiter man nach Norden kommt, desto kahler und schauriger wird die Landschaft. An der Nordküste, zwischen Durness und John O'Groats, liegt der sogenannte *„scalp"* Schottlands. In der Gegenrichtung führt die A835 nach Inverness.

Obwohl **Inverness** Verwaltungszentrum der Highlands ist, hat die Stadt nichts Bemerkenswertes zu bieten. Wer glaubt, er könne hier auf den Spuren von Shakespeares Macbeth wandeln, wird enttäuscht. Inverness lebt von der Tatsache, daß **Loch Ness** kaum acht Kilometer entfernt ist, und die Stadt sich folglich als Ausgangspunkt für einen Ausflug zur weltberühmten „Nessie" anbietet. Wer auf der A82 in Richtung Süden nichts „Ungeheuerliches" im See ausmachen kann, dem sei geraten, an den Ruinen von **Urquhart Castle** anzuhalten. Von hier aus wurden die meisten Photos von „Nessie" geschossen, und im nahegelegenen Loch Ness Monster Information Centre ist ein maßstabgetreues Modell der Seeschlange zu besichtigen. Urquhart Castle war eine der größten Burgen Schottlands, ehe man sie 1692 in die Luft sprengte, um die Jakobiten daran zu hindern, sich dort einzunisten.

Im hohen Norden: Inverness ist ebenfalls ein guter Ausgangspunkt, um in den äußersten Norden zu gelangen. Die A9 folgt der Küste bis Thurso, von wo die Fähre nach **Stromness** übersetzt, der zweitgrößten Stadt auf den **Orkneyinseln**. Die im 11. Jahrhundert von den Wikingern besetzte Inselgruppe gehört erst seit dem späten 16. Jahrhundert zu Großbritannien. Man stößt allenthalben auf Ruinen aus der Zeit der nordischen Eroberer.

Allgegenwärtiger Wind, offener Himmel, zerklüftete Felsen und ein meist aufgewühltes Meer kennzeichnen die Orkneyinseln. Nördlich von Stromness führt ein Wanderweg über die wildeste Steilküste der Britischen Inseln von

Vielleicht erhascht man von Urquhart Castle aus einen Blick auf „Nessie"

336

Black Craig nach Norden zur Bay of Skaill. Fast ebenso abenteuerlich ist der Ausflug mit der Fähre zum Moaness Pier auf der Isle of Hoy.

Kirkwall liegt 16 Kilometer östlich von Stromness und ist die größte Stadt der Orkneys. Abgesehen vom **Bishop's Palace** (Ruine aus dem 12. Jahrhundert mit im 16. Jahrhundert angebautem Rundturm) und der 1137 erbauten **St. Magnus Cathedral** (einem Schutzheiligen der Wikinger geweiht) gibt es jedoch nicht viel Sehenswertes. Der nahegelegene **Earl's Palace** ist ein besonders schönes Beispiel für die schottische Renaissancearchitektur.

Auf interessante Altertümer trifft man außerhalb der Ortschaften. Am bekanntesten dürften das Steinzeitdorf **Skara Brae** sowie der große Grabhügel von **Maes Howe** sein, ein mit Grabkammern versehener Bestattungsort, der etwa 2700 v.Chr. entstand. Die Runenzeichen an den Wänden stammen von nordischen Plünderern (12. Jahrhundert).

Großbritanniens nördlichste Inselgruppe sind die 78 Kilometer nördlich der Orkneys liegenden **Shetlands**. Die einzige größere Ortschaft der Inseln ist Lerwick, das über einen kleinen Flughafen verfügt, der von den meisten schottischen Flughäfen bedient wird. Zwischen Lerwick und Aberdeen besteht eine Fährverbindung.

Die Landschaft dieser Inseln ist nicht so dramatisch wie die der Orkneys, und man findet auch keine etwa der St. Magnus Cathedral vergleichbaren Bauten. Hier herrscht eine skandinavisch geprägte Atmosphäre der Abgeschiedenheit. Die näher am Polarkreis als an London gelegenen Shetlands gingen 1469 als Mitgift Margarets von Dänemark an Schottland, als sie James III. ehelichte. 500 Jahre später sprechen die Einheimischen noch immer ein von nordischen Wörtern durchsetztes Englisch. Eine Zeitlang drängten die Ölfunde in der Nordsee den Tourismus beiseite, seit sich der Boom jedoch gelegt hat, zieht urwüchsige Abgeschiedenheit erneut Besucher an.

Das vor der Ostküste gelegene Inselchen **Mousa** hat den weltweit besterhal-

tenen *broch*-Turm aus der Eisenzeit vorzuweisen – eine Feste, die seit mehr als 1000 Jahren den arktischen Stürmen trotzt. **Muness Castle** auf **Unst**, der nördlichsten der zwölf bewohnten Inseln, sowie die Ruinen des zehn Kilometer westlich von Lerwick gelegenen **Scalloway Castle** sind ebenfalls einen Besuch wert.

Neben dem Flugplatz von Sumburgh an der Südspitze der Hauptinsel liegt **Jarlshof**, eine Ausgrabungsstätte, an der man die Geschichte der Insel schichtweise – von der Bronzezeit bis zum Mittelalter – ablesen kann.

Südlich von Inverness: Die A9 führt von Inverness zurück nach Süden Richtung Edinburgh und Glasgow. Man passiert die eindrucksvollen Hochland-Glens der **Grampians**, wo sich das Cairngorm-Massiv über den Wintersportort **Aviemore** erhebt.

Auf dem Weg liegt **Pitlochry**, ein malerisches Städtchen in den Hügeln, das bisweilen im Meer der Touristen unterzugehen droht, denn das Pitlochry Festival Theatre, das von April bis Oktober mit erstklassigen Künstlern aus aller Welt aufwartet, zieht Tausende Schaulustige an (auf der stadtabgewandten Seite der Aldour Bridge).

13 Kilometer nördlich von Pitlochry steht das im 12. Jahrhundert erbaute **Blair Castle**. Es war Stammsitz des Herzogs von Atholl, dem man als letzten Adligen eine eigene Armee zugestand. **Perth**, das Tor zu den Highlands, hat für Touristen wenig zu bieten.

Ein Besuch **Stirlings** bildet den würdigen Abschluß auf der Fahrt nach Süden. Die Stadt liegt zwischen Edinburgh und Glasgow, und ihre Bewohner betrachten sie als die wahre Hauptstadt Schottlands. Vom viktorianischen Erneuerungsdrang weitgehend verschont, konnte sich Stirling seinen mittelalterlichen Charakter bis heute bewahren. Aufgrund ihrer strategischen Lage stand die Stadt immer im Mittelpunkt historischer Ereignisse: Die Schlachtfelder von Stirling Bridge (1297), Bannockburn (1314) und Sauchiburn (1488) erinnern an die schottischen Unabhängigkeitskämpfe. **Stirling Castle**, einer der Hauptschau-

High Street in Pitlochry.

plätze in den Kriegen des 13. und 14. Jahrhunderts, scheint aus dem 77 Meter hohen Fels herauszuwachsen, auf dem es erbaut wurde. Engländer und Schotten eroberten es abwechselnd, bis die Schotten es 1342 endgültig in Besitz nahmen. Zwischen 1370 und 1603 war die Burg Sitz der Stuart-Könige, denen sie ihr heutiges Aussehen verdankt. Auch Maria Stuart und James I. verbrachten hier einige Jahre.

Eine Multimedia-Show im **Landmark Visitor Centre** veranschaulicht historische Ereignisse wie die Schlacht von Bannockburn auf eindrucksvolle Art. Im gleichen Gebäude gewährt eine Ausstellung Einblick in den Alltag von Stirling während des 19. Jahrhunderts; eine Boutique bietet alle möglichen „Keltika" an.

Zwei Sakralbauten sollte man unbedingt besichtigen: In der **Church of the Holy Rude** (15. Jahrhundert) mit dem ungewöhnlichen offenen Holzdach und der fünfeckigen Apsis krönte man die junge Maria Stuart, nach ihrem Thronverzicht ihren Sohn James VI. von

Schottland (James I. von England). Der 28 Meter hohe Turm weist Beschädigungen auf, die vermutlich auf den Jakobitenaufstand zurückzuführen sind. Die **Cambuskenneth Abbey** (östlich der Stadt am River Forth) wurde im 11. Jahrhundert gegründet. Hier eröffnete König Robert Bruce 1326 das erste schottische Parlament.

Scotch on the Rocks: Wenige Kilometer östlich von Inverness verläuft die B9006 durch **Culloden Moor**, wo Bonnie Prince Charlies Jakobitenheer in der Schlacht von Culloden 1746 vernichtend geschlagen wurde (die letzte Schlacht auf dem Boden des Vereinigten Königreichs). Die hannoveranische Armee unter dem Kommando des Herzogs von Cumberland besiegelte das Ende des Stuartschen Kampfs um die Herrschaft. Die Schotten nannten den Herzog wegen seiner Brutalität „Schlächter Cumberland". Beidseits der Straße, die durch das Moor führt, sieht man heute noch die Gräber der gefallenen Highlander. Die Schlacht soll vornehmlich in der Nähe von **Old**

Eine von sechs Whiskybrennereien auf Islay.

Leanach Farmhouse getobt haben, das heute ein Museum beherbergt. **Culloden House,** wo der Prinz am Vorabend der Auseinandersetzung nächtigte, wurde zu einem Hotel umgebaut.

In der fruchtbaren Landschaft des Laigh of Moray (am River Spey) kommen Whisky-Freunde endlich auf ihre Kosten, denn hier brennt man die meisten Sorten des berühmten „Malt". Zahllose Brennereien säumen den Weg hinunter ins wunderschöne **Spey-Valley,** viele von ihnen gewähren Besuchern Einblick in den Herstellungsprozess des *uisgebeatha,* des „Lebenselixiers", wie es im Gälischen heißt. Zwischen **Keith** und **Dufftown** verläuft der „**Whisky Trail".** Die 28 Kilometer lange Route ist auf der A941 und der A95 ausgeschildert.

Aberdeen liegt an der Ostküste in der Grampian-Region. Von Inverness gelangt man über die A96 in die Hauptstadt des britischen Nordseeöls. An der Mündung der Flüsse Don und Dee liegt Aberdeens belebter Hafen, der von Anfang an die Bedeutung der Stadt ausmachte und seit dem 13. Jahrhundert der wichtigste Hafen im Norden Schottlands ist. Der Seehandel erreichte seinen Höhepunkt im 19. Jahrhundert, als sich die Klipper aus Aberdeen den Ruf ersegelten, den Transport von Tee aus China am schnellsten und sichersten zu besorgen.

Abseits der Hauptstraße (Union Street) winden sich die kopfsteingepflasterten Gassen mit der typischen Atmosphäre alter Hafenstädte. Das schönste Gebäude der renommierten Universität von Aberdeen ist das um 1500 erbaute **King's College,** ein beachtenswertes Beispiel schottischer Gotik.

Die **Art Gallery** (Schoolhill) konzentriert sich vor allem auf englische, französische und schottische Malerei, das Hauptaugenmerk liegt auf einer Sammlung britischer Malerei des 20. Jahrhunderts.

Weitere Sehenswürdigkeiten sind die im 14. Jahrhundert entstandene **St. Machar's Cathedral** sowie das im Provost Ross's Haus (16. Jahrhundert) untergebrachte **Maritime Museum** in

Links: Beobachter der Highland Games in Braemar. Rechts: Dumottar Castle erhebt sich über Stonehaven.

der zu den Kais führenden Shiprow Street.

Von Aberdeen geht es auf der A93 landeinwärts entlang der „Royal Deeside" nach **Balmoral**, dem Sommersitz der Königsfamilie. Das Schloß liegt in einer der schönsten Gegenden Schottlands: eine einzigartige Kombination aus Flußlandschaft, geordneten Baumreihen und Herrschaftshäusern vor dem Hintergrund zerklüfteter Bergketten. Zu den sehenswertesten Schlössern gehören **Drum**, **Crathes Castle**, **Fraser** (im Norden, abseits der A944) sowie das märchenhafte **Craigievar** (A980). Jedes von ihnen steht für einen eigenen Stil und verfügt über traumhafte Stuckdecken, Wandverkleidungen, Gemälde und Kunstgewerbe. Für ihre Erhaltung sorgt der National Trust of Scotland.

Balmoral liegt 80 Kilometer von Aberdeen entfernt und entstand im 15. Jahrhundert. 1848, nach dem Tod seines Besitzers Sir Robert Gordon, kaufte Prinz Albert das Anwesen.

Das Schloß selbst darf nicht besichtigt werden, doch die Gärten sind in Abwesenheit der Königsfamilie öffentlich zugänglich.

Weiter nördlich, aber noch in der Grampian-Region (deren Verwaltungssitz Aberdeen ist) liegt das im 18. Jahrhundert von William Adam entworfene **Haddo House**, der Stammsitz der Earls of Aberdeen. Auch **Leith Hall**, ein bescheideneres Herrenhaus, und das in der Nähe von Nairn liegende **Brodie Castle** gehören zu den Besitzungen dieser Familie – letzteres wird noch von ihr bewohnt.

Die Küstenstraße A92 passiert südlich von Aberdeen die Nordseehäfen **Montrose** und **Arbroath**. In Arbroath stehen die Ruinen einer Abtei aus dem 12. Jahrhundert. Hier verkündete man 1320 die schottische Unabhängigkeitserklärung, in der es heißt: „Für Freiheit, nicht für Reichtümer, Ehrungen oder Ruhm kämpfen wir, für die Freiheit, die ein rechter Mann erst mit dem Tode ablegt."

Nächste Station ist **Dundee**, die an der Nordseite des Firth of Tay gelegene Stadt der drei „J", *jam* (Marmelade), *jute* und *journalism*. Die drei J spielen bis heute eine tragende Rolle. Der D.C.

Unten: Die *Discovery*, **mit der Kapitän Scott in die Antarktis segelte, liegt im Hafen von Dundee. Folgende Seiten: Lachsfischer.**

Thomson Verlag produziert nicht nur Lokalzeitungen und Wochenzeitschriften, die in ganz Schottland gelesen werden, sondern ist auch Herausgeber der größten Sammlung von Comic-Serien für Kinder. Die alten Jutespinnereien sind verschwunden und durch moderne Produktionsstätten ersetzt worden. Die Marmelade schließlich, aus den Früchten des fruchtbaren Carse of Gowrie ein paar Meilen landeinwärts, ist weltberühmt. Dundee gehört zwar zu den größten Städten Schottlands, wegen ihrer umfangreichen Werft- und Industrieanlagen wird sie jedoch von Touristen kaum besucht.

Die Stadt kann sogar mit einer Berühmtheit aufwarten, nämlich ihrem prominentesten Sohn, William McGonagall (1830-1902), der den zweifelhaften Ruhm genießt, „bester schlechtester Dichter aller Zeiten" gewesen zu sein. Seine Zeilen über Dundee sprechen – auch übersetzt und gekürzt wiedergegeben – für sich:

Kein andrer Stadt kommst Du, oh Dundee, gleich,

Sein's deine Spinnereien oder Mädchen bleich.

Und keine übertrifft Deine Gebäude, schön und hell,

Wie das prächtige Albert Institut und das Queen's Hotel,

Denn wo Königin, Herzog und Graf speisen und trinken Wein,

Wer kann was Hübsch'res denken, als auch hier zu sein.

So kommt man über den „silbrigen Tay", wie ihn der Barde von Dundee so oft in seinen Gedichten nannte, zurück nach Fife, und von dort sind es noch eineinhalb Stunden Fahrt bis Edinburgh.

Natürlich gibt es in Schottland sehr viel mehr zu sehen, als hier berücksichtigt werden konnte. Ungezählte Bergzüge, Lochs, Flüsse, Glens, Denkmäler, Schlachtfelder könnte man noch aufsuchen. Ganz zu schweigen von den Menschen. Schottlands Anziehungskraft, die sich an keinem besonderen Ort manifestiert, wird immer wieder eine bejahende Antwort auf den alten gälischen Gruß „Haste ye back" (etwa „Eile zurück") herausfordern.

KURZFÜHRER

ANREISE

MIT DEM FLUGZEUG

England: Die meisten Linienflugzeuge landen auf einem der fünf Londoner Flughäfen, doch auch Birmingham, Manchester, Glasgow, Prestwick und Cardiff werden von den internationalen Fluggesellschaften angesteuert; die meisten haben in den letzten Jahren ihre Kapazität für den internationalen Verkehr ausgeweitet. Sie bieten damit gegenüber dem eher hektischen London eine weit geruhsamere Einreise.

London: Wichtigster Flughafen für internationale Linienverbindungen ist Heathrow (24 km westlich der Stadt), während Gatwick (45 km südlich) in erster Linie dem Charterverkehr dient. Der Stansted Airport im Norden, von Richard Rogers entworfen und im März 1991 fertiggestellt, ist jetzt der drittgrößte Flughafen Londons. Luton Airport liegt ebenfalls im Norden, während der kleine, für Geschäftsleute gedachte London City Airport in den Docklands angesiedelt ist und östlich an das Finanzzentrum der Stadt anschließt.

Von **Heathrow** erreicht man die Stadt am günstigsten mit der U-Bahn (Piccadilly Line; Dauer 45 Minuten); je nach Zielbahnhof kostet die Fahrt etwa £ 3. Günstig sind auch die Busverbindungen. Der rote Doppeldeck-Airbus des London Regional Transport (A1 zur Victoria Station, A2 nach Euston) fährt zwischen 6.30 und 22.15 Uhr jede halbe Stunde von allen Terminals ab und hält an allen größeren Hotels (Einzelfahrt £ 5). Die Airbus-Information ist rund um die Uhr zu erreichen (Tel.: 081-668 72 61). Green Line bietet mit Flightline 767 (zur Victoria Station) einen sehr komfortablen Bus, mit Waschgelegenheit und Gepäck-Service (zum selben Preis). Eine Taxifahrt in die Stadtmitte kostet £ 20.

Gatwick Airport ist sowohl mit dem Zug als auch mit dem Bus zu erreichen (von und nach Victoria Station). Tagsüber (5.30 - 22.00 Uhr) verkehrt er viertelstündlich, nachts stündlich. Die Fahrt dauert eine halbe Stunde und kostet £ 6.30. Der Flightline-Bus 777 fährt vom Nord- und vom Südterminal ab und braucht bis nach Victoria Station rund 70 Minuten. Die Einzelfahrt kostet £ 6.

Luton Airport (56 km nördlich von London) hat eine Zugverbindung zur St. Pancras Station (45 Minuten) und eine Busverbindung zur Victoria Station (Green Line 757; 70 Minuten).

Vom Terminal des **Stansted Airport** führt eine direkte Zugverbindung zur Liverpool Street Station. Die Fahrt dauert 40 Minuten und bietet bei Tottenham Hale eine Umsteigemöglichkeit zur Victoria-U-Bahn-Linie. Darüber hinaus fährt ein regelmäßiger Bus nach Victoria Station.

National Express unterhält eine Buslinie, die Heathrow, Gatwick, Stansted, Luton und Victoria Station miteinander verbindet (Auskünfte über Tel.: 071-730 02 02). Die anderen englischen Flughäfen sind durch Buslinien mit der nächsten Bahnstation verbunden.

London City Airport bietet für Geschäftsleute Verbindungen in die europäischen Metropolen (46-Sitzer), vor allem nach Paris (stündlich). Trotz seiner Nähe zur City (10 km) ist er mit öffentlichen Verkehrsmitteln nur schwer zu erreichen. Wer kein Taxi nimmt, kann die Busverbindung zur Victoria Station nutzen (Green Line 787). Zum nächsten Bahnhof (Silvertown Station) ist es vom Terminal ein Fußweg von fünf Minuten. Der Zug bietet Umsteigemöglichkeiten zur U-Bahn bei Stratford oder West Ham. Andererseits gibt es eine interessante Fährverbindung über die Themse: Das London City Airport Express Service Boat (Tel.: 071-474 55 55) legt zwischen 7.30 und 18.30 Uhr stündlich ab und erreicht nach 40 Minuten den Kai von Charing Cross (nicht am Wochenende; £ 6).

Manchester International Airport liegt 16 km südlich der City und wird von 160 internationalen Flughäfen aus angeflogen. Eine ständige Busverbindung (halbstündlich) besteht zum Manchester Piccadilly, zum Victoria Hauptbahnhof und zum Busbahnhof Chorlton Street. Gegenwärtig wird an einer direkten Zugverbindung zur City gearbeitet.

Birmingham International Airport wird von über 100 Linien weltweit angeflogen. An einem neuen Passagier-Terminal wird gebaut. Jede Viertelstunde fährt ein Zug zur Birmingham New Street Station (14 km).

Schottland: Seit einiger Zeit unterhalten auch Edinburgh, Glasgow und Prestwick transatlantische Charter-Verbindungen. Vorher waren Charterflüge nur über Prestwick möglich.

Glasgow Airport wächst gegenwärtig mit seinem Fahrgastaufkommen. Ein Bus fährt vom Terminal jede halbe Stunde zum Anderston und zum Buchanan Busbahnhof. Die Fahrt dauert 25 Minuten.

Prestwick Airport liegt etwa 40 Minuten von Glasgow an der schottischen Westküste. Ein kostenloser Bus bringt die Passagiere zum nahegelegenen Bahnhof, von wo es mit dem Zug zum Hauptbahnhof Glasgow 45 Minuten dauert. Daneben unterhält Scottish Citylink einen regelmäßigen Bus-Dienst nach Glasgow (Tel.: 041-332 71 33) und Edinburgh (Tel.: 031-556 84 64).

Edinburgh Airport liegt 13 km westlich der City. Die Airlink-Busse brauchen rund 30 Minuten.

Wales: Der **Cardiff-Wales Airport** (19 km westlich der City) ist mit dem Bus zu erreichen. Linienverbindung unterhält er lediglich zu englischen Flughäfen und nach Amsterdam. Charterflüge gehen nach Nordamerika und Europa.

AIRPORT-INFORMATION

Birmingham
Tel.: 021-767 55 11

Gatwick Airport
Tel.: 0293-53 53 53

Heathrow Airport
Tel.: 081-759 43 21

London City Airport
Tel.: 071-474 55 55

Luton Airport
Tel.: 0582-40 51 00

Manchester
Tel.: 061-489 30 00

Stansted Airport
Tel.: 0279-50 23 80

Edinburgh
Tel.: 031-344 31 36, 333 10 00

Glasgow
Tel.: 041-887 11 11

Prestwick
Tel.: 0292-79 48 22

Cardiff
Tel.: 0446-71 11 11

MIT DEM SCHIFF

England unterhält zahlreiche Fährverbindungen nach Irland und Europa. Die schnellste Route zum Kontinent ist die über Dover und Calais (eine Stunde mit dem Schiff; 35 Minuten mit dem Luftkissenboot – Hoverspeed, Tel.: 0304-24 02 41). Um mit dem Kanal-Tunnel konkurrieren zu können, hat Hoverspeed 1991 den beeindruckenden Sea Cat eingeführt, der eine Reisegeschwindigkeit von 40 Knoten erreicht. Es ist der erste Auto-Katamaran der Welt und kann 80 Wagen und 450 Passagiere befördern. Er verkehrt zwischen Dover und Calais-Boulogne. Vielbefahrene Routen von **Frankreich** aus sind die über Boulogne nach Dover/Folkestone, über Dieppe nach Le Havre und über Cherbourg nach Portmouth.

Fähren aus **Belgien** laufen von Ostende und Seebrügge Dover und Felixstone an, aus den **Niederlanden** geht es von Hook van Holland nach Harwich. Für Fähren aus Richtung **Norwegen** und **Schweden** (Göteborg) ist Newcastle der Zielhafen.

Die größten britischen Fährunternehmen sind P&O (Tel.: 0304-20 33 88) und Sealink (Tel.: 071-834 81 22). Beide unterhalten Verbindungen zwischen Britannien und **Irland** und zwar von Fishguard und Holyhead in **Wales** nach Rosslare und Dun Laoghaire und von Stranraer und Cairnryan in **Schottland** nach Larne (Tel.: 0233-64 70 74).

Falls Sie mit dem Auto übersetzen wollen, sollten Sie im voraus buchen, vor allem während der Hauptreisezeit; geht diese Reise über Nacht, sollte auch ein Schlafplatz im voraus gebucht werden.

Von Nordamerika aus kann man sehr stilvoll mit der *Queen Elizabeth II* anreisen, dem einzigen Superliner der Welt. Das Schiff fährt zwischen den Monaten April und Dezember, und die Überfahrt dauert fünf Tage (Cunard Steamship Company, Tel.: 071-491 39 30).

REISEINFORMATIONEN

VISA UND PÄSSE

Für Reisende aus Deutschland, Österreich und der Schweiz genügt der Personalausweis für einen kurzen Aufenthalt.

ZOLL

Passagiere, die Duty-free-Waren – bis zu einem bestimmten Limit – einführen, können durch die grüne Sperre (**„Nothing to declare"**) gehen, an der nur Stichproben vorgenommen werden. Passagiere, die mehr Waren mitbringen, stellen sich vor die rote Sperre (**„Goods to declare"**). Duty-free-Waren fallen unter zwei Kategorien:

a) außerhalb der EG erstandene Waren und als Duty-Free-Waren innerhalb:
- 200 Zigaretten oder 100 Zigarillos oder 50 Zigarren oder 250 g Tabak
- 2 ltr. Tischwein
- 1 ltr. Schnaps (22 Prozent) oder 2 ltr. Schaumwein oder zusätzlich 2 ltr. Tischwein
- 0,06 ltr. Parfüm
- 0,25 ltr. Toilettenwasser
- Geschenke, Souvenirs oder andere Güter im Wert von £ 32

b) innerhalb der EG versteuerte Waren:
- 300 Zigaretten oder 150 Zigarillos oder 75 Zigarren oder 400 g Tabak
- 5 ltr. Tafelwein
- 1,5 ltr. Schnaps oder 3 ltr. Schaumwein oder zusätzlich 3 ltr. Tafelwein
- 0,09 ltr. Parfüm
- 0,375 ltr. Toilettenwasser
- Geschenke, Souvenirs und andere Waren im Wert von £ 265.

Nicht eingeführt werden dürfen: Tiere, Pflanzen, verderbliche Lebensmittel, bestimmte Drogen, Waffen, obszönes Material.

Für die Einfuhr britischer oder ausländischer Zahlungsmittel bestehen keine Beschränkungen. Nähere Informationen bei:

HM Customs and Excise
Dorset House
Stamford Street
London SE1 9PS
Tel.: 071-620 13 13.

AUSFUHR

VAT bedeutet Value Added Tax und ist eine Art englischer Mehrwertsteuer in Höhe von 17,5 Prozent. Die meisten Kaufhäuser und Geschenkläden sind bereit, diese Steuer an die Touristen zurückzugeben, allerdings ist dafür in der Regel ein gewisser Mindesteinkauf vorausgesetzt (etwa £ 50). Sie brauchen nur ein Kaufformular auszufüllen, das sie bei Ihrer Ausreise den Zollbehörden vorlegen. Wenn Sie dann das vom Zoll geprüfte Formular an das jeweilige Geschäft zurückschicken, wird Ihnen der entsprechende Betrag durch die Post überwiesen.

WÄHRUNG UND GELDWECHSEL

Das englische Pfund Sterling ist eine Dezimalwährung mit 100 Pence. Münzen gibt es in folgenden Einheiten: 1 Penny, 2 Pence (p), 5 p, 10 p, 20 p und £ 1. Schottland gibt eigene Noten heraus, die aber in England und Wales nicht als legales Zahlungsmittel gelten, obwohl sie von einigen Geschäftsinhabern akzeptiert werden. Englische Banknoten gelten überall in Schottland.

Geöffnet haben die Banken in der Regel von Montag bis Freitag zwischen 9.30 und 15.30 Uhr. Einige Banken sind bis 16.00 Uhr und am Samstagmorgen geöffnet.

Im ländlichen Schottland schließen einige Banken über Mittag. Zweigstellen der größeren nationalen Banken (Lloyds, Barclays, Midland, National Westminster, Royal Bank of Scotland und The Bank of Scotland) finden sich auf allen Hauptstraßen und bieten gewöhnlich gleiche Umtauschkurse. Für Travellerschecks werden keine Gebühren erhoben, wenn die Ausstellerbank mit der einlösenden Bank geschäftlich eng verbunden ist. Beim Umtausch und bei der Bezahlung mit Kreditkarten werden Gebühren erhoben. Dafür ist ein Identitätsnachweis erforderlich. Die meisten Banken haben Geldautomaten.

Geld kann auch in Reisebüros (z.B. bei Thomas Cook), in großen Kaufhäusern und Hotels getauscht werden. Außerdem gibt es eine Reihe von Wechselstuben, aber bei ihnen sollte man Kurse und Gebühren genau prüfen. Halten Sie nach einem Aufkleber der British Travel Authority (BTA) Ausschau!

Internationale Kreditkarten und Euroschecks werden in den meisten Geschäften, Hotels und Restaurants akzeptiert.

KLEINE LANDESKUNDE

REGIERUNG UND MONARCHIE

Englands Regierungsform ist eine konstitutionelle Monarchie mit einer Königin, **Queen Elizabeth II.**, an der Spitze. Obwohl die Queen das Staatsoberhaupt, oberster Gerichts- und Kriegsherr ist, ist sie verpflichtet, den Weisungen der Regierung zu folgen, die im Parlament von Westminster ihre Aktivitäten entfaltet. Die Kontinuität der Monarchie ist in den letzten 1000 Jahren nur einmal unterbrochen worden, als sich nämlich zwischen 1649 und 1660 eine Republik etablierte.

Das gesamte Britannien wird von London aus, vom Parlament in Westminster, regiert (für Schottland und Wales gibt es gewisse administrative Unterschiede). Das Parlament besteht aus zwei Kammern, dem Unterhaus (**House of Commons**) und dem Oberhaus (**House of Lords**). Das House of Lords hat über 1000 Mitglieder geistlicher und weltlicher Würdenträger. Diese Körperschaft hat nur bescheidene Befugnisse und gilt als das Aufsichtsorgan für das Unterhaus.

Die wirkliche Macht liegt beim Unterhaus als oberster Instanz für Politik, Finanzen und Gesetzgebung. Es setzt sich aus 650 gewählten Abgeordneten zusammen – 523 aus England, 38 aus Wales und 72 aus Schottland, die restlichen kommen aus Nordirland. Die Partei mit den meisten Abgeordneten, folglich die Regierungspartei, sitzt auf der einen Seite des Hauses, die Oppositionsparteien auf der gegenüberliegenden Seite.

Der **Premierminister** ist der Führer der stärksten Partei. Er steht einem zwanzigköpfigen Kabinett vor. Die Angehörigen der stärksten Oppositionspartei bilden ein **Schattenkabinett** unter der Führung ihres Vorsitzenden und suchen sich durch konstruktive Kritik zu profilieren. Alle anderen Abgeordneten sitzen in den Bänken hinter den Tonangebenden und werden deshalb „Hinterbänkler" genannt.

Die alle fünf Jahre stattfindenden Wahlen werden vom Premierminister einberufen, und zwar zu einem für seine Wiederwahl günstigen Zeitpunkt.

Die beiden einflußreichsten Parteien sind die **Konservative Partei** (Tories), die auf das 18. Jahrhundert zurückgeht, und die **Labour-Partei**, die Ende des 19. Jahrhunderts gegründet wurde. Seit 1945 haben sich Konservative und Labour in der Regierung abgewechselt. Kleinere Oppositionsparteien sind die **Sozialliberalen** und die **Sozialdemokraten**; außerdem gibt es zwei nationale Parteien: **Plaid Cymru** in Wales und die **Schottische Nationalpartei**. Die **Grünen** haben bisher nur beschränkten Erfolg vorzuweisen.

Das Parlament wurde nach einem vernichtenden Brand 1835-57 neu erbaut, und zwar nach einem Entwurf von Sir Charles Barry aufgrund alter Aufzeichnungen mit gotischen Details von Augustus Welby Pugin. Die Besuchergalerie im Oberhaus öffnet montags, dienstags und mittwochs um 14.30 Uhr, donnerstags um 15.00 Uhr und freitags um 11.00 Uhr; im Unterhaus öffnet sie von Montag bis Donnerstag um 16.30 Uhr und am Freitag um 9.30 Uhr.

GEOGRAPHIE UND BEVÖLKERUNG

Der Name **Großbritannien** erinnert an die Vereinigung von England, Schottland und Wales im Jahre 1603, als Jakob VI. von Schottland als Jakob I. den englischen Thron bestieg. England selbst war im 9. Jahrhundert von König Egbert vereinigt worden, wohingegen Wales im 13. Jahrhundert annektiert wurde. Die Bezeichnung „Vereinigtes Königreich" (United Kingdom) schließt Großbritannien und Nordirland ein.

England, Schottland und Wales sind in Distrikte (*counties*) unterteilt – England in 46,

Wales in 8 und Schottland in 34. Die Hauptstädte sind London, Cardiff und Edinburgh. England, eines der dichtest besiedelten Länder der Welt, erstreckt sich über 129 646 km², Schottland über 77 177 km² und Wales über 20 635 km². Nach der Volkszählung von 1989 beläuft sich die Einwohnerzahl von Großbritannien auf 55,5 Millionen, wobei 5 Millionen auf Schottland und 2,87 Millionen auf Wales entfallen. Im Großraum London leben allein 7 Millionen Menschen.

Von der Süd- bis zur Nordspitze mißt England 966 km, an seiner breitesten Stelle 500 km. Die höchsten Berge sind der Scafell in England, der Mount Snowdon in Wales und der Ben Nevis in Schottland.

KLIMA

Das britische Klima ist gemäßigt, in der Regel mild und nie vorhersagbar. Es ist berühmt für seine Niederschläge, und keine Region hat eine Trockenperiode, die länger als zwei oder drei Wochen dauert – nicht einmal im Sommer. Der meiste Regen fällt jedoch in den gebirgigen Landesteilen in Nord- und Westbritannien, die auch kühler als der Süden sind.

Die Sommertemperatur im Süden erreicht durchschnittlich 23 - 25 °C, wobei auch mal das Thermometer bis auf 27 °C klettert. In Schottland hingegen bleibt die Temperatur bei 17 - 19 °C. In den Wintermonaten ist ganz Britannien bis auf die verschneiten Berge im Norden eher kalt und naß als winterlich eisig.

Seien Sie gewarnt: Das Wetter kann sich von Tag zu Tag ändern. Nehmen Sie sowohl warme als auch leichte Kleidung mit. Kurze Ärmel und ein Jacket sind das Geeignete für den Sommer, ein warmer Mantel und Wollsachen für den Winter. Für den Wetterbericht rufen Sie unter Tel.: 0898-14 14 14 an.

KLEIDUNG

Engländer kleiden sich eher ungezwungen, mit einigen Ausnahmen wie dem Besuch eines Balls oder der Oper. Ein förmlicher Abendanzug ist nicht unbedingt angesagt, aber Jacket und Krawatte sind doch in den besseren Hotels, Restaurants und Clubs nötig.

Die jungen Leute sind sehr modebewußt, und so sieht man in den Straßen eine Reihe von Trendsettern. Das typisch Konservative findet man dagegen auf dem Land.

MAßE UND GEWICHTE

Neben dem metrischen benutzen die Briten immer noch ihr altes Maßsystem. Man kann z.B. Benzin in Gallonen oder in Litern kaufen, Stoffe in Yards oder in Metern. Die Meile gilt immer noch als das beste Längenmaß, und das Bier trinken die Briten immer noch in „pints".

Länge:

1 inch	= 2,54 Zentimeter
1 foot	= 30,5 Zentimeter
1 yard	= 0,914 Meter
1 mile	= 1,6 Kilometer

Gewicht:

1 ounce	= 28,3 Gramm
1 pound	= 454 Gramm
1 ton	= 1,02 Tonnen

Kapazität:

1 fl.ounce	= 28,4 Milliliter
1 pint	= 0,568 Liter
1 gallon	= 4,55 Liter

STROM

Die Stromspannung beträgt im gesamten Königreich 240 Volt bei 50 Hertz Wechselstrom. Die meisten Hotels haben Steckdosen für 240 und 110 Volt (zum Rasieren).

ZEIT

Großbritannien richtet sich nach der Mittleren Greenwich Zeit. Zonen westlich des Greenwich-Meridians (im Südosten Londons) sind der Zeit voraus, Zonen östlich „gehen nach". Die Sommerzeit beginnt im März, wenn alle Briten ihre Uhren um eine Stunde vorstellen, und kehrt im Oktober zur Greenwich-Zeit zurück. Die meisten europäischen Länder sind England eine Stunde voraus.

Einige Zeitunterschiede:

Athen	+2	Brasilia	-3
Buenos Aires	-3	Canberra	+10
Hongkong	+8	Jerusalem	+2
Los Angeles	-8	Moskau	+3
Neu Delhi	+2	New York	-5
Pretoria	+2	Rio de Janeiro	-2
Singapur	+8	Sydney	+10
Tokio	+9	Washington	-5
Wellington	+12		

GESCHÄFTSZEITEN

Normalerweise haben die Banken von Montag bis Freitag zwischen 9.00 und 15.30 Uhr geöffnet. Einige schließen allerdings erst um 16.00 Uhr und sind auch am Samstagmorgen geöffnet.

Die Geschäfte sind in der Regel von 9.00 bis 17.30 Uhr geöffnet, wobei kleinere Läden zuweilen über Mittag schließen. In vielen Kleinstädten bleiben an einem Wochentag die Geschäfte halbtägig geschlossen; zum Ausgleich dafür sind einige Einkaufszentren einmal in der Woche auch abends geöffnet. In der Londoner Oxford Street bleiben die Geschäfte donnerstags bis 20.00 Uhr, in Knightsbridge und Kensington am Mittwoch bis 19.00 Uhr geöffnet.

An Sonntagen sind nur einige wenige Geschäfte geöffnet, neben den Zeitschriftenhändlern vor allem kleinere Lebensmittelläden und große Kaufhäuser. Kioske und Stehkneipen sind landesweit bis 22.00 Uhr geöffnet.

Die Behörden arbeiten von 9.00 bis 17.30 Uhr, allerdings mit einer Mittagspause von 13.00 bis 14.00 Uhr.

Britische Pubs haben gesetzlich vorgeschriebene Öffnungszeiten: montags bis samstags von 11.00 bis 23.00 Uhr sowie sonntags von 12.00 bis 15.00 Uhr und von 19.00 bis 20.30 Uhr. Einige haben auch tagsüber länger geschlossen.

FEIERTAGE

1. Januar: Neujahr
2. Januar: *Bank Holiday* (nur in Schottland)
März/April: Karfreitag, Ostermontag (nicht in Schottland)
1. Montag im Mai: *May Day Bank Holiday*
Letzter Montag im Mai: *Spring Bank Holiday*
1. Montag im August: *Bank Holiday* (nur in Schottland)
Letzter Montag im August: *Summer Bank Holyday* (nicht in Schottland)
25. Dezember: Weihnachten
26. Dezember: *Boxing Day* (Zweiter Weihnachtstag)

TRINKGELD

Guter Service in Restaurants und Hotels oder vom Taxifahrer, beim Friseur oder bei einer Touristenführung sollten mit einem Trinkgeld nicht unter 10 Prozent honoriert werden. Gepäckträger akzeptieren Trinkgelder erst ab 50 p. Bei anderer Gelegenheit sollte man das Überreichen eines Trinkgelds genau überlegen, es könnte auch als Beleidigung verstanden werden. Hotels und Restaurants berechnen einen Aufschlag von 15 Prozent, welcher auf der Rechnung vermerkt sein müßte. Sollten Sie mit dem Service berechtigterweise unzufrieden sein, können Sie den Aufschlag abziehen.

NACHRICHTENWESEN

POST

Die Postämter sind von Montag bis Freitag von 9.00 bis 17.00 Uhr geöffnet, am Samstag bis 12.00 Uhr. Das Londoner Hauptpostamt (östlich vom Trafalgar Square) hat erweiterte Öffnungszeiten: montags bis samstags von 8.00 bis 20.00 Uhr.

Briefmarken sind in den Postämtern, an Zeitungskiosken, in einigen Supermärkten sowie an Automaten in der Nähe der Postämter zu bekommen. Wenn Sie in Britannien eine Sendung postlagernd empfangen wollen, muß diese mit dem Vermerk „Poste restante" versehen sein.

TELEFON, FAX

In den letzten Jahren hat das britische Telefonnetz einige nachhaltige Änderungen erfahren. Leider sind denen auch die berühmten roten Telefonzellen zum Opfer gefallen, indem sie durch moderne Stahl- und Glasboxen ersetzt wurden.

Es gibt zwei verschiedene Telefongesellschaften: **British Telecom** (BT) und **Mercury**. Die öffentlichen BT-Telefone sind in

der Überzahl und für Auskünfte gebühren-
frei. Mercury ist für Auslandsgespräche billiger, doch ihre auffallenden Telefonhäus-
chen in ihrem grau-blauen Anstrich sind erst
da und dort zu finden. Weil zudem viele
Münzfernsprecher mutwillig zerstört werden, gehen beide Gesellschaften dazu über,
ihre Fernsprecher auf Telefonkarten umzu-
rüsten. Diese kann man an Postämtern und
Kiosken, zu Preisen zwischen £ 1 und £ 20
kaufen. Mercury-Telefone akzeptieren auch
Kreditkarten, allerdings für einen Aufpreis
von 50 p. Auch BT will diesen Service nach
und nach einführen.

Wenn Sie aus dem Hotel anrufen, erkun-
digen Sie sich zuerst nach den Gebühren, da
einige Hotels gewaltige Aufschläge zu berechnen pflegen.

Die teuerste Zeit, um in England zu telefonieren, ist wochentags zwischen 9.00 und
13.00 Uhr, während man nach 18.00 Uhr am
billigsten telefoniert (an allen Tagen).

AUSLANDSGESPRÄCHE

Mit der Vorwahl **101** (plus Ländervor-
wahl plus Ortskennzeichen plus gewünschte
Anschlußnummer) können sie von jedem
Telefon aus einen ausländischen Gesprächs-
partner anwählen. Die internationale Ver-
mittlung erreichen Sie unter **155**. Unter
dieser Nummer können Sie auch ein R-
Gespräch anmelden oder mit Hilfe von Kreditkarten telefonieren. Für handvermittelte
Gespräche wird eine Extragebühr berech-
net. Die internationale Auskunft meldet sich
unter **154**. Telegramme werden unter **193**
aufgenommen. Wenn Sie England vom
Ausland anrufen, wählen Sie die **44** und
streichen die erste 0 der Ortskennzahl.

Wichtige Rufnummern:
Notruf (Polizei, Feuerwehr, Erste Hilfe):
                                                    999
Störungsstelle: 100
Auskunft (Großbritannien, außer London):
                                                      192
Auskunft London: 142
Fax-Auskunft: 153
Zeitansage: 123
    (bei Anrufen außerhalb von London Vor-
wahl 9801)

ZEITUNGEN

Mit 130 Tages- und Sonntagszeitungen
lesen die Briten mehr Zeitungen als irgend-
ein anderes Volk auf der Welt. Sie sind frei
von staatlicher Bevormundung oder Zensur
und finanziell von keiner Partei abhängig.
Sie artikulieren einen klaren politischen
Standpunkt, der allerdings nicht unwesent-
lich von den Herausgebern und Besitzern
mitgeprägt wird. Die größten nationalen
Zeitungsverlage befinden sich in der Hand
einiger weniger Unternehmen. Eines der
größten und einflußreichsten ist Rupert
Murdochs *News International*, das fünf britische Tageszeitungen vereinigt und sich
zudem in anderen Bereichen, z.B. dem Sa-
telliten-Fernsehen, engagiert.

Seriöse Tageszeitungen sind *The Times*
und *The Daily Telegraph* (konservativ), *The
Guardian* (linksorientiert) und *The Independent* (libera*l*). Ferner gibt es die spezielle
Financial Times. *The Sun*, *The Star* und *The
Mirror* sind typische Boulevard-Blätter. Zu
diesen zählen auch *The Daily Mail*, *Daily
Express* und *Today*, obwohl sie sich etwas
zurückhaltender geben. Die meisten Zeitungen haben eine farbige Wochenend-
Beilage.

Die Regional- und Lokalzeitungen informieren vor allem über ihren speziellen Einzugsbereich. Veranstaltungshinweise für
London findet man in besonderen Magazinen wie *Time Out* oder *City Limits*, die wö-
chentlich erscheinen. In anderen Städten
gibt es ähnliche Publikationen, wie z.B.
What's on in Birmingham.

Ausländische Zeitungen gibt es bei den
größeren Zeitungshändlern, die überall im
Land zu finden sind.

RADIO

Obwohl vor allem Werbeagenturen viele
Lokalsender gegründet haben, dominiert
doch immer noch **BBC** mit seinen sechs
Programmen den britischen Äther:

Radio 1: Pop-Musik
Radio 2: leichtes Unterhaltungsprogramm
Radio 3: klassische Musik, Dramen
Radio 4: gemischtes Kulturprogramm
Radio 5: Unterhaltung, Bildung, Sport
BBC World Service: internationale
                            Nachrichten weltweit.

Ein Netz lokaler Sender wird von BBC in Zusammenarbeit mit privaten Unternehmern betrieben.

FÜR DEN NOTFALL

NOTRUF

Wählen Sie die Nummer **999** bitte nur in wirklichen Notfällen (Erste Hilfe, Feuerwehr, Polizei). Bei weniger ernsten Vorfällen oder Erkrankungen lassen Sie sich vom Taxi in die nächste Ambulanz fahren. Benötigen Sie die Polizei, nennt Ihnen die Auskunft unter **192** die Nummer der nächsten Polizeidienststelle. Sie können hier auch den Anschluß Ihrer Botschaft oder Ihres Konsulates erfahren.

IM KRANKHEITSFALL

Als Arbeitnehmer in England oder als Angehöriger eines EG-Mitgliedsstaates haben Sie im Krankheitsfall Anspruch auf eine kostenlose Behandlung im Rahmen des **National Health Service**. Ansonsten haben Sie für die Kosten selbst aufzukommen. Lassen Sie sich in Ihrem Reisebüro über eine Reisekrankenversicherung beraten!

Bei Unfällen, Notfällen und ansteckenden Krankheiten ist die Behandlung auf jeden Fall frei. Leider hat der National Health Service unter der abgelösten Regierung so schwer gelitten, daß heute private medizinische Einrichtungen einen weitaus besseren Standard bieten.

Bei **akuten Zahnschmerzen** suchen Sie die Notaufnahme des nächsten Krankenhauses auf. Andernfalls rufen Sie die Auskunft an (192), oder suchen Sie sich einen Dentisten aus den gelben Seiten des Telefonbuches.

VERLUST VON KREDITKARTEN

Melden Sie sich sofort unter einer dieser Nummern:

Access/MasterCard
Southend-on-Sea
Tel.: 0702-35 22 55

American Express
Brighton
Tel.: 0273-69 69 33

Diners Club
Farnborough
Tel.: 0252-51 62 61

Visa
Northampton
Tel.: 0604-23 02 30

FUNDBÜROS

Haben Sie etwas im Zug verloren, sollten Sie sich an den Zielbahnhof wenden. Ähnliches gilt für Busfahrten.

Sollten Sie etwas in London, in den Bussen oder U-Bahnen verlieren, kontaktieren Sie das

London Transport
Lost Property Office
200 Baker Street
NW 1
Tel.: 071-486 24 96
Mo - Fr: 9.30 - 14.00 Uhr.

Bei Verlusten im Taxi:

Taxi Lost Property Office
15 Penton Street
N1
Tel.: 071-833 09 96.

SPRACHE

Die englische Sprache hat viele unterschiedliche Dialekte und Akzentuierungen. Diese variieren von Region zu Region oft so stark, daß die Briten selbst Schwierigkeiten haben, ihren eigenen Landsmann zu verstehen. Wo jemand herkommt, läßt sich exakt an seinem Akzent erkennen.

Das Keltische, eine der ältesten Sprachen in Europa, hat dem Angriff des Englischen in den vergangenen Jahrhunderten erfolgreich widerstanden. In Wales ist es heute stark verbreitet, und zum Teil wird es auch im ländlichen Norden und Westen gesprochen. Ein Fünftel der Bevölkerung von Wales spricht heute noch Walisisch, und das mit nationalen Untertönen. Alle öffentlichen Dokumente erscheinen dort in beiden Sprachen, in Walisisch und in Englisch. Es gibt einen eigenen walisischen TV-Kanal, und auch in den Schulen gewinnt Walisisch ständig an Beliebtheit. Starke Resonanz finden die zahlreichen *Eisteddfodau* (walisische Literatur- und Musikfestivals), die das ganze Jahr über in Wales veranstaltet werden.

In Schottland, vor allem im Hochland und auf den westlichen Inseln, spricht die ältere Generation noch Gälisch, obwohl natürlich jeder auch Englisch beherrscht. Gälisch darf nicht mit dem Schottischen (auch *Lallans* genannt) verwechselt werden, das sich aus dem Northumbrian-Dialekt (Altenglisch) entwickelt hat und über Jahrhunderte im schottischen Tiefland gesprochen wurde.

UNTERWEGS

INLANDSFLÜGE

Von den Londoner Flughäfen können Sie Flüge in alle wichtigen Städte buchen, aber auch zu schwer erreichbaren Orten wie den schottischen Inseln. Die Fluglinien für den Inlandsverkehr sind:

British Airways
Heathrow & GB
Fluginformation Tel.: 081-759 2525
Reservierung Tel.: 081-897 40 00

British Midland Airways
Tel.: 081-745 41 10

Aer Lingus
Tel.: 081-569 55 55

Air UK
Tel.: 0345-66 67 77

Loganair
Tel.: 041-889 13 11

British Airways hält für Touristen, die die abgelegenen Gebiete Schottlands etwas schneller erkunden wollen, The Rover Ticket bereit. Dieses Ticket kann schon im Ausland bestellt werden, bedarf aber einer Vorlaufzeit von mindestens einer Woche. Es kostet £ 199 und erlaubt maximal acht Flüge innerhalb von acht bis 21 Tagen zwischen folgenden Flughäfen: Aberdeen, Benbecula, Edinburgh, Glasgow, Inverness, Kirkwall, Shetland, Stornaway, Wick.

Größere Inlandflughäfen:

Aberdeen
Tel.: 0224-72 23 31

Bristol
Tel.: 027-587 44 41

East Midlands
Tel.: 0332-810621.
Leeds, Tel.: 0532-50 96 96

Liverpool
Tel.: 051-486 88 77

Newcastle-upon-Tyne
Tel.: 091-286 09 66

Norwich
Tel.: 0603-41 19 23

Plymouth
Tel.: 0752-70 51 51

Southampton
Tel.: 0703-62 96 00

Southend
Tel.: 0702-34 02 01

Teesside
Tel.: 0325-33 28 11

MIT DEM ZUG

British Rail, in Schottland **ScotRail**, heißt die staatliche Eisenbahngesellschaft. Sie ist teuer und berüchtigt für ihre mangelnde Leistungsfähigkeit. Doch der Service macht Fortschritte, und in dem schnellen **125 InterCity** kann man schon einiges von den landschaftlichen Schönheiten Britanniens mitbekommen. British Rail bietet folgende Billig-Tarife an:

Cheap Day Returns sind verbilligte Rückfahrkarten von und nach London.

Network AwayBreak ist ein Fünf-Tage-Ticket für jeden beliebigen Zug; es gilt von Montag bis Freitag, ist jedoch erst ab 9.30 Uhr zu benutzen.

Mit dem **Saver**-Ticket kann man einen Monat unterwegs sein, doch darf es in den Spitzenverkehrszeiten (Mo - Frei vor 9.30 Uhr und von 14.15 - 18.15 Uhr) nicht benutzt werden.

Das **SuperSaver**-Ticket ist noch billiger. Hierfür gelten jedoch dieselben Bedingungen wie für das Saver-Ticket; es darf aber an Freitagen und einigen Samstagen im Sommer nicht benutzt werden.

Mit dem **Rover**-Ticket sind Reisen auf allen Zügen möglich (7 Tage oder 14 Tage). Eine Variante bilden Tickets, die nur für bestimmte Regionen ausgeschrieben werden (7 Tage, März bis Oktober).

The Britrail-Ticket ist mit dem Eurorail-Ticket auf dem Kontinent vergleichbar. Es ermöglicht Bahnfahrten in ganz Britannien für bestimmte Zeiträume. Es muß vor der Anreise gebucht werden.

Dieses Angebot gilt jedoch nicht für die 1. Klasse. Wollen Sie lange Strecken über Nacht zurücklegen, buchen Sie am besten einen InterCity-Schlafwagen. Sie sind modern und mit Klimaanlagen ausgestattet.

In **Schottland** können Sie einen **Freedom of Scotland Travelpass** kaufen, der ihnen für ein bis zwei Wochen unbegrenzte Fahrten im Hochland und auf den Inseln ermöglicht. Darin enthalten sind die Fährverbindungen zu den Inseln vor der Westküste und zu den Orkneys, ferner bestimmte Busverbindungen. Informationen unter Tel.: 0349-63 434.

Um die Schönheit Schottlands im luxuriösen Ambiente eines vergangenen Zeitalters zu erleben, buchen Sie eine Fahrt in dem berühmten **Royal Scotsman**, Schottlands Antwort auf den Orient Express. Abercrombie und Kent veranstalten mit diesem Zug von April bis November 3-, 4- und 6-Tagefahrten. Dasselbe Unternehmen betreibt auch den **Great Wales Express** (5 Tage) und den **Great Britain Express** (6 Tage) – Luxus-Exkursionen mit einem Erste-Klasse-Service nach Fahrplan. Nähere Informationen unter Tel.: 071-730 96 00.

British Rail veranstaltet das ganze Jahr über luxuriöse **Special Train Journeys** in Erster-Klasse-Pullman-Wagen, die von den großen Londoner Bahnhöfen abgehen. Jede Fahrt hat einen anderen Charakter. Oft dienen sie Festival-Besuchen in bestimmten Regionen, wie z.B. die verschiedenen Ein-Tages-Ausflüge nach Wales oder Wochenend-Trips ins Schottische Hochland. Das **Orcadian** zum Beispiel ist ein 3-Tage-Ausflug in den hohen Norden Schottlands und auf die Orkney-Inseln in Erster-Klasse-Schlafwagen, Verpflegung inbegriffen. Nähere Informationen unter Tel.: 071-388 05 19, oder schreiben Sie an Intercity Land Cruises, 104 Birmingham Road, Lichfield, Staffordshire.

Dampfzüge verkehren noch im Schottischen Hochland. Unternehmen wie West Highland, Strathspey, West Buchan veranstalten Ausflugsfahrten entlang den landschaftlich schönsten Strecken. In Wales gibt es ein Dutzend wiederhergestellter Schmalspurbahnen, die ursprünglich Schiefer aus den Bergen an die Küste brachten, jetzt aber nur noch dem Tourismus dienen. Die bekannteste ist die **Ffestiniog-Bahn**, die über 22 Kilometer von Portmadog durch Snowdonia National Park nach Blaenau Ffestiniog führt.

In England haben die Dampflok-Fans viele Linien wieder in Betrieb gebracht, so die malerische Settle–Carlisle railway (115 km) im Nordwesten des Landes oder die Romney, Hythe and Dymchurch railway im Südosten (22 km), die einzige Miniatur-Eisenbahn auf der Welt mit Lokomotiven, die nur ein Drittel der normalen Größe haben.

British Rail Travel Centres findet man in allen Hauptbahnhöfen und unter folgenden Adressen in London: 87 King William Street, EC1; 14 Kingsgate Parade, Victoria Street, SW1; 12 Regent Street, Piccadilly, SW1.

Zugauskünfte in London (24 Stunden):

Europa-Service
Tel.: 071-834 2345

King's Cross
Tel.: 071-278 24 77
Verbindungen nach West Yorkshire, Nord-Ost-England und Schottland

St. Pancras
Tel.: 071-387 70 70
Verbindungen zu den östliche Midlands und Süd-Yorkshire

Euston
Tel.: 071-387 70 70
Verbindungen zu den Midlands, Nord-Wales, Nord-Westengland und Schottland

Paddington
Tel.: 071-262 67 67
Verbindungen zur Westküste, zu den westlichen Midlands und Südwales

Waterloo/Victoria/Charing Cross
Tel.: 071-928 51 00
Verbindungen in den Süden und den Südosten Englands

Liverpool Street/Fenchurch Street
Tel.: 071-928 51 00
Verbindungen nach Essex und Ostengland.

Hauptbahnhöfe außerhalb Londons:

Aberdeen
Tel.: 0224-59 42 22

Birmingham
Tel.: 021-643 2711

Bristol
Tel.: 0272-29 42 55

Cardiff
Tel.: 0222-280 00

Edinburgh
Tel.: 031-556 24 51

Glasgow
Tel.: 041-204 28 44

Inverness
Tel.: 0463-23 89 24

Liverpool
Tel.: 051-709 96 96

Manchester
Tel.: 062-832 83 53

Newcastle
Tel.: 0632-32 62 62

Perth
Tel.: 0738-371 17

FERNREISE-BUSSE

National Express und **Caledonian Express** unterhalten ein flächendeckendes Netz von Busverbindungen. Die schnellen und komfortablen *Rapide*-Busse für Langstrecken haben Waschräume, Video-TV und werden von Stewardessen betreut. Die Fahrkarten sind spürbar billiger als vergleichbare Bahn-Tickets. Wenn man einen bestimmten Platz wünscht, sollte man vorbuchen.

Tickets können an den Busbahnhöfen oder bei den 3000 Verkaufsstellen erstanden werden, aber nicht beim Fahrer. Der Bus-Bahnhof an der Victoria Station ist der größte des Landes. Hier kann bis zwei Stunden vor Abfahrt auf Kreditkarten per Telefon (Tel.: 071-730 34 99) gebucht werden. Für Informationen kontaktieren Sie bitte die Büros von National Express und Caledonian Express:

London
Tel.: 071-730 02 02

Birmingham
Tel.: 021-622 43 73

Bristol
Tel.: 0272-54 10 22

Manchester
Tel.: 061-228 38 81

Edinburgh
Tel.: 031-452 87 77

Glasgow
Tel.: 041-332 41 00

Aberdeen
Tel.: 0224-58 02 75

Cardiff
Tel.: 0222-34 47 51

National Express and **Green Line** (Tel.: 081-668 72 61) veranstalten fahrplanmäßige Ausflugsfahrten in die Umgebung von London, z.B. zum Hampton Court Palace, nach Bath und Stratford-upon-Avon. Zu allen Städten und Gemeinden gibt es gute Busverbindungen, die z.T. privat betrieben werden.

TAXI

Außerhalb der Großstädte und in einiger Entfernung von Bahnhöfen, Häfen und Flughäfen tun sie besser daran, ein Taxi telefonisch zu rufen, als eines auf der Straße anhalten zu wollen. Taxis müssen eine staatliche Lizenz besitzen und die Tarife anzeigen.

Die Londoner Taxifahrer sind bekannt für ihre ausgezeichneten Stadtkenntnisse. Dafür müssen sie eine strenge Prüfung ablegen. Mini-Taxis dürfen nur telefonisch bestellt werden. Fahrpreise sind vorab auszuhandeln. Genaueste Stadtkenntnisse wie bei den Taxifahrern sollten nicht erwartet werden.

LONDONER REGIONALVERKEHR

Die **U-Bahn**, auch *Tube* genannt, ist der schnellste, aber nicht unbedingt der einfachste Weg durch London. Das wohl ausgedehnteste Verkehrsnetz auf der Welt ist auch eines der ältesten (seit 1863), bei dem es zunehmend kracht und knirscht. Außer einigen größeren Stationen, die in den letzten Jahren modernisiert worden sind, hat die Bahn ihr Erscheinungsbild, das ihr 1930 verliehen wurde, nicht mehr verändert.

Die U-Bahn beginnt die erste Fahrt um 5.30 Uhr, die letzte endet gegen Mitternacht. Viele Londoner und Pendler benutzen sie, und in der *rush-hour* (8.00 - 9.30 Uhr und 17.00 - 18.30 Uhr) ist sie meist überfüllt. Versichern Sie sich, daß Sie eine gültige Fahrkarte besitzen, bevor Sie einsteigen! Rauchen ist verboten. Die Fahrpreise sind nach Zonen gestaffelt, für die Innenstadt gilt ein Sondertarif.

Eine Fahrt mit der **Docklands Light Railway** ist eine ausgezeichnete und zudem billige Möglichkeit, den modernen Wiederaufbau des alten Londoner Dock-Viertels kennenzulernen. Dieses vollautomatische System, das 1987 eröffnet wurde, hat gegenwärtig zwei Linien. Eine beginnt am Tower Gateway und die andere in Stratford, und beide enden bei Island Gardens in der Nähe des Greenweech Foot Tunnel auf der Isle of Dogs. Es besteht ein Anschluß zur U-Bahn bei Tower Hill und Stratford. Preise und Leistung entsprechen denen der U-Bahn. Ursprünglich als zu leicht empfunden, um mit der Entwicklung der Docklands Schritt zu halten, wird diese Bahn gegenwärtig weiter ausgebaut und soll einmal die Verbindung zum Stadtteil Bank herstellen. Nähere Informationen erhalten Sie unter Tel.: 071 538 03 11.

Die Londoner **Busse** befahren ein dichtes Netz im Großraum London. Routen und Liniennummern sind an der Vorderseite angegeben. Anders als die U-Bahn fahren einige Buslinien, von Trafalgar Square ausgehend, die ganze Nacht durch. Rauchen ist verboten.

Die **Travelcard** ist ein Ein-Tages-Ticket, das die unbeschränkte Benutzung der U-Bahn, der Busse, der Docklands Light Railway und der British Rail's Network South-East (Tel.: 071-928 51 00) im Großraum London gestattet. Es kann werktags nach 9.30 Uhr benutzt werden, samstags, sonntags und an Bankfeiertagen den ganzen Tag über, aber nicht in den Nacht-Bussen. Es ist an allen Stationen der U-Bahn und der Network South-East erhältlich. Für die Zonen 1 und 2 kostet es £ 2,30, für das gesamte Netz £ 2,90.

Travel passes gelten eine Woche oder einen Monat und können zu jeder Tageszeit benutzt werden. Für dieses Ticket ist ein Paßbild erforderlich.

London Transport Information
(24 Stunden):
Tel.: 071-222 12 34

Sollten Sie längere Zeit in London bleiben, empfiehlt es sich, eine Straßenkarte (**A-Z Map**) zu erwerben. Ihre detaillierten Angaben über das verwirrende Londoner Straßennetz und die Postleitzahlen wird Ihnen sicherlich viel Verdruß ersparen.

SCHIFFSVERKEHR

Die britischen Flüsse und Kanäle haben zusammengenommen eine Länge von über 3200 Kilometern. Die Kanäle sind eine großartige Hinterlassenschaft der industriellen Revolution. Heute ermöglichen sie eine Vielfalt an Wassersportarten. An vielen Stellen können Boote gemietet werden und man kann auf diese Weise viele Kanäle selbst erkunden, z.B. den Grand Union in in den Midlands oder den Caledonian Canal, der Schottlands Küsten miteinander verbindet. Man kann mit einem Vergnügungsdampfer die größeren Flüsse hinunterfahren, die Themse, Avon oder Severn, die Norfolk Broads entlang, oder mit einem flachen Boot durch die romantischen Universitätsstädte Oxford und Cambridge staken.

Beim Bootfahren in England muß man darauf achten, dem Gegenverkehr immer rechts auszuweichen. Alle Vergnügungsdampfer müssen eine Lizenz besitzen. Einen Angelschein erhält man beim örtlichen Amt für Wasserwirtschaft. Nähere Informationen erhalten Sie bei:

British Waterways Board
Melbury House
Melbury Terrace
London NW1 6JX
Tel.: 071-262 67 11

British Waterways Board Craft Licensing Officer and Fisheries Officer
Willow Grange
Church Road
Watford WD1 3QA
Tel.: 0923 264 22

Die **Inland Waterways Association** ist eine ehrenamtliche Vereinigung, die sich seit 1946 für die Erhaltung und Erneuerung der britischen Wasserwege einsetzt. Zahlreiche Gewässer, die ansonsten schon verschwunden wären, sind durch ihren Einsatz erhalten geblieben. Sie beschäftigt sich auch mit Gewässerangelegenheiten wie Angelsport, Naturschutz, Wandern und Industriearchitektur. Sollten Sie Mitglied werden oder das *Inland Waterways Handbook* erwerben wollen, wenden Sie sich an die

Inland Waterways Association
114 Regent's Park Road
London NW 1 8UQ
Tel.: 071-586 25 56

Die **Schottischen Fähren**, die zwischen den 23 Inseln und der Küste Nordwest-Schottlands verkehren, werden von Caledonian MacBrayne betrieben. Sie versorgen die Inselbewohner mit Post und Lebensmitteln. Touristen, die einen bestimmten Hafen anlaufen wollen, sollten dies im voraus mitteilen. Mit dem **Island Hopscotch-Ticket** können Autofahrer und Beifahrer zwei Wochen lang die meisten Routen befahren (einschließlich Auto). Nähere Informationen unter Tel.: 0475-337 55.

Die Fähren zu den Orkney- und Shetland-Inseln werden von dem Fährunternehmen P&O betrieben, Tel.: 02224-57 26 15.

Auch die **Themse** bietet ausgezeichnete touristische Möglichkeiten. Die Thames Passenger Service Federation (TPSF) betreibt Schiffsverkehr zwischen Hampton Court (stromaufwärts) und Thames Barrier (flußabwärts). Auf dieser Route begegnet man einem beträchtlichen Teil der Londoner Sehenswürdigkeiten. Die Fahrpläne richten sich nach der Saison: Während es flußabwärts gewöhnlich das ganze Jahr über geht, verkehren die Schiffe flußaufwärts nur zwischen April und Oktober. Anlegestellen gibt es bei Richmond, Kew, Putney, Westminster, Charing Cross, London Bridge, The Tower und Greenwich.

TPSF hat auch verschiedene Spezialprogramme, die alle am Westminster Pier beginnen, darunter die *Circular Cruise* (eine einstündige Rundfahrt), *Floodlight* und *Supper cruise* and the *Luncheon Cruise*. Nähere Informationen unter Tel.: 071-930 20 62. Catamaran Cruisers, Tel: 071-839 35 72, bietet ebenfalls eine Reihe von Rund- und Vergnügungsfahrten an.

MIT DEM AUTO

Im Vereinigten Königreich fährt man links, in Stadtgebieten gilt ein Tempolimit von 50 km/Std. (30 Meilen), auf Landstraßen 96 km/Std. (60 Meilen) und auf Schnellstraßen und Autobahnen 112 km/Std. (70 Meilen). Campingbusse oder Autos mit Wohnanhängern dürfen auf normalen Straßen 80 km/Std. (50 Meilen) und auf Schnellstraßen 96 km/Std. (60 Meilen) fahren). Alkohol am Steuer ist strikt verboten, die Strafen dafür sind empfindlich. Fahrer und Beifahrer auf dem Frontsitz müssen Sicherheitsgurte tragen. An Zebrastreifen haben Fußgänger Vorrang.

Wenn Sie mit dem eigenen Auto reisen, müssen Sie einen gültigen Führerschein oder internationalen Führerschein, den Kraftfahrzeugschein und einen Versicherungsnachweis mit sich führen. Das Auto braucht ein Nationalitätenkennzeichen.

Parken ist in den meisten Innenstädten ein Problem. In den engen Stadtkernen, die gewiß nicht für den starken Verkehr gebaut wurden, ist das Parken sehr eingeschränkt. Parken Sie Ihr Auto niemals auf einem gelben Doppelstrich, auf einem Platz mit dem Hinweis *permit holders only* (Nur für Berechtigte), auf einer Zick-Zack-Linie an einem Zebrastreifen oder in einer Kontrollzone. Parken Sie auch nicht auf einer einfachen gelben Linie in den Verbotszeiten (gewöhnlich von 8.30 bis 18.30 Uhr werktags). Dafür drohen Geldbußen. Parken Sie an einer Parkuhr oder fahren Sie auf einen öffentlichen Parkplatz.

Geben Sie besonders acht beim Parken im Zentrum von London: Die Verkehrspolizisten scheinen hier übereifrig zu sein. In manchen Stadtgebieten werden falschparkenden Autos die Räder blockiert. Erst nach einer zeitraubenden Prozedur (die Umständlichkeit soll zusätzlich abschreckend wirken) bekommt man seinen Wagen wieder frei. Schlimmer ist allerdings immer noch das Abschleppen.

Nähere Informationen über den Verkehr in Großbritannien finden sich im Handbuch *The Highway Code*, herausgegeben von Her Majesty's Stationery Offices, ist überall im Buchhandel und an Zeitungskiosken erhältlich.

Die **Road Traffic Hotline** bietet Verkehrsnachrichten unter Tel.: 0898-34 53 67.

PANNENHILFE

Bei Pannen können die drei landesweiten Automobilclubs weiterhelfen. Sie sind rund um die Uhr dienstbereit, der Anruf ist kostenfrei:

AA
Tel.: 0800-88 77 66

RAC
Tel.: 0800-82 82 82

National Breakdown
Tel.: 0800-40 06 00

MIETWAGEN

Um ein Auto zu mieten, müssen Sie über 21 Jahre alt sein (bei manchen Verleihern über 25) und seit einem Jahr einen Führerschein besitzen. Die Tarife beinhalten in der Regel eine unbegrenzte Kilometerzahl und umfassen auch den Versicherungsschutz und die Straßengebühr. Vom Versicherungsschutz ausgenommen sind: Innenausstattung, Räder und Reifen sowie andere Fahrer ohne eine vorherige Genehmigung. Vergleichen Sie die Preisangebote! Einige Verleihunternehmen offerieren spezielle Wochenend- und Urlaubstarife.

Internationale Autovermieter (Hertz, Avis, Budget Rent A Car und Europcar) bieten bei Vorausbuchungen in heimischen Reisebüros Rabatte bis zu 40 Prozent. Ein anderer Vorzug dieser Firmen besteht darin, daß man den Wagen nicht wieder zurückfahren muß, wenn sich am Zielort eine Niederlassung befindet.

Viele Firmen bieten Kindersitze und Gepäckträger gegen einen geringen Aufschlag.

Autovermieter:

Avis
Tel.: 081-848 87 33

Hertz
Tel.: 071-679 17 99

Swan National Eurodollar
Tel.: 071-730 87 73

Budget Rent A Car
Tel.: 0800-18 11 81

Guy Salmon Car Rentals
Tel.: 0483-75 75 98

British Car Rental
Tel.: 0203-63 34 00

Europcar
Tel.: 081-950 40 80

Eurodollar Rent A Car
Tel.: 0895-33 30 00

UNTERKUNFT

In England gibt es eine Fülle von unterschiedlichen Unterbringungsarten, von ausgesprochenen Luxushotels in Schlössern und Herrenhäusern bis hin zu kleinen Pensionen oder Bauernhäusern. Ausgefallenere Unterkünfte muß man vorab buchen.

Nach internationalem Maßstab sind britische Hotels teuer. Wer nur über ein schmales Urlaubsbudget verfügt, sollte sich mit einer *bed-and-breakfast*-Unterbringung (Übernachtung mit Frühstück) zufriedengeben. Andererseits gibt es eine Fülle von Jugendherbergen im ganzen Land. Stets aber sollte man sich das Zimmer anschauen, bevor man es akzeptiert.

Aber Achtung: Nicht in allen Hotels ist das Frühstück im Preis inbegriffen, und wahrscheinlich wird ein zusätzlicher Bedienungszuschlag von 10 bis 15 Prozent verlangt. Auf jeden Fall sollten diese Bedingungen im Preisverzeichnis deutlich genannt werden. Die Höhe der Trinkgelder bleibt den Gästen überlassen.

Es empfiehlt sich, Hotelzimmer im voraus zu bestellen, vor allem zu Ostern und im Sommer, obwohl man im übrigen Jahr kaum Schwierigkeiten hat, ein passendes Zimmer zu finden. Sie können ein Hotelzimmer über ein Reisebüro, direkt beim Hotel oder über das Fremdenverkehrsamt buchen. Eine schriftliche Bestätigung und eine Anzahlung könnten erforderlich sein.

Wenn Sie jedoch irgendwo landen sollten, wo kein Bett aufzutreiben ist, kann Ihnen eventuell das Tourist Information Centre (TIC) weiterhelfen. TICs, die sich mit dem Aufkleber *Local Bed Booking Service* (Lokale Bett-Vermittlung) ausweisen, buchen örtliche Unterbringungsmöglichkeiten privater Anrufer. Diejenigen TICs, die dem *Book-A-Bed-Ahead*-System (Bestelle ein Bett im voraus) angeschlossen sind, können für Sie Zimmer in Städten buchen, in denen ebenfalls eine solche TIC-Organisation besteht. In allen TICs liegen kostenlose Listen mit Unterkünften aus. Das **British Travel Centre** in der Regent Street, London, hat ein Buchungssystem für das ganze Land. Eine eventulle Anzahlung können Sie später wieder von der Hotelrechnung abziehen lassen.

Großbritannien kennt kein offizielles Klassifizierungssystem für die unterschiedlichen Hotelkategorien, jedoch haben einige Privatgesellschaften ihr eigenes Bewertungssystem. Die Automobilclubs klassifizieren von einem „Stern" (gut, aber einfach) bis zu fünf „Sternen" (Luxus). Die British Tourist Authority macht es etwas komplizierter, indem sie „Kronen" verteilt, von eins bis fünf für Räumlichkeiten und Service, dazu aber noch eine Bewertung für Ambiente und Qualität aufstellt (*Approved* = zufriedenstellend , *Commended* = empfehlenswert, *Highly Commended* = sehr empfehlenswert). Eine Nennung im Michelin ist aber immer noch das Höchste, was die angesehendsten Hoteliers anstreben.

Die Betriebe pflegen hre Auszeichnungen draußen auszuhängen, doch dabei sollte man sich erinnern: die Menge allein macht's nicht. Ein ländlicher Gasthof, der oft eine angenehme Unterkunft bietet, vielleicht ohne solche Bequemlichkeiten wie Fernseher und Bad, weist nur zwei Sterne auf, während ein eintöniger Betonblock mit perfekt ausgestatteten Wohnschachteln sich mit vier Sternen großtun kann.

Das **English Tourist Board** ETB (Fremdenverkehrsamt) vertreibt eine Reihe von Prospekten zum Thema *Where To Stay*, die Tips für alle Übernachtungsmöglichkeiten in England bieten, von Farmhäusern bis zu Mietbooten für Selbstversorger. Diese Prospekte dürften allerdings nicht völlig objektiv sein, denn die vorgestellten Betriebe zahlen sowohl für die Prüfung als auch für die Aufnahme in diese Listen.

FÜR EUROPA:

EURO▲CONCEPT Die Optimale Orientierung:

Vom Nordkap bis Sizilien, von Irland bis Ungarn.

Entspanntes Reisen: durchgängiges Erscheinungsbild und gleiche Maßstäbe

Für Qualität bürgen: **EURO▲ATLAS** **EURO▲CART** **EURO▲CITY** **EURO▲TOUR** ▲

R V V E R L A G

Ferner publiziert das ETB die *Bed and Breakfast Touring Maps* (Übernachtung-- und Frühstück-Tourenkarten) für sieben verschiedene Regionen in England – ideal für eine Tourenplanung! Sie führen Hunderte von Übernachtungsmöglichkeiten unter £ 20 auf sowie die örtlichen Sehenswürdigkeiten. Die Regionen sind: Yorkshire und Humberside, der Nordwesten, Nordengland, das Herz von Britannien, Ostengland, der Westen und Südengland. Diese Prospekte sind bei allen TICs im Lande zu haben oder über die regionalen Fremdenverkehrsbüros.

Das ETB gibt auch eine Bücher-Serie heraus. Darunter finden sich auch folgende Titel: *Hotels & Guesthouses in England* (£6.95), *Bed & Breakfast, Farmhouses, Inns & Hostels in England* (£5.95), *Self-Catering Holiday Homes in England* (£4.95), *Scotland – Hotels and Guest Houses* (£4.95). Diese Bücher bekommt man in Buchhandlungen, beim Zeitungshändler und in den meisten Touristen-Informationszentren.

Britannien hat eine Reihe von **Herrenhäusern** und **Schlössern**, die in ländliche Luxushotels umgestaltet worden sind. Dies ist ein immer noch wachsender Trend, der inzwischen viele schöne historische Gebäude vor dem Verfall gerettet hat. Die meisten bieten einen äußerst hohen Standard an Unterbringung und Dienstleistungen, oft mit Spitzenrestaurants. Einige sind unter ESSEN UND TRINKEN aufgeführt (s.u.).

HOTELS

Hotels, die zu den großen Ketten wie Trusthouse Forte und Hilton gehören, garantieren einen Standard-Service, der allerdings oft sehr unpersönlich wirkt. Darüber hinaus gibt es eine Vielzahl an kleineren Privathotels. Geschäftsleute, die auf Spesen reisen, finden sowohl in den Städten als auch auf dem Land viele gut ausgestattete Hotels mit großen Konferenzräumen, dem dazugehörigen technischen Equipment und Freizeiteinrichtungen. Die folgenden Unternehmen haben Hotels in den meisten Landesteilen:

Trusthouse Forte
Tel.: 081-567 34 44, 0345-50 04 00

Intercontinental & Forum Hotels
Tel.: 081-741 90 00

Hilton International
Tel.: 071-734 60 00

Holiday Inns
Tel.: 071-722 77 55

Crest Hotels
Tel.: 071-236 3242

Rank Hotels
Tel.: 081-569 71 20

Viele Hotels offerieren Wochenend- und Nebensaison-Angebote. Details können direkt bei den Hotels erfragt werden, bei den Hotelketten oder beim English Tourist Board, das auch die Broschüre *Let's Go Short Breaks in England* (Zum Kurzurlaub nach England) vertreibt mit Angaben über Preisermäßigungen in Hunderten von Hotels.

LONDON

Der Preis eines Hotelzimmers ist hier höher als irgendwo sonst in Europa, jedoch sind Preis und Leistung nicht immer deckungsgleich. Sie sollten daher immer nach einem LVCB-Mitgliedsnachweis Ausschau halten, der einen gewissen Standard garantiert. Sehen Sie sich das Zimmer nach Möglichkeit vorher an. In der Hauptsaison (April bis September) ist es notwendig, im voraus zu buchen. Das **London Tourist Board** bietet einen Buchungs-Service, der über die Informationszentren oder per Telefon beansprucht werden kann (Tel.: 071-824 88 44, nur per Kreditkarte).

Die nachstehenden Hotels liegen alle im Zentrum und sind entweder wegen ihrer besonderen Lage oder ihrer typisch englischen Gastlichkeit und dem hervorragenden Ambiente ausgewählt worden. Viele der preiswerteren Hotels sind klein und haben kein Restaurant, jedoch eventuell Room Service. Einige Hotels bieten Babysitting und einen Buchungsdienst für Theater und Restaurants. Die eleganteren Hotels bieten Geschäftsreisenden Konferenzräume mit dem notwendigen bürotechnischen Equipment.

Zahlreiche Hotels, Ritz und Savoy eingeschlossen, locken je nach Saison mit Wochenend-Sonderangeboten. Prüfen Sie selbst! Es lohnt sich, denn sie enthalten noch zusätzliche Anreize wie eine Touristenführung und ein Champagner-Dinner. Die preiswertesten bed-and-breakfast-Unterkünfte findet man in Viktoria, Knightsbridge, Earl's Court, Bayswater und Bloomsbury. Die genannten Preise beziehen sich auf die preisgünstigsten Angebote für zwei Personen.

Luxushotels, über £ 150

The Beaufort
33 Beaufort Gardens
SW3
Tel.: 071-584 52 52
Ein erstklassiges, kleines Luxushotel im eleganten Knightsbridge. Die Gäste bekommen einen eigenen Türschlüssel und können den nahegelegenen Gesundheitsclub benutzen. Ab £ 160.

The Berkeley
Wilton Place
SW1
Tel.: 071-235 60 00
Eines der besten Londoner Luxushotels, mit einem römischen Bad auf dem Dach, Gymnastikraum und Sauna. Ab £ 200.

Blakes
33 Roland Gardens
SW7
Tel.: 071-370 67 01
Entworfen von der Schauspielerin Anouschka Hempel, wird dieses exotisch wirkende Hotel von vielen Pop-, Medien- und Show-Größen frequentiert. 52 Zimmer. £ 195.

Brown's
Dover Street
W1
Tel.: 071-493 60 20
Seit seiner Gründung 1837 durch James Brown, einem ehemaligen Diener von Lord Byron, hat sich das Hotel sehr ausgeweitet. Traditionell englisch. Überwältigend möbliert. 125 Zimmer. £ 205.

The Capital
Basil Street
SW3
Tel.: 071-589 51 71
Ein liebenswürdiges Stadthaus-Hotel im Herzen von Knightsbridge mit einer eleganten fin-de-siècle-Ausstattung. Das Restaurant hat einen Michelin-Stern. 60 Zimmer. £ 175.

The Goring
15 Beeston Place
SW1
Tel.: 071-834 82 11
Reizvolles Hotel in der Nähe des Buckingham Palastes. Es war das erste Hotel auf der Welt, das alle Zimmer mit Bad und Zentralheizung ausstattete. Noch immer um einen sehr hohen Standard bemüht. 68 Zimmer. £ 175.

The Ritz
Piccadilly
W1, Tel.: 071-493 81 81
Verschwenderisch ausgestattetes Hotel mit dem Hauch von Dekadenz, der in der Welt für Klasse und Stil steht. Zeitlos, beeindruckend und teuer. 130 Zimmer. £ 210.

Teure Hotels: £ 100 - £ 150

The Abbey Court
20 Pembridge Gardens
W2
Tel.: 071-221 75 18
Empfehlenswertes bed-and-breakfast in einem restaurierten Stadthaus, reizend möbliert im englischen Landstil. 21 Zimmer (drei mit einem Himmelbett). £ 134.

The Basil Street Hotel
Knightsbridge
SW3
Tel.: 071-581 33 11
Altmodisches Hotel mit dem Charme eines englischen Landhauses; wird von Angehörigen des englischen Landadels frequentiert. 94 Zimmer. £ 130.

The Cadogan
Sloane Street
SW1, Tel.: 071-235 71 41
Ein schönes Backsteingebäude aus der Zeit Eduards VII., das einst der Schauspielerin und Salonschönheit Lillie Langtry gehörte. Heute kombiniert es modernen Komfort mit altmodischer Eleganz. 122 Zimmer. £ 115.

The Coburg
Bayswater Road
W2, Tel.: 071-221 22 17
Dieses Hotel im Edward-Stil wurde erst kürzlich in alter Pracht wiederhergestellt. Von hier aus überblickt man ganz Kensington Palace Gardens. 122 Zimmer. £ 115.

The Rubens
Buckingham Palace Road
Viktoria
SW1
Tel.: 071-834 66 00
Gegenüber Royal Mews, elegant modernisiertes Hotel mit Möbeln in Pastelltönen. 188 Zimmer. £ 135.

Tower Thistle Hotel
St. Katherine's Way
E1
Tel.: 071-481 25 75
Was dieses große moderne Hotel an Charme vermissen läßt, wird durch seine atemberaubende Lage am Nordufer der Themse, in der Nähe der Tower Bridge und des Towers, wieder gutgemacht. 808 Zimmer. £ 128.

Mittlere Preislage: £ 70 - £ 95

The Academy Hotel
17-21 Gower Street
WC1
Tel.: 071-631 41 15
Hinter den Mauern von zwei umgestalteten Häusern aus der Zeit Georgs VI. im Herzen des literarischen Bloomsbury. 33 Zimmer, die meisten mit Bad und WC. £ 95.

The Claverley
13-14 Beaufort Gardens
SW3
Tel.: 071-589 85 41
Angesehenes bed-and-breakfast-Hotel in Knightsbridge, im englischen Landstil möbliert. 36 Zimmer, viele mit Bad und WC. £ 85.

Durrants Hotels
George Street
W1
Tel.: 071-935 81 31
Diskretes Familienhotel, nördlich der Oxford Street, das den Eindruck eines ländlichen Gasthofes macht. Die Gesellschaftsräume sind holzgetäfelt und haben Ledermöbel. Die Zimmer sind nüchtern, aber komfortabel. Für die Lage preiswert. 93 Zimmer. £ 90.

Hazlitt's
6 Frith Street
W1
Tel.: 071-434 17 71
Stimmungsvolles Hotel, das heute drei historische Stadthäuser in Soho umfaßt. 23 Zimmer, alle mit Bad, im klassischen Stil möbliert, mit alten Topfpflanzen und viktorianischen Badarmaturen. £ 90.

Portobello Hotel
22 Stanley Gardens
W11
Tel.: 071-727 27 77
Exzentrisches Hotel, in der Nähe des Portobello Antiquitätenmarktes, in einem überzogenen viktorianischen Stil möbliert. 25 Zimmer, alle mit Bad und WC, von engen Kabinen bis zu großgeschnittenen Räumen. £ 96.

Wilbraham Hotel
Wilbraham Place
SW1, Tel.: 071-730 82 96
Altmodisches Privathotel, mit besonderem englischen Charme. Für die Lage im exklusiven Belgravia preiswert. 50 Zimmer, die meisten mit Bad. Keine Kreditkarten. £ 70.

Preiswerte Hotels: unter £ 60

Abbey House
11 Vicarage Gate
W8, Tel.: 071-727 25 94
Angenehme, aber einfache bed-and-breakfast-Unterkunft in reizvoller Wohngegend in Kensington. Gut geführt. 15 Zimmer. Keine Kreditkarten. £ 42.

Eden House
111 Old Church Street
SW3
Tel.: 071-352 34 03
Angenehmes Stadthaus, bed-and-breakfast, in einer ruhigen Gegend bei der King's Road in Chelsea. 14 Zimmer (5 Familienzimmer, 8 mit Bad). £ 55.

Edward Lear Hotel
28-30 Seymour Street,
W1
Tel.: 071-402 54 01
Haus im Stil Georgs VII., nahe Marble Arch, das einst von dem viktorianischen Maler und Dichter Edward Lear bewohnt wurde. Geschmackvoll modernisiert, gemütlich. 30 Zimmer. £ 50.

Elizabeth Hotel
37 Eccleston Square
SW1
Tel.: 071-828 68 12

Kleines, freundliches Hotel an einem stilvollen Platz nahe Viktoria. Benutzung des privaten Gartens und der Tennisplätze. 25 Zimmer (7 mit Bad). £ 50.

Fielding Hotel
4 Broad Street
WC1, Tel.: 071-836 83 05
Covent Garden-Hotel in einer ruhigen, gepflasterten Straße in der Nähe der Royal Opera . Klein und ziemlich abgenutzt, ist es für die ausgezeichnete Lage sehr preiswert. 26 Zimmer (meist mit Bad). £ 60.

The Willett
32 Sloane Gardens
Sloane Square
SW1, Tel.: 071-824 84 15
Kleines, geschmackvoll renoviertes Hotel in der Nähe des eleganten Sloane Square. 19 Zimmer (die meisten mit Bad). £ 60.

THEMSE-TAL UND OXFORD

The Randolph Hotel
Beaumont Street
Oxford
Tel.: 0865-24 4 81
Großes Hotel im vitorianischen Stil, in der Stadtmitte von Oxford, bietet traditionsreichen Service mit allem Drum und Dran. 109 Zimmer. £ 110.

The White Hart Hotel
Dorchester-on-Thames
Oxfordshire
Tel.: 0865-34 00 74
Ein weiträumiger alter Gasthof, umgeben von strohgedeckten Bauernhäusern in einem malerischen Flußstädtchen. Bietet ausgezeichnete Unterkunft mit einem altertümlichen Charme. 20 Zimmer. £ 85.

Sir Christopher Wren's House Hotel
Thames Street
Windsor
Tel.: 0753-86 13 54
Wundervoll gelegen, zwischen Schloßberg und Fluß, war dieses schöne Hotel einst das Haus der Architekten Sir Christopher Wren. Mit vielen Originalstücken aus dem 17. Jahrhundert. Ausgezeichnetes Restaurant. 38 Zimmer. £ 99.

COTSWOLD

The Shakespeare
Chapel Street
Stratford-upon-Avon
Warwickshire
Tel.: 0789-29 47 71
Dieses Halbbalkenhaus aus dem 17. Jahrhundert ist das beste Hotel der Stadt und eines der berühmtesten und schönsten Gebäude von Stratford. Zentral gelegen, mit einem großen offenen Kamin und einem guten Restaurant. 70 Zimmer. £ 110.

The Snooty Fox
Market Place
Tetbury
Gloucestershire
Tel.: 0666-524 36
Ein alter Gasthof in einem historischen Marktstädtchen. Eichengetäfeltes Interieur, mit Antiquitäten möbliert. Holzfeuer. Ausgezeichnetes Restaurant. 12 Zimmer. £ 84.

The Grapevine
Sheep Street
Stow-on-the-Wold
Gloucestershire
Tel.: 0451-30 3 44
Unverändert gebliebenes Hotel in einem alten Steingebäude. Ein guter Ausgangspunkt für Ausflüge. Wundervoll erhaltenes Restaurant mit einem ausgezeichneten Angebot. 23 Zimmer. £ 80.

SÜDOST

The Bow Window Inn
High Street
Littlebourne
Canterbury
Kent
Tel.: 0227-72 12 64
Traditionelle englische Gastlichkeit in diesem wunderschönen alten Landgasthof mit knorrigen Deckenbalken und offenem Feuer. 5 km östlich von Canterbury. 8 Zimmer. £ 52.

The Mermaid Inn
Mermaid Street
Rye
Tel.: 0797-22 30 65
Beliebter Gasthof aus dem 15. Jahrhundert in einem malerischen Hafen. Exzellentes Restaurant. 28 Zimmer. £ 90.

The Ship Hotel
North Street
Chichester
Tel.: 0243-78 20 28
Feines Stadthaus aus dem 18. Jahrhundert, einst das Heim eines Admirals, in der Stadtmitte von Chichester. Gut möbliert, hat es seinen Originalcharakter bewahrt. 37 Zimmer. £ 66.

SÜDEN UND WESTEN

The Alexandra
Pound Street
Lyme Regis
Dorset
Tel.: 0297-420 10
Ein großes weißes Haus aus dem 18. Jahrhundert, einst Heim der Countess Poulet, wunderschöner Blick über die Bucht. Komfortabel und angenehm. 26 Zimmer. £ 80.

New Park Manor
Brockenhurst
New Fores
Hampshire
Tel.: 0590-234 67
Diese wunderschöne ländliche Zuflucht war einst die Jagdhütte Charles II. und liegt auf einem herrlichen Landstück im Herzen von New Forest. Das Angebot beinhaltet ein ausgezeichnetes Restaurant, Stallungen, beheiztes Schwimmbad und Tennisplatz. 25 Zimmer. £ 75.

Winchester
Wykeham Arms
75 Kingsgate Street
Winchester
Hampshire
Tel.: 0962-538 34
Beliebter alter Postktschten-Gasthof, eingezwängt in einer schmalen Straße in der Nähe der Kathedrale und der Hochschule. Stilvoll, mit aufmerksamem Service und komfortablen Zimmern. 7 Zimmer. £ 66.

The Dukes' Hotel
Great Pulteney Street
Bath
Avon
Tel.: 0225-46 35 12
Ein gastliches Stadthaus im Stil Georgs VI., nur ein kurzes Stück zum Stadtzentrum. 22 Zimmer. £ 75.

The Royal Castle
11 The Quay
Dartmouth
Devon
Tel.: 0803-83 30 33
Dieses faszinierende Bauwerk am alten Hafen war ursprünglich ein Postkutschen-Gasthof aus dem 17. Jahrhundert. Es bietet gute heimische Küche, und das traditionelle Frühstück ist preisgekrönt. 25 Zimmer. £ 65.

The Queen's Hotel
The Promenade
Penzance
Cornwall
Tel.: 0736-623 71
Großes englisches Seehotel mit einem wundervollen Blick über die Mounts Bay zum St. Michael's Mount. 71 Zimmer. £ 80.

Waliser Grenzgebiet

The Castle Pool Hotel
Castle Street
Hereford
Herefordshire
Tel.: 0432-35 63 21
Dieses große Haus war früher die Residenz des Bischofs von Hereford. In der Stadtmitte gelegen, ist es nur ein kurzer Bummel bis zur Kathedrale. Das Restaurant genießt einen besonderen Ruf. 27 Zimmer. £ 80.

The Lion
Wyle Cop
Shrewsbury
Shropshire
Tel.: 0743-531 07
Ein attraktiver Postkutschen-Gasthof aus dem 18. Jahrhundert in der Mitte dieses mittelalterlichen Städtchens. Heute im Besitz von Trusthouse Forte. 59 Zimmer. £ 90.

The Redland
64 Hough Green
Chester
Cheshire
Tel.: 0244-67 10 24
Hinter der Fassade dieses Gasthauses in viktorianischer Gotik verbirgt sich ein merkwürdiges und interessantes Interieur, geschmackvoll möbliert mit wertvollen Antiquitäten der viktorianischen Epoche. 12 Zimmer. £ 50.

WALES

Ye Olde Bull's Head
Castle Street
Beaumaris
Anglesey
Gwynedd
Tel.: 0248-81 03 29
Ein historischer Postkutschen-Gasthof im Zentrum von Beaumaris, unter dessen vornehmen Gästen sich auch Charles Dickens befand. Komfortable Zimmer im Stil Laura Ashleys, sehr gutes Restaurant mit altem Charme. 11 Zimmer. £ 62.

Hotel Portmeirion
Portmeirion
Gwynedd
Tel.: 0766-77 02 28
Dieses exzentrische Hotel liegt in der Mitte von *Sir Clough Williams-Ellis's model fantasy village* an der Tremadog Bay. Das Interieur ist mit exotischen Themen ausgestaltet. Alle 14 Zimmer unterscheiden sich voneinander. 20 weitere Zimmer im Dorf sind ab £ 72 zu bekommen.

Waterwynch House Hotel
Narberth Road
Tenby
Dyfed
Tel.: 0834-24 64
Einladendes Hotel inmitten von Gärten, Wäldern und Stränden, in einer malerischen Bucht an der Küste von Pembrokeshire gelegen. Gutes Restaurant. 12 Zimmer (10 mit Bad und WC). £ 30.

Fairyhill Country House
Reynoldston
Gower
Swansea
Tel.: 0792-39 01 39
20 km westlich von Swansea, nahe der atemberaubenden Strände der Gower-Halbinsel, liegt dieses ruhige Landhaus aus dem 18. Jahrhundert in einem Parkgelände (10 Hektar). Bodenständig, freundlich, mit einem der besten lokalen Restaurants. 11 Zimmer. £ 60.

Golfa Hall Hotel
Welshpoo
Powys
Tel.: 0938-55 47 77
Schönes weißgetünchtes Landhotel auf einem herrlichen Grund, mit Blick auf das waldreiche Tal westlich von Welshpool. Das Lokal bietet heimische Küche. 11 Zimmer. £ 60.

Bryn-y-Bia Lodge Hotel
Craigside
Llandudno
Gwynedd
Tel.: 0492-496 44
Attraktives Landhaus, abseits der Geschäftigkeit dieses eleganten Seebades, aber doch in Strand- und Meernähe . Ausgezeichneter Service, Verpflegung und Unterkunft. 14 Zimmer. £ 50.

MERSEYSIDE

The Britannia Adelphi Hotel
Ranelagh Place
Liverpool
Merseyside
Tel.: 051-709 72 00
Groß und eindrucksvoll, das erste Haus in Liverpool; seine mächtige Steinfassade prägt das Stadtbild im Zentrum. 390 Zimmer. £ 100 wochentags, £ 60 am Wochenende.

PEAK DISTRICT

North Stafford Hotel
Station Road
Stoke-on-Trent
Staffs
Tel.: 0782-74 44 77
Dieses viktorianische Ziegelgebäude im Stil Jakobs I., gegenüber dem Hauptbahnhof, ist der ideale Ausgangspunkt für einen Besuch der Töpfereien. 69 Zimmer. £ 85.

Old Hall Hotel
The Square
Buxton
Derbyshire
Tel.: 0298-228 41
Ein Wahrzeichen in Buxton seit dem 16. Jahrhundert, in der Stadtmitte bei den Pavilion Gardens gelegen, nahe beim Opera House. 37 Zimmer. £ 65.

OSTENGLAND

Arundel House Hotel
53 Chesterton Road
Cambridge
Tel.: 0223-677 01

Ein privates Terrassen-Hotel mit Blick auf den Fluß Cam, nahe dem Zentrum der Universitätsstadt. 88 Zimmer (79 mit Bad). £ 55.

The Georgian House Hotel
32-34 Unthank Road
Norwich
Norfolk
Tel.: 0603-61 56 55
Dieses komfortable Familienhotel bestand ursprünglich aus zwei Häusern im Stil Georgs VI., nur einen Steinwurf vom Stadtzentrum. 27 Zimmer. £ 55.

Stuart House Hotel
35 Goodwins Road
King's Lynn
Norfolk
Tel.: 0553-721 69
Dieses ruhige, gepflegte Hotel ist ideal, um die Fens zu erkunden, ebenso den historischen Hafen von King's Lynn. 21 Zimmer (18 mit Dusche und Bad). £ 50.

DER NORDEN

Lady Anne Middleton's Hotel
Skeldergate
York
Tel.: 0904-63 22 57
Familienhotel in einem stilvollen Haus, inmitten malerischer Gärten gelegen, nahe beim Fluß Ouse und dem Stadtzentrum. 50 Zimmer. £ 60.

County Hotel
Priestpopple
Hexham
Northumberland
Tel.: 0434-60 20 30
Exzelent englische Gastlichkeit in diesem freundlichen Hotel in dem Marktstädtchen Hexham. Günstig für Ausflüge zum Hadrians-Wall, in die Penninen und nach Südschottland. 12 Zimmer (9 mit Dusche). £ 70.

Lowbyer Manor
Alston
Cumbria
Tel.: 0498-812 30
Ein stilvolles Rittergut aus dem 17. Jahrhunderts, mit schweren Deckenbalken und Kaminfeuer, das einst dem Earl of Derwentwater gehörte. Am Pennine Way gelegen, bietet es exzellente Gastlichkeit und ist ein guter Aus-

gangspunkt für Ausflüge in den Lake District, nach Northumbria und North Yorkshire. 11 Zimmer. £ 54.

The Blue Bell Hotel
Belford
Northumberland
Tel.: 0668-21 35 43
Ein reizendes Hotel in einem malerischen Postkutschen-Gasthof aus dem 17. Jahrhundert an der Küste, in der Nähe von Holy Island. Das ansprechende Interieur ist im Zeitstil gehalten. 15 Zimmer. £ 70.

Nanny Brow Country House Hotel
Ambleside
Cumbria
Tel.: 05394-320 36
Eines der besten Hotels an der Seenplatte (Lakes); im Edward-Stil gehalten, liegt dieses Haus auf einer herrlich ruhigen Grundstück, mit einem überwältigenden Ausblick. 19 Zimmer. £ 70.

SCHOTTISCHES TIEFLAND

Scandic Crown
80 High Street
The Royal Mile
Edinburgh
Tel.: 031-557 97 97
Dieses 1990 eröffnete Grand Hotel liegt einen Steinwurf entfernt vom Schloß und fügt sich in das historische Ensemble. Exzellenter Service und Unterbringung. 238 Zimmer. £ 100.

Sherbrooke Castle
11 Sherbrooke Avenue
Glasgow, Tel.: 041-427 42 27
Imposantes Schloß aus dem 19. Jahrhundert inmitten eigener Gartenanlagen, in einer ruhigen Wohngegend fünf Kilometer vom Stadtzentrum. Nahe beim Pollock Country Park und der Burrell Collection. 25 Zimmer. £ 60.

Cringletie House Hotel
Peebles
Peeblesshire
Borders
Tel.: 07213-233
Wundervoll auf einem Landsitz gelegen, ist dieses türmchenbewehrte Herrenhaus vor allem für seine exquisite Küche in einer großartigen Atmosphäre berühmt. 13 Zimmer. £ 70.

SCHOTTISCHES HOCHLAND

The Lodge on the Loch
Creag Dhu
Onich, bei Fort William
Inverness-shire
Tel.: 08553-237
Ein phantastischer Platz, direkt am Loch Linnhe, und damit ideal für Ausflüge in die Western Highlands. Ausgezeichnete schottische Gastlichkeit. 18 Zimmer. £ 60.

Bunchrew House
Bunchrew
Inverness
Tel.: 0463-23 4917
Leben wie ein Lord in diesem prunkvollen Herrensitz aus dem 17. Jahrhundert; man kann fischen (Lachs), Golf spielen und segeln. Das Restaurant mit Seeblick bietet traditionelle schottische Küche. 6 Suites. £ 100.

Loch Duich Hotel
Ardelve
Kyle of Lochalsh
Wester Ross
Tel.: 059985-213
Ausgezeichnetes Essen und guten Service bietet dieses sympathische Hotel; bis zum märchenhaften Eilean Donan Castle ist es nur ein Spaziergang. Fährverkehr zur Isle of Skye. 17 Zimmer. £ 50.

Knockomie Hotel
Grantown Road
Forres
Morayshire
Tel.: 0309-731 46
Dieses herrliche Landhaus im Edward-Stil bietet herzliche Gastlichkeit mit phantasievoller Küche und ist ein guter Ausgangspunkt zum berühmten *malt whisky trail*. 7 Zimmer. £ 60

INNS & PUBS

Die britischen Gasthäuser (*Inns*) sind in den letzten Jahren als Unterkunft immer beliebter geworden. Nicht nur, daß sie billiger und kleiner als Hotels sind, sie offerieren darüber hinaus speziellen Charme sowie die Möglichkeit, die Nachbarschaft unmittelbar kennenzulernen.

Inns gibt es nur in England, und sie gehen zurück auf die Zeiten der Römer. Deshalb gibt es auch eine Fülle von historischen Tavernen, vor allem in den Landgemeinden, Dörfern und an Straßen, auf denen im Mittelalter Pilger wanderten oder Straßenräuber ihr Unwesen trieben. Viele dieser Inns haben ihren alten Charakter bewahrt mit einem offenen Kamin, niedrigen Decken und einer gemütlichen Atmosphäre, die sich auch mit modernem Komfort verträgt. Dennoch mag der Aufenthalt in einem Inn oder Pub nicht unbedingt behaglich sein, denn in den ländlichen Gegenden machen die Pubs oft einen sehr institutionalisierten Eindruck. Die Skala reicht von „einfach" bis „blasiert", das kulinarische Angebot von Bar-Snacks bis Restaurantqualität.

GÄSTEHÄUSER

Irgendwo zwischen Hotel und B & B-Unterkunft angesiedelt, sind Gästehäuser im allgemeinen kleine und freundliche Familienunternehmen. Frühstück ist gewöhnlich im Preis inbegriffen.

BED & BREAKFAST

In der Regel sind es Privathäuser, die einige Zimmer zu vermieten haben. Zwar unterschiedlich im Standard, kann man doch überall freundliche Gastlichkeit erwarten, die ein herzhaftes englisches Frühstück mit Ei und Schinken miteinschließt sowie wichtige touristische Hinweise. Erkennbar durch ein B&B-Schild am Haus, sind sie meist leicht zu finden, vor allem an den Stadträndern und in Touristengegenden. B&Bs werden allerdings in der letzten Zeit immer gefragter, und es empfiehlt sich, einige Tage im voraus zu buchen, vor allem in der Hauptsaison.

B&B bieten heute auch viele Bauernhäuser, vor allem in Wales, wo man einen guten Einblick ins englische Landleben bekommen kann.

SELBSTVERSORGER

Die Auswahl reicht von anspruchsvollen Stadtwohnungen oder malerischen Landhäusern bis hin zu solch ungewöhnlichen Gebäuden wie *oast houses* (enthielten früher Trockenöfen) und Schlössern oder sogar Hausbooten. Die Broschüre des English Tourist Board, *Home from Home*, nennt um die 200 Möglichkeiten für Selbstversorger, von

Fischerhäusern am Felsvorsprung bis zu ausgebauten Scheunen aus dem 19. Jahrhundert. Dieses Programm ist Teil der *Break with Tradition*-Kampagne.

Der **National Trust** und der **National Trust for Scotland** vermieten historische Gebäude. Um Näheres zu erfahren, schreiben sie an:

The National Trust
36 Queen Anne's Gate
London SW1

The National Trust for Scotland
5 Charlotte Square
Edinburgh EH2.

Der **Landmark Trust**: Diese wohltätige Stiftung, die 1965 gegründet wurde, um kleinere Gebäude vor dem Verfall zu bewahren, hat über 200 historisch oder architektonisch interessante Objekte zu vermieten. Die Liste reicht von mittelalterlichen Burgen und gotischen Kirchen bis zu Wasser- und Leuchttürmen. Alle sind restauriert und entsprechend dem Original möbliert worden. Die Preise gehen von £ 100 (2 Personen/3 Tage) bis £ 1000 (12 Personen/1 Woche, in der Hauptsaison). Detaillierte Informationen vermittelt ein Handbuch, das per Post unter folgender Adresse angefordert werden kann (Bezahlung per Scheck oder Kreditkarte):

The Landmark Trust
Shottesbrooke
Maidenhead
Berkshire
Tel.: 0628-82 59 25.

AGENTUREN

Bei folgenden Selbstversorger-Agenturen (*Self-Catering Agencies)* sind Prospekte erhältlich:

Blakes Country Cottages
Wroxham
Norwich
Norfolk NR12
Tel.: 0603-78 32 21
Über 1000 ländliche Übernachtungsmöglichkeiten (*Cottages*) für 2 - 8 Personen in schönen Gebieten Englands. Von £ 131 (3 Nächte) bis £ 560 (7 Nächte).

Cornish Traditional Cottages Ltd
Peregrine Hall
Lostwithiel
Cornwall PL22
Tel.: 0208-87 25 59
400 Cottages, Häuser und Apartments in Cornwall für 2 - 12 Personen. Von £ 60 (4 Nächte) bis £ 300 (7 Nächte).

Dales Holiday Cottages
12 Otley Street
Skipton
North Yorkshire BD23 1DZ
Tel.: 0756-79 98 21
Über 350 Häuser und Cottages in Northumbria, Yorkshire Dales, im Moor und an der Küste für 2 - 10 Personen. Von £ 60 (2 Nächte) bis £ 450 (7Nächte).

English Country Cottages Ltd
Dept E101
Fakenham
Norfolk NR21 8AS
Tel.: 0328-86 40 41
Große Auswahl an über 2000 ländlichen Objekten, darunter *oast houses*, Schlösser und Herrenhäuser für 2 - 22 Personen. £ 80 (3 Nächte) bis £ 1035 (7 Nächte).

Forest Holidays
Forestry Commission
231 Corstorphine Road
Edinburgh EH12 7AT
Tel.: 031-334 03 03
Forsthütten für 5 oder 6 Personen oder Bauernhäuser in Yorkshire, Cornwall und Schottland. Haustiere willkommen. Von £ 60 (3 Nächte) bis £ 105 (7 Nächte).

Hayward Cottage Holidays
Lansdowne Place
17 Holdenhurst Road
Bournemouth
Dorset BH8 8EH
Tel.: 0202-55 55 45
Über 200 Ferienhäuser in ländlichen Gebieten und an der Küste im Süden und Südwesten, vom mittelalterlichen Gebäude bis zum Elisabethanischen Sommerhaus für 2-12 Personen. Von £ 51 (3 Nächte) bis £ 284 (7 Nächte).

Heart of the Lakes & Cottage Life
Rydal Holme
Rydal
Ambleside
Cumbria LA22 9LR
Tel.: 053 94-323 21
Ferienhäuser inmitten des malerischen Lake Districts für 2 - 10 Personen. Von £ 60 (2/3 Nächte) bis £ 660 (7 Nächte).

Helpful Holidays
Coombe
Chagford
Devon TQ13 8DF
Tel.: 0647-43 35 93
Eine große Auswahl an Unterkünften in schönen Dörfern und Landstrichen Westenglands für 2 - 20 Personen. Von £ 50 (3 Nächte) bis £ 500 (7 Nächte).

Scottish Highlands Holiday Homes
Wester Altouriell
Abiachan
Inverness
Tel.: 9463-862 47
Eine Reihe von Ferienhäusern und Cottages im schottischen Hochland.

London

Holiday Flats Services Ltd
16 Gloucester Place
London W1
Tel.: 071-486 86 46
Verfügt über eine umfangreiche Liste an Wohnungen in Großlondon, von £ 300 für ein Studio bis zu einigen tausend Pfund für ein Fünf-Sterne-Luxus-Apartment.

Apartment Services
2 Sandwich Street WC1
Tel.: 071-388 35 58
60 Privatquartiere in Zentral-London, vor allem in Bloomsbury und Covent Garden. £ 150-£ 700 pro Woche.

Holiday Flats
1 Princess Mews
Belsize Crescent NW3
Tel.: 071-794 11 86
60 Privatquartiere, 1-4-Bett-Wohnungen, in Hampstead, St John's Wood und Bayswater. £ 250-£ 700 pro Woche.

JUGENDHERBERGEN

Es gibt mehr als 260 Jugendherbergen in Britannien. Das Angebot reicht von Stadthäusern bis zu Strandhäusern. Sie sind klassifiziert in *simple*, *standard* und *superior*. Die Ausstattung ist sehr einfach, dafür ist die Übernachtung, gewöhnlich in größeren Schlafräumen mit Wandbetten, billig. Jeder ist verpflichtet, sich an den Hausarbeiten zu beteiligen. Daher ist diese Art Unterbringung ideal für solche, die sich an gelegentlicher Unordnung nicht stören, die Gemeinschaftsleben schätzen und sich auch einmal persönlich einschränken können. Die maximale Aufenthaltsdauer beträgt drei Tage. Sie müssen einen nationalen oder internationalen Herbergsausweis besitzen, um hier übernachten zu können. Mitglied kann jeder werden.

Youth Hostel Association (YHA)
Hauptbüro:
Trevelyan House
8 St. Stephen's Hill
St. Albans
Herts
Tel.: 0727-552 15

Scottish Youth Hostels Association (SYHA)
7 Glebe Crescent
Stirling
Tel.: 0786-511 81

YHA Shop:
14 Southampton Street
London WC2
Tel.: 071-836 85 41

Londoner Jugendherbergen:

36 Carter Lane
EC4, Tel.: 071-236 4965
(die größte in GB mit 282 Betten)

38 Bolton Gardens
SW5
Tel.: 071-373 30 83
(111 Betten)

4 Wellgarth Road
NW11
Tel.: 081-458 90 54
(220 Betten)

84 Highgate West Hill
N6
Tel.: 081-340 18 31 (62 Betten)

Holland House
Holland Walk
Kensington W8
Tel.: 071-937 07 48 (190 Betten)

ESSEN & TRINKEN

Viele, die an britisches Essen denken, malen das düstere Bild von einer unappetitlichen Kost, die schwer im Magen liegt und die Geschmacksnerven nicht zu erregen vermag. Dennoch: Obwohl das traditionell langweilige *meat and two veg* (Fleisch und zwei Gemüse) sich wohl nicht ändern wird, haben viele Briten sich inzwischen von der internationalen Küche beeinflussen lassen und dadurch die herkömmlichen Rezepte verfeinert.

Dieser Trend ist in den letzten Jahren von einer Generation talentierter Küchenchefs ausgelöst worden, die den alten Rezepten neues Leben eingehaucht haben, indem sie sie mit französischen und internationalen Anregungen kombinierten, um so ein leichteres und geschmackvolleres Essen auf der Grundlage heimischer Erzeugnisse herzustellen. Diese feine Küche bevorzugt saftiges Waliser Lamm, serviert in Minzsoße mit feinen Früchten und Gemüse aus Kent, dem Garten Englands.

Schottland ist weltberühmt für seine Rinder. Diese im Hochland gezüchteten Tiere produzieren das begehrte *prime steak* – unschlagbar, wenn es mit Rahm, Whisky und Hafergrütze serviert wird. Lachs aus den Flüssen und Seen Schottlands ist genauso bekannt wie die Meerestiere. Die britischen Farmer sind mit Recht stolz auf ihre Arbeit, und sie zeigen ihre Produkte auf den vielen Landwirtschaftsausstellungen, die in den Sommermonaten stattfinden.

In Schottland fördert das **Taste of Scotland**-Programm, das vom Fremdenverkehrsamt initiiert wurde, Hotels und Restaurants, die die traditionelle Küche unter Verwendung der besten heimischen Produkte pflegen. Halten Sie Ausschau nach einem weißen Suppentopf-Symbol! Eine aktuelle Liste ist beim **Taste-of-Scotland-Scheme**, 33 Melville Street, Edinburgh, für £ 2.80 zu bekommen. Eine ähnliche Liste bietet das Welsh Tourist Board für Wales an.

Natürlich spielt der **Fisch** im Insel-Land Großbritannien die wichtigste Rolle. Schellfisch, Kabeljau und Scholle kommen häufig auf den englischen Tisch, während Austern als Delikatesse gelten und nur in den Monaten mit „r" gegessen werden. Die besten Austern kommen von der North Farm, East Mersea in Cholester, wo jeden ersten Freitag im Monat Austern-Touren durchgeführt werden.

Britischer **Käse** ist wirklich gut. Neben den Hartkäse-Sorten wie *Cheddar*, *Double Gloucester* und *Wenslaydale* gibt es den berühmten, stark duftenden *Stilton* und den feinen Waliser Ziegenkäse. Um die traditionelle Käseherstellung kennenzulernen, besuchen Sie die Molkerei Viscount Chewton's Cheese Dairy, Priory Farm, Chewton Mendip in Somerset. Möchten Sie die breite Palette der britischen Käse- und Weinproduktion probieren, besuchen Sie The Nobody Inn in Doddiscomsleigh on Dartmoor, wo man zwischen 30 Käsesorten und vielen Weinen wählen kann.

Die beste Grundlage für einen anstrengenden sightseeing-Tag ist das gute **Englische Frühstück**. Es besteht aus Ei mit Schinken, Würstchen, gegrillten Tomaten und Toastschnitten, die mit viel Tee oder Kaffee hintergespült werden. Alternativ können Sie auch *porridge* (Haferbrei) oder *kippers* (Räucherhering) wählen.

Der **Sunday Lunch** (Sonntagsmahl) ist eine feste britische Tradition, die jede Woche die ganze Familie bei *roast and vegetables* (Braten und Gemüse) zusammenbringt. Zu einem Festschmaus gehören *roast beef* (Rinderbraten), *Yorkshire pudding* (gebratener Eierteig) mit Meerrettichsauce, gegrilltes Schweinefleisch mit Füllung und Apfelsauce, aber auch gegrillter Fasan oder Ente – alles serviert mit Bratensaft, im Ofen gebackenen Kartoffeln und Gemüse.

Viele Ausländer amüsieren sich über das britische Ritual des **afternoon tea** (Nachmittagstee) – bis sie selbst diesen Tee probiert haben. Dazu gehören Teekuchen, Marmelade und Sahne (Schlagsahne in Devon und Cornwall) und natürlich eine Kanne Tee. Einer der besten Tees wird im Primrose Cottage in Lustleigh bei Dartmoor in Devon serviert.

Das traditionelle **Fast food** ist *fish and chips* (Fisch mit Pommes frites). Im Norden werden sie in Rinderschmalz gebacken, und dazu gehört unbedingt eine Art Erbsenbrei, während sie im Süden in Pflanzenöl gebacken werden. Eines der ältesten, größten und berühmtesten Bratküchen ist Harry Ramsdens bei Guiseley in Leeds, wo die Leute seit über 60 Jahren wegen fish and chips anstehen.

Wie man gute **Wurst** (*sausage)* macht, weiß man in Yorkshire. Der James Woodland Sausage Shop, Keighley, verkauft über 30 verschiedene Wurstsorten, darunter Schweinefleisch mit Lauch, Lamm mit Minze und Schinken mit Ananas.

In Staffordshire und Derbyshire sind **oatcakes** (Hafergebäck) über Jahrhunderte ein Hauptteil des Speiseplans gewesen. Sie bilden einen ausgezeichneten Imbiß, wenn sie heiß mit geschmolzenem Käse serviert werden. Eine andere Derbyshire-Spezialität ist das Mandelgebäck, *Bakewell Tart* genannt, und natürlich schmeckt es am besten in Bakewell, im Peak District.

Internationale **Fast-food-Ketten** eröffnen Niederlassungen in jedem Stadtzentrum. Um einen schnellen und preiswerten Imbiß zu erhalten, ist es jedoch viel angenehmer, ein gemütliches Café aufzusuchen oder einen Pub, der Selbstgemachtes anbietet. Ein solcher typischer **Bar-Snack** besteht aus *soups* (Suppen), *steak-and-kidney pie* (Steak-und-Nieren-Pastete), *pork pie* (Schweinefleisch-Pastete), Lasagne, Quiche und dem immer beliebten *ploughman's lunch* aus Brot, Käse, Gurken und Salat (die Bezeichnung ist die gelungene Schöpfung von Werbefachleuten und hat in Wirklichkeit wenig mit dem Geschmack eines „Pflügers" zu tun). Sehr angenehm ist im Sommer ein Imbiß in einem Pub auf dem Lande, wo man draußen sitzt.

Ein Vermächtnis aus den Tagen des Britischen Empires sind die vielen **ausländischen Restaurants**. Chinesische und indische Lokale sind am weitesten verbreitet und immer eine gute Adresse. In jeder Stadt gibt es wenigstens eines von ihnen. Das chinesische Personal kommt meistens aus Hongkong.

Die Briten gehören sicher zu den größten Konsumenten von **Süßigkeiten** (*sweets*) auf der ganzen Welt. Gehen Sie in irgendeinen Lebensmittelladen, und Sie werden von der Auswahl an Schokoladenriegeln überwältigt sein. Cadbury's gehört zu den führenden Produzenten. Sie können das Cadbury World Visitor's Centre in Bourneville, Birmingham, besichtigen. Dort erwarten Sie ein Überblick über die Geschichte der Schokolade sowie Führungen mit Kostproben.

Was die **Krämerläden** (*groceries*) angeht, so sind der freundliche Bäcker, der Metzger und der Gemüsehändler in der Nachbarschaft ein Opfer der großen Supermärkte geworden. Die Konsumenten haben ihre Einkaufsgewohnheiten geändert. Unternehmen wie Tesco und Saisbury bestimmen das Geschehen. Marks & Spencers Lebensmittelabteilung wird von der Mittelklasse bevorzugt, denn ihre Angebote unterliegen einer strengen Qualitätskontrolle (schlägt sich im Preis nieder). Die berühmten Lebensmittelabteilungen bei Harrods und Fortnum & Mason's in London sollten Sie gesehen haben. Sie werden konfrontiert mit einer Fülle von Delikatessen in einem eleganten Ambiente.

Die Briten sind als starke Biertrinker bekannt. Es gibt über 1200 Biersorten auf dem Markt, darunter *bitter*, *lager*, *pale ale*, *stout* und *real ale*. Die Fans des letzteren, geleitet von der Campaign of Real Ale (CAMRA), setzen sich für eine stärkere Verbreitung dieses traditionellen Gebräus ein, das einer zweiten natürlichen Fermentation im Faß unterzogen und ohne Preßluft ausgeschenkt wird. Viele örtlichen Brauereien produzieren heute ihr eigenes real ale, das in den örtlichen Pubs angeboten wird. Dennoch wird zwei Drittel des Marktes von sechs nationalen Brauereien beherrscht, und leichtes Lager-Bier hat in den letzten Jahren bedeutende Marktanteile gewonnen. Bass, eines der großen Unternehmen, hat ein Museum in seiner Brauerei in Burton-on-Trent eingerichtet. Besichtigung ist nach Voranmeldung möglich.

Die Briten entdecken immer mehr den **Wein.** Gehen Sie in einen Supermarkt oder ein Spirituosengeschäft und Sie werden eine reiche Auswahl an Weinen aus aller Welt finden. England produziert auch selbst Wein, hauptsächlich in Kent, wo trockener Wein auf der Grundlage deutscher Reben gekeltert wird. Es gibt zahlreiche Weingüter, wie z.B. in Tenterden, Barkham Manor und Lamberhurst (Englands größtes Weingut), die Besucher empfangen, so das English Wine Centre in Michelham Priory in East Sussex.

Viele Engländer stellen zu Hause ihren eigenen Wein her, aus Früchten, Holunder, Nesseln oder Löwenzahn. Merrydown in Horam, East Sussex, stellt Fruchtweine her, und Besucher können die Produktionsanlagen besichtigen.

Der Westen (Devon, Somerset and Dorset) ist berühmt für seinen **cider** und seinen **scrumpy**, die aus Äpfeln gemacht werden. Ohne Zweifel sind diese Getränke mit den Normannen im 11. Jahrhundert aus Frankreich herübergekommen. Sie können folgende Firmen besichtigen: Dartington Cider Press Centre in Devon, Perry Cider Mills in Illminster, Somerset, oder Mill House Cider Museum in Warmwell, Hampshire.

Im **Whisky** offenbart sich der Geist Schottlands. Mehr als 100 Destillerien stellen dort ihren eigenen *malt* her, den Aristrokaten unter den Whiskys. Wer den kleinen Schluck liebt, sollte einen Besuch des *whisky trail* erwägen, der durch das Spey-Tal führt, in dem die Hälfte der schottischen Whisky-Firmen angesiedelt ist. Ein Firmenbesuch ist gewöhnlich mit einer Probe verbunden.

RESTAURANTS

Hier ist eine Auswahl der besten britischen Restaurants. Die Preise beziehen sich auf ein Abendessen zu zweit, obwohl ein festes Menü deutlich billiger ist. Viele Restaurants befindet sich in Landhäusern. Eine weit ausführlichere Liste der Londoner Top-Restaurants findet sich im *Apa Insight City Guide: London.*

LONDON

Top-Adressen

Chez Nico
35 Great Portland Street
W1
Tel.: 071-436 88 46
Ein Perfektionist aus Leidenschaft, Nico Ladenis, serviert klassische französische Küche, die ihm zwei Michelin-Sterne eingebracht hat. Wochenende geschlossen. Ab £ 100.

Le Gavroche
43 Upper Brook Street
W1
Tel.: 071-408 08 81
Das einzige Londoner Restaurant, das jemals mit drei Michelin-Sternen ausgezeichnet wurde, dank der kulinarischen Kreativität von Albert Roux. Ab £ 100.

Harvey's
2 Bellevue Road
SW17
Tel.: 081-672 01 14
Der übersensible Marco Pierre White zelebriert seine Künste mit einer Brillanz, die ihm viel Beifall, einschließlich zweier der begehrten Michelin-Sterne, eingetragen hat. Ab £ 70.

Alastair Little
49 Frith Street
W1
Tel.: 071-734 51 83
Little, der Doyen der neuen britischen Kochschule, präsentiert eine phantasievolle Küche und ausgewählte Gerichte in einer geschmackvoll gestalteten Umgebung. Ab £ 70.

Traditionell

The English House
3 Milner Street
SW3
Tel.: 071-584 30 02
Anheimelnd dekorierter Speiseraum in einem prächtigen Stadthaus in Chelsea . Das Essen hat historischen Charakter. £ 35 Lunch/£ 55 Dinner.

The Lindsay House
21 Romilly Street
W1
Ableger des The English House.

Simpsons-in-the-Strand
100 Strand
WC2
Tel.: 071-836 9112
The Grand Divan Tavern in diesem berühmten Kaufhaus ist ein Speiselokal im Edward-Stil, bekannt für das beste Roast Beef in London. Sehr traditionell. In legerer Kleidung kein Zutritt. £ 51.

Wilson's
236 Blythe Road
W14
Tel.: 071-603 72 67
Hat den besten Sonntags-Lunch in der Stadt. Während der Woche wird eine gleich hohe

Qualität geboten. Der exzentrische Patron trägt einen Kilt. £ 40 Lunch/£ 60 Dinner.

Rudland and Stubbs
35-37 Greenhill Rents
Cowcross Street
EC1
Tel.: 071-253 01 48
Fischgerichte nach englischen und französischen Rezepten in einem altertümlichen Interieur mit gekachelten Wänden und kahlem Fußboden. £ 37.

Im Trend

Langan's Brasserie
Stratton Street
W1
Tel.: 071-493 88 22
Schauspieler Michael Caine ist einer der Besitzer dieser eleganten Brasserie, in der oft die prominenten Gäste das beachtenswerte Essen in den Schatten stellen. £ 55.

Hard Rock Café
150 Old Park Lane
W1
Tel.: 071-629 03 82
Ein Heiligtum der Rock-Musik mit einer außerordentlichen Sammlung an Erinnerungsstücken. Ausgezeichnete Hamburger, lange Schlangen, hoher Geräuschpegel und viel Spaß. £ 30.

Kensington Place
205 Kensington Church Street
W8
Tel.: 071-727 31 84
Ungezwungen, hektisch, ein New York-style Restaurant. Modernes Dekor und abenteuerliche Speisen. £ 55.

The Ivy
1 West Street
W1, Tel.: 071-836 47 51
Ausgesuchtes Dekor, große Kunst und ein durchdachter Speiseplan haben die Wiedereröffnung des Restaurants 1990 zu einem nachhaltigen Erfolg werden lassen. £ 60.

Le Caprice
Arlington Street
SW1
Ableger des The Ivy und genauso beeindruckend bezüglich Einrichtung und Speisen.

The Dining Room
(vegetarisch)
Winchester Walk
SE1
Tel.: 071-407 03 37
Dieses unkonventionelle Kellerlokal macht phantasievollen Gebrauch von allem, was auf dem benachbarten Obst- und Gemüsemarkt gut aussieht. Täglich wechselnde Menüs, Weine aus biologischem Anbau. Am Wochenende geschlossen. £ 30.

Europäisch

L'Artiste Assoiffé
(französisch)
122 Kensington Park Road
W11, Tel.: 071-727 51 11
Karussellpferde und Papageien schmücken dieses vergnüglich unterhaltsame Restaurant in der Nähe der Portobello Antiquitätenläden. £ 40.

La Bastide
50 Greek Street
W1, Tel.: 071-734 33 00
Dieses charmante Restaurant in Sohos ältestem Haus bietet regionale französische Küche. £ 58.

Manzi's
1-2 Leicester Street
WC2
Tel.: 071-734 02 24
Zeitloses italienisches Restaurant mit traditionellen Fischgerichten in der Nähe des Leicester Square. £ 45.

Orso
(italienisch)
27 Wellington Street
WC2
Tel.: 071-240 52 69
Italienisches Kellerrestaurant, wird gern von Theater- und Medienleuten besucht. £ 45.

Joe Allen
13 Exeter Street
WC2
Ableger des Orso.

Exotisch

Café Pacifico
(mexikanisch)
5 Langley Street
W1
Tel.: 071-437 7144
Junge und laute mexikanisch-texanische Mischung mit dem typischen Repertoire an *fajitas*, *enchiladas* und *tacos* – und natürlich die unvermeidlichen *margaritas*. In einem umgebauten Lagerhaus in Covent Garden. £ 30.

Chiang Mai
(thailändisch)
48 Frith Street
W1
Tel.: 071-437 71 44
Einem traditionellen Stelzenhaus nachempfunden, mit einem umfangreichen Angebot an Gerichten aus Nordthailand. £ 30.

Fung Shing
(chinesisch)
15 Lisle Street
W1
Tel.: 071-437 15 39
Seit langem eines der besten Lokale in Chinatown und immer zum Bersten voll. £ 40.

The Red Fort
(indisch)
77 Dean Street
W1, Tel.: 071-437 24 10
Reputierliches Restaurant in Soho, das ausgezeichnete Mogul-Küche serviert, in einem luxuriösen Ambiente. £ 45.

Jamdani
34 Charlotte Street
W1
Ableger des The Red Fort

Wong Kei
41 Wardour Street
W1
Tel.: 071-437 84 08
Nicht abschrecken lassen von der barschen Bedienung, wofür dieses dreistöckige Restaurant berüchtigt ist! Kantonesische Küche, die ihr Geld wert ist. Nur Bargeld. £ 20.

Thackeray's House
85 London Road
Tunbridge Wells
Kent
Tel.: 0892-51 19 21
Einst von dem berühmten Schriftsteller William M. Thackeray bewohnt, ist dieses Haus dennoch kein bloßes Andenken-Restaurant; die Küche will ernstgenommen werden. £ 80.

La Vieille Auberge
27 High Street
Battle
E. Sussex
Tel.: 0424-622 55
Nicht weit von Battle Abbey; ein kleines, freundliches Restaurant mit französischer Küche. Die Preise sind ausgesprochen günstig. Zusätzlich gibt es vegetarische Menüs. £ 45.

Gravetye Manor
Vowels Lane
East Grinstead
W. Sussex
Tel.: 0342-810567
Ein erstaunlicher Herrensitz im elizabethanischen Stil, mit wunderbarer Holztäfelung, inmitten einer herrlichen Gartenanlage. Die Küche, sowohl traditionell als auch modern britisch, überzeugt in gleicher Weise. £ 90.

Montagu Arms
Palace Lane
Beaulieu
Hampshire
Tel.: 0590-61 2324
Hotel und Restaurant mit ausgezeichneter englischer Küche. £ 70.

Le Poussin
57 Brookley Road
Brockenhurst
Hampshire
Tel.: 0590-230 63
Der Küchen-Autodidakt Alex Aitkin kombiniert auf gelungene Weise französische Haute Cuisine mit heimischen Zutaten. In einem malerischen Dorf gelegen, nicht weit von der Küste und New Forest. £ 100.

Chewton Glen

Christchurch Road
New Milton
Hampshire
Tel.: 0425-27 53 41
Luxuriös ausgestattetes Landhaus-Hotel mit einem exzellenten Freizeitangebot und tadellosem Service. Das Essen ist ebenso hervorragend, mit vegetarischen Speisen in Ergänzung zu Fleisch- und Fischgerichten. £ 90.

Gidleigh Park

Chagford
Devon
Tel.: 0647-323 67
Auf einem herrlichen Landstück an der Grenze von Dartmoor liegt dieses malerische Landhaus, das in einem Pseudo-Tudor Stil errichtet wurde. Der Chef des Hauses, Sean Hill, zeigt sehr viel Talent. £ 80.

The Carved Angel

2 South Embankment
Dartmouth
Devon
Tel.: 0803-83 24 65
Gutsituiertes Restaurant, das eine kultivierte moderne britische Küche bietet; malerisch, oberhalb des Hafens von Dartmouth und der Dartmündung gelegen. £ 70.

MITTELENGLAND

Oakes

169 Slad Road
Stroud
Gloucestershire
Tel.: 0453-7599 50
Nur beste Frischware nimmt Chris Oakes für die Kreationen seiner modernen englischen Küche, serviert in schlichtem rustikalem Ambiente. £ 60.

Redmond's at Malvern View

Cleeve Hill
Cheltenham
Gloucestershire
Tel.: 0242-67 20 17
Oberhalb des Badeortes Cheltenham gelegen, mit Ausblick auf die Malvern Hills, genießt dieses Restaurant einen hervorragenden Ruf wegen seiner superben modernen britischen Küche. £ 60.

The Waterside Inn

Ferry Road
Bray-on-Thames
Tel.: 0628-206 91
An einem idyllischen Ort, mit Blick auf die Themse, liegt dieses Restaurant, das zu den ganz exquisiten in England gehört. Der geniale Michel Roux hat sich hier große Anerkennung erworben, die sich auch in mehreren Michelin-Sternen über die Jahre niedergeschlagen hat. £ 120.

Le Manoir Aux Quat' Saisons

Great Milton
Oxfordshire
Tel.: 0844-27 88 81
Allgemein als Britanniens Restaurant Nr. 1 anerkannt. Der unvergleichliche Raymond Blanc kreiert exquisite Gerichte in seinem wunderschönen Cotswold-Herrenhaus. Über £ 130.

The Leatherne Bottle

Goring-on-Thames
Oxfordshire
Tel.: 0491-87 26 67
Ein stilvoller, anheimelnder Gasthof am Fluß, mit einer großartigen Küche, die nur ausgesuchte Frischware verwendet. £ 50.

Hambleton Hall

Hambleton
Oakham
Leicestershire
Tel.: 0572-75 69 91
Elegantes Restaurant mit moderner britischer Küche, in einem feinen Landhaus-Hotel auf einem herrlichen Grundstück gelegen. £ 75.

Hintlesham Hall

Hintlesham
Ipswich
Suffolk
Tel.: 0473-873 34
Klassisches Landhaus-Hotel im friedlichen Suffolk, mit qualitätsvoller britischer Küche. £ 70.

NORDENGLAND

Bilbrough Manor

Bilbrough
York, Tel.: 0937-83 40 02
Traditionelle englische Küche und Gastlichkeit in diesem heimeligen Landhaus-Hotel im

Edward-Stil. Großes Landgut in der Nähe von York. £ 55.

McCoy's
The Cleveland Tontine
Staddlebridge
Northallerton
North Yorkshire
Tel.: 0609-826 71
Ein Höhepunkt englischer Exzentrizität. Ein verschwenderisches Stil-Interieur, entspannte Atmosphäre und eine der besten Küchen, die Britannien zu bieten hat. £ 65 - £ 70.

Sharrow Bay Hotel
Howton Road,
Ullswater
Tel.: 0853-64 83
Exzentrisches Landhaus-Hotel im Lake District, das Menüs in sechs festen Preislagen anbietet. Beste moderne und traditionelle britische Küche. £ 75.

SCHOTTLAND

The Altnaharrie Inn
Ullapool
Highland
Tel.: 0854-832 30
Vom anschaulichen Fischerdorf Ullapool am Loch Broom ist es nur eine kleine Bootsfahrt oder ein kurzer Fußmarsch (6 km), um eine der besten Küchen Schottlands kennenzulernen. Alles ist hier selbstgemacht, wie die Kräuter-und Hagedorn-Suppe. Falls Sie den Rückweg nicht mehr schaffen, können Sie über Nacht bleiben. £ 80.

The Champany Inn
bei Linlithgow
Lothian
Scotland, Tel.: 0506-83 45 32
Serviert mit die besten Steaks in Britannien. Sie kommen vom *prime Highland Aberdeen Angus cattle*. £ 90.

Inverlochy Castle
Torlundy
Fort William
Highlands
Tel.: 0397-21 77
In diesem Schloß am Fuß des Ben Nevis, wo Graham Newbould (der ehemalige Küchenchef des Prince of Wales) königlich britisch kocht. £ 90.

The Peat Inn
Peat Inn
bei Cupar
Fife
Tel.: 0334-842 06
Französische Küche von höchster Qualität, in entsprechender Umgebung serviert. Exzellente Weinkarte. £ 65.

WALES

Bodysgallen Hall
Llandudno
Gwynedd
Tel.: 0492-58 44 66
Nobles Haus aus dem 17. Jahrhundert, ausgestattet mit Antiquitäten und einer großartigen Gartenanlage. Traditionelle walisische Rezepte werden mit den besten örtliche Zutaten zubereitet. £ 50.

The Walnut Tree
Llandewi Skirrid
bei Abergavenny
Tel.: 0873-27 97
Ein freundlicher weißgetünchter Landgasthof, der ausgezeichnete Wild- und Fischgerichte auf europäische Weise zubereitet. £ 45.

ERKUNDUNGEN

TOURISTISCHE ATTRAKTIONEN

Statistisch gesehen sind dies die beliebtesten touristischen Anziehungspunkte, für die kein Eintritt erhoben wird:

Blackpool Pleasure Beach
Lancashire, 6,5 Millionen Besucher
Albert Dock
Liverpool, 5,1 Millionen
British Museum
London, 4,7 Millionen
Strathclyde Country Park
Glasgow, 3,9 Millionen

National Gallery
London, 3,4 Millionen
Pleasure Beach
Great Yarmouth, Norfolk, 2,5 Millionen
Bradgate Park,
Leicestershire, 1,3 Millionen
Stapeley Water Gardens
Cheshire, 1,3 Millionen
Tate Gallery
London, 1,2 Millionen
Glasgow Art Gallery and Museum
1 Million

Wird Eintritt gefordert, sinkt das Besuchsinteresse spürbar. Das Natural History Museum in London zum Beispiel hat nach Einführung eines Eintrittspreises ein Drittel seiner Besucher verloren. Hier die zehn meistbesuchten Attraktionen, die Eintritt verlangen:

Madame Tussaud's Waxworks Museum
London, 2,6 Millionen
Alton Towers Amusement Park
Staffordshire, 2,4 Millionen
The Tower of London
2,2 Millionen
Blackpool Tower
1,5 Millionen
Natural History Museum
London, 1,5 Millionen
Thorpe Park
Surrey, 1,3 Millionen
Chessington World of Adventure
Surrey, 1,2 Millionen
London Zoo
1,2 Millionen
Science Museum
London, 1,1 Millionen

LANDSITZE

Die drei meistbesuchten Landsitze – Warwick Castle, Leeds Castle und Blenheim Palace – verfügen über beträchtlichen Grundbesitz und locken daher mehr Besucher an als ihre Konkurrenten. Die Besucherzahlen wurden durch die Historic Houses Association ermittelt:

Warwick Castle
Warwick, 685 000
Leeds Castle
Kent, 540 000
Blenheim Palace
Oxfordshire, 528 000

Castle Howard
Yorkshire, 221 000
Harewood House
Yorkshire, 181 000
Blair Castle
Perth, 171 000
Arundel Castle
West Sussex, 169 000
Bowood House
Wiltshire, 123 000
Dunvegan Castle
Inverness, 114 000
Exbury Gardens
Hampshire, 109 000
Glamis Castle
Angus, 109 000
Cawdor Castle
Nairn, 108 000
Scone Palace
Perth, 107 000

NATIONALE DENKMÄLER

Zwei große nationale Organisationen sind für die Pflege und Erhaltung historischer Bauwerke, Gärten und Landschaften zuständig: **British Heritage** und **The National Trust**. Die drei Heritage-Sektionen werden vom Staat getragen und sind für historisch bedeutende Objekte verantwortlich, während der National Trust, eine gemeinnützige Einrichtung, sich um Herrensitze und Nationalparks kümmert.

English Heritage versorgt mehr als 350 Liegenschaften, einschließlich Stonehenge und Dover Castle. Die Einzelmitgliedschaft kostet £ 15, Familienmitgliedschaft £ 30, Senioren zahlen £ 10.50. Näheres bei

English Heritage
Key Sign House
429 Oxford Street
London W1R 2HA
Tel : 071-973 30 00.

Das **historische Schottland** hat 330 Liegenschaften, darunter Glasgow Cathedral und Edinburgh Castle. Einzelmitgliedschaft kostet £ 11, Familienmitgliedschaft £ 18, für Senioren und Studenten £ 7. Näheres bei :

Historic Scotland
20 Brandon Street
Edinburgh EH3 5RA
Tel.: 031-244 31 01.

Cadw (Welsh Heritage) verwaltet 127 Liegenschaften – von römischen Ruinen bis zu Schlössern wie Caernarfon, Conway, Beaumaris und Tintern Abbey. Die Einzelmitgliedschaft kostet £ 10, Familienmitgliedschaft £ 20, für Senioren £ 8. Nähere Information durch

Cadw
Brunel House
2 Fitzalan Road
Cardiff CF2 1UY
Tel.: 0222-46 55 11.

Der **National Trust** wurde 1895 als eine unabhängige Stiftung zur Erhaltung von historisch bedeutenden Plätzen und Naturschönheiten in England und Nordirland gegründet. Er verwaltet über 260 Objekte, die dem Publikum zugänglich sind – von großen Landhäusern und Abteien bis zu Leuchttürmen und Industriebauten. Ferner ist er verantwortlich für 222 600 Hektar Land mit weiten Küstenabschnitten und Wäldern. Der Großteil seiner finanziellen Mittel stammt von seinen zwei Millionen Mitgliedern. Diese haben Anspruch auf freien Eintritt in die Liegenschaften des Trusts und auf ein Exemplar des National Trust-Handbuchs. Die jährliche Mitgliedschaft beträgt £ 19 für Einzelpersonen und £ 34 für Familien. Wenn Sie öfter solche Liegenschaften besuchen, werden diese Beiträge innerhalb eines Zwei-Wochen-Urlaubs wieder eingespart. Näheres durch

The National Trust
36 Queen Anne's Gate
London SW1H 9AS
Tel.: 071-222 92 51.

Der **National Trust for Scotland** ist eine selbständige Sektion mit über 100 Liegenschaften, die sich über 40 500 Hektar erstrecken, und mit über 200 000 Mitgliedern. Er verwaltet Schlösser, Schlachtfelder, Inseln, Ländereien und die Geburtsstätten einiger berühmter Schotten. Einzelmitgliedschaft £ 15, Familienmitgliedschaft £ 24.50. Nähere Informationen durch

The National Trust For Scotland
5 Charlotte Square
Edinburgh EH2 4DU
Tel.: 031-226 59 22.

Beide Trusts gewähren den Mitgliedern gegenseitig freien Eintritt. Das gleiche gilt für verwandte Organisationen in anderen Ländern wie z.B. in Australien, Indien, Neuseeland, Jamaika, Malaysia, Malta, Irland und den Niederlanden.

Besucher können einen **Great Britain Heritage Pass** erstehen, der unbegrenzten Eintritt in die 600 Herrensitze, Schlösser, historischen Gebäude und Abteien des Vereinigten Königreichs gestattet. Er kostet £ 23.50 für 15 Tage und £ 36 für einen Monat. Er ist vor der Anreise beim britischen Fremdenverkehrsamt und bei den Vertretungen von British Airways oder nach der Anreise in den meisten touristischen Informationszentren erhältlich.

Einige der meistbesuchten National Trust-Sehenswürdigkeiten:

ENGLAND

Brownsea Island
Poole
Dorset
Tel.: 0202-70 77 44
Diese Insel in Poole Harbour mit 200 Hektar Heide, Wäldern und Küsten ist ein Naturreservat und die Heimat für verschiedene Wildarten. Mit der Fähre von Poole Harbour oder Sandbanks zu erreichen, ist dies ein hübscher Ort für Picknicks oder zum Baden. Geöffnet von März bis September ab 10 Uhr.

Chartwell
Sevenoaks
Kent
Tel.: 0732-86 63 68
Ein Farmhaus aus dem 14. Jahrhundert, in dem Sir Winston Churchill 40 Jahre seines Lebens bis zum Alter von 90 Jahren gelebt hat. Besucher dürfen einige Räume besichtigen, die dem Andenken dieses großen Mannes gewidmet sind, ebenso das Gartenstudio, in dem er zu malen pflegte. Geöffnet von April bis Oktober ab 12.00 Uhr; Mo und Fr geschlossen.

Corfe Castle
Wareham
Dorset
Tel.: 0929-48 09 21
Ruinen eines normannischen Forts in den Purbeck Hills, das mehr als nur Blutvergießen gesehen hat. 978 wurde hier der junge König Edward auf Geheiß seiner Stiefmutter er-

mordet; 1646 wurde das Fort von den Truppen der Puritaner in die Luft gesprengt. Geöffnet von Februar bis Oktober 10.00 - 17.30 Uhr, November bis Februar nur werktags 12.00 - 15.30 Uhr.

Fountains Abbey & Studley Royal Ripon
North Yorkshire
Tel.: 076586-333
Die beeindruckenden Ruinen von Englands größtem Kloster, gegründet 1132 von Zisterziensermönchen. Der Landschaftsgarten von Studley wurde im 18. Jahrhundert mit klassischen Tempeln, Theatern und einem See ausgestattet. Rotwildpark. Ausstellung und Film in Fountain's Hall. Geöffnet täglich 10.00 Uhr ab November bis Januar freitags geschlossen.

Polesden Lacey
Great Bookham
bei Dorking
Surrey
Tel.: 0372-520 48
Eine Regency-Villa mit Gemälden, Möbeln, Porzellan und Silber, umgeben von Rasenflächen und Blumengärten. Atemberaubender Blick auf die Downs. Geöffnet von April bis Oktober Mi - So ; im März 13.30 -17.30; im November nur an Wochenenden. Die Parkanlagen sind das ganze Jahr geöffnet, von 11.00 Uhr bis zur Dämmerung geöffnet.

St. Michael's Mount
Marazion
Cornwall
Tel.: 0736-71 05 07
Märchenhaftes Schloß und Abtei auf einem Granithügel über der Mount's Bay. Heimat des 4. Lord von St. Levan. Bei Ebbe ist es über einen schmalen Steindamm zu erreichen, bei Flut mit einem Boot. Die Abtei wurde im 5. Jahrhundert gegründet. Von Legenden und Sagen umrankt, hat sie große Ähnlichkeit mit dem Mont-St-Michel in der Normandie auf der anderen Kanalseite. Beschränkte Öffnungszeiten, Besuch nur an Werktagen.

Stourhead Gardens
Stourton
Wiltshire
Tel.: 0747-84 03 48
Ein herrlicher Grundbesitz mit einer palladianischen Villa aus dem 18. Jahrhundert (erbaut von Colin Campbell), sorgfältig ausgestattet

von dem Bankier Henry Hoare in Zusammenarbeit mit Henry Flitcroft. Ein schönes Beispiel für den englischen Romantizismus, mit künstlichen Seen, Theatern, klassischen Tempeln, Grotten und Brücken. Das Haus ist von April bis November zwischen 14.00 und 16.00 Uhr geöffnet, freitags geschlossen. Die Anlagen sind das ganze Jahr über geöffnet.

Styal, Quarry Bank Mill & Country Park
Wilmslow
Cheshire
Tel.: 0625-52 74 68
Eine wassergetriebene Spinnerei von 1784. Sorgfältig restauriert als Industriemuseum, gibt Einblick in die Lebensverhältnisse der Spinnereiarbeiter. Die Arbeitersiedlung liegt in einer bezaubernden Gegend. Geöffnet ab 11.00 bis 17.00 Uhr, montags geschlossen.

Tatton Park Garden
Knutsford
Cheshire
Tel.: 0565-548 22
Prächtiges Herrenhaus, umgeben von weitläufigen Gärten, die von Joseph Paxton angelegt wurden, mit Orangerie und einem Japanischen Garten. Der 400-Hektar-Landbesitz umfaßt einen Rotwildpark, Seen und einen Bauernhof, der noch genauso arbeitet wie vor 50 Jahren. Das Haus ist von April bis Oktober geöffnet; montags geschlossen, außer im Juli und August; Park und Gärten sind das ganze Jahr geöffnet.

Wakehurst Place
Ardingly
West Sussex
Tel.: 0444-89 27 01
Malerische Gartenanlage mit zahlreichen exotischen Bäumen, Sträuchern und Pflanzen. Täglich geöffnet ab 10.00 Uhr.

WALES

Chirk Castle
Chirk
Clwyd
Tel.: 0691-77 77 01
Seit seiner Errichtung im 13. Jahrhundert hat dieses Schloß eine bewegte Geschichte mitgemacht. Sechs seiner Lords mußten im Mittelalter ihren Kopf lassen, und es litt unter der Herrschaft der Puritaner und der Royalisten im Bürgerkrieg. Später ist es dann zu

einem eleganten Herrensitz im georgianischen Stil umgebaut worden; Garten- und Parkanlage aus dem 18. Jahrhundert. Geöffnet von April bis September (außer Sa und Mo); Oktober bis November nur am Wochenende, 12.00 - 17.00 Uhr.

Erddig
bei Wrexham
Clwyd
Tel.: 0978-35 53 14
Landhaus aus dem späten 17. Jahrhundert. Die Einrichtung ist seit über 100 Jahren nicht verändert worden. Die Außengebäude, mit Stallungen, Schmiede, Wäscherei, Küche und Backhaus, geben einen Einblick in das Leben einer vergangenen Epoche. Weitläufige Gärten und Parklandschaft. Geöffnet von April bis Oktober 12.00 - 17.00 Uhr; am Freitag geschlossen.

Penrhyn Castle
Bangor
Gwynedd
Tel.: 0248-35 30 84
Dieses weiträumige Schloß ist eine komplette Fälschung: kein normannisches Fort, sondern das Heim des reichen Zuckerhändlers George Pennan aus dem 19. Jahrhundert, der damit seinen enormen Reichtum zur Schau stellen wollte. Entworfen von Thomas Hopper zwischen 1820 und 1830, ist es auffallend groß und überdekoriert – ein Beispiel für die komplizierte und ausgefallene Verwendung normannischer Motive im vergangenen Jahrhundert. Das Haus birgt eine Sammlung von über 1000 Puppen aus aller Welt. Geöffnet von April bis Oktober, Mo - Mi 11.00 - 17.00 Uhr.

Plas Newydd
Llanfairpwill
Anglesey
Gwynedd
Tel.: 0248-71 47 95
Herrensitz aus dem späten 18. Jahrhundert; enthält schöne Möbel und Gemälde, darunter die bedeutende Rex Whistler-Sammlung. 68 Hektar Grundbesitz. Geöffnet von März bis Oktober: 12.00 - 17.00 Uhr; Sa geschlossen.

Powis Castle
Welshpool
Powys
Tel.: 0938-55 25 54

Ein großartiges und reiches Schloß, ursprünglich als Grenzfestung im Mittelalter durch die Prinzen von Upper Powys errichtet. Seit dem 16. Jahrhundert ist es der Stammsitz der Herberts, die es in einen prächtigen Herrensitz umgewandelt haben, mit einer schönen Sammlung an Möbeln, Gemälden und seit kurzem auch mit der Clive of India Collection of Treasures. Beeindruckende Gartenanlage. Geöffnet von März bis November 12.00 - 17.00 Uhr.

SCHOTTLAND

Bannockburn
Stirling
Tel.: 0786-81 26 64
Schauplatz eines der bedeutendsten geschichtlichen Ereignisse für Schottland, als nämlich Robert Bruce 1314 König Edward II. besiegte und damit sein Land von der englischen Vorherrschaft befreite. Das ganze Jahr über geöffnet. Besucherzentrum: April bis Oktober 10.00 - 18.00 Uhr.

Brodick Castle, Garden and Country Park
Isle of Arran
Tel.: 0770-22 02
Der alte Sitz des Duke of Hamilton, der teilweise auf das 13. Jahrhundert zurückgeht. Enthält eine bedeutende Sammlung von Antiquitäten und Gemälden. Schöner Rhododendrongarten, Abenteuerspielplatz. Geöffnet von April bis September täglich von 13.00 bis 17.00 Uhr; im Oktober nur Mo, Mi und Sa. Garten und Landschaftspark ganzjährig geöffnet ab 9.30 Uhr.

Crathes Castle, Garden and Estate
Banchory
Grampian
Tel.: 033 044-525
1323 wurden Grund und Boden dieses Besitzes von König Robert Bruce den Burnetts urkundlich zugewiesen. Mit dem Bau des Schlosses wurde im 16. Jahrhundert begonnen; es besitzt wunderschön bemalte Decken. Der 240-Hektar-Besitz umfaßt Wälder, Felder und 1,2 Hektar von Wällen sowie großen Eibenhecken aus dem 18. Jahrhundert umgebene Gärten. Besucherzentrum mit Ausstellung. Geöffnet von April bis Oktober: 11.00 - 18.00 Uhr. Die Gärten sind das ganze Jahr von 9.00 Uhr bis zur Dämmerung geöffnet.

Culloden

Inverness

Highlands

Tel.: 0463-79 06 07

Das Moor war Schauplatz der letzten großen Schlacht auf dem britischen Festland, als Prinz Karl Eduard und die Jakobiter 1746 von den Regierungstruppen unter Führung des Duke of Cumberland besiegt wurden. Sehen Sie sich den Old Leanach-Bauernhof an, die Familiengräber, die *Well of the Dead* (Quelle der Toten) und das Hügelgrab. Besuchszentrum mit historischen Schautafeln, geöffnet von April bis Oktober 11.30 - 17.30 Uhr. Anlage ganzjährig geöffnet.

Culzean Castle and Country Park

Kirkoswald

Ayrshire

Tel.: 065 56-269

Dieses Schloß wurde im späten 18. Jahrhundert für den 10. Earl of Cassillis auf einem Gesteinsriff von Robert Adam errichtet. Es ist bekannt für sein rundes Gesellschaftszimmer und seine prächtige ovale Treppe. Umgeben von üppigen Parklandschaften, Wäldern und Küstenstreifen. Abenteuerspielplatz. Von April bis Oktober täglich geöffnet ab 10.30 Uhr. Der Park ist das ganze Jahr von 9.00 Uhr bis zur Dämmerung geöffnet.

Falkland Palace, Garden and Old Burgh

Kirkcaldy

Fife

Tel.: 033 757-397

Königlicher Palast, der im 16. Jahrhundert als Land- und Jagdsitz für die Stewarts errichtet wurde. Im Garten befindet sich der älteste Tennisplatz Englands, der 1539 angelegt wurde. Das Königliche Schlafzimmer, das Zimmer der Königin und die Königliche Kapelle sind restauriert. Von April bis Oktober täglich geöffnet von 10.00 bis 18.00 Uhr; sonntags 14.00 - 18.00 Uhr.

Glencoe

Highlands

Tel.: 085 52-307

Diese historische Schlucht, in der 1692 40 Mitglieder der MacDonald-Familie von Regierungssoldaten niedergemetzelt wurden, offeriert auf 5,8 Hektar eines der schönsten Kletter- und Wandergebiete im Hochland. Wildbestand, darunter Rotwild und Adler. Das Besuchszentrum zeigt eine Ausstellung

über Bergsteigen. Im Winter Skilaufen. Ganzjährig geöffnet. Besuchszentrum: April bis Oktober von 10.00 bis 17.30 Uhr.

Inverewe Gardens

Gairloch

Highlands, Tel.: 044-586-200

Diese wundervolle Gartenanlage wurde 1862 von Osgood MacKenzie auf einer Halbinsel am Ufer des Loch Ewe angelegt. Heimische und exotische Pflanzen wachsen hier unter günstigen klimatischen Verhältnissen, durch den Golfstrom bedingt, das ganze Jahr über. Besuchszentrum: ganzjährig, von 9.30 Uhr bis zur Dämmerung geöffnet.

Killiecrankie

Pitlochry

Tayside

Tel.: 0796-32 33

Eine Meile entfernt vom Schlachtfeld von Killiecrankie (1689), wo die Jakobiter aus dem Hochland über die Truppen König Williams siegreich blieben, liegen die 2,2 Hektar des Killiecrankie-Passes. Schauen Sie sich *Soldier's Leap* (Soldaten-Sprung) und die herrlich bewaldete Schlucht an. Besuchszentrum mit einer Ausstellung über die Schlacht ganzjährig geöffnet. Anlage April bis Oktober 10.00 - 17.00 Uhr geöffnet.

Threave Garden

Castle Douglas

Tel.: 0556-25 75

Prächtiger Garten, farbenreich das ganze Jahr über, besonders aber im Frühjahr, wenn die 200 Narzissenarten zu blühen anfangen. Das Haus beheimatet die Trust's School of Horticulture (Gartenbauschule). Besuchszentrum mit Ausstellung. In der Nähe ist das Threave Wildfowl Refuge (Wildvögel-Zuflucht). Der Garten ist das ganze Jahr geöffnet, von 9.00 Uhr bis zur Dämmerung. Besuchszentrum: geöffnet von April bis Oktober.

TIER- UND FREIZEITPARKS

Alton Towers

Stoke-on-Trent

Staffordshire

Tel.: 0538-70 22 00

Aus dem Stammsitz der Earls of Shrewsbury wurde der erste Vergnügungspark Englands. Die weitläufige Gartenanlage, die den neugotischen Herrensitz umgibt, umfaßt über 120

Attraktionen. Im Sommer lange Schlangen. Geöffnet von Mai bis Oktober täglich ab 10.00 Uhr.

Beaulieu
Beaulieu
Hampshire
Tel.: 0590-61 2123
Beaulieu liegt im Herzen von New Forest und hat eine Fülle von Attraktionen wie das Palace House, den Stammsitz von Lord Beaulieus Familie seit dem 16. Jahrhundert; Ruinen einer Zisterzienser-Abtei von 1204, die eine Ausstellung über das Klosterleben beherbergen. Berühmt ist das Automuseum, in dem u.a. Donald Campbells Weltrekord-Motorrad *Bluebird* zu besichtigen ist. Täglich geöffnet ab 10.00 Uhr.

Blackpool Pleasure Beach
Blackpool
Lancashire
Eine Fülle von aufregenden Überraschungen bietet dieser 16 Hektar große Vergnügungspark an der Küste von Englands beliebtestem Badeort.

Cotswold Farm Park
Guiting Power
Gloucestershire
Tel.: 0451-85 03 07
Diese malerische Farm im Cotswold-Hügelland ist die Herberge für inzwischen selten gewordene Farmtiere in Britannien. Zu den gefährdeten Rassen, die mit Hilfe des Rare Breeds Survival Trusts vor dem Aussterben bewahrt werden konnten, gehören einige Schafrassen (*Norfolk Horn Sheep*, *Castlemilk Moorit Sheep*) und eine Rinderrasse (*Gloucester Cattle*). Geöffnet von März bis September 10.30 - 18.00 Uhr.

Drayton Manor Park
Tamworth
Staffordshire
Tel.: 0827-28 79 79
Ein Familien-Freizeitpark, der eine Vielzahl an haarsträubenden Abenteuern zu bieten hat, ferner das Sir Robert Peel-Bildermuseum und eine Ausstellung von Münz-Spielgeräten, einen Zoo, eine landwirtschaftliche Sammlung und eine Abteilung für Natur- und Landschaftsschutz. Geöffnet täglich ab 9.00 Uhr.

Slimbridge Bird Sanctuary
Slimbridge
Gloucestershire
Tel.: 0453-89 01 00
Der Welt größtes und bekanntestes Asyl für bedrohte Tiere ist hier, am Hauptquartier des Wildfowl Trusts, errichtet worden. Täglich geöffnet.

West Midlands Safari and Leisure Park
Spring Grove
Bewdley
Worcestershire
Tel.: 0299-40 21 14
Die 80 Hektar dieses Großwild-Reservats in der Mitte Englands können mit dem Auto durchfahren werden. Ferner Wasser-Show, Reiten, Unterhaltungsprogramme.

Windsor Safari Park
Windsor
Berkshire
Tel.: 0753-86 98 41
Angeblich der Afrika am nächsten kommende Safari-Park in Britannien; hier finden sich die größten Löwenrudel, Zebra- und Kamelherden im ganzen Land, ferner ein Aquarium mit dem Killerwal „Winnie", Raubvögelausstellung. Eine Fülle von Attraktionen wie z.B der Tarzan Trail. Geöffnet täglich ab 10.00 Uhr.

Whipsnade Wild Animal Park
bei Dunstable
Bedfordshire
Tel.: 0582-87 21 71
Wilde Tiere streifen frei durch dieses große Gehege (240 Hektar). Geöffnet täglich ab 10.00 Uhr.

SCHOTTLAND

Blair Drummond Safari and Leisure Park
Stirling
Tel.: 0786-84 14 56
Schottlands einziger befahrbarer Safari-Park; auch mit Abenteuerspielplatz, Unterhaltungsprogramm usw. Geöffnet von April bis September.

Landmark, Highland Heritage and Adventure Park
Carrbridge
Inverness-shire
Tel.: 047-98 46 13

Das Besucherzentrum zeigt eine Ausstellung über die Geschichte des Hochlands, die die wesentlichen Geschichtsereignisse veranschaulicht und deutlich macht, und welche Herausforderung das Hochland für die Menschen bedeutet. Der Forestry Heritage Park erzählt die Geschichte der schottischen Försterei und zeigt im Sommer die traditionelle Forstbewirtschaftung. Abenteuerspielplatz, Wälder, Irrgarten und ein Baumwipfel-Trail. Ganzjährig geöffnet.

SCHLÖSSER UND HERRENHÄUSER

London

Chiswick House
Burlington Lane
Chiswick
W4
Tel.: 081-994 32 99
Palladianische Villa, 1729 vom 3. Earl of Burlington für sich und seine Kunsschätze entworfen. Der Entwurf des Interieurs stammten von seinem Kollegen William Kent; mit schönen Beispielen für Möbel und Dekorationen aus der Zeit. Geöffnet täglich, Eintritt frei. U-Bahn: Turnham Green, Bahn: Chiswick.

Dickens House
48 Doughty Street
WC1
Tel.: 071-405 21 27
Ein Regency-Haus, das liebevoll renoviert wurde. Es präsentiert sich heute wie zu der Zeit, als Dickens hier mit seiner Familie lebte (1837-1839); hier hat er die Romane *Nicholas Nickleby* und *Oliver Twist* verfaßt. Es beherbergt eine umfangreiche Sammlung an Erinnerungsstücken, darunter seine Bücherei, seine Manuskripte, Erstausgaben, Gemälde und Möbel. Sonntags geschlossen. U-Bahn: Russel Square.

Hampton Court
East Molesey
Surrey
Tel.: 081-977 84 41
Großer Tudor-Palast am Themse-Ufer; begonnen von Kardinal Wolsey, dann von Heinrich VIII. übernommen. William III. und Maria ließen es nach einem Entwurf von Wren zur Residenz ausbauen, um damit Versailles Konkurrenz zu machen. Das Innnere birgt eine faszinierende Sammlung von Stilmöbeln; ähnlich begeisternd ist das Gartengelände mit dem berühmten Irrgarten. Täglich geöffnet. Bahn: Hampton Court.

Hogarth's House
Hogarth Lane
Chiswick
W4
Tel.: 081-994 67 57
Einst Landhaus von William Hogarth, dem satirischen Maler im 18. Jahrhundert; sorgfältig restauriert, beherbergt es heute die größte öffentliche Sammlung seiner Werke. Di geschlossen, Eintritt frei. Bahn: Chiswick.

Dr Johnson's House
17 Gough Square
Fleet Street
EC4
Tel.: 071-353 37 45
Dieses schöne Beispiel eines georgianischen Stadthauses war einst das Heim des großen englischen Essayisten und Lexikographen im 18. Jahrhundert, Samuel Johnson. Es beherbergt die Erstausgabe seines berühmten Wörterbuches, das er hier zusammengestellt hat, sowie Portraits von Johnson und seinen Freunden. Sonntags geschlossen. U-Bahn: St. Paul's/Chancery Lane.

Kensington Palace
Kensington Gardens
W8
Tel.: 071-937 95 61
Ursprünglich königliche Residenz (1689 - 1760). Queen Victoria verbrachte hier ihre Kindheit; heute wohnen hier der Prinz und die Prinzessin von Wales. Dieses Haus aus der Zeit Jacobs I. wurde im Laufe der Jahre von Wren und William Kent umgestaltet. Die Staatsräume sind heute der Öffentlichkeit zugänglich und präsentieren Victorias Spielzeug sowie eine Sammlung höfischer Kleidung. Montags geschlossen. U-Bahn: High Street Kensington.

Kenwood House (The Iveagh Bequest)
Hampstead Lane
NW3
Tel.: 081-348 12 86
Elegantes Landhaus, dem Staat von Lord Iveagh vermacht, zusammen mit seiner wertvollen Sammlung von Meisterwerken, u.a. von Rembrandt, Rubens, Vermeer, Turner,

Reynolds und anderen. Im 18. Jahrhundert von Robert Adam neu gestaltet, ist das Interieur ein schönes Beispiel für den besonders dekorativen Stil dieses Architekten. Im Sommer finden auf dem Grundstück, das von Humphrey Repton gestaltet wurde, Open-air-Konzerte statt. Täglich geöffnet, Eintritt frei. U-Bahn: Golders Green/Archway.

Syon House
Syon Park
Brentford
Middlesex
Tel.: 081-560 08 81
Von Robert Adam 1766 umgebaut, ist dieses Haus eines der besten Zeugnisse seiner Arbeit. Es ist auch heute noch das Heim des Duke of Northumberland. Geöffnet von April bis Oktober, Fr und Sa geschlossen. Auf dem Gelände befindet sich ebenfalls The British Heritage motor museum. Täglich geöffnet. Bahn: Syon Lane.

Tower of London
Tower Hill
EC3
Tel.: 071-709 07 65
Diese imponierende mittelalterliche Festung ist Londons größte Touristenattraktion. Von Wilhelm dem Eroberer 1066 begonnen, ist heute der White Tower der älteste Teil; er enthält die *Royal Armories* (Wappensammlung). Bekannt geworden ist der Tower vor allem als Gefängnis und Hinrichtungsstätte. Unter den Unglücklichen, die hier ihren Kopf lassen mußten, waren auch zwei Frauen Heinrichs VIII. Vergessen Sie nicht die Kronjuwelen und die Raben! *Beefeaters* (Tower-Wächter in Tudor-Uniformen) machen kostenlose Führungen. Lange Schlangen, vor allem im Sommer. Im Winter sonntags geschlossen. U-Bahn: Tower Hill.

Umgebung von London

Arundel Castle
Arundel
West Sussex
Tel.: 0903-88 31 36
Dieses normannische Schloß über der Stadt Arundel ist West Sussex' größte Attraktion. Der Stammsitz der Dukes of Norfolk seit dem 11. Jahrhundert wurde im 19. Jahrhundert umgebaut. Er enthält eine bemerkenswerte Gemäldesammlung – van Dyck, Reynolds und Gainsborough. Geöffnet von März bis Oktober, nur nachmittags.

Berkeley Castle
Berkeley
Gloucestershire
Tel.: 0453-8103 32
Ursprünglich eine trutzige normannische Festung, ist das Schloß heute ein stattlicher Herrensitz, der von 24 Generationen der Berkeleys bewohnt wurde. Er kann auf eine interessante Geschichte zurückblicken: 1327 wurde hier Edward II. ermordet. Geöffnet von April bis September 14.00- 17.00 Uhr; montags geschlossen.

Blenheim Palace
Woodstock
Oxford
Tel.: 0993-81 13 25
Vanburghs großartiger Barockpalast wurde 1702 für den 1. Duke of Marlborough erbaut. Er liegt in einer von Capability Brown gestalteten 1010 Hektar großen Parklandschaft. In Konkurrenz zu Versailles errichtet, ist er furchteinflößend in seiner Monumentalität. Das Innere birgt wertvolle Schätze, Portraits von Reynolds und Sargeant sowie eine Serie von Wandteppichen mit den Siegen des Dukes. Es gibt eine Winston Churchill-Ausstellung und das Zimmer, in dem er geboren wurde. Öffnungszeiten des Palastes: März bis Oktober 10.30 - 17.30 Uhr; Park: ganzjährig 9.00 - 17.00 Uhr.

Castle Howard
Coneysthorpe
York
North Yorkshire
Tel.: 0653-843 33
Ein weiteres Meisterstück von Sir John Vanburgh (assistiert von Nicholas Hawksmoor). Dieses schöne Herrenhaus beherbergt unschätzbares Mobiliar und Meisterwerke von van Dyck und Holbein und diente als Kulisse für den TV-Film „Brideshead". Kostüm-Museum in den Stallungen; herrliche Anlagen. Geöffnet täglich von März bis Oktober. Anlagen: ab 10.00 Uhr; Haus und Galerien: ab 11.00 Uhr.

Chatsworth House
Bakewell
Derbyshire
Tel.: 0246-58 22 04

Chatsworth ist wunderschön am Ufer des Derwent gelegen. Im 17. Jahrhundert für den Duke of Devonshire errichtet, wurde es später erweitert. Die Anlagen, konzipiert von Capability Brown, sind ausgestattet mit Fontänen und Gasthäusern, für die Joseph Paxton verantwortlich zeichnet. Das Haus beherbergt eine ausgesuchte Sammlung von Möbeln und Kunstgegenständen. Abenteuerspielplatz, Farm- und Forstausstellung. Geöffnet täglich, von März bis Oktober ab 11.00 Uhr.

Dover Castle
Dover
Kent
Tel.: 0304-20 16 28
Eine mittelalterliche Festung, die von ihrer günstigen Lage über den *White Cliffs* (weißen Klippen) den kürzesten Abstand zwischen Britannien und Frankreich bewacht. Innerhalb der Mauern findet sich ein normannisches Verließ, eine angelsächsische Kirche, ein römischer Leuchtturm und ein geheimer Kommandobunker aus dem Zweiten Weltkrieg. Geöffnet täglich ab 10.00 Uhr.

Harewood House
Harewood
Leeds
West Yorkshire
Tel.: 0532-88 62 25
Dieser prächtige Besitz ist die Residenz des Earl of Harewood. Entworfen 1759 von John Carr, enthält sie großartige Malereien von Robert Adam. Die Außenanlagen wurden von Capability Brown gestaltet. Zu den Schätzen gehören Chippendale-Möbel, Porzellan aus Sèvres und China sowie Gemälde von Turner, Reynolds, Gainsborough und Bellini. Die Decken stammen von Angelika Kauffmann. Täglich geöffnet, von April bis Oktober ab 11.00 Uhr.

Lindisfarne Castle
Holy Island
Tel.: 0289-892 44
Im 16. Jahrhundert wurde diese Burg auf steilen Granitfelsen erbaut, um Holy Island vor den Schotten zu bewahren (die allerdings nie angriffen). 1903 wurde sie sehr sorgfältig von Sir Edwin Lutyens restauriert. Geöffnet von April bis September 13.00 - 17.30 Uhr, freitags geschlossen. Im Oktober nur Sa, So und Mi geöffnet.

Ragley Hall
Alcester
Warwickshire
Tel.: 0789-7 620 90
Das beeindruckende palladianische Haus der Marquess of Hertford, das vor allem wegen seiner herrlichen Stuckarbeiten in der Großen Halle, von James Gibb 1750 entworfen, berühmt ist. Das 160 Hektar große Gelände wurde von Capability Brown gestaltet. Geöffnet von April bis September; Mo und Fr geschlossen. Haus: 12.00 - 17.00 Uhr geöffnet; Garten und Park: 10.00 - 18.00 Uhr.

Royal Pavilion
Brighton
East Sussex
Tel.: 0273-60 30 05
Großartige orientalische Extravaganzen, mit Kuppeln und Minaretten; erbaut für den Prinzregenten (den späteren George IV.) von John Nash (1815 - 1822). Die phantastische Exzentrik setzt sich im Innern fort, wo das Interieur mit opulenter Chinoiserie ausgestattet wurde. Das Gebäude ist ein frühes Beispiel für die Verwendung von Schmiedeeisen – deutlich zu sehen in der Küche, wo die Pfeiler Palmen darstellen. Ganzjährig geöffnet ab 10.00 Uhr.

Warwick Castle
Warwick
Warwickshire, Tel.: 0926-49 54 21
Englands schönstes mittelalterliches Schloß und eine der größten Touristenattraktionen. Seit dem 14. Jahrhundert von den mächtigen Earls of Beauchamps bewohnt, gehört das Schloß heute zu Madame Tussaud's. Das Interieur ist original restauriert und zeigt in den Prunkzimmern eine Wachsfiguren-Szenerie unter dem Motto „Eine königliche Wochenendparty 1898". Es beherbergt zudem eine Sammlung mittelalterlicher Schätze, Gemälde, Möbel und Waffen. Das herrliche Grundstück hat einen Pfauengarten und eine Festspielwiese. Geöffnet täglich ab 10 Uhr.

Windsor Castle
Windsor
Berkshire
Tel.: 0753-83 11 18
Über 900 Jahre königliche Residenz; 1070 von Wilhelm dem Eroberer gegründet und von den 40 Monarchen in seiner Geschichte ständig erweitert. Ausblick zur einen Seite

über die Themse und zur anderen über den Great Windsor Park. Die reich dekorierten Prunkzimmer beherbergen unschätzbare Kostbarkeiten und Kunstgegenstände, einschließlich Zeichnungen von Leonardo und Michelangelo. Königin Marys Puppenhaus und die Rüstung Heinrichs VIII. sind berühmte Ausstellungsstücke. Ferner sind zu besichtigen: die St. Georgskapelle, das Waterloo-Zimmer sowie eine Ausstellung der königlichen Geschenke und der Kutschen. Der Wachwechsel findet von Montag bis Samstag um 11.00 Uhr statt. Ganzjährig täglich geöffnet. Wenn die Queen anwesend ist, sind Teile des Schlosses nicht zugänglich.

Woburn Abbey
Woburn
Bedfordshire Tel.: 0525-29 06 66
Herrensitz der Marquess of Tavistock. Nach einem Entwurf von Henry Flitcroft wurde er auf dem Gelände eines Zisterzienserklosters errichtet und ist umgeben von einem 1200 Hektar großen Tierpark, der von Humphrey Repton gestaltet wurde. Die Abtei beheimatet eine bedeutende Sammlung von Möbeln und Kunstgegenständen, darunter Gemälde von Gainsborough, Rembrandt und Canaletto. Das Gelände ist zu einem Safari-Park umgestaltet. Abtei und Tierpark sind von April bis Oktober täglich geöffnet.

Wales

Beaumaris
Bangor
Anglesey
Tel.: 0248-81 03 61
Die letzte der von Edward I. errichteten großen Burgen ist eine imponierende mittelalterliche Festung, umgeben von einem Wall. Obwohl hier mehr als 2000 Arbeiter 35 Jahre gebaut haben, wurde sie dennoch niemals fertiggestellt. Geöffnet täglich ab 9.30; Oktober bis März: sonntags 14.00 - 16.00 Uhr.

Caernarfon Castle
Gwynedd
Tel.: 0286-30 94
Eine der größten und besterhaltenen Burgen Britanniens; 1283 von Edward I. errichtet, diente sie 1969 für die Investitur von Prince Charles als Prince of Wales. Geöffnet von März bis Oktober täglich 9.30 - 18.30 Uhr.

Cardiff Castle
City Centre
Cardiff
Tel.: 0222-82 20 83
Ursprünglich eine römische Festung, wurde die Burg von den Normannen umgebaut; ihr heutiges Aussehen stammt aus der viktorianischen Epoche, als der reiche Marquess of Bute den phantasievollen Architekten William Burgess beauftragte, sie zu renovieren und zu erweitern. Beide teilten das Interesse für mittelalterliche Themen, und Burgess erhielt freie Hand, ein viktorianisches Phantasieprodukt zu kreieren. Das Ergebnis ist eines der opulentesten neugotischen Gebäude. Es enthält die Museen *Welsh Regiment* (Waliser Regiment) und *The Queen's Dragoon Guards* (Die Dragoner-Garde der Königin). Geöffnet täglich ab 10.00 Uhr.

Conwy Castle
Gwynedd
Tel.: 0492-63 23 58
Eine der größten walisischen Festungsanlagen, die zu einer Serie von neun Festungen gehörte, die Edward I. errichten ließ, um Wales in Schach zu halten. Geöffnet von März bis Oktober, täglich 9.30 -18.30 Uhr, sonntags 14.00 - 18.30 Uhr.

Harlech Castle
Gwynedd
Tel.: 0766-78 05 52
Eine weitere große mittelalterliche Festung; diese atemberaubende Anlage sitzt auf einem steilen Felsen an der Nordwestküste. Durch das Lied *Men of Harlech* (Männer von Harlech), das an die Übergabe der Burg an die Yorks im Rosenkrieg (15. Jahrhundert) erinnert, ist es unsterblich geworden. Geöffnet von April bis Oktober täglich 9.30-18.30 Uhr, sonntags 14.00 - 18.30 Uhr.

Schottland

Blair Castle
Pitlochry
Tayside
Tel.: 079 681-207
Große Burg mit weißen Mauern, Sitz des 10. Duke of Atholl. Er ist das Oberhaupt des Murray Clans und damit als einziger britischer Untertan priviligiert, eine Privatarmee zu unterhalten, die Atholl Highlanders. Die Burg ist zudem die letzte, die in Britannien

belagert wurde. Die 32 Räume, die zur Besichtigung freigegeben sind, enthalten eine schöne Kollektion von Kunstgegenständen und Möbeln, darüber hinaus Waffen und Rüstungen. Geöffnet von April bis Oktober täglich ab 10.00 Uhr.

Cawdor Castle
Inverness
Tel.: 06677-615
Der Sitz des Thanes of Cawdor aus dem 14. Jahrhundert ist berühmt geworden als Stätte von Duncans Ermordung in Shakespeares Tragödie Macbeth. Liegt in herrlicher Landschaft mit Wanderwegen. Geöffnet von Mai bis September täglich 10.00 - 17.00 Uhr.

Craigievar Castle
Alford
Aberdeen
Tel.: 03398-836 35
Märchenhaftes Schloß, das in harmonischer Pracht unverändert dasteht, seit es 1625 vollendet wurde, bis auf den nachträglichen Einbau von elektrischem Licht. Herrliche Stuckdecken. Geöffnet von April bis September täglich.

Dunrobin Castle
Golspie
Sutherland
Tel.: 04083-31 77
Romantisches Schloß über dem Meer mit Prunkzimmern und schönen Gärten. Sitz der Earls und Dukes of Sutherland seit über 800 Jahren. Geöffnet von Mai bis September täglich ab 10.30 Uhr, sonntags ab 13.00 Uhr. Im Mai Fr, Sa, So geschlossen.

Edinburgh Castle
Castle Rock
Edinburgh
Tel.: 031-244 31 01
Dieses historische Schloß, strategisch günstig auf der Spitze eines Vulkanfelsens über der Stadt errichtet, wird immer noch als militärische Einrichtung genutzt und bildet alljährlich den Schauplatz für das Edinburgh Military Tattoo. Hier befindet sich Edinburghs ältestes Gebäude, die St. Margaret-Kapelle aus dem 12. Jahrhundert sowie die Palasträume aus dem 15. Jahrhundert, in denen Maria von Schottland Jakob I. von England zur Welt brachte. Ferner die Schottischen Kronjuwelen, das Militärmuseum und das Nationale Kriegsdenkmal. Geöffnet täglich ab 9.30 Uhr, sonntags ab 12.30 Uhr.

Floors Castle
Kelso
Tel.: 0573-233 33
William Adam baute im 18. Jahrhundert dieses Herrenhaus für den Duke of Roxburghe. Im 19. Jahrhundert von William Playfair erweitert, beherbergen seine eleganten Räume Stilmöbel, Porzellan und Kunstgegenstände. Ein Baum im Garten markiert die Stelle, an der Jakob II. 1640 bei der Belagerung der Festung von Roxburghe getötet wurde, wahrscheinlich durch einen Kanonenschuß. Geöffnet von Mai bis September täglich 10.30 -17.30 Uhr.

Glamis Castle
Dundee
Tel.: 030 784-242
Ein theatralisch bewehrtes Schloß, ursprünglich aus dem 11. Jahrhundert. Im 17. Jahrhundert wurde es neu gestaltet, und zwar mit einem überladenen Interieur. Bekannt geworden ist es durch seine Erwähnung in Shakespeares Macbeth und ebenso als das Haus, in dem die Mutter der jetzigen Queen aufwuchs. Geöffnet von April bis Oktober täglich.

Palace of Holyroodhouse
Canongate
Edinburgh, Tel.: 031-556 73 71
Um1500 wurde unter Jakob IV. mit dem Bau dieses Schlosses begonnen. Bis heute dient es als Unterkunft für die Queen, wenn sie Edinburgh besucht. Der Besucher kann die Prunkräume besichtigen, die Gemäldegalerie, die Darnley-Zimmer und den Wohnteil Marias von Schottland. Geöffnet ab 9.30 Uhr.

Stirling Castle
Stirling
Tel.: 031-244 31 01
Dieses großartigste der schottischen Schlösser blickt auf eine stürmische Geschichte zurück, in der es mehrmals zwischen Schottland und England den Besitzer wechselte. Es wurde von den Stuarts bevorzugt wegen seiner strategischen Position am Firth of Forth. Jakob II. wurde hier geboren, und Maria von Schottland wurde hier als Kind gekrönt. Eine Reihe von Gebäuden, vornehmlich aus dem 15. und 16. Jahrhundert, darunter die mäch-

tige Große Halle, die Königliche Kapelle, die Königliche Residenz und das Regimentsmuseum der Argyll und Sutherland Highlanders. Täglich geöffnet.

Scone Palace
Perth
Perthshire, Tel.: 0738-523 00
Seit 1600 Sitz der Murrays, der Earls of Mansfield. Sein gegenwärtiges Aussehen erhielt der Palast erst im 19. Jahrhundert. Hier trat das erste schottische Parlament zusammen, und hier lag einst der *Stone of Scone* (Stein von Scone). Später wurde er in die Westminster Abbey gebracht. Er diente als Krönungsstätte für die schottischen Könige. Geöffnet von März bis Oktober 10.00 - 17.30 Uhr, sonntags 12.00 - 17.30 Uhr.

PRÄHISTORIE UND FRÜHZEIT

Avebury Stone Circle
Avebury
Wiltshire
Größer und älter, aber weniger bekannt als Stonehenge – das größte Megalith-Monument in England. Eine Meile im Durchmesser, besteht es aus 700 gigantischen Steinen, die in drei konzentrischen Kreisen angeordnet sind, geschützt durch einen hohen Erdwall und einen tiefen Graben. Wahrscheinlich älter als 4000 Jahre. Obwohl über seinen ursprünglichen Zweck wenig bekannt ist, hält man es für eine Kultstätte.

Chedworth Roman Villa
Chedworth
Gloucestershire
Tel.: 0242-892 56
Das besterhaltene römische Wohnhaus im Lande. Um 150 errichtet, sind seine Wandgemälde und sein Mosaikfußboden bis heute zu sehen. Kleines Museum. Geöffnet von März bis Oktober 10.00 - 17.30 Uhr; montags geschlossen.

Cirencester Corinium Museum
Cirencester
Gloucestershire
Tel.: 0285-65 56 11
Schöne römische Sammlung aus der Zeit, als diese Stadt unter „Corinium" bekannt war und in seiner Bedeutung nur London nachstand. Es enthält Mosaiken, Skulpturen, Antiquitäten und zeitgeschichtliche Re-

konstruktionen. Geöffnet täglich von 10.00 bis 17.30 Uhr, sonntags 14.00 - 17.00 Uhr; im Winter montags geschlossen.

Cheddar Showcaves
Cheddar Gorge
Somerset
Tel.: 0934-74 23 43
Diese wilde Schlucht, flankiert von steilaufragenden Kalksteinfelsen (140 Meter), beherbergt mysteriöse Höhlen, in denen einst prähistorische Bewohner hausten. Die eindrucksvollsten sind die Gough's und die Cox's cave, in denen schöne Stalagmiten und Stalagtiten zu sehen sind.

Hadrian's Wall
Der Wall erstreckt sich 119 Kilometer durch Nordengland, von Northumbria im Osten nach Cumbria im Westen. Dieses unglaubliche Festungsbauwerk wurde unter Kaiser Hadrian im Jahr 122 errichtet. Es bildete den nördlichsten Grenzwall des Römischen Imperiums und maß sechs Meter in der Höhe und drei Meter in der Breite. 17 Forts im Abstand von fünf Meilen sicherten der Wall; das besterhaltene ist Housesteads, das sich jetzt in der Verwaltung des National Trust befindet.

Maiden Castle
bei Dorchester
Dorset
Das schönste Beispiel einer prähistorischen Befestigung in Britannien. Auf einem Hügel in der Nähe von Dorchester gelegen, war es ursprünglich ein neolithischer Lagerplatz und diente später, in der Eisenzeit, als Feste, nachdem man ungeheure Menge an Erde bewegt und ein kompliziertes Eingangssystem geschaffen hatte.

Das römische Bath und Museum
Bath
Tel.: 0225-46 11 11
Schon die Römer genossen die Quellen von Bath, und das georgianische England gestaltete es zu einem einzigartigen Ensemble. Der Badebereich gruppiert sich um eine heiße Mineralquelle, die der Göttin Sulis Minerva geweiht und bis heute intakt geblieben ist. Museum mit schönen römischen Artefakten. Geöffnet täglich von 9.00 bis 17.00 Uhr; im Winter sonntags geschlossen.

Stonehenge

Amesbury
Wiltshire
Britanniens berühmtestes prähistorisches Monument. Es besteht aus Serien von mysteriösen Steinkreisen in der Salisbury-Ebene. Seine ursprüngliche Bedeutung ist unbekannt. Um seine Erhaltung zu sichern, ist es durch einen Zaun geschützt.

ANDERE ATTRAKTIONEN

London

Wachwechsel am Buckingham Palace

(*Changing of the Guard*)
The Mall
SW1
Tel.: 071-730 34 88
Der ganze Pomp der Königlichen Garde in ihren roten Uniformen und den Bärenfellmützen entfaltet sich auf dem Weg von ihrer Kaserne zum Wachwechsel am Palast, begleitet von einer Militärband. Einen Wachwechsel kann man auch bei Whitehall und am Tower (11.30 Uhr; im Winter jeden zweiten Tag) miterleben. Kostenlos. U-Bahn: St. James's Park.

Cutty Sark

King William Walk
Greenwich
SE10
Tel.: 081-853 35 89
Der letzte überlebende Tee-Clipper, die *Cutty Sark,* hielt bis zur Einführung des Dampfschiffes den Geschwindigkeitsrekord. Jetzt liegt das Schiff als Museum auf dem Trockendock. In der Nähe liegt die *Gypsy Moth IV,* die Yacht, mit der Sir Francis Chichester 1966 - 67 allein um die Welt segelte. Montags geschlossen. Bahn: Greenwich.

Greenwich Royal Observatory

Greenwich Park
SE10, Tel.: 81-858 11 67
Von Charles II. begründet und von Wren 1685 erbaut, ist diese Gebäudegruppe die Geburtsstätte des heutigen Zeitsystems. Ausgestellt sind alte Navigationsinstrumente und Zeitmesser. 1948 zog das Königliche Observatorium nach Sussex. Seitdem gehören die Gebäude zum Nationalen Marine Museum. Geöffnet täglich. Bahn: Greenwich.

Londoner Planetarium und Laserium

Marylebone Road
NW1
Tel.: 071-486 11 21
Mit Hilfe einer großartigen Laser-Projektion wird das Sonnensystem erklärt. Am Abend wird das Laserspektakel mit Rock-Musik kombiniert dargeboten. Geöffnet täglich. U-Bahn: Baker Street.

Madame Tussaud's

Marylebone Road
NW1, Tel.: 071-935 68 61
Das berühmteste Wachsfigurenkabinett der Welt und eine der größten Londoner Touristenattraktionen. Viele berühmte Persönlichkeiten aus Gegenwart und Vergangenheit sind hier verewigt worden, mit unterschiedlicher Originaltreue. Geöffnet täglich. U-Bahn: Baker Street.

Rock Circus

London Pavilion
Piccadilly Circus
W1, Tel.: 071-734 72 03
Intelligente Technologie wurde hier kombiniert mit Wachsfiguren von Madame Tussaud's. Das Resultat ist eine interessante Darstellung der Rock- und Pop-Geschichte, mit Elvis, Madonna und den Beatles. Geöffnet täglich. U-Bahn: Piccadilly Circus.

St. Paul's Cathedral

St. Paul's Churchyard
EC4
Die Kathedrale wurde nach dem großen Brand von 1666 durch Sir Christopher Wren wiederaufgebaut. Sitz des Bischofs von London und der Kirche des Britischen Commonwealth. Prince Charles gab für seine Hochzeit mit Princess Diana dieser Kirche den Vorzug vor der traditionellen Westminster Abbey. Die Krypta birgt die Gräber des Duke of Wellington, Lord Nelsons und Wrens selbst. Geöffnet täglich 8.00 - 18.00 Uhr. U-Bahn: St. Paul's.

Westminster Abbey

Dean's Yard
SW1
Tel.: 071-222 51 52
Eindrucksvolles Beispiel englischer Gotik, aus dem 13. Jahrhundert. Seit 1066 wurden hier die meisten englischen Monarchen gekrönt, vermählt und auch beerdigt. Ferner

beherbergt sie Gedenksteine bedeutender britischer Persönlichkeiten, darunter Chaucer, Darwin, Newton, Dickens und Gladstone, dazu das Grab des unbekannten Soldaten. Zu besichtigen ist der Krönungssessel und der Stone of Scone. Es gibt ein Museum und das Chapter House. Messingradierungen sind im Kloster zu kaufen. Sonntags geschlossen. U-Bahn: Westminster.

NATIONALPARKS

Brecon Beacons
Die Beacons (in Südwales) ist eine Kette roter Sandsteinberge mit der höchsten Erhebung, dem Pen-y-fan (885 Meter). Mit seinen Wäldern, Seen, Wasserfällen, Höhlen, Feldern und dem Tal des Usk-Flusses bedeckt dieser Park eine Fläche von 1345 km^2 in Gwent, Powys und Dyfed.

Dartmoor
Dartmoor-Ponies grasen frei in diesem Moorgebiet in Devon (945 km^2) mit Granithügeln, Heideflächen und Moorsümpfen. Höchster Punkt ist der High Willhays (620 Meter). Hier liegt das Dartmoor-Gefängnis, das den Hintergrund für Sherlock Holmes' „Der Hund von Baskerville" abgab.

Exmoor
Zwischen Somerset und Devon erstreckt sich dieser Park über 945 km^2 mit Heidemooren und einer atemberaubenden Küstenlinie. Sanfte Hänge gehen in wild zerklüftetes Hügelland über. Heimat für die Exmoor-Ponies, für Schafe, Rotwild und Rinder.

Lake District
Einer der großartigsten und schönsten Landstriche, der sich über 2280 km^2 in Cumbria, Nordostengland, erstreckt. 16 Seen wechseln sich mit hohen Bergen ab, darunter ist der Scafell Pike mit 980 Metern der höchste. Ein Himmelreich für Angler, Segler, Kletterer und alle Badelustigen.

Northumberland
Dieser Park erstreckt sich über 1030 km^2 in Northumbria bis an die Cheviots-Hügel an der schottischen Grenze. Charakteristisch sind die zerklüfteten Moorflächen, die spektakuläre Küstenlinie und der Hadrians-Wall. Paradies für wildlebende Tiere, darunter das Schottische Moorhuhn und Rotwild.

North Yorkshire Moors
Mit einer Küstenlinie schroffer Klippen erstreckt sich dieser Park über 1430 km^2 von Scarborough bis Staithes in Yorkshire. Eine von Mooren und Tälern geprägte Hügellandschaft, hervorragend zum Wandern, besonders den Cleveland-Weg entlang (160 km).

Peak District
Diese wohlerhaltene Naturschönheit, Englands erster Nationalpark, erstreckt sich über 1390 km^2 am Fuß der Penninen zwischen Sheffield, Derby und Manchester. Charakteristisch sind die kahlen Moore am Dark Peak (600 Meter) und eine flache, freundliche Kalksteinlandschaft, die wiederum in bewaldete Flußtäler übergeht.

Die Pembroke-Küste.
Eine abgelegene und zerklüftete Küstengegend, die einen großen Teil von Pembroke–shire, Südwales, einnimmt. 290 Kilometer lang erstreckt sich der Streifen vom Amroth-Strand bis nach Teifi bei Cardigan. Der Park mit reichem Wildbestand nimmt eine Fläche von 585 km^2 ein.

Snowdonia
Ein großes und reich gegliedertes Gebiet von erstaunlicher Schönheit (2170 km^2) im Nordwesten von Wales. Typisch ist seine landschaftliche Vielfalt mit Wäldern, Seen und reißenden Flüssen. Am meisten bewundert werden aber seine steilen Felsen. 14 Felsen sind über 900 Meter, während der Mount Snowdon sich über 1085 Meter erhebt und damit der höchste Berg südlich der schottischen Grenze ist. Vortrefflich geeignet zum Bergsteigen, Wandern, Pony-Trekking, Kanufahren, Angeln und Segeln.

Die Yorkshire Täler
Diese wilde Naturschönheit bedeckt eine Fläche von 1760 km^2 in den Penninen-Hügeln. Sie umfaßt Swaledale, Upper Ribblesdale, Wharfedale und Wensleydale. Tiefe Täler, Wasserfälle, Höhlen und Steinbrüche sind typisch.

KULTURELLES

KUNSTGALERIEN

London

Courtauld Institute
Somerset House
The Strand
WC2
Tel.: 071-872 02 20
Die schöne Sammlung, von Textilbaron Samuel Courtauld zusammengetragen, ist vom Woburn Place nach Strand gebracht worden. Sie enthält viele unschätzbare Meisterstücke, darunter die bedeutendste Kollektion der neo-impressionistischen Malerei in Britannien. Geöffnet täglich. U-Bahn: Temple.

National Gallery
Trafalgar Square
WC2
Tel.: 071-839 33 21
Heimat der bedeutendsten britischen Gemäldesammlung – und tatsächlich eine der umfangreichsten der Welt. Alle führenden europäischen Schulen und fast jeder bedeutende Künstler vom 13. bis zum 19. Jahrhundert ist hier zu sehen. Geöffnet täglich. Eintritt frei. U-Bahn: Charing Cross/Leicester Square.

National Portrait Gallery
2 St. Martin's Place
WC2
Tel.: 071-930 15 52
Jeder, der einmal etwas in der britischen Geschichte dargestellt hat, hängt hier an der Wand oder wenigstens in den Archiven. Hier gibt es Gemälde, Photographien und Skulpturen der berühmtesten und angesehensten Bürger des Landes von der Tudor-Zeit bis zum heutigen Tag, darunter Monarchen, Intellektuelle und Popstars. Geöffnet täglich. Eintritt frei. U-Bahn: Charing Cross/Leicester Square.

Queen's Gallery
neben dem Buckingham Palace
SW1
Tel.: 071-930 48 32.
In dieser Galerie, die einst als Palast-Kapelle diente, werden wechselnde Austellungen aus der privaten Sammlung der Queen gezeigt. Montags geschlossen. U-Bahn: St. James' Park/Viktoria.

Tate Gallery
Millbank
SW1
Tel.: 071-821 13 13
Diese Galerie gilt als Schatzkammer für britische Kunst seit dem 16. Jahrhundert, darunter Blake, Constable, Reynolds und Gainsborough. Ferner beherbergt sie eine Kollektion internationaler Kunst einschließlich der modernen Richtungen von den französischen Impressionisten bis heute. Herausragend ist die kubistische Abteilung. Die neue Clore Gallery, die von James Stirling konzipiert wurde, enthält die bedeutendste Turner-Kollektion. Geöffnet täglich. Eintritt frei. U-Bahn: Pimlico.

Nur für Ausstellungen geöffnet:

Barbican Art Gallery
Barbican Centre
EC2
Tel.: 071-638 41 41
Ein großer sachlicher Kunstblock. Die Galerie im 8. Stock veranstaltet Ausstellungen von größerer Bedeutung. U-Bahn: Barbican/Moorgate.

Hayward Gallery
South Bank
SE1
Tel.: 071-928 31 44
Ein Kunstzentrum, dessen Beton-Eindruck allerdings von der herrlichen Lage am Südufer der Themse aufgewogen wird. The Hayward führt Ausstellungen von internationaler Bedeutung durch, die überwiegend dem 20. Jahrhundert gewidmet sind. U-Bahn: Waterloo.

ICA (Institute of Contemporary Art)
Nash House
The Mall SW1
Tel.: 071-930 36 47
Die ICA ist die avantgardistischste der großen
Londoner Galerien. Zwei Galerien zeigen
moderne innovative Arbeiten. Ferner live performance
art, Musik, Film und Video. U-Bahn:
Charing Cross/Piccadilly Circus.

Royal Academy
Burlington House
Piccadilly W1
Tel.: 071-439 74 38
Bekannt vor allem wegen seiner Sommer-Ausstellung,
die von Amateuren und Profis
beschickt wird. Leider gilt diese Ausstellung
mehr als ein gesellschaftliches Ereignis, als
daß sie durch die Qualität ihrer verkäuflichen
Exponate Aufsehen erregte. U-Bahn: Green
Park/Piccadilly Circus.

Serpentine Gallery
Kensington Gardens
Hyde Park W2
Tel.: 071-402 60 75
Veranstaltet interessante Ausstellungen zeit-genössischer
Kunst in einer Freiluft-Galerie,
inmitten des Hyde Parks gelegen. U-Bahn:
Lancaster Gate.

Whitechapel Gallery
80 Whitechapel High Street
E1
Tel.: 071-377 01 07
Fabelhafte Art Nouveau-Galerie, die bedeu-tende
lebende Künstler ausstellt. U-Bahn:
Aldgate East.

außerhalb Londons

Arnolfini Arts Centre
Bristol
16 Narrow Quay
Bristol
Tel.: 0272-29 91 91
Bristols Zentrum zeitgenössischer Kunst liegt
an der Wasserseite der Docks. Das Café, von
Bruce McLean konzipiert, ist bemerkenswert.
Galerie: täglich geöffnet von 10.00 bis
19.00 Uhr ; sonntags 12.00 - 19.00 Uhr.

Barbara Hepworth Museum
St. Ives
Cornwall
Tel.: 0736-79 62 26
Das Studio, in dem die Bildhauerin bis zu
ihrem Tod 1949 lebte und arbeitete. Es enthält
40 Skulpturen neben ihren persönlichen
Photographien und Habseligkeiten. Ganz-jährig
geöffnet ab 10.00 Uhr; sonntags ge-schlossen
(außer Juli und August).

Birmingham Art Gallery & Museum
Chamberlain Square
Birmingham
Tel.: 021-235 28 34
Beherbergt eine sehr schöne Kunst-Kollek-tion
mit dem Schwerpunkt „präraphaelitische
Malerei und Zeichnungen". Betonung auch
der nationalen Geschichte, Archäologie und
dekorativen Kunst. Geöffnet von 9.30 bis
17.00 Uhr, sonntags 14.00 - 17.00 Uhr.

Corner House
70 Oxford Street
Manchester
Tel.: 061-228 76 21
Diese 1986 eröffnete Galerie ist Manchesters
wirklich bemerkenswertes Zentrum für zeit-genössische
Kunst. Hier finden Ausstellun-gen
von nationaler Bedeutung statt. Geöffnet:
Di - So 12.00 - 20.00 Uhr.

Lady Lever Art Gallery
Port Sunlight Village
Wirral
Merseyside
Tel.: 051-645 36 23
Im Zentrum einer Modell-Arbeitersiedlung,
die an sich schon einen Besuch wert ist, liegt
diese ausgezeichnete Galerie, die von Vis-count
Leverhulme in Erinnerung an seine
Frau eingerichtet wurde. Sie enthält eine be-deutende
Sammlung britischer dekorativer
Kunst und Zeichnungen aus dem 19. Jahr-hundert,
wobei die Präraphaeliten und die
Wedgwood-Erzeugnisse besondere Beach-tung
verdienen. Ferner chinesische Keramik
aus dem 18. Jahrhundert und Chippendale-Möbel.
Geöffnet täglich von 10.00 bis 17.00
Uhr, sonntags 14.00 - 17.00 Uhr.

**Leeds City Art Gallery
& Henry Moore Centre**
The Headrow
Leeds

West Yorkshire
Tel.: 0532)-46 24 95
Neben einer bemerkenswerten Kollektion englischer Meister, darunter Gainsborough und Constable, zeigt diese Galerie im Henry Moore Centre eine ständige Ausstellung von Skulpturen des 20. Jahrhunderts mit Werken von Moore (der in Leeds studiert hat) und Epstein. Geöffnet täglich.

The Museum of Modern Art
30 Pembroke Street
Oxford
Tel.: 0865-72 27 33
Eines der wichtigsten englischen Zentren für moderne Kunst außerhalb von London, mit einer bedeutenden Ausstellung von Malerei, Skulpturen, Photographie und Design. Geöffnet von 10.00 bis 18.00 Uhr; montags geschlossen.

The Tate Gallery Liverpool
Albert Dock
Liverpool
Tel.: 051-709 32 23
Wie der Name andeutet, ist diese Galerie mit der Namensschwester in London eng verbunden und beherbergt eine größere Kollektion moderner Kunst. Darüber hinaus gibt es von Zeit zu Zeit Ausstellungen aus dem Fundus der National Collection of Modern Art. Geöffnet von 11.00 - 17.00 Uhr, montags geschlossen.

Walker Art Gallery
William Brown Street
Liverpool
Tel.: 051-207 00 01
Englands bedeutendste Galerie außerhalb Londons, mit einer umfangreichen Sammlung europäischer alter Meister und postimpressionistischer Malerei. Eine exzellente Präsentation britischer Kunst, vor allem der Präraphaeliten, aber auch moderner Künstler wie Hockney, Lucien Freud und Gillian Ayres. Geöffnet täglich von 10.00 bis 17.00 Uhr, sonntags 14.00 - 17.00 Uhr.

Whitworth Art Gallery
University of Manchester
Oxford Road
Manchester
Tel.: 061-273 59 58
Eine schöne Kollektion britischer Arbeiten aus dem 18. Jahrhundert. Besonders beachtenswert sind die Aquarelle und Zeichnungen von Blake, Turner, den Präraphaeliten und der lokalen Größe Lowry. Bedeutende Kollektion von Drucken, Textilien und Tapeten. Geöffnet von 10.00 bis 17.00 Uhr; sonntags geschlossen.

Schottland

The Burrell Collection
2060 Pollokshaws Road
Glasgow, Tel.: 041-649 7151
Von der Queen 1983 eröffnet, präsentiert dieser Zweckbau die erstaunliche, ja exzentrische Sammlung, die der Schiffsbaumagnat Sir William Burrell in über 80 Jahren zusammengetragen hat. Obwohl von einigen als zu eklektisch beurteilt, enthält sie viele unschätzbarer Werte wie die Gemälde großer Meister, etwa Rembrandt und Bellini, sowie erlesene Möbel und Glasmalereien. Geöffnet von 10.00 bis 17.00 Uhr, sonntags von 12.00 bis 16.00 Uhr.

Glasgow Art Gallery and Museum
Kelvingrove
Argyle Street
Glasgow
Tel.: 041-357 39 29
Diese ausgezeichnete Sammlung von Gemälden und Skulpturen umfaßt alte Meister, Impressionisten und Neoimpressionisten, ferner eine breite Kollektion dekorativer Kunst, darunter Silber, Porzellan und Waffen. Die Ausstellung „Glasgow Style" ist der Art Nouveau von Charles Rennie Mackintosh und seinen Zeigenossen gewidmet und enthält eine Rekonstruktion von Mrs. Cranstons Teezimmer und andere Inneneinrichtungen. Darüber hinaus Sammlungen zur schottischen Geschichte sowie naturgeschichtliche, archäologische und ethnographische Exponate. Geöffnet ab 10.00 Uhr, sonntags ab 12.00 Uhr.

Hunterian Art Gallery & Museum
University of Glasgow
Tel.: 041-330 54 31
Neben den Werken großer europäischer Meister wie Rembrandt, Reynolds, Pissarro und Rodin, besitzt diese Galerie eine bemerkenswerte Sammlung ausgezeichneter Arbeiten von Mackintosh, darunter die Rekonstruktion seines in der Nähe gelegenen Hauses. Wirklich konkurrenzlos ist ihre Kollekti-

on an Gemälden von Whistler, die zusammen mit einigen seiner persönlichen Besitztümer ausgestellt wird. Ferner ist hier die größte Sammlung von Dürer- und Picasso-Drucken in Schottland zu besichtigen. Geöffnet ab 9.30 Uhr; sonntags geschlossen

The McManus Galeries
Albert Square
Dundee
Tel.: 0382-231 41
Dieses von George Gilbert Scott 1867 errichtete Gebäude beherbergt eine ausgezeichnete Sammlung schottischer Kunst und dekorativer Kunstgegenstände aus dem 19. und 20. Jahrhundert; ferner eine Sammlung zur Siedlungsgeschichte Dundees, von der Vorgeschichte bis zur Gegenwart, sowie archäologische Funde aus dem alten Ägypten. Geöffnet von 10.00 bis 17.00 Uhr; sonntags geschlossen.

The National Gallery of Scotland
The Mount, Edinburgh
Tel.: 031-556 89 21
Dieses von William Playfair im 19. Jahrhundert entworfene Gebäude besitzt die bedeutendste schottische Gemäldesammlung. Sie umfaßt Werke von El Greco, Rembrandt, Constable, Tizian und Velázquez sowie Neoimpressionisten wie van Gogh, Cézanne und Gauguin, und eine unvergleichliche Kollektion schottischer Arbeiten. Geöffnet von 10.00 bis 17.00 Uhr, sonntags von 14.00 bis 17.00 Uhr.

Scottish National Gallery of Modern Art
Belford Road
Edinburgh
Tel.: 031-556 89 21
Diese Galerie zeigt Werke führender europäischer Maler des 20. Jahrhunderts, darunter Picasso, Braque, Matisse, Derain, Giacometti, Mondrian, Moore, Hepworth und Hockney. Daneben besitzt sie eine schöne Kollektion schottischer Arbeiten. Geöffnet täglich von 10.00 bis 17.00 Uhr, sonntags ab 12.00 Uhr.

Scottish National Portrait Gallery
1 Queen Street
Edinburgh
Tel.: 031-556 8921
Die berühmtesten Heldenfiguren der schottischen Geschichte, vom 16. Jahrhundert bis zur Gegenwart, sind an den Wänden dieser Galerie verewigt. Sie sehen hier Maria von Schottland, Jakob I., Flora MacDonald, Robert Burns, Sir Walter Scott und viele andere. Es gibt Portraits von Raeburn, Reynolds und Gainsborough. Ferner beherbergt diese Galerie die nationale Photographien-Sammlung. Geöffnet von 10.00 bis 17.00 Uhr, sonntags ab 14.00 Uhr.

MUSEEN

London

British Museum
Great Russell Street
WC1
Tel.: 071-636 15 55
Eine unermeßliche Sammlung, die auf der Welt nicht ihresgleichen hat, in Smirkes grandiosem neoklassischen Gebäude. Sie enthält ägyptische Mumien, die Elgin Marbles, den Rosetta-Stein und das Schiffsgrab von Sutton Hoo. Ferner Manuskripte, Drucke und Zeichnungen. Geöffnet ganzjährig, täglich. U-Bahn: Holborn, Tottenham Court Road.

Design Museum
Butlers Wharf
Shad Thames
SE1
Tel.: 071-403 69 33
Ein modernes Gebäude an der Themse, das die Entwicklung des Alltags-Designs dokumentiert. Wechselnde Schautafeln zeigen Grafik-Design und Design-Innovationen. Montags geschlossen. U-Bahn: Tower Hill oder London Bridge.

Imperial War Museum
Lambeth Road
SE1
Tel.: 071-735 849 22
1989 total renoviert, zeigt dieses exzellente Museum einiges über die abschreckende Wirklichkeit des Krieges wie z.B. verschiedene Arten von Waffen. Es enthält die Arbeiten der offiziellen Kriegs-Künstler. Der „Blitzkrieg" ist eine der Hauptattraktionen, der durch einen simulierten Luftangriff auf London im Zweiten Weltkrieg veranschaulicht wird. Geöffnet täglich. Freitags Eintritt frei. U-Bahn: Elephant and Castle.

London Transport Museum

The Piazza
Covent Garden
WC2
Tel.: 071-379 63 44
Die Geschichte des öffentlichen Verkehrs in London, von den Pferde-Trams und den anfängen der U-Bahn bis in die heutige Zeit. Viele Gefährte sind zusammen mit einer Grafik-Ausstellung, darunter eine Poster-Sammlung bedeutender Künstler der dreißiger Jahre, zu besichtigen. Geöffnet täglich. U-Bahn: Covent Garden.

Museum of Mankind

6 Burlington Gardens
Piccadilly
W1, Tel.: 071-437 22 24
Diese ethnographische Abteilung des Britischen Museums legt sein Gewicht auf die Darstellung der Stammes- und Dorfkulturen Amerikas, Ozeaniens und Afrikas, von der alten Zeit bis zur Moderne. Geöffnet täglich. U-Bahn: Piccadilly Circus.

National Maritime Museum

Romney Road
Greenwich
SE10
Tel.: 081-858 44 22
Das größte Schiffsmuseum der Welt, mit zahlreichen Exponaten zur britischen Seefahrtsgeschichte. Zu besichtigen ist eine Dokumentation der Trafalgar-Schlacht, eine Sammlung von Schiffsmodellen und viele maritime Instrumente, Waffen und Zeichnungen. Das Museum befindet sich im ersten palladianischen Gebäude Englands, das für Queen Anne von Inigo Jones im 19. Jahrhundert errichtet wurde. Geöffnet täglich. Bahn: Greenwich/ Maze Hill.

Natural History Museum

Cromwell Road
SW7, Tel.: 071-589 63 23
Museum mit starker Betonung der menschlichen Evolution und Biologie; einzelne Abteilungen beschäftigen sich mit Botanik, Zoologie, Mineralogie, Paläontologie und Insektenkunde. Besonders populäre Exponate sind die Dinosaurier- und Walskelette im Erdgeschoß. Eingebunden ist das Geologische Museum. Geöffnet täglich. Eintritt frei. U-Bahn: South Kensington.

Science Museum

Exhibition Road
SW7, Tel.: 071-589 34 56
Dieses Museum dokumentiert die Geschichte von Wissenschaft und Technik bis heute und untersucht ihren Einfluß auf die Industrie und das tägliche Leben. Höhepunkte sind die erste Lokomotive, Stevensons „Rocket" und Exponate aus der amerikanischen Raumforschung. Behandelt werden auch Ernährung, Medizin und Photographie. Geöffnet täglich. U-Bahn: South Kensington.

Sir John Soane's Museum

13 Lincoln's Inn Fields
WC2
Tel.: 071-405 21 07
Das Heim eines der bedeutendsten britannischen klassizistischen Architekten, der auch ein leidenschaftlicher Sammler war. Sie sehen eine gewaltige, wertvolle und exzentrische Kollektion von Antiquitäten, Büchern, Zeichnungen und Gemälden, darunter zwölf Werke von Hogarth, der Sarkophag von Seti I., Wrens Uhr und Napoleons Pistole. Sonntags und montags geschlossen. Eintritt frei. U-Bahn: Holborn.

Viktoria and Albert Museum

Cromwell Road
SW7
Tel.: 071-938 85 00
Die Kunst-Schatzkammer Britanniens und das weltweit größte Museum für dekorative Kunst. Ursprünglich gegründet, um das Design-Niveau in den britischen Manufakturen anzuheben, beherbergt diese schier unüberschaubare Sammlung auf einer Ausstellungsfläche von 11 km^2 fast alles: von mittelalterlichen Kerzenleuchtern und Glasmalereien bis zu Chippendale-Möbeln und Clarice Cliff- Keramiken. Freitags geschlossen. Eintritt: freiwillige Spende. U-Bahn: South Kensington.

außerhalb Londons

Ashmolean Museum

Beaumont Street
Oxford
Tel.: 0865-27 80 00
Das älteste öffentliche Museum des Landes, aus dem 17. Jahrhundert, beheimatet die bedeutendste Sammlung römischer, griechischer und ägyptischer Antiquitäten sowie

britische und europäische Gemälde und Skulpturen, Musikinstrumente und Münzen. Heute sind diese Schätze in einem neogriechischen Gebäude untergebracht, das von C.R. Cockerell 1845 errichtet wurde. Geöffnet von 10.00 bis 16.00 Uhr, sonntags 14.00 - 16.00 Uhr.

Bath Costume Museum
Assembly Rooms
Bennett Street
Bath
Tel.: 0225-46 11 11
Zweifellos eines der besten Kostüm-Museen der Welt. 400 Jahre Mode für Mann, Frau und Kind werden hier in der eleganten Umgebung der Georgian Assembly Rooms, die 1769 von John Wood dem Jüngeren entworfen wurden, gezeigt. Panoramaräume mit zeitgeschichtlichen Motiven und Straßenszenen aus Bath in der Zeit von 1820 bis 1939. Geöffnet täglich.

Beamish Open-Air Museum
Beamish
County Durham
Tel.: 0207-23 18 11
Das Leben im Norden Englands zur Jahrhundertwende wird in diesem preisgekrönten Museum veranschaulicht. Es vereinigt zahlreiche Original-Gebäude auf einem 105-Hektar-Gelände und zeigt eine arbeitende Kommune mit einer alten Farm, Eisenbahnstation, Straßenbahn, Bergwerk und Kohlengrube. Alles ist echt, bis zur Zahnarztpraxis, der Druckerei und dem Einkaufsladen. Geöffnet täglich von 10.00 bis 17.00 Uhr; im Winter montags geschlossen.

Black Country Museum
Tipton Road
Dudley
West Midlands
Tel.: 021-557 96 43
Leben und Arbeiten unter den Bedingungen der industriellen Revolution werden in diesem Freilichtmuseum am Ufer des Dudley-Kanals dargestellt. Zu sehen sind rekonstruierte Häuser aus dem 18. und 19. Jahrhundert, Läden , Kneipen sowie Bergwerke, Schiffswerften und Kettenmacher. Geöffnet im Sommer täglich von 10.00 bis 17.00 Uhr.

Duxford Airfield Imperial War Museum
Duxford
Cambridge
Tel.: 0223-83 39 63
Britanniens führende Sammlung an Militär- und Zivilflugzeugen, innerhalb eines riesigen Areals mit Militärfahrzeugen, Panzern und Kanonen. Schauen Sie sich eine Concorde an oder machen Sie einen Flug im Flugsimulator. Es gibt Spezialausstellungen und Sonderveranstaltungen. Abenteuerspielplatz. Geöffnet täglich ab 10.00 Uhr.

Ironbridge Gorge Museum
Ironbridge
Shropshire
Tel.: 095245-35 22
Hier wurde die industrielle Revolution geboren, als Abraham Darby eine Methode für die billige Massenproduktion von Gußeisen entwickelte. Einige Areale sind bis zu 15 km^2 groß und gruppieren sich um die Eisenbrücke: das Blists-Hill-Freilichtmuseum mit einer viktorianischen Stadt, das Flußmuseum, das Eisenmuseum, das Rosehill-Haus (das restaurierte Haus eines Eisenhüttenbesitzers), das Jackfield-Ziegelmuseum und das Kohlehafen-China-Museum. Geöffnet täglich von 10.00 bis 18.00 Uhr.

Jorvik Viking Centre
Coppergate
York
North Yorkshire
Tel.: 0904-643211
Unterhalb einer Ausgrabungsstätte findet sich eine naturgetreue Rekonstruktion von Jorvik (York), wie es vor 1000 Jahren von den Wikingern bewohnt wurde. Es umfaßt Häuser, Arbeitsstätten mit originalen Einrichtungsgegenständen, autentischen Düften und Geräuschen. Geöffnet täglich ab 9.00 Uhr.

Maritime Museum
Haven Banks
Exeter
Tel.: 0392-580 75
Die beste Sammlung von historischen und ungewöhnlichen Schiffen aus der ganzen Welt ist hier vor dem Hintergrund von Lagerhäusern am Fluß Exe zu besichtigen. Geöffnet täglich von 10.00 bis 17.00 Uhr.

National Railway Museum

Leeman Road
York
North Yorkshire
Tel.: 0904-62 12 61
Eine wunderschöne Sammlung von Dampflokomotiven und Reisezugwagen dokumentiert die Eisenbahngeschichte von Anfang an und ihre Bedeutung für die Gesellschaft. Zu den Ausstellungsstücken gehören auch Queen Viktorias Luxuswagen und die Rekord-Lokomotive „Mallard". Geöffnet täglich.

Royal Naval Museum

Royal Naval Base
Portsmouth
Hampshire
Tel.: 0705-73 30 60
Neben den Exponaten des Museums, das der Geschichte der Kriegsmarine gewidmet ist, kann man Nelsons Schiff HMS Viktory und die Mary Rose besichtigen. Das letztere war das Flaggschiff Heinrichs VIII., das 1545 untergegangen war und dessen Rumpf 1982 völlig intakt – seine Schatztruhen eingeschlossen – geborgen werden konnte. Geöffnet täglich von 10.00 bis 17.00 Uhr.

Stoke-on-Trent City Museum and Art Gallery

Hanley
Stoke-on-Trent
Tel.: 0782-20 21 73
Preisgekröntes Museum, mitten im Keramikzentrum gelegen, mit einer außergewöhnlichen Kollektion an Kunst und dekorativen Kunstgegenständen. Es überrascht nicht, daß die Keramik-Sammlung weltweit einen ausgezeichneten Ruf genießt. Ferner naturgeschichtliche, sozialgeschichtliche und archäologische Exponate. Geöffnet täglich ab 10.30, sonntags ab 14.00 Uhr.

York Castel Museum

The Eye of York
York
North Yorkshire
Tel.: 0904-65 36 11
Britanniens größtes Volkskundemuseum, dem alltäglichen Leben von den Tudors bis zu Edward gewidmet, ist in einem ehemaligen Frauengefängnis untergebracht. Die Rekonstruktion des zeitgeschichtlichen Milieus umfaßt auch ganze Straßen aus der Zeit Viktorias und Edwards. Andere Abteilungen befassen sich mit dem Handwerk, mit Kostümen und mit der Militärgeschichte von Yorkshire. Geöffnet täglich.

Schottland

Highland Folk Museum

Duke Street
Kingussie
Tel.: 0540-66 13 07
Ein Hochland-Freilichtmuseum mit einer Jagdhütte aus dem 18. Jahrhundert sowie einer landwirtschaftlichen Ausstellung unter Dach. Kesselflicker, Kleidung, Möbel und Rüstungen. Geöffnet täglich ab 10.00 Uhr, sonntags ab 14.00 Uhr.

Royal Museum of Scotland

Chambers Street
Edinburgh
Tel.: 031-225 75 34
Ein großes viktorianisches Gebäude beherbergt diese beeindruckende schottische Sammlung historischer Werkzeuge. Naturgeschichtliches, Ethnographisches und Geologisches ist hier sehr geschickt zusammengestellt mit alten Maschinen und wissenschaftlichen Instrumenten. Geöffnet täglich von 10.00 bis 17.00 Uhr, sonntags 14.00 - 17.00 Uhr.

Scotch Whisky Heritage Centre

358 Castlehill
Edinburgh
Tel.: 031-220 04 41
Hier wird das Geheimnis des schottischen Nationalgetränks enthüllt. Schaubilder illustrieren seine Geschichte und Herstellungsweise, mit Geräuscheffekten und Aromen. Geöffnet täglich.

Scottish Tartans Museum

Davidson House
Drummond Street
Comrie
Tel.: 0764-707 79
Die größte Sammlung der Welt an Tartans und Hochland-Kleidung, das von der Scottish Tartans Society unterhalten wird. Mit historischen Schaubildern und der Rekonstruktion eines Weberhäuschens. Geöffnet Mo - Sa ab 10.00 Uhr.

National Museum of Wales
Cathays Park
Cardiff, Tel.: 0222-39 79 51
Neben den Arbeiten walisischer Künstler präsentiert diese Galerie eine unschätzbare Kollektion französischer Expressionisten, Gemälde von Renoir, Monet und Manet sowie Skulpturen von Rodin und Dégas. Ferner gibt es eine Reihe geschichtlicher Exponate. Geöffnet täglich von 10.00 bis 17.00 Uhr, sonntags ab 14.30 Uhr.

Welsh Folk Museum
St. Fagans
South Glamorgan
Tel.: 0222-55 51 05
Ein Freilichtmuseum über die ländliche Geschichte Wales, von Bauern, Müllern und Küfern bis zu Sattlern und Holzschuhmachern. Dargestellt anhand von rekonstruierten typischen Werkstätten und Wohnhäusern. Geöffnet täglich ab 10.00 Uhr. November bis März sonntags geschlossen.

Museum of the Welsh Woollen Industry
Llandysul
Dyfed
Tel.: 0559-37 09 29
Der Geschichte der walisischen Textilindustrie gewidmet, mit Maschinen und Textilexponaten. Geöffnet täglich von 10.00 bis 17.00 Uhr; sonntags geschlossen (im Winter auch samstags).

Welsh Slate Museum
Llanberis
Gwynedd
Tel.: 0286-87 06 30
Der Schiefersteinbruch von Dinorwic und seine Werkstätten sind seit ihrer Schließung 1969 unverändert erhalten geblieben und bilden heute ein Museum für einen Industriezweig, der für Wales von großer Bedeutung ist. Geöffnet täglich 13.30 - 15.30 Uhr.

PHOTOGRAPHIE UND FILM

The Fotogallery
31 Charles Street
Cardiff
Tel.: 0222-34 16 67
Die größeren Ausstellungen dieser Galerie, die fast alle Aspekte der künstlerischen Photographie abdeckt, gehen oft über Land. Über die Jahre wurde ein umfangreiches Archiv von Photographien über die Täler Südwales angelegt. Geöffnet: dienstags bis samstags 10.00 - 17.00 Uhr.

Lacock Abbey and Fox Talbot Museum
Lacock
bei Chippenham
Wiltshire
Tel.: 0249-734 59
In dieser Abtei, die 1232 für Augustinernonnen gegründet wurde, war der Erfinder des Negativ/positiv-Prozesses, Henry Fox Talbot, zu Hause. Ansichten der Abtei erscheinen in dem ersten photographisch illustrierten Buch *The Pencil of Nature* (Der Zeichenstift der Natur), das Talbot 1844 herausbrachte. Das Museum, das seine Erfindung würdigt, ist in einer ehemaligen Scheune untergebracht. Geöffnet von März bis November täglich 11.00 -17.30 Uhr.

MOMI (Museum of the Moving Image)
South Bank
London SE1
Tel.: 071-401 26 36
Lebendiges, unterhaltsames Museum über die Geschichte von Kino und Fernsehen, das die technische Entwicklung demonstriert und zeigt, wie es hinter den Kulissen zugeht. Zuschauer können sich selbst vor eine Kamera setzen und Nachrichten verlesen oder Probeaufnahmen für einen Hollywood-Film absolvieren. Montags geschlossen. U-Bahn: Waterloo.

National Museum of Photography, Film and Television
Prince's View
Bradford
West Yorkshire
Tel.: 0274-72 7488
Ein faszinierendes Museum, das die gesamte Geschichte von Photographie, Film und Fernsehen abdeckt und über 50 000 Exponate der Kodak-Sammlung enthält. Zuschauer haben u.a. Gelegenheit, sich selbst als Kameramann zu versuchen. Darüber hinaus ist hier die größte Kinoleinwand in Britannien zu sehen (19 mal 16 Meter) mit einem Sechs-Spur-Stereoton. Geöffnet täglich von 11.00 bis 19.30 Uhr; montags geschlossen.

Photographers' Gallery
5 & 8 Newport Street
London WC2
Tel.: 071-831 17 72
Londons photographischer Schaukasten präsentiert in der Regel wenigstens zwei Ausstellungen gleichzeitig. Die im *Print Room* ausgestellten zeitgenössischen und historischen Drucke sind auch zu kaufen. Montags geschlossen. Eintritt frei. U-Bahn: Leicester Square.

Portfolio Gallery
43 Candlemaker Row
Edinburgh
Tel.: 031-220 19 11
1988 eingerichtet, veranstaltet diese prominente Galerie eine Reihe von Ausstellungen zum gesamten Spektrum der Photographie, überwiegend aber mit zeitgenössischen Arbeiten. Sie gibt das *Portfolio magazine* heraus, das in ganz Britannien erhältlich ist. Geöffnet von Dienstag bis Samstag 12.00 - 17.30 Uhr.

Royal Photographic Society, National Centre of Photography
The Octagon
Milsom Street
Bath
Tel.: 0225-628 41
Die Gesellschaft unterhält eine außergewöhnliche Sammlung von Photographien, vor allem aber die Arbeiten der frühen britischen Photo-Pioniere. Dazu gesellen sich aktuelle Ausstellungen. Geöffnet von 9.30 bis 17.30 Uhr, sonntags geschlossen.

LITERARISCHE RUNDREISE

Ayrshire: Robert Burns (1759 - 96)
Schottlands literarischer Held, der die Volkssprache mit seiner lebendigen Beschreibung schottischer Lebensart und Gebräuche bereicherte. Seine Gedichte sind überwiegend in Schottisch geschrieben. Unter seinen Erzählungen ist *Tam O'Shanter* die bekannteste. Aus seiner Feder stammen über 200 Lieder, von denen *Auld Lang Syne* das berühmteste ist. Das Original befindet sich in einem Museum in der Nähe des kleinen weißen Landhauses, in dem Burns geboren wurde, in Aliway bei Ayr. In den letzten Jahren seines Lebens wohnte er in einem kleinen Haus in Dumfries, das heute als Museum dient. Der Bachelor's Club in Tarbolton, ein strohgedecktes Landhaus aus dem 17. Jahrhundert, wo Burns und seine Freunde 1780 einen literarischen Club bildeten, wird heute vom National Trust verwaltet.

Dorset: Thomas Hardy (1840 - 1928)
Hardy verbrachte die meiste Zeit seines Lebens in Dorset (Wessex), wo auch viele seiner Romane spielen. Geboren wurde er in Higher Bockhampton, wo er *Far From the Madding Crowd* und *Under The Greenwood Tree* schrieb. Später lebte er in Dorchester, wo er Architektur studierte, um sich ein eigenes Haus zu bauen, und zwar bei Max Gate in der Wareham Road zum Ende des 19. Jahrhunderts. Das Dorset County Museum in Dorchester besitzt eine Hardy-Gedächtnissammlung. Hardy nutzte The King's Arms, 30 High Street, Dorchester, einen Landgasthof aus dem 18. Jahrhundert, als Hintergrund für *Mayor of Casterbridge*. Er schrieb ferner *Return of the Native* und *Tess of the d'Urbervilles*.

Hampshire: Jane Austen (1775 - 1817)
Die Tochter eines Geistlichen aus Hampshire wuchs in dem Dorf Steventon auf. Da sie eine Frau war, schrieb sie alle ihre Romane, die sich mit dem täglichen Leben des einfachen Volkes beschäftigen, anonym. Ihre wirkliche Identität wurde erst nach ihrem Tod aufgedeckt. Von 1800 bis 1817 lebte sie mit Mutter und Schwester in Chawton, Hampshire, wo sie *Mansfield Park, Emma and Persuasion* schrieb. Heute ein Museum (Tel.: 0420-832 62), beherbergt dieses Haus ihre persönliche Habe, Briefe und Manuskripte. Sie verbrachte auch einige Zeit in Bath und Lyme Regis, wo sie große Teile von *Persuasion* schrieb. Ferner schrieb sie *Pride and Prejudice* und *Northanger Abbey*. Begraben ist sie in der Winchester-Kathedrale.

Kent: Charles Dickens (1812 - 70)
Den größten Teil seines Lebens verbrachte er in Kent und London. Geboren wurde er in der Nähe von Portsmouth als Sohn eines Zahlmeisters der Navy, aber das Haus, indem er aufwuchs, war No. 11 Ordnance Terrace, Chatham, Kent. Von 1837 bis 1839 lebte er mit Frau und Sohn in 48 Doughty Street, London WC1, wo er die *Pickwick Papers* beendete und *Oliver Twist* sowie *Nicholas Nickleby* schrieb. Das Haus gehört heute der

Dickens Fellowship und beherbergt eine Reihe seiner persönlichen Besitztümer sowie Handschriften und Bücher. 1856 zog Dickens nach Gad's Hill Place bei Rochester (heute eine Mädchenschule), wo er bis zu seinem Tode lebte. Dickens war begeistert von dem Küstenstädtchen Broadstairs und wohnte dort im Bleak House, um dort Teile seines *David Copperfield* zu verfassen (in diesem Roman erscheint dies Haus als Miss Betsy Trotwoods Haus). Dickens verbrachte dort auch einige Zeit im Royal Albion Hotel. Seine Romane, z.B. *The Old Curiosity Shop, Our Mutual Friend, Great Expectations* und *Oliver Twist,* erinnern an die rauhe Seite der viktorianischen Gesellschaft und ihrer Unterwelt.

Lake District: William Wordsworth
(1770 - 1850)
Der bedeutendste Dichter der britischen Romantik erweckte die dramatische Landschaft des Lake Districts zum literarischen Leben. In der Main Street, Cockermouth, Cumbria, ist das Haus zu besichtigen, in dem er 1770 geboren wurde. Es enthält einiges aus seiner persönlichen Habe. Dove Cottage und das Wordsworth Museum sind in Town End, Grasmere, Cumbria, zu finden, wo er zusammen mit seiner Schwester Dorothy lebte. Es waren die schöpferisch besten Jahre seines Lebens. Zu seinen Werken gehören *Guide Through the District of the Lakes* (1810) und *Lyrical Ballads,* die er zusammen mit Coleridge verfaßte.

Nottingham: D. H. Lawrence (1885 - 1930)
Der Sohn eines Bergarbeiters aus Nottinghamshire wuchs in einem engen Haus in der Viktoria Street, Eastwood, auf. Es wurde renoviert und gibt nun Einblick in das Leben eines Kindes aus der Arbeiterklasse (Lawrence Birthplace Museum, Tel.: 0773-76 33 12). In der Nähe, 28 Garden Road, liegt das *Sons and Lovers*-Landhaus, wo die Familie zwischen 1887 und 1891 lebte und das in dem gleichnamigen Roman beschrieben ist (Tel.: 0773-71 97 86; geöffnet nach Vereinbarung). Weitere Werke von Lawrence: *Lady Chatterley's Lover, Kangaroo.*

South Wales: Dylan Thomas (1914 - 53)
Thomas wurde in der Industriestadt Swansea in Wales geboren, wuchs aber in 5 Cwmdonkin Drive im Hochland-Distrikt auf. Er beschrieb das walisische Leben in *Under Milk Wood* und *Collected Poems* (1934 - 53). Folgen Sie dem *Dylan Thomas Uplands Trail* und besuchen Sie das Bootshaus in Laugharne, wo er lebte und arbeitete. Heute ist es ein Museum.

Warwickshire: William Shakespeare
(1564 - 1616)
Stratford-upon-Avon steht synonym für Englands größten Dramatiker. Jedes Jahr pilgern Tausende hierher, um zu sehen, wo der berühmte Dichter geboren wurde. Der Shakespeare Birthplace Trust (Tel.: 0789-20 40 16) verwaltet die folgenden Tudor-Besitztümer, die in Verbindung zu Shakespeare stehen: Shakespeares Geburtshaus, Henley Street; Anne Hathaways Cottage, Shottery, wo Shakespeares Frau aufwuchs; Hall's Croft, Old Town; New Place/Nash's House, Chapel Street; Mary Arden's House und das Shakespeare Countryside Museum, Wilmcote, das Haus, wo Shakespeares Mutter aufwuchs.

Yorkshire: The Brontë Sisters –
Anne (1820 - 49), **Charlotte** (1816 - 55), **Emily** (1818 - 48).
Die Geschwister wurden in Thornton, West Yorkshire, geboren, obwohl ihre Familie bei Parsonage in Haworth, West Yorkshire (Tel.: 0535-42323) zu Hause war. Heute ist es ein Museum, das von der Brontë Society verwaltet wird. Es wurde wieder in den Zustand versetzt, in dem es sich befand, als diese berühmte Literatenfamilie hier zwischen 1820 und 1861 lebte. Es beherbergt einen Teil ihrer Möbel, Manuskripte und persönliche Besitztümer. Werke: *Wuthering Heights* von Emily Brontë. *Jane Eyre, Shirley, Villette, The Professor* von Charlotte Brontë. *Agnes Grey, The Tenant of Wildfell Hall* von Anne Brontë.

THEATER

Britanniens reiche dramatische Tradition schlägt sich in der hervorragenden Qualität seiner Theater nieder. Obwohl London das unbestritten Zentrum ist, hat doch fast jede Stadt ein Theater, das entweder eigene Produktionen vorstellt oder in denen Gastensembles auftreten, darunter zum Beispiel die Royal Shakespeare Company (RSC) und das National Theatre (NT).
Zu Englands führenden Autoren zählen heute Tom Stoppard, Harold Pinter und Alan

Ayckbourn. Die Musical-Szene beherrscht seit einigen Jahren Andrew Lloyd Webber.

Die Hälfte der Londoner Theater – es sind über 100, die Vorstadttheater eingeschlossen – findet man in West End, in der Nähe der Shaftesbury Avenue und Covent Garden. Hier sind die Vorstellungen „sichere Nummern" und man spielt Dauerbrenner wie *Phantom of the Opera, Cats, Les Misérables* und *The Mousetrap.*

Die West End-Shows sind sehr populär, und deshalb sind gute Karten nur schwer zu bekommen. Falls Sie an der Kasse keinen Platz bekommen sollten (bei telefonischer Buchung werden Kreditkarten akzeptiert), versuchen Sie es bei **Ticketmaster** (Tel.: 071-379 64 33) oder **First Call** (Tel.: 071-240 72 00), bevor Sie es bei Agenturen versuchen, die eine kräftige Gebühr verlangen. Vermeiden Sie Schwarzhändler, außer Sie sind reich oder verzweifelt. Ihre Tickets sind zwar in der Regel echt, doch sie verlangen Preise zwischen £ 70 und £ 120 für einen Platz, der normalerweise nur £ 25 kosten würde. **SWET Ticket Booth** am Leicester Square hat restliche Karten für denselben Tag, die zum halben Preis verkauft werden, ab 12.00 Uhr für Matineen und ab 14.00 Uhr für Abendvorstellungen. Seien Sie auf Barzahlung und eine lange Schlange vorbereitet. Einige Theater, wie das National Theater, halten eine bestimmte Anzahl Karten zurück, um sie am Morgen der Vorstellung über die Kasse zu verkaufen (ab 10.00 Uhr).

Möchten Sie ein Off-Theater (*Fringe Theater*) besuchen, wenden Sie sich an das **Fringe Theater Box Office**, beim Duke of York's Theatre, St. Martin's Lane, WC2, Tel.: 071-379 6002, obwohl es gewöhnlich keine Schwierigkeiten gibt, noch an der Abendkasse Karten zu bekommen. Lesen Sie das *Time Out*-Magazin oder die Tageszeitungen, um Genaueres über das Theaterprogramm zu erfahren.

An Sommerabenden werden Shakespeares Dramen im Freilichttheater im **Regent's Park** aufgeführt.

The Barbican Centre
Barbican
EC2
Tel.: 071-638 88 91
Ein moderner Zweckbau, in dem das Barbican Theatre, Concert Hall und The Pit untergebracht sind – funktional, komfortabel, mit guter Akustik, aber eher steril. Wegen finanzieller Probleme kann die Shakespeare Company nicht den ganzen Winter über spielen. Tel.: 071-628 2295. U-Bahn: Moorgate.

National Theatre
South Bank
SE1
Tel.: 071-928 2252
Eine große Palette an modernen und klassischen Stücken bieten die drei Repertoire-Theater, die in diesem massiven Betonbau an der Themse zu Hause sind: das Olivier, das Lyttelton und das Cottesloe. U-Bahn: Waterloo/Embankment.

Royal Court Theatre
Sloane Square
SW1
Tel.: 071-730 17 45
Das Haus der English Stage Company, die Stücke moderner Autoren aufführt. U-Bahn: Sloane Square.

The Royal Shakespeare Theatre
Die weltberühmte Royal Shakespeare Company (RSC) spielt ausschließlich Stücke ihres Namensgebers. Die Werke seiner Zeitgenossen werden auf der anderen Flußseite am The Swan Theatre (in einem elizabethanischen Theatergebäude) aufgeführt. Am The Other Place, das in der Nähe liegt, werden moderne Stücke gegeben. Die RSC-Saison geht von März bis September, und für einige Zeit spielt die Company am Barbican Centre in London und in Newcastle-upon-Tyne.
Kasse, Tel.: 0789-29 56 23 (Kreditkarten werden akzeptiert). 24-Stunden-Dienst, Tel.: 0789-691 91. Shakespeare overnight packages, Tel: 0789-29 53 33.
Es empfiehlt sich, Tickets im voraus zu buchen, entweder an der Kasse oder über eine Verkaufsagentur in den größeren Städten.

KLASSISCHE KONZERTE

Viele britische Städte haben ein eigenes professionelles Orchester und veranstalten Konzertreihen. Dazu zählen die **Royal Liverpool Philharmonic**, **The Hallé** in Manchester und das **City of Birmingham Symphony Orchestra** (geleitet von Simon Rattle). In London sind es die **London Philharmonic** und, am Barbican, das **London Symphony Orchestra**.

Im Sommer spielt das **Scottish National Orchestra** (SNO) in Glasgow einige Promenaden-Konzerte , während die BBC in London die **Henry Wood Promenade Concerts** in der Royal Albert Hall, Kensington, sponsert. Die BBC unterhält einige eigene Orchester, darunter das **BBC Symphony** und das **BBC Scottish Symphony Orchestra**, und sendet rund 100 Stunden klassische Musik jede Woche auf Radio 3.

Kammermusik wird sehr gefördert. Es gibt eine Reihe von Streich- und Kammerorchestern wie das **English Chamber Orchestra** und **The Academy of Ancient Music**.

Größere Veranstalter außerhalb Londons, die Spitzenkünstler aus der ganzen Welt verpflichten, sind z. B. **St. David's Hall** in Cardiff und **Glasgow International Concert Hall**.

Die großen Londoner Konzerträume befinden sich an verschiedenen Stellen der Stadt:

Barbican Hall
Silk Street
EC2 (Tel.: 071-638 88 91)
Heimstatt des London Symphony Orchestra und des English Chamber Orchestra.

Royal Festival Hall
South Bank
SE1 (Tel.: 071-928 88 00)
Londons bedeutendstes Konzertgebäude für klassische Musik. Zu diesem Komplex gehören die **Queen Elizabeth Hall**, für Kammer- und Solokonzerte, und der kleine **Purcell Room**.

Wigmore Hall
36 Wigmore Street
W1
Tel.: 071-935 21 41
Ein intimer Saal, berühmt für seine sonntäglichen Kammerkonzerte.

Royal Albert Hall
Kensington Gore
SW7
Tel.: 071-589 32 02
Eine kreisförmige Halle, die Queen Viktoria dem Andenken ihres Mannes gewidmet hat. Es wird jeden Sommer, anläßlich der Henry Wood Promenade Concerts, einfach auch „Proms" genannt, wieder lebendig.
Im Sommer werden auch klassische Open-Air-Konzerte veranstaltet, und zwar in dem malerischen **Kenwood Lakeside Theatre**, Hampstead Lane, NW3, und im **Holland Park**, Kensington, W8.

OPER

Die **Royal Opera** und die **English National Opera** gehören zu den angesehensten Ensembles der Welt. Die Saison über spielen sie in London. Die Royal Opera hat ihre Heimstatt im Royal Opera House in Covent Garden, einem großartigen Gebäude, das verschwenderische Opernproduktionen in der Nationalsprache ermöglicht. Abendgarderobe ist vorgeschrieben, die Karten sind sehr teuer. Nicht weit davon, im **The Coliseum**, einem eleganten edwardianischen Theatergebäude, präsentiert die English National Opera (ENO) die weniger traditionellen Opern, und zwar in Englisch. Die **Sadler's Wells Opera Company** ist im Sadler's Wells Theatre zu Hause, in dem auch Gastensembles auftreten.

Die **D'Oyly Carte** ist Britanniens führendes Operettenensemble, das in der Hauptsache die humoristischen Operetten von Gilbert und Sullivan aufführt. Nach einer Pause infolge finanzieller Schwierigkeiten ist das Ensemble nun auf die Bühne zurückgekehrt und hat das **Alexandra Theatre** in Birmingham zu seiner Spielstätte gewählt.

Die Waliser sind berühmt für ihre schöne Stimme. Die meisten walisischen Bezirke haben einen eigenen Chor von gewisser Qualität, und es werden landesweit mehr als 100 Frauenchöre gezählt. Die **Welsh National Opera** besitzt internationale Reputation und spielt regelmäßig im **New Theatre** in Cardiff und im **Grand Theatre** in Swansea.

Schottland hat ebenfalls ein eigenes Opernensemble, die **Scottish Opera,** die am **Theatre Royal** in Glasgow zu Hause ist. Sie tourt durch Schottland und den Norden Englands und gibt jedes Jahr einige Vorstellungen in Edinburgh.

Es gibt einige regionale Opernensembles, darunter die **Opera North**, die in Leeds beheimatet ist und Bühnen in Nordengland bespielt, sowie die **Kent Opera**, die durch den Süden tourt. Die **Opera 80** mit einem englischen Repertoire bespielt die Provinzbühnen und gibt ihre Saisonvorstellungen im Sadler's Wells Theatre in London.

Im Sommer ist **Glyndebourne** in Sussex ein Hauptereignis für Opernfreunde, denn hier gastieren Künstler von internationalem Format. In **Buxton**, Derbyshire, veranstaltet das Opernhaus ein größeres Opernfestival.

BALLETT UND TANZ

Wie für die Oper sind auch für Ballettaufführungen das Royal Opera House und The Coliseum die wichtigsten Veranstaltungsorte. Sie beherbergen das **Royal Ballet** bzw. das **Royal Festival Ballet**. Das **Sadler's Wells Royal Ballet** ist vom Sadler's Wells Theatre ins Birmingham Hippodrome umgezogen, wo es nun als das **Birmingham Royal Ballet** auftritt, als Schwesterensemble des Royal Ballet. Dennoch bleibt das Sadler's Wells Theatre Londons führendes Tanztheater, und zwar für alle Stilrichtungen. Neben den regelmäßigen Aufführungen des Birmingham Royal Ballet, der Rambert Dance Company, des London Contemporary Dance Theatre und Whirligig gastieren an diesem Theater auch internationale Truppen wie z.B. Lindsay Kemp, Merce Cunningham und Cumbre Flamenca.

In Manchester ist die **Northern Ballet Company** beheimatet, wenn sie sich nicht gerade auf einer England-Tour befindet. In Wales tanzen die führenden Ballettensembles am **New Theatre** in Cardiff und am **Grand Theatre** in Swansea.

Das **Scottish Ballet** ist in Glasgow zu Hause, wo es regelmäßig im Theatre Royal und im Robin Anderson Auditorium auftritt. Es tourt auch durch Schottland, wobei es zweimal im Jahr in Edinburgh gastiert.

FESTIVALS

Es gibt Hunderte von Festivals für Kunst, Tanz, Theater und Literatur das ganze Jahr über, landauf, landab. Das bekannteste ist das **Edinburgh International Festival** und **Fringe Festival**. Es findet drei bis vier Wochen lang im August/September statt. Für diese Zeit wird Edinburgh zu einem Mittelpunkt künstlerischer Aktivitäten. Die Stadt veranstaltet darüber hinaus zu anderen Jahreszeiten Jazz-, Folk-, Film- und TV-Festivals. Glasgow hat sein **Mayfest** im Mai und auch seine eigenen Jazz- und Folk-Festivals.

Das **Royal National Eisteddfod of Wales** läßt sich bis auf das Jahr 1176 zurückverfolgen und ist das wichtigste der vielen Eisteddfodau, die alljährlich in Wales stattfinden. Es ist ein Festival, das ausschließlich der Musik und Literatur in walisischer Sprache gewidmet ist und im August veranstaltet wird, immer an wechselnden Orten.

The Llangollen International Eisteddfod, das jeden Juli in dem malerischen Städtchen Llangollen in Nordwales stattfindet, wurde nach dem Zweiten Weltkrieg mit der Absicht etabliert, die Nationen der Welt zu einem Festival für Lieder, Tanz und Musik zusammenzubringen.

Andere herausragende Festivals werden in **Chichester**, **Buxton**, **Malvern**, **Salisbury**, **Harrogate** und **York** veranstaltet. Musik-Festivals gibt es in **Aldeburgh**, **Cheltenham**, **Stratford** und **Bath**.

JAZZ

Es gibt zahlreiche Pubs und Clubs, in denen Live-Jazz zu hören ist. Festivals finden jährlich im ganzen Land statt, die bekanntesten in **Camden**, London, **Bracknell**, Berkshire und in **Edinburgh**. **Ronnie Scott's** im Herzen von Soho ist Englands bekanntestes Jazz-Zentrum. Es präsentiert internationale Jazz-Größen und natürlich auch den allgegenwärtigen Ronnie Scott selbst.

VERANSTALTUNGSKALENDER

Für nähere Informationen zu regionalen Veranstaltungen kontaktieren Sie bitte das örtliche Fremdenverkehrsamt.

Januar

Burns Night (25.):
Schottland
International Boat Show:
Earl's Court, London

Februar

Chinese New Year Celebrations:
Chinesenviertel von London und Manchester
Crufts Dog Show:
NEC, Birmingham
Shrove Tuesday (41 Tage vor Ostern):
mit alten Bräuchen wird *Pancake Day* (Fastnachtsdienstag) gefeiert.

März

Edinburgh International Folk Festival
Ideal Home Exhibition:
Earl's Court, London
London International Book Fair:
Olympia, London
Royal Shakespeare Theatre:
Stratford-upon-Avon, Saisoneröffnung
Sheffield Chamber Music Festival

April

April Fool's Day (1. April):
der Tag, an dem praktisch jeder Scherz erlaubt ist (wenigstens bis zum Mittag); die meisten Zeitungen bringen ein oder zwei Schwindelgeschichten, die sich nur wenig von der Absurdität der Nachrichten unterscheiden.
Harrogate Spring Flower Show:
North Yorkshire
Queen's Birthday (21 April):
wird mit Kanonenschüssen im Hyde Park und am Tower in London zelebriert

Mai

Bath International Festival:
Chor- und Kammermusik
Beating Retreat:
Parade der Reitergarde, Whitehall, London
Brighton Arts Festival
Chelsea Flower Show:
Royal Hospital, Chelsea, London
Glyndebourne Festival:
Opern-Saisoneröffnung (bis August)
Mayfest Festival:
Glasgow
Nottingham Festival
Perth Festival of Arts:
Tayside, Schottland

Juni

Appleby Horse Fair:
Cumbria.
**Beating Retreat by
the Household Division**:
Parade der Reitergarde, Whitehall, London
Biggin Hill International Air Fair:
Biggin Hill, Kent.
Bournemouth Music Festival
Exeter Festival:
Devon.
Fine Art and Antiques Fair:

Olympia, London
Glasgow Show:
Bellahouston Park, Glasgow
Glastonbury Pilgrimage:
Abbey Ruins, Glastonbury, Somerset
Grosvenor House Antiques Fair:
London
**Royal Academy of
Arts Summer Exhibition**:
Piccadilly, London
Royal Cornwall Show:
Wadebridge, Cornwall
Royal Highland Show:
Ingliston, Newbridge, Edinburgh.
Trooping the Colour:
Um Ihrer Majestät bei der Abnahme dieser Parade zuschauen zu können, sollten Sie bereits im Januar um Karten unter folgender Adresse nachfragen: The Brigadier Major, HQ Household Division, Horse Guards Parade, Whitehall, London.

Juli

Birmingham International Jazz Festival
Cambridge Festival
**Cheltenham International
Festival of Music**:
Gloucestershire.
Henley Royal Regatta:
Henley-on-Thames
**Llangollen International
Musical Eisteddfod**:
Llangollen, Wales
Robin Hood Festival:
Sherwood Forest, Nottinghamshire
Royal Tournament:
Earl's Court, London
York Early Music Festival

August

Edinburgh International Festival
Edinburgh Military Tattoo:
Edinburgh Castle
Highland Games at Dunoon:
Perth und Aboyne in Schottland
Notting Hill Carnival:
Ladbroke Grove, London (Bank holiday)
Royal National Eisteddfod of Wales

September

Braemar Royal Highland Games:
Balmoral, Schottland

Cardiff Festival
Cornish Gorsedd:
Feier einer alten Lokaltradition
Farnborough Air Show:
Surrey
Salisbury Festival:
Wiltshire

Oktober

Birmingham International Film and TV Festival
Canterbury Festival
Cheltenham Festival of Literature
Motor Show:
Earl's Court, London
National Gaelic Mod:
Strathclyde, Schottland
Norwich Jazz Festival
Nottingham Goose Fair:
Forest Recreation Ground, Nottingham
Nottingham Real Ale Festival:
Eröffnung der Fasanenjagd-Saison
Stratford Mop Fair:
Stratford-upon-Avon
Swansea Music Festival
Trafalgar Day Parade:
Trafalgar Square, London

November

Armistice Day:
(Sonntag, der dem 11. 11. am nächsten ist):
Gedenkgottesdienst für die in den beiden Weltkriegen Gefallenen, Cenotaph, Whitehall, London.
Cardiff Festival of Music:
St. David's Hall, Cardiff
Christmas Lights:
Beginn der Weihnachtsbeleuchtung in Oxford und Regent Street, London.
Guy Fawkes Day (5.):
Gedenk-Feuerwerk für den mißglückten Anschlag Mr. Fawkes auf das Parlament 1605.
London Film Festival:
South Bank, London SE1
London to Brighton Veteran Car Run
(1. Sonntag):
Start am Hyde Park in London
Lord Mayor's Show:
City, London
Military International Tattoo:
NEC, Birmingham
State Opening of Parliament:
House of Lords, Westminster, London

Dezember

Hogmanay:
Silvester in Schottland
New Year's Eve:
turbulente Feier auf dem Trafalgar Square in London.

EINKAUFEN

Sollten Sie etwas typisch Britisches mit nach Hause nehmen wollen, brauchen Sie nicht lange zu suchen. Zunächst wären da die ausgezeichneten **Stoffe** und **Kleider**, darunter die wunderbaren handgestrickten Wollsachen von den schottischen Inseln Shetland, Arran und Fair Isle sowie die Pullover von den Kanalinseln Guernsey und Jersey. Es gibt die Harris-Tweedstoffe von Lewis. Sie können nach einem Tartan-Stoff in ihren eigenen Familienfarben Ausschau halten oder Sie kaufen ein Muster, das Sie an ein bestimmtes Ereignis erinnert. Die landschaftlich schön gelegenen Orchill Hills in der Nähe von Edinburgh besitzen eine lange Tradition in der Wollproduktion. Besucher können dort auch den *The Scottish Mill Trail* absolvieren.

Ein anderes wichtiges Zentrum der Woll- und Stoffindustrie ist Bradford, das im 19. Jahrhundert 90 Prozent des gesamten Wollhandels abwickelte. Die vielen in dieser Region ansässigen Spinnereien sind ein Paradies für Gelegenheitskäufe, wo man meterweise Stoffe, feine Garne oder Schaffelle aus den Yorkshire Dales erstehen kann. Einige Spinnereien veranstalten Führungen. Das British Wool Centre ist hier in Clayton angesiedelt. Es dokumentiert die geschichtliche Entwicklung dieser Industrie, und man kann dort ausgewählte Stücke erstehen. Auch Wales hat eine Reihe von Spinnereien. Diese produzieren eindrucksvolle farbige Wandteppiche im traditionellen keltischen Design.

Nottingham ist das traditionelle Zentrum für **Schuhe** und **Spitzen**. An der Lace Hall, High Pavement, können Sie sehen, wie Spitzen hergestellt werden, etwas über ihre Geschichte erfahren und natürlich auch Geschenke kaufen.

Flaggschiff des britischen **Schneiderhandwerks** ist die Savile Row in London, wo betuchte Männer aus der ganzen Welt ihre Maßanzüge fertigen lassen. Andere Adressen für feine britische Kleidung sind Burberry's (für Regenmäntel), Aquascutum, Austin Reed und Jaeger mit Niederlassungen am Piccadilly in London und in vielen anderen Städten des Landes. Die besten Geschäfte für Damenkleider in schönen Blumenmustern sind Laura Ashley und Liberty's. Wer Moderneres sucht, dem bietet der schrille **Young-Fashion-Markt** das Richtige, auf dem Designer wie Katherine Hamnett, Paul Smith und Vivienne Westwood oder Trendsetter wie Jigsaw, Warehouse und Next den Ton angeben. Viele international renommierte Haute-Couture-Designer sind in Knightsbridge und Mayfair ansässig. Anspruchsvolle Tageskleidung führen die Läden von Marks & Spencer; einen besonderen Ruf genießen ihre Blusen und Unterwäsche.

Spitzenangebote an **chinesischem Porzellan**, **Glas** und **Silber** findet man in Londons Regent Street und Mayfair in exklusiven Geschäften wie Waterford Wedgwood, Thomas Goode, Aspreys und Garrards. Stoke-on-Trent ist die Heimat der großen China- und Porzellanhäuser, darunter z.B. Wedgwood, Minton, Royal Doulton, Spode, Portmeirion, Coalport und Royal Stafford. Alle haben Besucherzentren, in denen man immer ein Sonderangebot findet. Sie können auch die Caithness Glass Fabrik in Wick, Schottland, oder Dartington Crystal in Great Torrington in Devon besuchen.

Das Zentrum der britischen Schmuckproduktion liegt in Hockley, Birmingham. Dieser Industriezweig entstand hier im 18. Jahrhundert, und zwar zusammen mit anderen metallverarbeitenden Betrieben wie Messinggießereien und Kanonenschmieden. Heute gibt es hier mehr als 200 Schmuckhersteller und 50 Silberschmiede.

Ein besonderes Geschenk sind die englischen **Blumenparfüms**. Das exklusivste hat Floris in Jermyn Street, London, während die Cotswold Parfümerie in dem hübschen Dorf Bourton-on-the-Water, Gloucestershire, ein weiteres himmlisches Parfüm herstellt.

Wenn Sie in England **Antiquitäten** kaufen wollen, sollten Sie die London and Provincial Antique Dealers' Association, 535 King's Road, London SW10, Tel.: 071-823 35 11, kontaktieren. Dort steht ein Computer-Informationsservice, der die aktuelle Situation des Antiquitätenmarktes dokumentiert. Die Association gibt auch die Broschüre *Buying Antiques in Britain* (£ 3 plus Postgebühren) heraus. Landesweit gibt es das ganze Jahr über Antiquitätenmärkte. Städte wie Bath, Harrogate und Brighton haben eigene Antiquitätenzentren und -märkte.

Leicht transportierbare Verbrauchsgüter aus Britannien sind z.B. **Tee** (Twinings oder Jacksons), schottischer **Whisky**, **Mürbekuchen** (*shortbread*) oder die zahlreichen **Schokoladen**-Sorten. Bentick's ist berühmt für seine **Minze**-Plätzchen, Thornton's stellt feines Konfekt mit den frischesten Zutaten her, während Cadbury's eher den allgemeinen Geschmack befriedigt.

Jede Stadt hat ihren wöchentlichen **Straßenmarkt**, wo billige Bekleidung und Haushaltswaren erstanden werden können. Sie repräsentieren darüber hinaus das örtliche **Handwerk** und die **Heimarbeit**. In den ländlichen Gebieten Großbritanniens gibt es zahlreiche Betriebe, in denen man Töpfern, Drechslern, Gerbern, Kerzenziehern oder anderen Handwerkern bei der Arbeit zusehen kann. Eine Liste kann kostenlos über das Crafts Council, 12 Waterloo Place, London SW1, Tel.: 071-930 48 11, bezogen werden.

Pop-Musik ist einer der britischen Exportschlager. Entsprechend gut bestückt sind hier auch die Schallplattengeschäfte. Virgin, HMV und Our Price sind die größten Firmen. Tower Records am Piccadilly Circus, London, hat abends bis 23.00 Uhr geöffnet.

SPORT

Viele internationale Sportarten sind von den Briten erfunden worden, die ihre Freizeit immer sehr ernstgenommen haben. Die ausführliche TV-Berichterstattung zeigt eine große Bandbreite an Sportarten, in erster Linie aber natürlich Fußball, Rugby, Cricket, Rennen, Tennis, Leichtathletik, Snooker (Billard) und Ski. Die Möglichkeiten für Hallensportarten wie Badminton, Squash, Volleyball und Schwimmen sind im ganzen Land gut. Jede Stadt hat wenigstens ein Sportzentrum und ein Schwimmbad. Es gibt eine Vielzahl von Golf- und Tennisplätzen, aber auch gute Möglichkeiten für Klettern, Segeln und Windsurfen. Über die allgemeinen Freizeit- und Sportmöglichkeiten in den jeweiligen Regionen informieren Sie die örtlichen Sportämter. Sie können allerdings auch **The Sports Council**, 16 Upper Woburn Place, London WC1, Tel.: 071-388 12 77 kontaktieren. Das britische Fremdenverkehrsamt hat ein neue Reihe von Familien-Freizeitführern (*Family Leisure Guide*) herausgegeben, die über die einzelnen Sportarten im Land informieren. Die ersten Bände sind dem Golf und Pferderennen gewidmet und können per Post über The Pen & Ink Company Ltd, Whitewell Chambers, Ferrars road, Huntingdon, Cambridgeshire, bezogen werden (£9. 95 plus Postgebühren).

Die **British Sports Association for the Disabled** (Sportvereinigung für Körperbehinderte) wurde 1961 in der Absicht gegründet, Menschen mit Behinderungen eine geeignete Sportausübung zu ermöglichen. Nähere Informationen sind vom Büro dieser Organisation, 34 Osnaburgh Street, London NW1, Tel.: 071-383 72 77, erhältlich.

Tickets für größere Sportveranstaltungen sind über kommerzielle Agenturen wie Keith Prowse, Tel.: 071-793 08 00 zu beziehen.

FUSSBALL

Die populärste Sportart hat ihre Heimat in England, wo sie sich im 19. Jahrhundert entwickelte. In den letzten Jahren hat der britische Fußball wegen der häufigen Ausschreitungen einen schlechten Ruf bekommen, doch sind inzwischen große Anstrengungen unternommen worden, das Steuer wieder herumzuwerfen. Fortschritte sind spürbar, vor allem nach der erfolgreichen Weltmeisterschaft 1990.

Die Saison im Profi-Fußball geht von August bis Mai. England und Schottland haben getrennte Verbände mit vier (England) bzw. drei Divisionen (Schottland). Den Höhepunkt der Saison bildet das englische **Cup-Endspiel** im Londoner Wembley-Stadion bzw. das schottische Cup-Endspiel im Glasgower Hampden Park-Stadion.

Die Teams, die regelmäßig die obersten Tabellenplätze besetzen, sind Liverpool, Manchester United, Tottenham Hotspur und Arsenal, obwohl nahezu jede Stadt eine eigene Mannschaft besitzt. Die Top-Teams in Wales sind Cardiff, Swansea und Wrexham. Sie spielen in der englischen Liga.

In Schottland sind die Rangers und Celtic große Rivalen. Nähere Informationen bei: The Football Association, 16 Lancaster Gate, London W2, Tel.: 071-262 45 42.

RUGBY

Dieses Spiel wurde an der Schule von Rugby in Warwickshire im frühen 19. Jahrhundert erfunden – daher der Name. In Britannien wird es in zwei Versionen gespielt: Nach dem **Rugby Union**-System für 15 Spieler richten sich die Amateure, während das System der **Rugby League** für 13 Spieler sowohl von Amateuren als auch von Profis gespielt wird. Die Rugby Union hat ihren Sitz in der Whitton Road, Twickenham, Tel.: 081-892 81 61.

Internationale Spiele der Rugby Union werden in Twickenham, Murrayfield und im Cardiff Arms Park ausgetragen. Das System der Rugby League wird hauptsächlich in Nordengland und Wales gespielt, wo es Nationalsport ist.

Die British Lions spielen jedes Jahr gegen Teams aus Australien, Neuseeland und Papua Neuguinea. Seit einigen Jahren gibt es eine Nationalliga mit zehn Vereinen, die das

Meisterschaftsfinale um den **Rugby League Challenge Cup** im Wembley-Stadion austragen. Die Rugby-Saison geht von September bis Mai.

CRICKET

Der typische Sport für den englischen Gentleman ist Cricket, dessen Ursprung sich bis ins 16. Jahrhundert zurückverfolgen läßt. Für einen Engländer gibt es an einem Sommernachmittag kein größeres Vergnügen, als ein Match auf dem Dorfrasen zu verfolgen und dabei seinen Tee einzunehmen. National spielen 17 Teams in Matches, die drei bis vier Tage dauern, um die **Britannic Assurance County Championships**. Auf internationaler Ebene werden die fünf Tage dauernden **Cornhill Test Matches** ausgetragen, und zwar gegen Teams aus Australien, Indien, Neuseeland, Pakistan, Sri Lanka und Westindien. Der **Marylebone Cricket Club** (MCC), der auf dem **Lords** Cricket-Gelände in St. John's Wood im Norden von London zu Hause ist, zeichnet für das Welt-Cricket verantwortlich. Internationale Wettkämpfe werden auf einem halben Dutzend Plätze in Britannien ausgetragen, darunter Lords und das Oval in London, Edgbaston in Mittelengland und Headingly in Leeds.

TENNIS

Obwohl dieser Sport bereits Jahrhunderte gespielt wurde, entwickelte sich das moderne Spiel erst in England im späten 19. Jahrhundert. Das 14-tägige **Wimbledon**-Turnier wird im Juni auf den Grasplätzen des All England Club in Wimbledon, South West London, ausgetragen. Das Gelände faßt bis zu 30 000 Zuschauer, und Tickets sind nur schwer zu bekommen. Um sich rechtzeitig einzudecken, kontaktieren Sie den **All England Lawn Tennis and Croquet Club**, Church Road, Wimbledon, London SW19, Tel: 081-946 22 44. Ansonsten kann man auch Karten über Agenturen wie Ticketmaster, Tel: 071-379 64 33 oder First Call, Tel.: 071-240 72 00 beziehen.

PFERDESPORT

Pferderennen sind in England ein florierender Geschäftszweig. Es gibt zwei Arten:

Flachrennen werden zwischen März und Anfang November ausgetragen. Die bedeutendsten Rennen sind das Derby und Oaks in Epsom, das St. Leger in Doncaster und das 1000 und 2000 Guineas in Newmarket. Das Royal Ascot ist ein großes Spektakel und ein bedeutendes gesellschaftliches Ereignis in Gegenwart der Queen.

Hindernis- und **Hürdenrennen** werden zwischen September und Anfang Juni ausgetragen. Das National Hunt Festival in Cheltenham im März mit seinem Höhepunkt, dem Gold Cup, ist ein großes Jagdereignis. Das größte Hindernisrennen in Britannien ist das haarsträubende Grand National in Aintree, Liverpool (seit 1837 ausgetragen), bei dem ein riesiges Teilnehmerfeld enorme Sprünge zu bewältigen hat.

Jährlich gibt es rund 2000 **Hürdenspringen**. Die bedeutendsten sind die Royal International Horse Show im NEC, Birmingham, die Horse of the Year Show in Wembley, London, und die Olympia International Show Jumping Championships in London.

Polo: Die Spiele werden im Windsor Great Park oder im Cowdray Park, Midhurst, West Sussex, an den Sommerwochenenden ausgetragen. Verantwortlich zeichnet die Hurlingham Polo Association, Ambersham, Midhurst, West Sussex.

Military-Wettbewerbe finden im Frühjahr und im Herbst statt. Die größeren 3-Tage-Veranstaltungen mit Querfeldeinritt, Hürdenspringen und Dressur werden bei Badminton in Avon, bei Windsor in Buckinghamshire, bei Bramham in Yorkshire, bei Burghley in Lincolnshire und bei Chatsworth in Derbyshire abgehalten.

Der größte Pferdesportverband in Britannien ist **The British Horse Society**, die den Pony Club und den Riding Club leitet. Ferner verwaltet sie das British Equestrian Centre in Stoneleigh, Warwickshire, wo sie auch zu Hause ist. Nähere Informationen unter Tel.: 0203-69 66 97.

Es gibt eine Fülle von **öffentlichen Reitställen**, falls Sie Lust auf einen Ausritt bekommen sollten. Die Ställe lassen allerdings niemand ohne Begleitung ausreiten. **Ponyreiten** ist in Dartmoor, Exmoor, in New Forest und in Wales sehr beliebt.

FELDSPORTARTEN

Darunter versteht man u.a. Fuchsjagden, Schießen und Falkenjagd. **Fuchsjagden** mit einem Rudel Hunde werden zwischen Herbst und Frühling veranstaltet und sind immer noch populär, trotz heftiger Kritik von Tierschützern. Für diejenigen, die keine Skrupel verspüren, ist ein solches Ereignis ein beeindruckendes Schauspiel.

Das **Schießen** auf Wild wie Moorhühner, Schneehühner oder Fasane ist gesetzlich geschützt, man braucht eine Lizenz. Erlaubt ist es nur in der Saison. In der Schonzeit werden die Vögel unter Aufsicht von Wildhütern gezüchtet.

Im **Falconry Centre**, Newent, Gloucestershire, Tel.: 0531-82 02 86, werden seltene und gefährdete Raubvogelarten aus aller Welt gehalten. Schautafeln erläutern das sportliche Halten von Falken, Adlern, Habichten und Eulen.

ANGELN

Das **Süßwasser-Angeln** (Lachs, Forelle, Barsch, Hecht oder Brassen) in Flüssen, Seen oder Buchten ist in der Regel gebührenpflichtig. Man muß entweder einem Club beitreten oder eine befristete Lizenz erwerben. Für nähere Informationen wenden Sie sich an das örtliche Fremdenverkehrsamt oder an das **National Anglers Council**, 11 Cowgate, Peterborough, Cambridgeshire, Tel.: (0733) 540 84. Für das **Hochsee-Angeln** kontaktieren Sie die **National Federation of Sea Anglers**, 26 Downsview Crescent, Uckfield, East Sussex, Tel.: 0825-76 35 89.

LEICHTATHLETIK

Die Leichtathletik in Britannien wird von der Amateur Athletics Association (AAA) geleitet. Der Sport ist relativ stark verbreitet, wobei die Fernsehübertragungen und die Erfolge britischer Athleten eine nicht unwesentliche Rolle spielen. Das nationale Zentrum befindet sich im **Crystal Palace** in Süd-London. Für nähere Informationen wenden Sie sich an AAA, Edgbaston House, 3 Duchess Place, Hadley Road, Edgbaston, Birmingham, Tel.: 021-456 40 50.

Die **Highland Games** finden in Schottland zwischen August und September statt. Sie fallen dann mit dem jährlichen Treffen der Clans zusammen. Zu den Wettbewerben gehören Baumstamm- und Hammerwerfen genauso wie Tanzen und Dudelsackpfeifen. Die bekanntesten Spiele sind die von Braemar, in der Nähe von Balmoral (im September); andere Spiele finden in Aboyne, Argyllshire und Cowal statt.

SNOOKER

Angeblich 1875 von Sir Neville Chamberlain in Indien erfunden, hat **Snooker** (Pool-Billard) in den letzten zwei Jahrzehnten beträchtlich an Popularität gewonnen und gilt inzwischen als Nationalsport. Professionelle Spieler kämpfen um sehr hohe Einsätze. Die jährliche **Embassy World Professional Championships** in Sheffield ist das Top-Ereignis. In allen Städten gibt es Snooker-Hallen. Der **Billiards & Snooker Control Council**, Coronet House, Queen Street, Leeds, West Yorkshire, Tel: 0532-44 05 86, kann Sie mit einer Anschriftenliste versorgen.

GOLF

Golf kommt aus Schottland, wo es seit dem 17. Jahrhundert gespielt wird und wo auch und der älteste Club zu Hause ist: The Honourable Company of Edinburgh Golfers. Das wichtigste Golfereignis ist die Offene Meisterschaft mit dem Walker Cup für Amateure und der Ryder Cup für Professionals. Es gibt Hunderte von Plätzen im ganzen Land, die auch Besucher gerne sehen. Allein Wales hat über 100 Golfplätzen – wie auch Schottland, wo selbst die berühmtesten Courses wie der St. Andrew's dem Publikum offenstehen. Plätze in der Nähe Londons sind gewöhnlich ausgebucht. Für genauere Informationen über Turnierdaten wenden Sie sich an die **Professional Golfer's Association**, Apollo House, The Belfry, Sutton Coldfield, West Midlands, Tel: 0675-703 33.

WASSERSPORT

Britannien bietet für den Segelfreund glänzende Möglichkeiten, vor allem an der Südküste und um Pembrokeshire, Südwest-Wales, aber auch auf den Seen und in den Buchten von Nordengland und Schottland. Ähnliches gilt für Kanufahren, Windsurfen, Wasserski und Rudern auf den vielen britischen Inlandsgewässern. Informationen über Segelclubs, Motorbootfahren und Windsurfen hält die **Royal Yachting Association**, RYA House, Romsey Road, Eastleigh, Hampshire, Tel.: 0703-62 99 62, bereit.

Das wichtigste Segelereignis im Jahr ist die Cowes Regatta bei der Isle of Wight, während die Henley Regatta auf der Themse im Juli einen internationalen Ruderwettbewerb mit hohem gesellschaftlichen Anstrich darstellt.

Kanu: Die British Canoe Union, Mapperley Hall, Lucknow Avenue, Nottingham, Tel.: 0602-69 19 44, informiert über die wichtigsten Veranstaltungen. Eine der schönsten Gebiete für Kanusportler liegt beim Canolfan Tryweryn National White Water Centre, Frongoch, near Bala, Gwynedd, Tel.: 0678-52 08 26, ein Weltcup-Gewässer.

Wasserski bietet der Cotswold Jet Ski Club (besser zuerst buchen), Lake 11, Spine Road, Cotswold Water Park, Cirencester, Gloucestershire, Tel.: 0285-86 13 45. Eine weitere gute Adresse ist der Tallington Lakes Jet Ski Club, Stamford, Lincolnshire, Tel: 0778-34 11 44.

Nationale Wassersport-Zentren gibt es auf der Great Cumbrae Isle, Firth of Clyde, Scotland und bei Holme Pierrepont, Nottinghamshire.

SPORTKALENDER

Februar

Ski: In Fort William und Aviemore in Schottland
Snooker: Benson and Hedges Masters
Wembley Conference Centre

März

Rennsport: Cheltenham Gold Cup
Cheltenham, Gloucestershire
Universitäts- Bootsrennen Oxford und Cambridge:
auf der Themse zwischen Putney und Mortlake, London

April

Fußball: Littlewoods Cup Final
Wembley, London
Pferderennen: Grand National Race Meeting
Aintree, Liverpool

London Marathon
Greenwich Park, London
Rugby League:
Silk Cut Challenge Cup Final
Wembley
Rugby Union: Pilkington Cup Final
Twickenham

Mai

Radfahren: The Milk Race
Start an der Westminster Bridge, London
Fußball: FA Cup Final
Wembley
Pferdesport: Badminton
Avon
Pferderennen: 1,000 & 2,000 Guineas Stakes
Newmarket, Suffolk
Royal Windsor Horse Show
Home Park, Windsor
Snooker: London Masters Final
Café Royal, London

Juni

Radrennen: von London nach Brighton
Golf: British Masters
Pferderennen: Royal Ascot
Ascot, Berkshire
Pferderennen: The Derby
Epsom, Surrey
Pferderennen: The Oaks
Epsom, Surrey
Polo: Queen's Cup
Windsor Great Park
Springturnier: Royal International Horse Show
NEC, Birmingham
Tennis: Stella Artois Tournament
Queen's Club, London
Tennis: Wimbledon Lawn Tennis Championships
All England Lawn Tennis & Croquet Club, London
Segeln: Round the Island Yacht Race
Cowes, Isle of Wight

Juli

Leichtahtletik: Grand Prix
Crystal Palace, London
Cricket: Benson & Hedges Cup Final
Lords Ground, London

Autorennen: British Grand Prix
Silverstone, Northamptonshire
Rudern: Henley Regatta Week
Henley-on-Thames

August

Motorrennen: Birmingham Motor Prix
Segeln: Cowes Week Regatta
Isle of Wight

September

Cricket: Nat West Trophy final
Lord's Grounds, London

Oktober

Springturnier: Horse of the Year Show
Wembley Arena, London
Golf: Dunhill Cup Final
St. Andrew's, Fife
Golf: World Matchplay
Wentworth, Surrey

November

Lombard RAC Car Rally
Harrogate, North Yorkshire

Dezember

Olympia International Show Jumping
Olympia, London

NÜTZLICHE ADRESSEN

TOURISTEN-INFORMATIONEN

Es gibt über 800 Tourist Information Centres (TICs) im ganzen Land. Ihre Beratungen sind kostenlos. Viele bieten den *Book A Bed Ahead*-Service (Buche ein Bett im voraus) an, über den man Übernachtungsmöglichkeiten in anderen Städten buchen kann, sofern dort das TIC vertreten ist.

Obwohl die Öffnungszeiten von Region zu Region verschieden sind und auch in der Haupt- und Nebensaison wechseln, haben die meistens TICs auch in den Abendstunden und an Wochenenden geöffnet, vor allem in den stark besuchten Gebieten. Einige schließen im Winter von Oktober bis März. TICs sind gewöhnlich gut gekennzeichnet und an einem deutlichen „i"-Symbol zu erkennen.

Nachfolgend sind die Informationsbüros aufgeführt, die Sie schriftlich oder telefonisch erreichen können. Sofern nicht anders gekennzeichnet, handelt es sich um Verwaltungsbüros, die nicht persönlich aufgesucht werden können.

English Tourist Board/British Tourist Authority
Thames Tower
Black's Road
London W6 9EL
Tel.: 071-730 34 88

London Tourist Board and Convention Bureau
26 Grosvenor Gardens
London SW1V ODU
Tel.: 071-730 34 50

Thames & Chilterns Tourist Board
The Mount House
Witney
Oxfordshire OX5 6DZ
Tel.: 0993-778800

East Anglia Tourist Board
Toppesfield Hall
Hadleigh
Suffolk 1P7 7DN
Tel.: 0473-82 29 22

South East England Tourist Board
1 Warwick Park
Tunbridge Wells
Kent TN2 5TA
Tel.: 0892-407 66

Southern Tourist Board
40 Chamberlayne Road
Eastleigh, Hampshire SO5 5JH
Tel.: 0703-61 60 27

West Country Tourist Board
37 Southernhay East, Exeter
Devon EX1 1QS
Tel.: 0392-763 51

Heart of England Tourist Board
2/4 Trinity Street
Worcester WR1 2PW
Tel.: 0905-61 31 32

East Midlands Tourist Board
Exchequergate
Lincoln LN2 1PZ
Tel.: 0522-53 15 21

Yorkshire & Humberside Tourist Board
312 Tadcaster Road
York
North Yorkshire YO2 2HF
Tel.: 0904-70 79 61

Northumbria Tourist Board
Aykley Heads
Durham DH1 5UX
Tel.: 091-384 69 05

North West Tourist Board
The Last Drop Village
Bromley Cross
Bolton
Lancashire BL7 9PZ
Tel.: 0204-59 15 11

Scottish Tourist Board
23 Ravelston Terrace
Edinburgh EH4 3EU
Tel.: 031-332 24 33

Scottish Travel Centre
14 South St. Andrew Street
Edinburgh EH2 2AZ
Tel.: 031-332 24 33

Wales Tourist Board
Brunel House
2 Fitzalan Road
Cardiff CF2 1UY
Tel.: 0222-89 18 78

Die folgenden Tourist Boards unterhalten Büros in London, die für persönliche, telefonische und schriftliche Anfragen offenstehen.

Scottish Tourist Board
19 Cockspur Street
London SW1Y 5BL
Tel.: 071-930 86 61

Wales Tourist Board
Wales Travel Centre
34 Piccadilly
London W1V 9PB
Tel.: 071-409 09 69

British Travel Centre
12 Regent Street
London SW1
Tel.: 071-730 34 00
Neben der British Tourist Authority sind hier British Rail, American Express und Room-Centre vertreten. Angeboten wird umfassender Buchungsservice für Bahn-, Luft- und Seereisen, Besichtigungen, Theaterkarten und Unterkünfte in ganz Britannien. Angeschlossen ist eine Wechselstube. Öffnungszeiten: Montag bis Freitag 9.00 - 18.30 Uhr, am Wochenende 10.00 - 16.00 Uhr.

London

In den nachfolgend genannten Zentren bietet das **London Visitor and Convention Bureau** (LVCB) Informationen und einen Buchungsservice für Hotels, Theater und Besichtigungen an: Victoria Station, Heathrow Terminals 1, 2, 3 (U-Bahnhofshalle), Selfridges, Harrods und Tower of London.
London Regional Transport (LRT) veröffentlicht die Broschüre *map and guide for visitors* (Karte und Reiseführer für Besucher), die in folgenden Informationszentren erhältlich ist: Piccadilly Circus, Oxford Circus,

Heathrow und an den British Rail Stationen in der Hauptstadt.

British Tourist Authority im Ausland

Australien
4th Floor, Midland House
171 Clarence Street
Sydney, NSW 2000
Tel.: 2-29 86 27

USA
625 N Michigan Avenue
Suite 1510
Chicago, IL 60611
Tel.: 312-787 04 90

Suite 450
350 South Figueroa Street
Los Angeles, CA 90071
Tel.: 213-628 35 25

40 West 57th Street
New York, NY 10019
Tel.: 212-581 47 00

Frankreich
63 rue Pierre-Charron
75008 Paris
Tel.: 42 89 11 11

Deutschland
Taunusstraße 52-60
6000 Frankfurt am Main 1
Tel.: 69-238 07 11

Niederlande
Aurora Gebouw (5th floor)
Stadhouderskade 2
1054 ES Amsterdam
Tel.: 20-85 50 51

telefonische Auskünfte

Artsline:
Kunstinformationen für Behinderte
Tel.: 071-629 94 95

Leisureline
Band-Informationen über Veranstaltungen in London
englisch   Tel.: 071-246 80 41
französisch   Tel.: 071-246 80 43
deutsch   Tel.: 071-246 80 45

London Regional Transport (24 Stunden)
Tel.: 071-222 12 34

National Trust
Informationen über Herrensitze
Tel.: 071-222 92 51

London Tourist Board
071-730 34 88

English Tourist Board
071-730 34 00

Welsh Tourist Board
0222-89 18 78

Scottish Tourist Board
031-332 24 33

BEHINDERTEN-UNTERSTÜTZUNG

Es werden schon seit geraumer Zeit große Anstrengungen unternommen, das tägliche Leben für Behinderte in Großbritannien zu erleichtern. Züge und Busse werden behindertengerecht konstruiert, viele Museen und öffentliche Einrichtungen sind besser zugänglich geworden und haben separate Waschräume und WCs. TICs haben Broschüren mit Tips für Behinderte aufliegen.

Kostenlose Informationen über Urlaubsmöglichkeiten für Menschen mit speziellen Bedürfnissen, von Behinderten über Senioren bis zu Ein-Eltern-Familien, sind beim Holiday Care Service, 2 Old Bank Chambers, Station road, Horley, Surrey, Tel.: 0293-77 45 35, erhältlich.

Die **Royal Association for Disability and Rehabilitation** (RADAR), 25 Mortimer Street, London W1, Tel.: 071-637 5400, arbeitet als Informationsdienst und stellt kostenlos eine Liste von Publikationen über die Bedürfnisse Behinderter zur Verfügung.

BOTSCHAFTEN UND KONSULATE

Wenn Sie Ihren Paß verlieren oder während Ihres Aufenthaltes erkranken, sollten Sie mit Ihrer Botschaft oder Ihrem Konsulat Verbindung aufnehmen. Die meisten Staaten haben diplomatische Vertretungen in London. Über die Gelben Seiten des Telefonbuches oder die Auskunft können Sie die jeweilige Telefonnummer erfahren. Auch in Edinburgh und Cardiff gibt es diplomatische Vertretungen.

Ägypten
26 South Street
W1
Tel.: 071-499 24 01

Australien
Australia House
Strand
WC2
Tel.: 071-379 43 34

China
31 Portland Place
W1
Tel.: 071-636 56 37

Deutschland:
23 Belgrave Square
SW1
Tel.: 071-235 50 33

Frankreich
58 Knightsbridge SW1
Tel.: 071-235 80 80

Hongkong
6 Grafton Street
W1
Tel.: 071-499 98 21

Indien
India House
Aldwych
WC2
Tel.: 071-836 84 84

Indonesien
38 Grosvenor Square
W1
Tel.: 071-499 76 61

Japan
46 Grosvenor Street
W1
Tel.: 071-493 60 30

Niederlande
38 Hyde Park Gate
SW7
Tel.: 071-584 50 40

Saudi-Arabien
27 Eaton Place
SW1
Tel.: 071-235 84 31

Südafrika
South Africa House
Trafalgar Square
WC2
Tel.: 071-930 44 88

UdSSR
13 Kensington Palace Gardens
W8
Tel.: 071-229 36 28

USA
24 Grosvenor Square
W1
Tel.: 071-499 90 00

Cardiff

Belgien
Empire House
Docks
Tel.: 0222-48 81 11.

Costa Rica
62 St. Mary Street
Tel.: 0222-22 65 54

Dänemark
70 James Street
Tel.: 0222-48 00 03

Finnland
Mount Stuart Square
Tel.: 0222-48 07 04

Liberia
Cory Buildings
Tel.: 0222-48 11 41

Niederlande
113–116 Bute Street
Tel.: 0222-48 86 36

Norwegen
Empire House
Tel.: 0222-48 97 11

Türkei
Empire House,
Docks
Tel.: 0222-46 11 44

Edinburgh

Australien
Hobart House
Hanover Street
Tel.: 031-226 62 71

Belgien
89 Constitution Street
Tel.: 031-554 33 33

Dänemark/Finnland/Norwegen
50 East Fettes Avenue
Tel.: 031-552 71 01

Deutschland
116 Eglinton Crescent
Tel.: 031-337 23 23

Frankreich
7 Weymss Place
Tel.: 031-225 79 54

Griechenland
9 Regent Terrace
Tel.: 031-556 17 01

Island
50 Grange Road
Tel.: 031-667 21 66

Italien
6 Melville Crescent
Tel.: 031-226 36 31

Österreich
33 Charlotte Street
Tel.: 031-225 15 16

Portugal
167 Glasgow Park
Tel.: 031-339 53 45

Schweden
6 St. John's Place
Tel.: 031-554 66 31

Schweiz
6 Moston Terrace,
Tel.: 031-667 23 86

Spanien
51 Lauderdale Street
Tel.: 031-447 11 13

USA
3 Regent Terrace
Tel.: 031-556 83 15

VISUELLE BEITRÄGE

Fotografie
80/81, 97 **Ace Fotoagentur**
138, 179, 186, 188, 257 **Ping Amranand**
72 **BBC Hulton Picture Library**
85 **BBC Photograph Library**
23, 252/253, 262, 263, 272 **David Beatty**
30, 32, 45, 54 **Bruce Bernstein**
24, 256L **Britain on View**
91, 160, 162, 190, 191, 306, 307L, 309L **Britisches Fremdenverkehrsamt**
51 **Victor Bryant**
185 **Cheltenham Kunstgalerie**
95, 324, 325, 326, 327, 339, 341 **Douglas Corrance**
102, 170, 206 **Andrew Eames**
145 **Tor Eigeland**
312/313 **Eric Ellington**
147 **Lee Foster**
141, 181 **Alain Le Garsmeur**
9, 127L, 142L, 189R, 322 **D. & J. Heaton**
3, 14/15, 26/27, 106, 114/115, 125, 127R, **Hans Höfer**
129, 131, 136L, 136R, 142R, 152, 135,
156\157, 158, 165, 167L, 169, 171, 182, 184L,
197, 199L, 199R, 200, 201, 202, 203, 204, 205,
208\209, 218, 220, 227, 228, 237, 242, 243R,
244, 245R, 249, 250, 255, 256R, 270, 271, 274,
276, 277, 302, 303, 305, 307R, 319, 336, 344
86, 111 **Hulton Picture Company**
6 **mit frdl. Genehmigung Ihrer kgl. Hoheit**
53 **Illustrated London News**
20/21, 28, 42, 92, 116/117, 151, 159, 178, 184R, **Lyle Lawson**
236, 245L, 246, 247, 251, 289, 309R, 310
140L **Phillip Little**
161 **London Docklands Development Corp.**
57 **The Mansell Collection**
84, 143, 216, 217, 221 **Robert Mort**
146 **Kal Muller**
192/193 **National Gallery**
47 **National Portrait Gallery**
98, 124, 126, 133, 144, 166, 258, 261, 266/267 **Richard T. Nowitz**
168 **Stuart Ridsdale**
37, 58, 61, 62, 63, 67, 68/69, 71, 73, 74, 76, **Topham Picture Library**
77, 82, 88, 89, 93, 104, 105, 108, 112/113,
167R, 194/195, 207, 259, 299, 311
140R, 149, 154, 297 **Roger Scruton**
16/17, 268, 2690, 280, 282 **Spectrum Colour Library**
18/19, 22, 75, 78/79, 100, 103, 120/121, 128, **Tony Stone**
130L, 130R, 137L, 137R, 139, 148, 150, 172/173,
210, 211, 213, 215, 222/223, 225, 232, 233,
234, 239, 240, 241, 248, 275, 278/279, 283,
284, 285, 286/287, 288, 291, 292, 293, 295,
296, 298, 300/301, 315, 317, 318, 320, 321,
328/329, 332, 333, 334, 335, 337, 338
Cover, 25, 101, 187, 273, 308, 323, 330, **Vautier-De Nanxe**
331, 340L, 340R
107, 342/343 **Denis Waugh**
260 **Welsh Industrial and Maritime Museum**
132, 214, 219 **Adam Woolfitt**
109, 224, 229, 230, 231, 235, 264, 265 **George Wright**
134, 135, 155, 163 **Joseph Yogerst**
Illustrationen **Klaus Geisler**
Karten **Berndtson & Berndtson**
Design Consulting **V. Barl**

REGISTER

R

S

Y

Z